Die Europäisierung der deutschen Mitbestimmung durch das SE-Beteiligungsgesetz

Schriftenreihe zum Gesellschafts- und Kapitalmarktrecht

Herausgegeben von Lutz Michalski,
Axel Jäger und Klaus-Rudolf Wagner

Band 14

PETER LANG
Frankfurt am Main · Berlin · Bern · Bruxelles · New York · Oxford · Wien

Julia Kraft

Die Europäisierung der deutschen Mitbestimmung durch das SE-Beteiligungsgesetz

Eine europa- und verfassungsrechtliche Analyse der Richtlinienumsetzung 2001/86/EG zur Ergänzung des Statuts der Europäischen Gesellschaft hinsichtlich der Beteiligung der Arbeitnehmer

PETER LANG
Europäischer Verlag der Wissenschaften

Bibliografische Information Der Deutschen Bibliothek
Die Deutsche Bibliothek verzeichnet diese Publikation in der Deutschen Nationalbibliografie; detaillierte bibliografische Daten sind im Internet über <http://dnb.ddb.de> abrufbar.

Zugl.: Bayreuth, Univ., Diss., 2005

D 703
ISSN 1619-117X
ISBN 3-631-53969-X

www.peterlang.de

Meinen Eltern

und

Hubertus

Vorwort

Die vorliegende Arbeit wurde im April 2005 abgeschlossen und von der Juristischen Fakultät der Universität Bayreuth im Sommersemester 2005 als Dissertation angenommen.

Besonders bedanken möchte ich mich bei Herrn Professor Dr. Karl-Georg Loritz für die Betreuung der Arbeit und die stete Bereitschaft zum Gespräch. Herrn Professor Dr. Lutz Michalski danke ich für die zügige Erstellung des Zweitgutachtens.

Für die Aufnahme meiner Arbeit in die „Schriftenreihe zum Gesellschafts- und Kapitalmarktrecht" bedanke ich mich bei den Herausgebern.

Dank zu sagen habe ich ferner Herrn Professor Dr. Volker Rieble für die großzügige Bereitstellung der Einrichtungen des Zentrums für Arbeitsbeziehungen und Arbeitsrecht an der Ludwig-Maximilians-Universität München und für die Ermöglichung der Teilnahme am 1. ZAAR-Kongress „Zukunft der Unternehmensmitbestimmung".

Dankbarkeit verbindet mich mit Herrn Rechtsanwalt Marcel Grobys. Er hat mich in vielfältiger Weise gefördert und durch fruchtbare Diskussionen und hilfreiche Anregungen zum Gelingen dieser Arbeit beigetragen.

Frau Rechtsanwältin Christine Lips danke ich für ihre Mithilfe beim Korrekturlesen und ihre motivierende Unterstützung, die mir über manch schwierigen Berg geholfen hat.

Großen Dank möchte ich schließlich meinen Eltern, Irene und Edgar Kraft, aussprechen. Sie haben meinen gesamten bisherigen Lebensweg unterstützt und mir stets und uneingeschränkt Rückhalt gewährt. Nicht zuletzt haben sie mir den finanziellen Freiraum geschenkt, der es mir ermöglicht hat, diese Arbeit anzufertigen. Der ihnen entgegenzubringende Dank lässt sich schwer in Worte fassen.

Im Juli 2005 *Julia Kraft*

INHALTSVERZEICHNIS

§ 1 Einführung und Gang der Untersuchung

Seit Oktober 2004 steht in Deutschland die Europäische Aktiengesellschaft (lateinisch Societas Europaea[1]) als neue europäische Gesellschaftsform zur Verfügung. Die SE erleichtert grenzüberschreitende Unternehmenszusammenschlüsse und -kooperationen und gibt europaweit tätigen Unternehmen die Möglichkeit, mit nur einer einzigen Gesellschaft anstelle einer komplizierten Konzernstruktur zu operieren. Entsprechend dem Vorhaben des europäischen Gesetzgebers bietet sie dadurch den Unternehmen grenzüberschreitende Entfaltungsmöglichkeiten und trägt zur Vollendung des Europäischen Binnenmarkts auf dem Gebiet des Unternehmensrechts bei.[2]

Die europäische Grundlage dieser neuen Rechtsform bilden die Verordnung (EG) Nr. 2157/2001 des Rates vom 8. Oktober 2001 über das Statut der Europäischen Gesellschaft[3] und die Richtlinie 2001/86/EG des Rates vom 8. Oktober 2001 zur Ergänzung des Statuts der Europäischen Gesellschaft hinsichtlich der Beteiligung der Arbeitnehmer[4]. Die Verabschiedung dieser beiden Rechtsakte basierte auf der im Rahmen des Gipfels von Nizza im Jahre 2000 als historischer Durchbruch gefeierten Einigung der Mitgliedstaaten über das Statut der Europäischen Aktiengesellschaft. Nach einem über dreißigjährigen Streit, der vor allem um die Frage der Ausgestaltung der Arbeitnehmerbeteiligung in einer SE kreiste, wurde schließlich eines der „ältesten Vorhaben der Gemeinschaft"[5] verwirklicht.

---

[1] Im Folgenden wird die offizielle Abkürzung „SE" verwendet, vgl. Artikel 1 Abs. 1 Verordnung Nr. 2157/2001 des Rates vom 8. Oktober 2001 über das Statut der Europäischen Gesellschaft (SE).

[2] Vgl. Erwägungsgrund Nr. 1 der Verordnung Nr. 2157 des Rates vom 8. Oktober 2001 über das Statut der Europäischen Gesellschaft (SE).

[3] Verordnung Nr. 2157/2001 des Rates über das Statut der Europäischen Aktiengesellschaft, ABl. EG Nr. L 294 vom 20. November 2001, S. 1 ff.; im Folgenden als SE-VO 2001 bezeichnet.

[4] Richtlinie 2001/86/EG des Rates vom 8. Oktober 2001 zur Ergänzung des Statuts der Europäischen Gesellschaft hinsichtlich der Beteiligung der Arbeitnehmer, ABl. EG Nr. L 294 vom 20. November 2001, S. 22 ff.; im Folgenden als SE-RL 2001 bezeichnet.

[5] So Lutter, BB 2002, 1.

Nachdem das „Flaggschiff des Europäischen Gesellschaftsrechts"[6] vom Stapel gelaufen war[7], mussten die Mitgliedstaaten die Ausführung der SE-VO 2001 und die Umsetzung der SE-RL 2001 in nationale Gesetze vornehmen.

Am 22. Dezember 2004 ist in Deutschland das Gesetz zur Einführung der Europäischen Gesellschaft (SEEG) in Kraft getreten.[8] Zusammen mit der Verordnung über das Statut der Europäischen Gesellschaft bildet es die gesetzliche Grundlage für die Gründung einer Europäischen Aktiengesellschaft mit Sitz in Deutschland. In Artikel 1 des SEEG findet sich das Gesetz zur Ausführung der europäischen Verordnung (SE-Ausführungsgesetz – SEAG). Mit Artikel 2 des SEEG hat der Gesetzgeber die SE-RL 2001 durch das SE-Beteiligungsgesetz (SEBG) in das deutsche Recht implementiert.

Obwohl die SE-RL 2001 die Beteiligung der Arbeitnehmer sehr detailliert regelt, waren viele Fragen offen.[9] Die Richtlinienumsetzung wurde daher mit Spannung erwartet. Im Mittelpunkt des Interesses standen vor allem die Regelungen über die unternehmerische Mitbestimmung in einer Europäischen Aktiengesellschaft, die erstmals eine Ausgestaltung durch die betroffenen Parteien selbst im Wege freier Verhandlungen vorsehen und damit für das deutsche Mitbestimmungsrecht einen Paradigmenwechsel einläuten. Zu klären war auch die „dogmatisch anspruchsvolle und rechtspraktisch äußerst bedeutsame Problematik"[10], wie die Mitbestimmung deutscher Prägung, die nur eine Entsendung von Arbeitnehmer in den Aufsichtsrat als das den Vorstand bestellende und überwachende Kontrollgremium kennt, in ein monistisches Leitungssystem einer Europäischen Aktiengesellschaft integriert werden kann.

Die Untersuchung dieser Fragen soll im Rahmen einer umfassenden Analyse der Umsetzung der Richtlinie über die Beteiligung der Arbeitnehmer in einer SE in der vorliegenden Arbeit stattfinden. Der Schwerpunkt der Betrachtung liegt dabei auf den Vorschriften des SE-Beteiligungsgesetzes zur Mitbestimmung der Arbeitnehmer auf Unternehmensebene. Das primäre Anliegen der Arbeit besteht

---

[6] Hopt, ZIP 1998, 96, 99.

[7] So Hommelhoff/Teichmann, SZW/RSDA 2002, 1.

[8] Gesetz zur Einführung der Europäischen Gesellschaft (SEEG) vom 22. Dezember 2004, BGBl. I, S. 3675.

[9] Offene Fragen nennt beispielhaft Grobys, NJW Editorial 2003, Heft 34.

[10] Hommelhoff, AG 2001, 282.

darin, die von dem deutschen Gesetzgeber vorgenommene Umsetzung der Regelungen zur unternehmerischen Mitbestimmung der SE-RL 2001 in dem SE-Beteiligungsgesetz darzustellen und einer kritischen Würdigung aus verfassungs- und europarechtlicher Sicht zu unterziehen.

Als Grundlage der Arbeit wird in § 2 zunächst das deutsche Mitbestimmungssystem dargestellt. Darin enthalten ist die Klärung zentraler Begrifflichkeiten des Rechts der Mitbestimmung. Diese umfasst den Begriff der Mitbestimmung an sich, den Dualismus der Mitbestimmung und den Begriff der Parität. Daneben werden die Grundstrukturen des dualistischen Systems in Deutschland und des anglo-amerikanischen monistischen Systems dargestellt. Es folgen ein Überblick der historischen Entwicklung des Mitbestimmungsrechts in Deutschland und eine Darstellung des heutigen materiellen Anwendungsbereichs der unterschiedlichen Rechtsgrundlagen des deutschen Mitbestimmungsrechts. Mit einer kritischen Auseinandersetzung zu den Grenzen einer legitimen Mitbestimmung aus verfassungs- und europarechtlicher Sicht enden die Ausführungen zur deutschen Mitbestimmung.

In § 3 der Arbeit wird das Recht der Unternehmensmitbestimmung auf europäischer Ebene behandelt. Dabei wird zunächst die Frage nach der Bedeutung dieses Instituts in der europäischen Sozialpolitik aufgeworfen. Ein Überblick über Probleme und mögliche Lösungsansätze einer europäischen Harmonisierung der Unternehmensmitbestimmung führt schließlich zu dem Schwerpunkt dieses Kapitels, der Frage nach der Behandlung des Problems der Unternehmensmitbestimmung in der Europäischen Aktiengesellschaft. Es wird zunächst ein Überblick über die geschichtliche Entwicklung der SE gegeben. Ausführlich wird dann die Behandlung des Problems der Mitbestimmung in der SE im Wandel der Zeit dargestellt. Die unterschiedlichen Lösungsansätze werden dabei besonders nach ihrer Bedeutung für die Entwicklung der Mitbestimmungslösung in der SE-RL 2001 untersucht.

§ 4 bildet den Kern der Arbeit. Hier wird die „Europäisierung“ der deutschen Mitbestimmung durch den Einzug der europäischen Mitbestimmungslösung des SE-Beteiligungsgesetzes in Deutschland thematisiert und dadurch die Ausführungen aus § 2 und § 3 zusammengeführt. Es wird die Umsetzungsgesetzgebung zur SE-RL 2001 in das deutsche Recht ausführlich dargestellt. Das wesentliche Anliegen besteht dabei darin, die von dem deutschen Gesetzgeber vorgenommene Umsetzung der Regelungen zur unternehmerischen Mitbestimmung der SE-RL 2001 in dem SE-Beteiligungsgesetz unter Herausarbeitung etwaiger bestehender Umsetzungsdefizite vorzustellen. Dabei werden auch die europa- und verfassungsrechtlichen Konfliktpunkte des deutschen Umsetzungsgesetzes aufgezeigt und bewertet. Da sich zum Zeitpunkt der Anfertigung der Arbeit die nationale Ausführungs- bzw. Umsetzungsgesetzgebung – nicht nur in Deutschland – noch im Fluss befand, war eine besonders zeitnahe Bewertung des gesetzgeberischen Handelns möglich. Im Ausblick zu § 4 wird abschließend die Frage aufgeworfen, ob das SE-Beteiligungsgesetz einen mitbestimmungsrechtlichen Bedeutungswandel in Deutschland eingeläutet hat. Dabei wird die rechtspolitische Einschätzung vorgenommen, inwieweit sich die zum Zeitpunkt des Inkrafttretens des Mitbestimmungsgesetzes gestellte Prognose des Gesetzgebers - mit dem Mitbestimmungsgesetz seien weder nachteilige Folgen für die Funktionsfähigkeit der Unternehmen noch für die Gesamtwirtschaft verbunden - nach Einzug der europäischen Mitbestimmungslösung des SE-Beteiligungsgesetzes bewahrheitet hat.

§ 2 Das Recht der Unternehmensmitbestimmung auf nationaler Ebene

A Grundlagen der deutschen Unternehmensmitbestimmung

I. Begriff der Mitbestimmung

Das Recht der Mitbestimmung befasst sich mit der institutionellen Teilhabe der Arbeitnehmer im Bereich von Wirtschaft und Arbeit, die durch Beteiligungsrechte der Arbeitnehmer bzw. ihrer Vertretungen am unternehmerischen Planungs- und Entscheidungsprozess im Betrieb und im Unternehmen verwirklicht wird.[11] Kernbestandteile der Arbeitnehmerbeteiligung stellen das Betriebsverfassungsrecht, das Personalvertretungsrecht und die Unternehmensmitbestimmung dar. Auf der überbetrieblichen Ebene kommt die Arbeit der Kollektivvertragsparteien hinzu, die durch Tarifvertrag und Arbeitskampf ihre Tarifautonomie verwirklichen.[12]

II. Dualismus der Mitbestimmung

Die Mitbestimmung der Arbeitnehmer erstreckt sich auf zwei unterschiedliche Ebenen: die der betrieblichen und die der unternehmerischen Beteiligung. Die Übergänge zwischen Betriebs- und Unternehmensmitbestimmung sind in der Praxis aufgrund ähnlicher Zielvorgaben und funktioneller Zusammenhänge oft fließend. Rechtlich stehen betriebliche und unternehmerische Mitbestimmung jedoch selbständig nebeneinander und sind streng voneinander zu trennen.[13]

---

[11] Vgl. Fitting/Wlotzke/Wißmann, Mitbestimmungsgesetz, Vorb., Rdnr. 1.

[12] Auf der „ersten Stufe" der Mitbestimmung stehen noch die individuellen „Beteiligungsrechte" der Arbeitnehmer, es handelt sich vor allem um Informationsrechte des Einzelnen, wie beispielsweise das Recht auf Einsicht in die Personalakte, Beschwerderechte und Anhörungs- und Erörterungsrechte zu betrieblichen Maßnahmen, die seine Person betreffen.

[13] Betriebsverfassungsrechtliche Befugnisse kollidieren zwar grundsätzlich nicht mit den Befugnissen des Aufsichtsrats, können aber den unternehmerischen Entscheidungsbereich berühren; weiterführend Edenfeld, Recht der Arbeitnehmermitbestimmung, Rdnr. 27; Raiser, Mitbestimmungsgesetz, Einl., Rdnr. 57 f.; Hanau/Ulmer, Mitbestimmungsgesetz, Einl., Rdnr. 51 ff.; Fitting/Wlotzke/Wißmann, Mitbestimmungsgesetz, Vorb., Rdnr. 15, 18; Buchner AG 1970, 127; Auffarth, RdA 1976, 2; Erdmann, RdA 1976, 87; Hanau, ZGR 1977, 397, 407 ff.; Martens, ZGR 1977, 422, 425 ff.; Richardi, AG 1979, 29, 34; Hanau, ZGR 1979, 524, 540 ff.;

1. Betriebliche Mitbestimmung

Die betriebliche Mitbestimmung stellt das kollektive Mitspracherecht im Betrieb dar. Sie wird durch den Betriebsrat (vgl. §§ 1 ff. Betriebsverfassungsgesetz), den Gesamtbetriebsrat (vgl. §§ 47 ff. Betriebsverfassungsgesetz), den Konzernbetriebsrat (vgl. §§ 54 ff. Betriebsverfassungsgesetz), und/oder den Europäischen Betriebsrat (vgl. 1 ff. Europäische Betriebsrätegesetz), sowie gegebenenfalls durch Sondervertretungen (z.B. Jugend- und Auszubildendenvertretung vgl. §§ 60 ff. Betriebsverfassungsgesetz) verwirklicht. Neben Unterrichtungs-, Anhörungs- und Beratungsrechten sieht die betriebliche Mitbestimmung eine Reihe erzwingbarer Mitbestimmungsrechte vor. Inhaltlich umfasst diese Form der Mitbestimmung soziale, personelle und wirtschaftliche Angelegenheiten, die den einzelnen Betrieb als der vorherrschenden Organisationseinheit der arbeitsteiligen Wirtschaft betreffen.[14]

2. Unternehmerische Mitbestimmung

Die unternehmerische Mitbestimmung betrifft die Beteiligung der Arbeitnehmer an der Auswahl und Kontrolle der Unternehmensleitung.[15] Sie soll garantieren, dass bei der unternehmerischen Planung neben den Interessen der Anteilseigner auch die Interessen der Arbeitnehmer berücksichtig werden. Um dies zu verwirklichen, greift das Recht der Unternehmensmitbestimmung in die gesellschaftsrechtlichen Strukturen eines Unternehmens ein,[16] indem die Einführung eines

---

Boewer, DB 1980, 673, 674; zum verfassungsrechtlichen Problem einer Kumulation von betrieblicher und unternehmerischer Mitbestimmung vgl. § 2 D I.

[14] BVerfGE 50, 290 ff., BVerfG Urteil vom 1. März 1979, 1 BvR 532, 533/77, 419/78, 1 BvL 21/78, NJW 1979, 699 ff.; Löwisch/Kaiser, Betriebsverfassungsgesetz, Einleitung, Rdnr. 1; Klinkhammer/Welslau, Mitbestimmung in Deutschland und Europa, S. 37; weil sie an die Arbeitgeber-Arbeitnehmer-Beziehung anknüpft, wird die betriebliche Mitbestimmung auch als arbeitsrechtliche Mitbestimmung bezeichnet; vgl. Richardi in Richardi, Betriebsverfassungsgesetz, Einleitung, Rdnr. 4.

[15] Richardi in Richardi, Betriebsverfassungsgesetz, Einleitung, Rdnr. 4; einschränkend Fitting/Wlotzke/Wißmann, Mitbestimmungsgesetz, Vorb., Rdnr. 1, wonach von einer tatsächlichen Unternehmensmitbestimmung nur dann gesprochen werden kann, wenn im Aufsichtsrat die Position der Vertreter der Arbeitnehmer im Verhältnis zu den Vertretern der Anteilseigner gleichgewichtig oder nahezu gleichgewichtig ist. Dies ist bei der nach § 4 Abs. 1 Drittelbeteiligungsgesetz statuierten Drittelbeteiligung nicht der Fall. Für eine derartige Differenzierung besteht jedoch kein sachlicher Grund, so dass dies bei der vorliegenden Begriffsbestimmung nicht berücksichtig wird.

[16] Die Beteiligungsform wird daher auch als organschaftliche, gesellschaftsrechtliche oder unternehmensverfassungsrechtliche Mitbestimmung bezeichnet.

Aufsichtsrates, der für Aktiengesellschaften bereits gesellschaftsrechtlich vorgeschrieben ist (vgl. §§ 95 ff. Aktiengesetz), für weitere Gesellschaftsformen statuiert wird.[17] Durch die Besetzung des Aufsichtsrats mit Vertretern der Arbeitnehmer wird den Arbeitnehmern ein direkter Einfluss auf die Unternehmenspolitik eingeräumt.[18]

Der Gegenstand der vorliegenden Arbeit beschränkt sich auf die Beteiligungsrechte der Arbeitnehmer, die sich unmittelbar auf die Unternehmensführung beziehen, mithin auf die unternehmerische Mitbestimmung. Wird im Folgenden der Begriff „Mitbestimmung" verwendet, so ist damit stets die Arbeitnehmerbeteiligung auf der Unternehmensebene gemeint.

III. ORGANISATIONSSTRUKTUR VON KAPITALGESELLSCHAFTEN

1. GRUNDSTRUKTUR DES DUALISTISCHEN SYSTEMS IN DEUTSCHLAND

Das deutsche Aktienrecht ist geprägt durch das Bekenntnis zur dualistischen Organisationsverfassung.[19] Wesentliches Kennzeichen einer dualistisch strukturierten Kapitalgesellschaft ist, dass zwischen dem für die Geschäftsführung und Vertretung, und dem für die Überwachung der Geschäftsleitung zuständigen Organ unterschieden wird.[20] In deutschen Aktiengesellschaften besteht, neben dem Vorstand als geschäftsführendem Leitungsorgan, der Aufsichtsrat als ein mit Kontrollkompetenz ausgestattetes zweites Organ.[21] Der Vorstand ist das mit der Ge-

---

[17] Hierzu § 2 A III 1.

[18] Löwisch, Arbeitsrecht, Rdnr. 836.

[19] Vgl. Hirte, Kapitalgesellschaftsrecht, S. 64; Lutter/Krieger, Rechte und Pflichten des Aufsichtsrats, S. 3; Schiessl, ZHR 167 (2003), 236, 237 ff.; Raiser, Recht der Kapitalgesellschaften, S. 130.

[20] Wiesner in Münchener Handbuch Gesellschaftsrecht Band 4, § 19, Rdnr. 2; Klinkhammer/Welslau, Mitbestimmung in Deutschland und Europa, S. 47; Hopt/Wymeersch, Comparative Corporate Governance, S. 3 f.; Raiser, Recht der Kapitalgesellschaften, S. 128; Raiser in Festschrift für Steindorff, S. 204; Theisen, AG 1989, 161, 165; Röller, AG 1994, 333, 334.

[21] Für Aktiengesellschaften besteht die gesetzliche Pflicht, einen Aufsichtsrat zu bilden (§ 95 Aktiengesetz). Nur für Kapitalgesellschaften wird es wegen der fehlenden persönlichen Verantwortung eines Gesellschafters für vertretbar gehalten, dass die unternehmerische Entscheidungsfindung dem Einfluss von Vertretern der Arbeitnehmerseite unterliegt; Hirte, Kapitalgesellschaftsrecht, S. 8; Seibt in Henssler/Willemsen/Kalb, Arbeitsrecht, § 4 MitbestG, Rdnr. 1; Naendrup in Fabricius, GK-MitbestG, § 4, Rdnr. 2. Bei Gesellschaften mit beschränkter Haftung muss ein Aufsichtsrat erst bei Eingreifen eines Mitbestimmungsgesetzes gebildet werden

schäftsführung eigenverantwortlich betraute Organ der Aktiengesellschaft (§ 76 Abs. 1 Aktiengesetz). Der Vorstand führt die Geschäfte der Gesellschaft und vertritt diese gerichtlich und außergerichtlich (§ 78 Abs. 1 Aktiengesetz). Bei der Wahrnehmung seiner Aufgaben hat er sich am Interesse des Unternehmens und am Gemeinwohl zu orientieren.[22] Die Vorstandsmitglieder, die vom Aufsichtsrat bestellt und abberufen werden (§ 84 Abs. 1 und Abs. 3 Aktiengesetz) müssen nicht Aktionäre der Gesellschaft sein,[23] dürfen aber nicht zugleich Mitglied im Aufsichtsrat der Gesellschaft sein (§ 105 Aktiengesetz). Der Aufsichtsrat kann ein Mitglied des Vorstandes zum Vorsitzenden ernennen, der die Sitzungen leitet und vorbereitet. Anders als beim Aufsichtsratsvorsitzenden, hat die Stimme des Vorstandsvorsitzenden regelmäßig kein besonderes Gewicht.[24] Die Zuständigkeitsbereiche der Vorstandsmitglieder können frei bestimmt werden. Nur bei Gesellschaften, die der unternehmerischen Mitbestimmung unterliegen, sind dem so genannten Arbeitsdirektor besondere Aufgaben zugewiesen. Als arbeitnehmerorientiertes Vorstandsmitglied soll er vor allem die Interessen der Arbeitnehmer zu Fragen der Personal- und Sozialpolitik vertreten.[25] Gemäß § 111 Abs. 4 S. 2 Aktiengesetz hat die Satzung oder der Aufsichtsrat zu bestimmen, dass bestimmte Arten von Geschäften von der Zustimmung des Aufsichtsrats abhängen.[26] Wird die Zustimmung verweigert, so kann die vom Vorstand angerufene Hauptversammlung die verweigerte Zustimmung ersetzen (§ 111 Abs. 4 S. 3 Aktiengesetz).

Der Aufsichtsrat ist das zur Überwachung der Geschäftsführung berufene Organ der Aktiengesellschaft (§ 111 Abs. 1 Aktiengesetz). Ansatzpunkt für die unter-

---

(§ 6 Mitbestimmungsgesetz, § 1 Abs. 1 S. 1 Nr. 3 Drittelbeteiligungsgesetz, § 3 Montanmitbestimmungsgesetz). Da sich die Arbeit schwerpunktmäßig mit der Mitbestimmung in einer Europäischen Aktiengesellschaft befasst, beschränken sich die Ausführungen auf die Rechtsform der Aktiengesellschaft.

[22] Schmidt, Gesellschaftsrecht, S. 805; Raiser, Recht der Kapitalgesellschaften, S. 141; Hüffer, Aktiengesetz, § 76, Rdnr. 12 f.

[23] Hüffer, Aktiengesetz, § 76, Rdnr. 25; Schmidt, Gesellschaftsrecht, S. 409.

[24] Hüffer, Aktiengesetz, § 84, Rdnr. 21; Schmidt, Gesellschaftsrecht, S. 812.

[25] Hanau/Ulmer, Mitbestimmungsgesetz, § 33, Rdnr. 39 ff.; Müller/Lehmann, Mitbestimmungsgesetz Bergbau und Eisen, § 13, Rdnr. 8; Raiser, Mitbestimmungsgesetz, § 33, Rdnr. 16; Fitting/Wlotzke/Wißmann, Mitbestimmungsgesetz, § 33, Rdnr. 35 f.; hierzu auch § 2 C I 3 c und § 2 C III 3 c.

[26] Hierzu Raiser in Festschrift für Steindorff, S. 205; Bleicher/Leberl/Paul, Unternehmensverfassung und Spitzenorganisation, S. 63.

nehmerische Mitbestimmung ist grundsätzlich dieses Organ. Die von den Anteilseignern zu bestellenden Mitglieder des Aufsichtsrates, die weder dem Vorstand der Gesellschaft angehören (§ 105 Aktiengesetz), noch gesetzliche Vertreter eines abhängigen Unternehmens sein dürfen (§ 100 Abs. 2 Nr. 2 Aktiengesetz), werden von der Hauptversammlung gewählt (§ 101 Abs. 1 S. 1 Aktiengesetz). Für die Wahl der Arbeitnehmervertreter gelten die besonderen Vorschriften des jeweils einschlägigen Mitbestimmungsgesetzes.[27] Aus der Mitte des Aufsichtsrates sind ein Vorsitzender und dessen Stellvertreter zu bestimmen (§ 107 Abs. 1 Aktiengesetz), wobei bei Gesellschaften, die dem Mitbestimmungsgesetz unterfallen, zusätzlich die §§ 27, 28, 29 Mitbestimmungsgesetz zu beachten sind.

2. Grundstruktur des anglo-amerikanischen monistischen Systems

Das in Deutschland geltende so genannte Dual-Board-System stellt im internationalen Vergleich einen Sonderweg dar.[28] In Abgrenzung hierzu steht das monistische System, das insbesondere kennzeichnend für das englische Gesellschaftsrecht ist.[29] Die Geschäftsleitung und Kontrolle ist hier in einem Organ, dem so genannten „board of directors“, vereint. Bemerkenswert ist, dass, im Gegensatz zum deutschen Aufsichtsratsystem, eine weitgehende Freiheit bei der

---

[27] Vgl. hierzu § 2 C I 3 b; § 2 C II 3 b; § 2 C III 3 b.

[28] Hopt in Hommelhoff/Hopt/von Werder, Handbuch Corporate Governance, S. 34; Lutter/Krieger, Rechte und Pflichten des Aufsichtsrats, S. 3; Hopt/Wymeersch, Comparative Corporate Governance, S. 13 f.; Wiedemann, Gesellschaftsrecht, S. 341 f.

[29] Mit Blick auf die Mitgliedstaaten sind als Vertreter des monistischen Systems daneben insbesondere Irland, Griechenland, Spanien und Portugal, sowie Luxemburg und Belgien zu nennen. Die Bundesrepublik Deutschland, die Niederlande und Dänemark gelten als Vertreter des dualistischen Systems; rechtsvergleichend hierzu Fudickar, Die Befugnisse des Aufsichtsrats in den Aktienrechten der Länder der Europäischen Gemeinschaft; Ulmer, Harmonisierungsschranken des Aktienrechts, S. 17 ff.; Bleicher/Paul, Unternehmensverfassung und Spitzenorganisation; Theisen, AG 1989, 161; Wymeersch, AG 1995, 299, 310; vgl. die Länderdarstellung in Hohloch, EU-Handbuch Gesellschaftsrecht; Windbichler, ZGR 1985, 50, 66 ff.; Ficker in Festschrift für Bärmann, S. 304 ff.; eine Darstellung der Rechtslage in England findet sich bei Baumann, Das Recht der Kapitalgesellschaften im englischen Rechtskreis, S. 11 f.; Atenstaedt, Mitbestimmung der Arbeitnehmer im Board britischer Kapitalgesellschaften; Triebel, Englisches Handels- und Wirtschaftsrecht, S. 155 ff.; Güthoff, Gesellschaftsrecht in Großbritannien, S. 38 ff.; Leupold, Die Europäische Aktiengesellschaft unter besonderer Berücksichtigung des deutschen Rechts, S. 74 ff.; Höfling, Das englische internationale Gesellschaftsrecht, S. 208; Hammen, WM 1999, 2487, 2494; Davies, ZGR 2001, 268, 270.

Ausgestaltung der Geschäftsführung gewährt wird.[30] In der Regel bilden sich im monistischen System zwei Arten von Mitgliedern innerhalb des Leitungsorgans heraus: die so genannten executive und die non-executive directors. Die geschäftsführenden Mitglieder übernehmen innerhalb des Leitungsorgans die Führung der laufenden Geschäfte. Durch Delegierung des boards erhalten sie die Kompetenzen, die für die Geschäftsführung der Gesellschaft und deren Vertretung erforderlich sind.[31] Die nicht geschäftsführenden Mitglieder sind hingegen von der Geschäftsführung entlastet. Sie nehmen nur an bestimmten Sitzungen teil und sind vor allem bei Grundsatzentscheidungen von Bedeutung.[32] Daneben sind sie insbesondere dazu bestimmt, innerhalb des Leitungsorgans die anderen board Mitglieder bei der Ausübung der ihnen übertragenen Befugnisse zu überwachen.[33] Obwohl also eine mit der deutschen Aktiengesellschaft vergleichbare Gesellschaftsform nur über ein einheitliches Leitungsorgan verfügt[34] und folglich einer gänzlich anderen Konzeption folgt, ist eine Annäherung der beiden Strukturtypen erkennbar.[35]

IV. BEGRIFF DER PARITÄT

Das deutsche Recht der Unternehmensmitbestimmung kennt, abhängig von der Eröffnung des Anwendungsbereichs eines Mitbestimmungsgesetzes,[36] eine „ech-

---

[30] Lustenberger, Die Verwaltung der Aktiengesellschaft und ihre Sorgfaltspflichten im englischen und schweizerischen Recht, S. 82; Ulmer, Harmonisierungsschranken des Aktienrechts, S. 26; Güthoff, Gesellschaftsrecht in Großbritannien, S. 38.

[31] Ficker in Festschrift für Bärmann, S. 314.

[32] Ulmer, Harmonisierungsschranken des Aktienrechts, S. 28.

[33] Vgl. Böckli in Hommelhoff/Hopt/von Werder, Handbuch Corporate Governance, S. 208 ff.; Ficker in Festschrift für Bärmann, S. 314; Wymeersch, AG 1995, 299, 310; zu der Rolle der geschäftsführenden Direktoren in einer SE vgl. § 3 C II 3 b; § 4 B IV 3 und § 4 B VII 8.

[34] Henn, Handbuch des Aktienrechts, Rdnr. 525.

[35] Vgl. Neuling, Deutsche GmbH und englische private company, S. 78; Windbichler, ZGR 1985, 50, 72 f.; Raiser in Festschrift für Semler, S. 289; Ficker in Festschrift für Bärmann, S. 319 f.; Davies, ZGR 2001, 268, 283 f.; Schiessl, ZHR 167 (2003), 235, 250; zu den Vorz ügen und Nachteilen der beiden Systeme vgl. die Diskussion um die Corporate Governance, Lutter, ZGR 2001, 224; Wiedemann, Gesellschaftsrecht, S. 341 ff.; Mertens in Zöllner, Kölner Kommentar zum Aktiengesetz, Vorb. § 95, Rdnr. 19; Berrar, Die Entwicklung der Corporate Governance in Deutschland im internationalen Vergleich, S. 202 ff.; Raiser in Festschrift für Steindorff, S. 208 f.; Hopt, ZGR 2000, 779, 783 ff.

[36] Vgl. hierzu § 2 C.

te“ paritätische, eine formell paritätische und eine unterparitätische Beteiligung der Arbeitnehmer im Aufsichtsorgan. Bei dieser Differenzierung wird nicht auf eine rein zahlenmäßige Betrachtung abgestellt. Auch wenn die Besetzung eines Gremiums unter gleichmäßiger Berücksichtigung verschiedener Gruppen vorgenommen wird, lässt sich eine Parität durch bestimmte Mechanismen derart unterlaufen, dass die Einflusschancen beider Seiten verändert werden und nur noch von einer „Quasi-Parität“ bzw. formellen Parität[37] gesprochen werden kann. Das Bundesverfassungsgericht geht, ohne allein auf eine zahlenmäßige Betrachtung abzustellen, von einer Parität aus, wenn ein Verhältnis zweier Parteien vorliegt „...in dem keine Seite imstande ist, eine von ihr gewünschte Entscheidung ohne die Zustimmung der anderen Seite oder doch eines Teils von ihr zu erzwingen, in dem daher auch jede Seite die andere hindern kann, ihre Ziele (allein) durchzusetzen“[38]. Bei einer paritätischen Mitbestimmung ist danach weder die Seite der Anteilseigner noch die der Arbeitnehmer in der Lage, ohne Zustimmung wenigstens eines Teiles der Gegenseite oder eines neutralen Aufsichtsratsmitglieds ihre Ziele durchzusetzen.[39]

V. Bedeutung für den Gang der Untersuchung

Im Rahmen der Klärung der zentralen Begrifflichkeiten wurde der Untersuchungsgegenstand der Arbeit auf die unternehmerische Mitbestimmung in Aktiengesellschaften beschränkt. Die Ausführungen bilden den Ausgangspunkt der Darstellung der Rechtsgrundlagen der deutschen Unternehmensmitbestimmung in § 2 C und stellen gleichfalls die Grundlage der Untersuchung der europäischen (vgl. § 3) und der „europäisierten“ (vgl. § 4) Unternehmensmitbestimmung dar. So müssen sich sowohl die SE-RL 2001 als auch das deutsche Umsetzungsgesetz zur SE-RL 2001 mit den Begriffen der Mitbestimmung und dem Dualismus der Mitbestimmung auseinander setzen (vgl. § 3 C III, § 4 B II und § 4 B III). Die grundlegenden Unterschiede zwischen dem dualistischen und dem monistischen System sollte durch die Darstellung unter § 2 A III verdeutlicht werden und dabei die Besonderheit des „Einzugs des monistischen Verwaltungssystems in Deutschland“[40] durch die Rechtsform der Europäischen Aktiengesellschaft her-

---

[37] So Oetker in Erfurter Kommentar, Einl. Mitbestimmungsgesetz, Rdnr. 1.

[38] BVerfGE 50, 290, 322 f.

[39] Vgl. Naendrup in Fabricius, GK-MitbestG, Einl. II, Rdnr. 3.

[40] So Maul, BB 2003, 1.

vorheben. Das monistische System wird im Rahmen der Analyse einer mitbestimmten, monistisch verfassten Europäischen Aktiengesellschaft vertiefend dargestellt (vgl. § 4 B VII 8). Auch der Begriff der Parität spielt in diesem Zusammenhang erneut eine Rolle, wenn in § 4 B VII 8 die Frage aufgeworfen wird, ob ein mit einer gleichen Anzahl an Arbeitnehmer- und Anteilseignervertretern besetzter Verwaltungsrat einer SE noch als formell paritätisch bewertet werden kann.

B GRUNDZÜGE DER HISTORISCHEN ENTWICKLUNG DER DEUTSCHEN UNTERNEHMENSMITBESTIMMUNG

I. VON DER WEIMARER ZEIT BIS ZUM ENDE DES ZWEITEN WELTKRIEGES

Bis zur Entstehung des heutigen Mitbestimmungssystems in Deutschland war es ein Jahrzehnte langer Prozess.[41] Das Bestreben nach einer Beteiligung von Arbeitnehmern auf Unternehmensebene wurde erstmals in der Weimarer Republik gesetzlich verankert. Artikel 165 Abs. 2 der Weimarer Reichsverfassung stattete das Ziel, Arbeitsausschüsse zur Wahrnehmung der sozialen und wirtschaftlichen Interessen der Arbeitnehmer durch ein System der Mitbestimmung auf Unternehmensebene und in der Gesamtwirtschaft zu bilden, mit Verfassungsrang aus. Diesem Auftrag kam der Gesetzgeber mit dem Betriebsrätegesetz vom 4. Februar 1920[42] nach. § 70 Betriebsrätegesetz schrieb eine Entsendung von ein oder zwei Betriebsratsmitgliedern in den Aufsichtsrat von Aktiengesellschaften und gleichartigen Aufsichtsorganen anderer Unternehmen vor.[43]

---

[41] Raiser datiert den Beginn der politischen Geschichte der Mitbestimmung auf 1849 mit der Revolution von 1848 und dem ersten großen deutschen Arbeiterkongress im Sommer 1848 in Berlin, vgl. Raiser, Mitbestimmungsgesetz, Einl., Rdnr. 1; zur geschichtlichen Entwicklung im Überblick, Köstler, Das steckengebliebene Reformvorhaben, S. 34 ff.; Kittner/Fuchs/Zachert/Köstler, Arbeitnehmervertreter im Aufsichtsrat Band 1, Rdnr. 12 ff.

[42] RGBl. I, S. 147.

[43] Ausführungsbestimmungen zu § 70 Betriebsrätegesetz finden sich in dem Gesetz über die Entsendung von Betriebsratsmitglieder in den Aufsichtsrat vom 15. Februar 1922, RGBl I, S. 209; näher hierzu Köstler, Das steckengebliebene Reformvorhaben, S. 19 ff.; Hans-Böckler-Stiftung (Hrsg.), Die Praxis der Weimarer Betriebsräte im Aufsichtsrat.

In der Zeit des Nationalsozialismus wurden diese ersten mitbestimmungsrechtlichen Schritte rückgängig gemacht. § 65 des Gesetzes zur Ordnung der nationalen Arbeit vom 20. Januar 1934[44] beseitigte die Regelung des Betriebsrätegesetzes.

II. Nach dem Ende des Zweiten Weltkrieges

Erst nach dem Ende des zweiten Weltkrieges, unter dem Einfluss der Besatzungsmächte und den Bemühungen des Wiederaufbaus der deutschen Industrie, nahm die Entwicklung der Mitbestimmung schließlich ihren gesetzlichen und meist von breiter gesellschaftlicher Diskussion[45] begleiteten Lauf.

1. Montanindustrie

In der Entstehungsgeschichte des deutschen Mitbestimmungsrechts nimmt die Montanindustrie eine Sonderstellung ein.[46] Die großen eisen- und stahlerzeugenden Konzerne wurden nach dem zweiten Weltkrieg durch die Besatzungsmächte entflochten, und mit dem Plan einer Überführung der Montanindustrie in öffentliches Eigentum, unter Treuhandverwaltung gestellt. Zwischen dem Dachverband aus den entflochtenen Unternehmen[47] und den Gewerkschaften kam es schließlich zu einer vertraglich festgelegten „echten" paritätischen Besetzung der Aufsichtsräte in der Montanindustrie.[48] Eine Kodifizierung dieser freiwilligen Mitbestimmungsform wurde allerdings erst nach einem „Kampf um die Regelung der

---

[44] RGBl. I, S. 45.

[45] Vgl. zur öffentlichen Diskussion die Übersicht vom Deutschen Industrieinstitut (Hrsg.), Mitbestimmung in der Diskussion II; weiterführend zur Entwicklungsgeschichte Köstler, Das steckengebliebene Reformvorhaben, S. 19 ff.

[46] Hierzu insbesondere Potthoff, Der Kampf um die Montan-Mitbestimmung; Peters, Montanmitbestimmung Dokumente ihrer Entstehung; Köstler, Das steckengebliebene Reformvorhaben, S. 19 ff.

[47] Das Betriebsvermögen wurde zum Zweck der Dekartellisierung auf 25 Nachfolgegesellschaften übertragen, die sich unter einem Dachverband organisiert hatten.

[48] Vgl. beispielsweise die Betriebsvereinbarung der Stahlwerke Bochum AG vom Juli 1947 sowie die Betriebsvereinbarung der Stahlwerke Osnabrück AG vom Februar 1950, Peters, Montanmitbestimmung Dokumente ihrer Entstehung, S. 112 ff.; hierzu auch Spieker, Der Aufsichtsrat der mitbestimmten Montan-GmbH, S. 55 ff.; Potthoff, Der Kampf um die Montan-Mitbestimmung, S. 40 ff.; Thum, Mitbestimmung in der Montanindustrie, S. 11, S. 35 ff.; Papier AG 1978, 285 ff.; Wlotzke/Wißmann, DB 1981, 623.

Montanmitbestimmung“[49] verwirklicht.[50] Unter dem Druck eines sich zuspitzenden Streiks wurde 1951 schließlich das Montanmitbestimmungsgesetz[51] erlassen. Als erstes Mitbestimmungsgesetz der Bundesregierung verabschiedet[52], gilt das Montanmitbestimmungsgesetz von 1951 als "Urform" der deutschen Mitbestimmung.[53]

2. Sicherung der Mitbestimmung

Im Laufe der Zeit entstanden, aufgrund von Unternehmenskonzentrationen und Umstrukturierungen in der Montanindustrie, zunehmend Konzernobergesellschaften, die selbst nicht mehr dem Montanmitbestimmungsgesetz unterfielen.[54] Als die paritätische Mitbestimmung faktisch leer zu laufen drohte, wurden auf Druck der Gewerkschaften immer wieder Ergänzungs-, Änderungs- und Sicherungsgesetze erlassen,[55] die alle das gleiche Ziel verfolgten: die Sicherung der

---

[49] Kittner/Fuchs/Zachert/Köstler, Arbeitnehmervertreter im Aufsichtsrat Band 1, Rdnr. 32.

[50] Hierzu Potthoff, Der Kampf um die Montan-Mitbestimmung, S. 77; Stollreither, Mitbestimmung. Ideologie oder Partnerschaft, S. 146 ff.

[51] Gesetz über die Mitbestimmung der Arbeitnehmer in den Aufsichtsräten und Vorständen der Unternehmen des Bergbaus und der Eisen und Stahl erzeugenden Industrie vom 21. Mai 1951, BGBl. I, S. 347.

[52] Zum Gesetzgebungsverfahren, vgl. Höcker/Johannsen, Mitbestimmung der Arbeitnehmer im Kohle- und Eisenbergbau und in der Eisen und Stahl erzeugenden Industrie, S. 23 ff.; Boldt, RdA 1951, 169 f.

[53] Vgl. auch Kötter, Mitbestimmungsrecht, Einf., S. XI; Müller/Lehmann, Mitbestimmungsgesetz Bergbau und Eisen, S. 23; Boldt, RdA 1951, 169.

[54] Hierzu Lehmann, BB 1952, 48, 49; Bender, NJW 1953, 1493; Boldt, BB 1953, 893; Kötter, NJW 1954, 209; Wlotzke/Wißmann, DB 1981, 623, 624; Peus, AG 1982, 206, 207 ff.

[55] Durch die Einführung eines ersten „Sicherungsgesetzes“, dem Montanmitbestimmungsergänzungsgesetz von 1956 wurde der Anwendungsbereich zunächst auf Konzernobergesellschaften erstreckt, indem auf das Erfordernis einer Montanquote von über 50 % für die Konzernobergesellschaft, die einen mehrheitlich im Montanbereich tätigen Konzern durch Organschaft beherrscht, verzichtet wurde; es folgten weitere verfassungsrechtlich umstrittene Sicherungsgesetze, die dem laufenden Bedeutungsverlust der Montanmitbestimmung entgegen wirken sollten; hierzu Kittner/Fuchs/Zachert/Köstler, Arbeitnehmervertreter im Aufsichtsrat Band 1, Rdnr. 34 ff.; Wißmann in Münchener Handbuch Arbeitsrecht Band 3, § 381, Rdnr. 7, § 382, Rdnr. 1 ff.; Wißmann in Festschrift für Däubler, S. 385, 386 ff.; Kunze, ArbuR 1958, 289; Kittner, BB 1971, 1057; von Zezschwitz, BB 1971, 479; Scholz, AG 1972, 195, 197 ff.; Wlotzke/Wißmann, DB 1981, 623; Engels, BB 1981, 1349; Wißmann, NJW 1982, 423; Preis, ArbuR 1983, 161; Wißmann, DB 1989, 426; Buchner, NZA Beilage 1/1989, 2, 19.

Montanmitbestimmung, falls ein Unternehmen aus dieser herausfallen sollte. Die Geschichte der Montanmitbestimmung ist deshalb zugleich „die Geschichte immer neuer Bemühungen um ihre Sicherung“[56].

3. Drittelbeteiligungsgesetz

Am 11. Oktober 1952 wurde das erste Betriebsverfassungsgesetz erlassen.[57] Im Vergleich zu dem Mitbestimmungsstandard der Montanmitbestimmung war das Betriebsverfassungsgesetz ein deutlicher Rückschritt. Anders als die „echte“ paritätische Besetzung nach der Montanmitbestimmung ist nur noch eine drittelparitätische Besetzung des Aufsichtsrats vorgesehen. Bis zum 1. Juli 2004 galt das Betriebsverfassungsgesetz 1952 fort, obwohl es in seinen betriebsverfassungsrechtlichen Teilen bereits 1972 durch das Betriebsverfassungsgesetz[58] ersetzt wurde.[59] Mit dem Zweiten Gesetz zur Vereinfachung der Wahl der Arbeitnehmervertreter in den Aufsichtsrat[60] wurde das Drittelbeteiligungsgesetz in das deutsche Mitbestimmungssystem verankert. Es tritt an die Stelle des Betriebsverfassungsgesetzes von 1952.[61]

4. Mitbestimmungsgesetz

Nach weiterer lebhafter öffentlicher[62] und politischer[63] Diskussion über die Wirkung des Instituts der Mitbestimmung,[64] trat schließlich das Mitbestimmungsge-

---

[56] Wißmann, DB 1989, 426.

[57] Betriebsverfassungsgesetz vom 11. Oktober 1952, BGBl. I, S. 681.

[58] Betriebsverfassungsgesetz vom 25. September 1972, BGBl. I, S. 2518.

[59] § 129 Abs. 1 S. 1 Betriebsverfassungsgesetz ordnete die Weitergeltung der §§ 76 bis 77 a, 81, 85 und § 87 Betriebsverfassungsgesetz 1952 an; vgl. hierzu Fitting/Kaiser/Heither/Engels, Betriebsverfassungsgesetz, Betriebsverfassungsgesetz 1952, Vorbemerkung, Rdnr. 7.

[60] Drittelbeteiligungsgesetz vom 18. Mai 2004, BGBl. I, S. 974 ff.

[61] Eine Analyse der durch das Drittelbeteiligungsgesetz angestrebten Modernisierung des Unternehmensmitbestimmungsrechts liefern Seibt, NZA 2004, 767 ff.; sowie Beauregard, DB 2004, 1430 f.

[62] Vgl. nur den Beitrag von Briefs, Mitbestimmung und kein Ende, FAZ vom 2. November 1968, S. 17.

[63] Eine zusammenfassende Darstellung der Vorschläge der Parteien und der einzelnen Interessenverbände zur Frage der Unternehmensmitbestimmung findet sich bei Biener, RdA 1971,

setz vom 4. Mai 1976[65] in Kraft, das eine formell paritätische Besetzung des Aufsichtsrats vorsieht.[66] Die Auseinandersetzungen um das Mitbestimmungsgesetz endeten auch nach dessen Verabschiedung nicht und gipfelten schließlich in einer grundlegenden Entscheidung des Bundesverfassungsgerichts.[67]

III. BEDEUTUNG FÜR DEN GANG DER UNTERSUCHUNG

Das deutsche Mitbestimmungsrecht unterlag stets einem dynamischen Wandel. Der geschichtliche Überblick über das deutsche Mitbestimmungsrecht zeigt, dass sich die gesetzlichen Regelungen an die gesellschaftsrechtlichen und politischen Vorgaben angepasst haben. Mit der zunehmenden Europäisierung, zu welcher unter anderem die Einführung der supranationalen Rechtsform der SE beigetragen hat, fand ein neuer Entwicklungsschritt statt. Welche Bedeutung dieser Impuls für die weitere Entwicklung des deutschen Mitbestimmungsgesetzes haben könnte, wird in § 4 C untersucht.

---

174 ff.; zum Gesetzgebungsprozess vgl. Fitting/Wlotzke/Wißmann, Mitbestimmungsgesetz, Vorb., Rdnr. 62 ff.; Heel, Mitbestimmungsgesetz 1976, S. 28 ff.; ausführlich Warlich, Die Entstehung des Mitbestimmungsgesetzes 1976.

[64] Vgl. hierzu insbesondere die Ergebnisse der im Jahr 1968 eingesetzten Sachverständigenkommission zur Auswertung der bisherigen Erfahrungen der Mitbestimmung („Biedenkopf-Kommission"), Bericht der Mitbestimmungskommission, BT-Drucks. VI/334.

[65] Gesetz über die Mitbestimmung der Arbeitnehmer vom 4. Mai 1976, BGBl. I, S. 1153.

[66] Auch wenn das Mitbestimmungsgesetz eine numerisch gleiche Besetzung des Aufsichtsrats mit Anteilseigner- und Arbeitnehmervertreter vorsieht, so wird doch gewährleistet, dass den Anteilseignern ein leichtes Übergewicht zusteht, und die Mitbestimmung nach dem Mitbestimmungsgesetz unterhalb einer Parität bleibt; BVerfGE, 50 290, 323 f.

[67] BVerfGE 50, 290 ff.; ausführlich hierzu § 2 D I.

C Rechtsgrundlagen der deutschen Unternehmensmitbestimmung

I. Montanmitbestimmungsgesetz und Montanmitbestimmungsergänzungsgesetz

1. Geltungsbereich

Für die Unternehmen der Bergbau- und Stahlindustrie mit Sitz in Deutschland bilden das Montanmitbestimmungsgesetz und das Montanmitbestimmungsergänzungsgesetz die gesetzlichen Grundlagen für das Mitbestimmungsrecht der Arbeitnehmer auf Unternehmensebene.[68] Unternehmen in der Rechtsform der Aktiengesellschaft und Gesellschaften mit beschränkter Haftung unterfallen dem Anwendungsbereich der Montanmitbestimmung, wenn sie in der Regel[69] mehr als 1000 Arbeitnehmer[70] beschäftigen.[71] Erfüllt ein Unternehmen einmal diese Anwendungsvoraussetzungen, so unterliegt es erst dann nicht mehr dem Montanmitbestimmungsgesetz, wenn in sechs aufeinander folgenden Geschäftsjahren die Voraussetzungen nicht mehr vorgelegen haben (§ 1 Abs. 3 Montanmitbestimmungsgesetz).[72] Zweck dieser Verlängerungsklausel ist die Sicherung der

---

[68] Hierzu Boldt, Mitbestimmungsgesetz Eisen und Kohle, § 1, Anm. 2 ff.; Müller/Lehmann, Mitbestimmungsgesetz Bergbau und Eisen, § 1, Rdnr. 6 ff.; Kötter, Mitbestimmungsrecht, § 1, Anm. 1; Wiesner, ArbuR 1978, 73; Engels BB 1981, 1349, 1355 ff.; Konzen, AG 1983, 289.

[69] Zum Merkmal „in der Regel" vgl. Fitting/Kaiser/Heither/Engels, Betriebsverfassungsgesetz, § 1, 271 ff.; Fitting/Wlotzke/Wißmann, Mitbestimmungsgesetz, § 1, Rdnr. 25.; Raiser, Mitbestimmungsgesetz, § 1, Rdnr. 18; Richardi in Richardi, Betriebsverfassungsgesetz, § 1, Rdnr. 116; Rumpff in Fabricius, GK-MitbestG, § 1, Rdnr. 17.

[70] Es wird auf den Arbeitnehmerbegriff des Betriebsverfassungsgesetzes zurückgegriffen. Dieser umfasst die abhängig Beschäftigten mit Ausnahme der leitenden Angestellten, Wißmann in Münchener Handbuch Arbeitsrecht Band 3, § 371, Rdnr. 2; dazu auch Boldt, Mitbestimmungsgesetz Eisen und Kohle, § 1, Anm. 5 a; Kötter, Mitbestimmungsrecht, § 1, Anm. 24; Müller/Lehmann, Mitbestimmungsgesetz Bergbau und Eisen, § 1, Rdnr. 27.

[71] Auch „Einheitsgesellschaften" unterfallen – unabhängig von ihrer Beschäftigungszahl - dem Montanmitbestimmungsgesetz, § 1 Abs. 2 Montanmitbestimmungsgesetz; näher zu dem Begriff der Einheitsgesellschaft, Kötter, Mitbestimmungsrecht, § 1, Anm. 25; Wlotzke/Wißmann, DB 1981, 623, 628, Fn. 64.

[72] Eingeführt durch das Änderungsgesetz vom 21. Mai 1981, BGBl. I, S. 441; hierzu Wißmann in Münchener Handbuch Arbeitsrecht Band 3, § 381, Rdnr. 7; Schupp, Mitbestimmungsbeibehaltung bei Veränderung der Unternehmensstruktur, S. 123 ff.; Engels, BB 1981, 1349, 1354; Wißmann, NJW 1982, 423, 425; Preis, ArbuR 1983, 161.

Montanmitbestimmung. Aus demselben Grund wurde auch das Montanmitbestimmungsergänzungsgesetz erlassen.[73] Es erweitert den Anwendungsbereich des Montanmitbestimmungsgesetzes auf Konzernobergesellschaften in der Rechtsform der Aktiengesellschaft und der Gesellschaft mit beschränkter Haftung, die ein anderes Unternehmen beherrschen, das unter das Montanmitbestimmungsgesetz fällt, ohne selbst nach dem Montanmitbestimmungsgesetz mitbestimmungspflichtig zu sein, sofern der Unternehmenszweck des Konzerns durch die abhängigen Konzernunternehmen gekennzeichnet wird.[74] Dabei genügt es, wenn die dem Montanmitbestimmungsergänzungsgesetz unterliegenden Konzernunternehmen und abhängigen Unternehmen insgesamt mindestens 20 % der Wertschöpfung des ganzen Konzerns erzielen (vgl. § 1 bis § 3 Montanmitbestimmungsergänzungsgesetz).[75]

2. Funktionsweise der Mitbestimmung

Der Aufsichtsrat eines Unternehmens, das dem Montanmitbestimmungsgesetz unterfällt, besteht regelmäßig aus 11 Mitgliedern (§ 4 Abs. 1 S. 1 Montanmitbe-

---

[73] Zum geschichtlichen Hintergrund, vgl. bereits § 2 B.

[74] Hierzu Wißmann in Münchener Handbuch Arbeitsrecht Band 3, § 372, Rdnr. 3 f.; Boldt, Mitbestimmungsergänzungsgesetz, § 1, Rdnr. 1 ff.; Gessler, BB 1956, 625; Kunze, ArbuR 1956, 225; Zilias, NJW 1957, 325; Kunze, ArbuR 1958, 289; Schnorr von Carolsfeld, RdA 1963, 249; Wißmann, DB 1989, 426; Spindler, AG 1994, 258.

[75] Die in § 3 Abs. 2 S. 1 Nr. 2 Montanmitbestimmungsergänzungsgesetz geregelte Alternative, wonach die dem Montanmitbestimmungsgesetz unterliegenden Konzernunternehmen und abhängigen Unternehmen insgesamt in der Regel mehr als 2000 Arbeitnehmer beschäftigen, kann die Anwendung des Montanmitbestimmungsergänzungsgesetzes nicht mehr begründen. Diese Regelung wurde durch das Bundesverfassungsgericht als unvereinbar mit Artikel 3 Grundgesetz erklärt. Als Begründung wurde insbesondere aufgeführt, das Quorum von 2000 Arbeitnehmer sei ungeeignet, einen ausreichenden, die Fortgeltung der Montanmitbestimmung rechtfertigenden Montanbezug zu gewährleisten; BVerfGE 99, 367 ff.; hierzu Loritz, Anmerkung zu BVerfG Urteil vom 2. März 1999, SAE 2000, 56 ff.; zu der verfassungsrechtlichen Auseinandersetzung bezüglich der unterschiedlichen Eintritts- und Austrittskriterien des Mitbestimmungsergänzungsgesetzes, vgl. Friauf, Verfassungsmäßigkeit des Gesetzes zur Sicherung der Montan-Mitbestimmung, S. 4 ff.; Nagel, Mitbestimmung im Montankonzern und Grundgesetz, S. 9 ff.; Wißmann in Münchener Handbuch Arbeitsrecht Band 3, § 382, Rdnr. 1 ff. mit weiteren Nachweisen; zu der jüngsten Änderung des Anwendungsbereiches des Montanmitbestimmungsergänzungsgesetzes durch das Zweite Gesetz zur Vereinfachung der Wahl der Arbeitnehmervertreter in den Aufsichtsrat, vgl. Seibt, NZA 2004, 767, 773 f.; Beauregard, DB 2004, 1430, 1431.

stimmungsgesetz).[76] Bei Unternehmen, die dem Montanmitbestimmungsergänzungsgesetz unterliegen, ist grundsätzlich ein Aufsichtsrat aus 15 Mitgliedern zu bilden (§ 5 Abs. 1 S. 1 Montanmitbestimmungsergänzungsgesetz).[77] Die Besonderheit der Montanmitbestimmung liegt in einer „echten" paritätischen Besetzung des Aufsichtsrats, d.h., er ist mit einer gleichen Anzahl an Arbeitnehmer- und Anteilseignervertretern besetzt. Mit dieser „echten" paritätischen Besetzung und dem Arbeitsdirektor als einem von den Gewerkschaften normierten, gleichberechtigten Mitglied des Vorstandes ist die Machtposition der Arbeitnehmer enorm. Schon deshalb war und ist die „echte" Parität der Montanmitbestimmung stets das gewerkschaftliche Leitbild für die Entwicklung des Mitbestimmungsrechts in Deutschland.[78]

3. AUSGESTALTUNG IM EINZELNEN

a. PERSONELLE ZUSAMMENSETZUNG DES AUFSICHTSRATS

Der Aufsichtsrat setzt sich nach dem Montanmitbestimmungsgesetz aus jeweils 5 Vertretern der Anteilseigner und der Arbeitnehmer sowie einem weiteren „neutralen" Mitglied zusammen (vgl. § 4 Abs. 1 S. 2 Montanmitbestimmungsgesetz). Von den 5 Arbeitnehmervertretern müssen 2 dem Unternehmen selbst angehören (§ 6 Abs. 1 S. 1 Montanmitbestimmungsgesetz).[79] Hinzu kommt ein weiterer Arbeitnehmervertreter, der in keinem näheren Verhältnis zum Unternehmen und zu den Gewerkschaften stehen darf (§ 4 Abs. 2 Montanmitbestim-

---

[76] Bei Gesellschaften mit einem Nennkapital von mehr als 10 Millionen Euro ist eine Erweiterung auf 15 Aufsichtsratsmitglieder, bei Gesellschaften mit einem Nennkapital von mehr als 25 Millionen Euro auf 21 Mitglieder möglich, vgl. § 9 Abs. 1 und Abs. 2 Montanmitbestimmungsgesetz.

[77] Bei einem Gesellschaftskapital von mehr als 25 Millionen Euro kann dieser auch auf 21 Mitglieder erweitert werden, § 5 Abs. 1 S. 2 Montanmitbestimmungsergänzungsgesetz.

[78] Vgl. nur den DGB-Entwurf eines Gesetzes über die Mitbestimmung der Arbeitnehmer in Großunternehmen und Großkonzernen vom 5. Oktober 1982, RdA 1983, 41; Hassel/Kluge, Gewerkschaftliche Monatshefte 1999, 168, 169; jüngst Schmoldt, Mitbestimmung und Reformbedarf aus gewerkschaftlicher Sicht in Rieble, Zukunft der Unternehmensmitbestimmung, § 5, Rdnr. 19, 26.

[79] Die Differenzierung zwischen Vertretern der Arbeiter und der Angestellten wurde aufgehoben durch das Gesetz vom 23. Juli 2001 (BGBl. I, S. 1852); Raiser, Mitbestimmungsgesetz, Einl., Rdnr. 9.

mungsgesetz).[80] Für die restlichen zwei Vertreter auf der Arbeitnehmerbank bestehen keine gesetzlichen Einschränkungen.

Bei Unternehmen, die dem Montanmitbestimmungsergänzungsgesetz unterfallen, sitzen im Kontrollorgan je 7 Vertreter der Anteilseigner und der Arbeitnehmer sowie ein weiteres Mitglied (§ 5 Abs. 1 S. 1 Montanmitbestimmungsergänzungsgesetz). Es müssen sich unter den Arbeitnehmervertretern 5 Arbeitnehmer aus Konzernunternehmen und 2 Gewerkschaftsvertreter befinden (§ 6 Abs. 1 S. 1 Montanmitbestimmungsergänzungsgesetz).

b. Wahl der Arbeitnehmervertreter

Die betriebsangehörigen Vertreter der Arbeitnehmer werden von dem Betriebsrat gewählt und der Hauptversammlung, als das zuständige Wahlorgan vorgeschlagen (§ 6 Abs. 1 S. 2 Montanmitbestimmungsgesetz). Für die drei weiteren Arbeitnehmervertreter können die Spitzenorganisationen dem Betriebsrat unverbindliche Vorschläge unterbreiten. Der Betriebsrat stimmt dann in geheimer Wahl über die Vorschläge ab. Das Wahlorgan ist an die Vorschläge des Betriebsrats gebunden (§ 6 Abs. 3 bis Abs. 6 Montanmitbestimmungsgesetz). Die Wahl des „neutralen" Mitglieds richtet sich nach § 8 Abs. 1 Montanmitbestimmungsgesetz, wonach auf Vorschlag der übrigen Aufsichtsratsmitglieder die Wahl durch das Wahlorgan erfolgt.

Bei einem Unternehmen, das unter den Anwendungsbereich des Montanmitbestimmungsergänzungsgesetzes fällt, werden die Arbeitnehmervertreter im Wahlmännerverfahren bzw. bei einem Konzern mit weniger als 8000 Mitarbeitern in unmittelbarer Wahl gewählt (vgl. § 7 Abs. 1 und Abs. 2 Montanmitbestimmungsergänzungsgesetz).[81]

---

[80] Das bedeutet, es darf kein Repräsentant einer Gewerkschaft, Arbeitgebervereinigung oder Spitzenorganisation der Verbände sein, oder zu diesen in einem ständigen Dienstverhältnis stehen, weder zum Zeitpunkt der Wahl noch im Laufe des letzten Jahres davor, sowie im Unternehmen tätig, oder an diesem besonders wirtschaftlich interessiert sein, vgl. § 4 Abs. 2 Montanmitbestimmungsgesetz.

[81] Die Einzelheiten der Wahl der Aufsichtsratsmitglieder der Arbeitnehmer nach dem Montanmitbestimmungsergänzungsgesetz sind in der Wahlordnung zum Mitbestimmungsergänzungsgesetz (BGBl. I, S. 147) geregelt.

c. Arbeitnehmerorientiertes Mitglied im Leitungsorgan

Als gleichberechtigtes Mitglied des zur gesetzlichen Vertretung berufenen Organs wird ein so genannter Arbeitsdirektor bestellt (§ 13 Abs. 1 S. 1 Montanmitbestimmungsgesetz und § 13 Montanmitbestimmungsergänzungsgesetz in Verbindung mit § 13 Abs. 1 S. 1 Montanmitbestimmungsgesetz). Als arbeitnehmerorientiertes Vorstandsmitglied soll er vor allem die Interessen der Arbeitnehmer zu Fragen der Personal- und Sozialpolitik vertreten.[82] Seine Bestellung und Abberufung kann, anders als nach den Vorschriften des Mitbestimmungsgesetzes[83], nicht gegen die Stimmen der Mehrheit der gewählten Arbeitnehmervertreter erfolgen.[84]

II. Drittelbeteiligungsgesetz

1. Geltungsbereich

Das Drittelbeteiligungsgesetz erfasst Unternehmen, die in der Rechtsform der Aktiengesellschaft, Kommanditgesellschaft auf Aktien, Gesellschaft mit beschränkter Haftung, Versicherungsverein auf Gegenseitigkeit und Erwerbs- und Wirtschaftsgenossenschaften geführt werden und in der Regel[85] mehr als 500[86]

---

[82] Hanau/Ulmer, Mitbestimmungsgesetz, § 33, Rdnr. 39 ff.; Müller/Lehmann, Mitbestimmungsgesetz Bergbau und Eisen, § 13, Rdnr. 8; Raiser, Mitbestimmungsgesetz, § 33, Rdnr. 16; Fitting/Wlotzke/Wißmann, Mitbestimmungsgesetz, § 33, Rdnr. 35 f.

[83] Vgl. § 2 C III 3 c.

[84] Vgl. Raiser, Mitbestimmungsgesetz, Einl., Rdnr. 12.

[85] Auch nach dem Betriebsverfassungsgesetz 1952 war anerkannt, dass es für die Berechnung der Arbeitnehmerzahl auf den regelmäßigen Beschäftigungsstand ankommt. Durch den Wortlaut „in der Regel" wurde dies nun gesetzlich klargestellt; Huke/Prinz, BB 2004, 2633.

[86] Das Erfordernis von mindestens 500 Arbeitnehmer gilt nur für Aktiengesellschaften und Kommanditgesellschaften auf Aktien, die nach dem 9. August 1994 eingetragen worden sind. Wurden sie vor diesem Stichtag eingetragen und beschäftigen sie weniger als 500 Arbeitnehmer, so sind sie nach § 1 Abs. 1 S. 1 Nr. 1 Drittelbeteiligungsgesetz nur dann von der Mitbestimmungspflicht befreit, wenn sie Familiengesellschaften sind; zu dem Begriff der Familiengesellschaft vgl. § 1 Abs. 1 Nr. 1 S. 3 Drittelbeteiligungsgesetz; hierzu Oetker in Erfurter Kommentar, § 76 Betriebsverfassungsgesetz 1952, Rdnr. 9; Kraft in GK-BetrVG, § 76 Betriebsverfassungsgesetz 1952, Rdnr. 144; kritisch zur Beibehaltung dieser Regelung im Drittelbeteiligungsgesetz, Seibt, NZA 2004, 767, 768; Huke/Prinz, BB 2004, 2633.

und weniger als 2000 Arbeitnehmer[87] beschäftigen, soweit sie nicht unter den Anwendungsbereich der Montanmitbestimmung fallen (vgl. § 1 Abs. 1 S. 1 Nr. 1 bis Nr. 5, Abs. 2 S. 1 Nr. 1 Drittelbeteiligungsgesetz).[88] Von dem Anwendungsbereich des Drittelbeteiligungsgesetzes sind nach § 1 Abs. 2 Nr. 2, Abs. 2 S. 2 Drittelbeteiligungsgesetz wegen der grundrechtlichen Gewährleistung der betroffenen Zwecke so genannte Tendenzbetriebe und Religionsgemeinschaften, sowie deren karitative und erzieherische Einrichtungen ausgenommen.[89]

2. FUNKTIONSWEISE DER MITBESTIMMUNG

Die Mitbestimmung nach dem Drittelbeteiligungsgesetz zeichnet sich durch die Minderheitsbeteiligung der Arbeitnehmer im Aufsichtsrat aus. Bei den von dem Drittelbeteiligungsgesetz erfassten Unternehmen bestehen die zu bildenden Aufsichtsräte zu einem Drittel aus Arbeitnehmervertretern (§ 4 Abs. 1 Drittelbeteiligungsgesetz). Die Gesamtzahl der Aufsichtsratsmitglieder wird durch das Drittelbeteiligungsgesetz, anders als durch das Mitbestimmungsgesetz, das Montanmitbestimmungsgesetz und das Montanmitbestimmungsergänzungsgesetz, nicht festgelegt. Für die vom Gesetz erfassten Unternehmen findet § 95 Aktiengesetz Anwendung.[90] Die Satzung oder der Gesellschaftsvertrag kann innerhalb eines vorgegebenen Rahmens (mindestens drei und stets durch drei teilbar) eine bestimmte Zahl an Aufsichtsratsmitgliedern festlegen. Die Zahl der Aufsichtsratsmitglieder ist gemäß § 95 S. 4 Aktiengesetz jedoch durch die Höhe des Grundka-

---

[87] Der Arbeitnehmerbegriff bestimmt sich nach § 3 Abs. 1 Drittelbeteiligungsgesetz. Danach sind Arbeitnehmer im Sinne des Drittelbeteiligungsgesetzes die in § 5 Abs. 1 Betriebsverfassungsgesetz bezeichneten Personen, mit Ausnahme der in § 5 Abs. 3 Betriebsverfassungsgesetz bezeichneten leitenden Angestellten.

[88] Der Anwendungsbereich des Drittelbeteiligungsgesetzes ist gegenüber den Regelungen des Betriebsverfassungsgesetzes (§ 76 Abs. 6 und § 77 Abs. 1 bis Abs. 3 Betriebsverfassungsgesetz 1952) unverändert geblieben; Seibt, NZA 2004, 767, 768; Beauregard, DB 2004, 1430; Huke/Prinz, BB 2004, 2633; für eine Synopse sämtlicher Vorschriften siehe Seibt, NZA 2004, 767, 775.

[89] Zwar wurde die bisher in § 81 Betriebsverfassungsgesetz 1952 zu findende Ausnahmeregelung in dem Drittelbeteiligungsgesetz sprachlich neu gefasst, eine inhaltliche Änderung wurde dadurch jedoch nicht beabsichtigt; Seibt, NZA 2004, 767, 769, so dass auf die bestehenden Grundlagen verwiesen werden kann; hierzu Oetker in Erfurter Kommentar, § 81 Betriebsverfassungsgesetz 1952, Rdnr. 1 ff.; Hanau/Ulmer, Mitbestimmungsgesetz, § 1, Rdnr. 51 ff.; anders Huke/Prinz, BB 2004, 2633, 2634.

[90] Wißmann in Münchener Handbuch Arbeitsrecht Band 3, § 383, Rdnr. 10.

pitals begrenzt, es sind je nach Grundkapital maximal 9, 15 bzw. 21 Mitglieder zulässig.

3. Ausgestaltung im Einzelnen

a. Personelle Zusammensetzung des Aufsichtsrats

Für die Zusammensetzung der Arbeitnehmerbank bestimmt § 4 Abs. 2 S. 1 Drittelbeteiligungsgesetz, dass der Arbeitnehmervertreter im Aufsichtsrat einem Betrieb des Unternehmens angehören muss, wenn weniger als zwei Arbeitnehmervertreter zu wählen sind.[91] Sind mehr als zwei Arbeitnehmervertreter zu wählen, so müssen mindestens zwei von ihnen Arbeitnehmer eines Betriebs des Unternehmens sein, vgl. § 4 Abs. 2 S. 2 Drittelbeteiligungsgesetz.[92]

b. Wahl der Arbeitnehmervertreter

Die Arbeitnehmervertreter werden durch die Arbeitnehmer des Unternehmens in unmittelbarer Wahl gewählt (§ 5 Abs. 1 Drittelbeteiligungsgesetz). Die Wahl der Arbeitnehmervertreter erfolgt auf Grund von Wahlvorschlägen der Betriebsräte und der Arbeitnehmer (§ 6 Drittelbeteiligungsgesetz). Die Einzelheiten der Wahl sind auf der Grundlage von § 13 Drittelbeteiligungsgesetz in einer Rechtsverordnung zur Wahl der Aufsichtsratsmitglieder der Arbeitnehmer in der Wahlordnung zum Drittelbeteiligungsgesetz geregelt.[93]

c. Arbeitnehmerorientiertes Mitglied im Leitungsorgan

Das Drittelbeteiligungsgesetz sieht die Bestellung eines Arbeitsdirektors im Vorstand nicht vor. Die ohnehin schon numerisch schwache Stellung der Arbeitnehmervertreter wird durch dieses Fehlen eines gleichberechtigten Vorstandsmitglieds weiter herabgesetzt. Es besteht jedoch die Möglichkeit der freiwilligen

---

[91] In einem dreiköpfigen Aufsichtsrat muss der Arbeitnehmervertreter daher zwingend ein Arbeitnehmer des Unternehmens sein; Wißmann in Münchener Handbuch Arbeitsrecht Band 3, § 383, Rdnr. 11.

[92] Diese Verteilung ist zwingend und kann nicht durch übereinstimmende Beschlüsse abbedungen werden, Fitting/Kaiser/Heither/Engels, Betriebsverfassungsgesetz, § 76 Betriebsverfassungsgesetz 1952, Rdnr. 69.

[93] Wahlordnung zum Drittelbeteiligungsgesetz, BGBl. I, S. 1393; vgl. hierzu Seibt, NZA 2004, 767, 771 ff.

Bestellung eines Sozialdirektors, der jedoch kein Arbeitsdirektor im Sinne der Montanmitbestimmung und des Mitbestimmungsgesetzes ist.[94]

III. MITBESTIMMUNGSGESETZ 1976

1. GELTUNGSBEREICH

Eine Aktiengesellschaft, Kommanditgesellschaft auf Aktien, Gesellschaft mit beschränkter Haftung oder eingetragene Genossenschaft, die in der Regel mehr als 2000 Arbeitnehmer[95] beschäftigt und nicht unter den Anwendungsbereich der Montanmitbestimmung fällt,[96] unterliegt den Anwendungsbereich des Mitbestimmungsgesetzes, vgl. § 1 Abs. 1 und 2 Mitbestimmungsgesetz.[97] Ebenso wie das Drittelbeteiligungsgesetz kennt das Mitbestimmungsgesetz eine Ausnahmeregelung für Tendenzunternehmen, Religionsgemeinschaften und ihrer karitativen und erzieherischen Einrichtungen (vgl. § 1 Abs. 4 Mitbestimmungsgesetz).

2. FUNKTIONSWEISE DER MITBESTIMMUNG

Der Aufsichtsrat besteht aus einer gleichen Anzahl von Anteilseigner- und Arbeitnehmervertretern. Die Größe des mitbestimmten Unternehmensorgans richtet sich nach § 7 Mitbestimmungsgesetz, wonach je nach Zahl der im Unternehmen

---

[94] Fitting/Kaiser/Heither/Engels, Betriebsverfassungsgesetz, § 76 Betriebsverfassungsgesetz 1952, Rdnr. 10; Wiedemann, Gesellschaftsrecht I, S. 599.

[95] § 3 Mitbestimmungsgesetz enthält für den Arbeitnehmerbegriff eine Verweisung auf § 5 Abs. 1 Betriebsverfassungsgesetz und für den Begriff der leitenden Angestellten auf § 5 Abs.3 Betriebsverfassungsgesetz; die Legaldefinitionen des Betriebsverfassungsgesetzes werden in das Mitbestimmungsgesetz übertragen, Oetker in Erfurter Kommentar, § 2 Mitbestimmungsgesetz, Rdnr. 2.

[96] Siehe hierzu § 2 C I 1.

[97] Zur Frage, ob § 1 Mitbestimmungsgesetz auf ausländische Gesellschaften, die ihren tatsächlichen Verwaltungssitz im Inland haben, direkt anwendbar ist, bzw. der Katalog des § 1 Mitbestimmungsgesetz um diese Gesellschaften erweitert werden könnte, vgl. Löwisch, Arbeitsrecht, Rdnr. 839; Seibt in Henssler/Willemsen/Kalb, Arbeitsrecht, § 1 MitbestG, Rdnr. 2; Raiser, Mitbestimmungsgesetz, § 1, Rdnr. 10; Hanau/Ulmer, Mitbestimmungsgesetz, § 1, Rdnr. 31; Oetker in Erfurter Kommentar, § 1 Mitbestimmungsgesetz, Rdnr. 2; Großfeld/Erlinghagen, JZ 1993, 223; Kindler, NJW 2003, 1073, 1079; Zimmer, NJW 2003, 3585, 3592; Paefgen, DB 2003, 487, 491 f.; Schanze/Jüttner, AG 2003, 30, 35; Geyrhalter/Gänßler, NZG 2003, 409, 412; von Halen, WM 2003, 571, 577; Roth, IPRax 2003, 117, 125 ff.; Horn, NJW 2004, 893, 899 f.; weiterführend § 2 D II.

in der Regel Beschäftigten[98] (oder nach § 4 Mitbestimmungsgesetz oder § 5 Mitbestimmungsgesetz zuzurechnenden Arbeitnehmer)[99] ein 12-, 16- oder 20-köpfiger Aufsichtsrat vorgesehen ist.[100]

3. AUSGESTALTUNG IM EINZELNEN

a. PERSONELLE ZUSAMMENSETZUNG DES AUFSICHTSRATS

Der 12-köpfige Aufsichtsrat setzt sich zusammen aus je sechs Aufsichtsratsmitgliedern der Anteilseigner und der Arbeitnehmerseite (§ 7 Abs. 1 S. 1 Nr. 1 Mitbestimmungsgesetz). Unter den Arbeitnehmervertretern müssen sich 4 Arbeitnehmer und 2 Gewerkschaftsvertreter[101] befinden (§ 7 Abs. 2 S. 1 Nr. 1 Mitbestimmungsgesetz). Der 16-köpfige Aufsichtsrat besteht aus je acht Aufsichtsratsmitgliedern von Anteilseigner- und Arbeitnehmerseite (§ 7 Abs. 1 S. 1 Nr. 2 Mitbestimmungsgesetz). Die Arbeitnehmerbank besteht in diesem Fall aus 6 Arbeitnehmern des Unternehmens und 2 Vertretern der Gewerkschaften (§ 7 Abs. 2 Nr. 2 Mitbestimmungsgesetz). Bei einem Unternehmen mit einem aus 20 Mit-

---

[98] Zu dem Begriff der Arbeitnehmer im Sinne des Mitbestimmungsgesetzes vgl. § 3 Mitbestimmungsgesetz, der auf die Regelungen der § 5 und § 6 Betriebsverfassungsgesetz verweist, hierzu Seibt in Henssler/Willemsen/Kalb, Arbeitsrecht, § 3 MitbestG, Rdnr. 1; Raiser, Mitbestimmungsgesetz, § 3, Rdnr. 26; Oetker in Erfurter Kommentar, § 3 Mitbestimmungsgesetz, Rdnr. 2; zu Einzelfragen bei der Berechnung der Arbeitnehmerzahl, vgl. Wißmann in Münchener Handbuch Arbeitsrecht Band 3, § 367, Rdnr. 4 ff.

[99] Auf eine Personengesellschaft findet das Gesetz grundsätzlich keine Anwendung. Als Durchbrechung dieses Grundsatzes kann § 4 Mitbestimmungsgesetz beurteilt werden, der die Mitbestimmung mittelbar auf Kommanditgesellschaften erstreckt, hierzu Seibt in Henssler/Willemsen/Kalb, Arbeitsrecht, § 4 MitbestG, Rdnr. 1; Wißmann in Münchener Handbuch Arbeitsrecht Band 3, § 377, Rdnr. 28; Raiser, Mitbestimmungsgesetz, § 4, Rdnr. 1 ff.; Hanau/Ulmer, Mitbestimmungsgesetz, § 4, Rdnr. 1 ff.; eine weitere Sonderregelung enthält § 5 Mitbestimmungsgesetz, der eine Beteiligung der Arbeitnehmer konzernabhängiger Unternehmen auch in den Aufsichtsräten der Konzernobergesellschaften vorsieht, im Einzelnen hierzu Hanau/Ulmer, Mitbestimmungsgesetz, § 5, Rdnr. 1 ff; Fitting/Wlotzke/Wißmann, Mitbestimmungsgesetz, § 5, Rdnr. 1 ff.; Klinkhammer/Welslau, Mitbestimmung in Deutschland und Europa, S. 80 ff.

[100] Der zwölfköpfige bzw. sechzehnköpfige Aufsichtsrat kann durch Satzungsbeschluss auf 16 bzw. 20 Mitglieder erweitert werden, § 7 Abs. 1 S. 2 Mitbestimmungsgesetz.

[101] Die Gewerkschaften müssen in dem Unternehmen selbst oder in einem anderen Unternehmen vertreten sein, dessen Arbeitnehmer nach dem Mitbestimmungsgesetz an der Wahl von Aufsichtsratsmitgliedern des Unternehmens teilnehmen, vgl. § 7 Abs. 4 Mitbestimmungsgesetz, hierzu Fitting/Wlotzke/Wißmann, Mitbestimmungsgesetz, § 7, Rdnr. 41; Hanau/Ulmer, Mitbestimmungsgesetz, § 7, Rdnr. 45.

gliedern bestehenden Aufsichtsrat setzt sich dieser aus 10 Mitgliedern der Anteilseignerseite und 10 Mitgliedern der Arbeitnehmerseite zusammen (§ 7 Abs. 1 S. 1 Nr. 3 Mitbestimmungsgesetz). Zu letzteren gehören 7 Arbeitnehmer des Unternehmens und 3 Gewerkschaftsvertreter (§ 7 Abs. 2 Nr. 3 Mitbestimmungsgesetz). Zudem muss sich auf der Arbeitnehmerseite jeweils ein leitender Angestellter befinden (vgl. § 11 Abs. 2, § 15 Abs. 1 S. 2 Mitbestimmungsgesetz).

Obwohl die Vertreter der Anteilseigner und die Vertreter der Arbeitnehmer zur gleichen Anzahl im Aufsichtsrat vertreten sind, gewährleisten entsprechende Verfahrensvorschriften, dass die Anteilseignerseite ein leichtes Übergewicht behält.[102] Einmal bestimmt § 29 Abs. 2 S. 1 Mitbestimmungsgesetz, dass im Falle der Stimmengleichheit, bei einer Abstimmung, die der Mehrheit der abgegebenen Stimmen bedarf, der Aufsichtsratsvorsitzende bei einer erneuten Abstimmung über denselben Gegenstand und erneuter Stimmengleichheit eine Zweitstimme hat. Der Aufsichtsratvorsitzende ist regelmäßig ein Anteilseignervertreter, da er, wenn im ersten Wahlgang die erforderliche Mehrheit von zwei Dritteln nicht zustande kommt, durch die Anteilseignerseite bestimmt wird (§ 27 Abs. 2 Mitbestimmungsgesetz). Eine vergleichbare Verfahrensvorschrift enthält § 31 Abs. 2 Mitbestimmungsgesetz. Der Aufsichtsrat bestellt nach § 31 Abs. 2 Mitbestimmungsgesetz die Mitglieder des Vorstandes mit mindestens zwei Dritteln der Stimmen seiner Mitglieder. Dem Aufsichtsratsvorsitzenden, der aufgrund der Vorschrift des § 27 Abs. 2 Mitbestimmungsgesetz regelmäßig ein Anteilseignervertreter ist, steht gemäß § 31 Abs. 4 Mitbestimmungsgesetz eine Doppelstimme zu, wenn nach erfolgloser Durchführung eines ersten Wahlgangs nach § 31 Abs. 2 Mitbestimmungsgesetz, sowie eines Vermittlungsverfahrens und eines zweiten Wahlgangs gemäß § 31 Abs. 3 Mitbestimmungsgesetz keine Mehrheit erreicht wird.

b. Wahl der Arbeitnehmervertreter

Die Aufsichtsratmitglieder der Arbeitnehmerseite werden je nach Zahl der im Unternehmen Beschäftigten entweder durch ein unmittelbares (vgl. § 9 Abs. 2 Mitbestimmungsgesetz) oder mittelbares Wahlverfahren (vgl. § 9 Abs. 1 Mitbestimmungsgesetz) gewählt. Für die Wahl der Arbeitnehmervertreter in Unternehmen mit über 8000 Arbeitnehmern ist eine Wahl durch Delegierte[103] und in

[102] Zur Beurteilung der Machtposition der Arbeitnehmerseite vgl. die Ausführungen des Bundesverfassungsgerichts in seinem Mitbestimmungsurteil, BVerfGE 50, 290 ff.; hierzu § 2 D I.

[103] Problematisch ist, dass Vorschläge für die Wahl der Delegierten von mindestens einem Zehntel oder 100 der jeweils wahlberechtigten Arbeitnehmer unterzeichnet sein müssen. Für

Unternehmen mit bis zu 8000 Arbeitnehmern eine unmittelbare Wahl durch die wahlberechtigten Arbeitnehmer des Unternehmens vorgesehen, falls nicht in geheimer Abstimmung der wahlberechtigten Arbeitnehmer zum jeweils anderen Wahlsystem optiert wird.[104] Das Wahlverfahren der Arbeitnehmervertreter in den Aufsichtsrat ist in § 10 bis § 24 Mitbestimmungsgesetz nur in den Grundzügen geregelt. Ergänzt werden diese Wahlvorschriften durch drei Wahlordnungen[105] zum Mitbestimmungsgesetz.[106]

---

ein solch hohes Quorum hat das Bundesverfassungsgericht im Rahmen der Personalratswahlen einen Verstoß gegen Artikel 3 und Artikel 9 Abs. 1 Grundgesetz aufgrund einer übermäßigen Beschränkung der Allgemeinheit und Gleichheit der Betriebsratswahl erblickt, BVerfGE 67, 369. Das Bundesarbeitsgericht hielt das Quorum des Mitbestimmungsgesetzes gleichwohl für verfassungsgemäß, BAG, Urteil vom 13. Mai 1998, NZA 1999, 158; ausführlich hierzu Löwisch in Festschrift für Zöllner, S. 847 ff.; das Bundesverfassungsgericht hat gemäß Beschluss vom 12. Oktober 2004 § 12 Abs. 1 S. 2 Mitbestimmungsgesetz für unvereinbar mit Artikel 3 und Artikel 9 Abs. 3 GG erklärt und dem Gesetzgeber aufgegeben, bis zum 31. Dezember 2005 eine verfassungsmäßige Regelung zu treffen, BVerfG, Beschluss vom 12. Oktober 2004, 1 BvR 2130/98, NZA 2004, 1395.

[104] Zur Abstimmung über die Art der Wahl im Einzelnen, vgl. § 12 bis § 22 1. Wahlordnung zum Mitbestimmungsgesetz; § 13 bis § 24 2. Wahlordnung zum Mitbestimmungsgesetz; § 13 bis § 24 3. Wahlordnung zum Mitbestimmungsgesetz.

[105] 1. Wahlordnung zum Mitbestimmungsgesetz (BGBl. I, S. 1682 vom 27. Mai 2002) betrifft die Wahlen in einem Unternehmen mit nur einem Betrieb; 2. Wahlordnung zum Mitbestimmungsgesetz (BGBl. I, S. 1708 vom 27. Mai 2002) regelt die Besonderheiten in einem Unternehmen mit mehreren Betrieben und die 3. Wahlordnung zum Mitbestimmungsgesetz (BGBl. I, S. 1741 vom 27. Mai 2002) enthält Vorschriften, wie zu verfahren ist, wenn an der Wahl zum Aufsichtsrat einer Konzernobergesellschaft oder einer Gesellschaft, die Komplementär einer Kommanditgesellschaft nach §§ 4, 5 Mitbestimmungsgesetz ist, Arbeitnehmer anderer Unternehmen teilnehmen; hierzu grundlegend Matthes, Die Wahlordnungen zum Mitbestimmungsgesetz; Säcker, Die Wahlordnungen zum Mitbestimmungsgesetz; Wlotzke, ZGR 1977, 355 ff.; unter Berücksichtigung der im Jahr 2002 vorgenommenen Vereinfachung des Wahlverfahrens nach dem Mitbestimmungsgesetz (Artikel 1 des Gesetzes zur Vereinfachung der Wahl der Arbeitnehmervertreter in den Aufsichtsrat vom 23. März 2002, BGBl., S. 1130), Seibt in Henssler/Willemsen/Kalb, Arbeitsrecht, § 18 MitbestG, Rdnr. 1 ff.; Fuchs/Köstler, Handbuch zur Aufsichtsratswahl.

[106] Zwar folgen alle drei Wahlordnungen weitgehend dem gleichen Aufbau und der gleichen Regelungstechnik, eine ausführliche Darstellung würde jedoch den Rahmen dieser Arbeit sprengen. Insoweit sei verwiesen auf die Darstellung von Kittner/Fuchs/Zachert/Köstler, Arbeitnehmervertreter im Aufsichtsrat Band 2, S. 91 ff.; zu der Reform des Wahlverfahrens durch das Gesetz zur Vereinfachung der Wahl der Arbeitnehmervertreter in den Aufsichtsrat (BGBl. I, S. 1129), vgl. Sieg/Siebels, NZA 2002, 697 ff.

c. Arbeitnehmerorientiertes Mitglied im Leitungsorgan

Das Mitbestimmungsgesetz sieht gemäß § 33 Abs. 1 S. 1 Mitbestimmungsgesetz in den erfassten Unternehmen - mit Ausnahme der Kommanditgesellschaften auf Aktien - einen Arbeitsdirektor als Mitglied des Vertretungsorgans vor.[107] Der Arbeitsdirektor ist ein gleichberechtigtes Mitglied des Vertretungsorgans und wie die anderen Mitglieder auf das Unternehmensinteresse verpflichtet.[108] Hinsichtlich der Aufgaben und Befugnisse kann nach oben verwiesen werden,[109] denn § 33 Mitbestimmungsgesetz geht auf den bereits erwähnten § 13 Montanmitbestimmungsgesetz zurück. Anders als der Arbeitsdirektor eines montanmitbestimmten Unternehmens ist der Arbeitsdirektor nach dem Mitbestimmungsgesetz jedoch nicht zwangsläufig auf das Vertrauen der Arbeitnehmervertreter angewiesen. Der Arbeitsdirektor wird wie jedes andere Vorstandsmitglied bestellt (§ 31 Mitbestimmungsgesetz, §§ 84, 85 Aktiengesetz), so dass bei seiner Bestellung ebenfalls das Zweitstimmenrecht (§ 31 Abs. 4 Mitbestimmungsgesetz) des in der Regel von den Anteilseignervertretern gestellten Aufsichtsratsvorsitzenden (§ 27 Abs. 2 S. 1 Mitbestimmungsgesetz) greift.

IV. Stellungnahme

Das deutsche Recht der Unternehmensmitbestimmung zeichnet sich durch eine in verschiedenen Rechtsgrundlagen und diese ergänzenden Wahlordnungen zu findende enorme Regelungsdichte aus. Dabei richtet sich die Unterscheidung zwischen mitbestimmungspflichtigen und mitbestimmungsfreien Unternehmen nach drei Kriterien: dem der Rechtsform des Unternehmens, dem des Unternehmensgegenstandes und dem der durch die Arbeitnehmerzahl festgelegten Unternehmensgröße. Eine Besonderheit des deutschen Mitbestimmungsrechts stellt die generell hohe Intensität der Einflussmöglichkeit der Arbeitnehmerseite dar. Sie reicht von einer paritätischen Mitbestimmung in der Montanindustrie, der formell paritätischen Mitbestimmung nach dem Mitbestimmungsgesetz bis zu der drittel-

---

[107] Das Bundesverfassungsgericht hatte darüber zu entscheiden, ob § 33 Mitbestimmungsgesetz deswegen verfassungswidrig ist, weil er hinsichtlich des Aufgabenbereichs des Arbeitsdirektors schweigt und demnach zu unbestimmt sei. Nach Auffassung des Bundesverfassungsgerichts ergibt sich jedoch aus der Bezeichnung und der Entstehungsgeschichte des § 33 Mitbestimmungsgesetz, dass dem Arbeitsdirektor schwerpunktmäßig Zuständigkeiten in Personal- und Sozialangelegenheiten zustehen sollen; BVerfGE 50, 290, 379; so bereits BT-Drucks 7/4845, S. 9 f.; Hanau, ZGR 1979, 524, 545 f.

[108] Wißmann in Münchener Handbuch Arbeitsrecht Band 3, § 379, Rdnr. 6.

[109] Vgl. § 2 C I 3 c.

paritätischen Mitbestimmung nach dem Drittelbeteiligungsgesetz. Dabei stellen vor allem die ersten beiden Mitbestimmungsformen, mit der Beteiligung der Arbeitnehmer auf Unternehmensebene im Ausmaß der Hälfte der Organmitglieder, die durch eine Beteiligung der Arbeitnehmer auf betrieblicher Ebene ergänzt wird, eine Besonderheit dar. Bei der Mitbestimmung in Unternehmensorganen steht das deutsche Recht an der europäischen Spitze.[110] Für das deutsche Mitbestimmungsrecht ist zudem eigentümlich, dass auch Personen, die nicht Arbeitnehmer des Unternehmens sind, zu Arbeitnehmervertretern bestellt werden können. Obwohl diese Besonderheiten der deutschen Mitbestimmung von anderen Staaten in Europa nicht übernommen wurden, hat das deutsche Mitbestimmungssystem im Zuge der zunehmenden Globalisierung der Wirtschaftsstrukturen und dem Bedeutungsgewinn des europäischen Binnenmarktes das Mitbestimmungsrecht anderer Mitgliedstaaten gleichwohl mittelbar berührt. Durch die Bemühungen Deutschlands, das ausgeprägte deutsche Mitbestimmungssystem abzusichern, wurde die Entwicklung der Unternehmensmitbestimmung auf europäischer Ebene entscheidend beeinflusst. Dies zeigt der mehr als 30 Jahre dauernde Streit über die Ausgestaltung der Mitbestimmungsfrage in der Europäischen Aktiengesellschaft, in dem eine frühere Einigung und damit eine Weiterentwicklung des europäischen Mitbestimmungsrechts nicht zuletzt durch den deutschen „Sonderweg"[111] verhindert wurde.

D VERFASSUNGS- UND EUROPARECHTLICHE GRENZEN DER DEUTSCHEN UNTERNEHMENSMITBESTIMMUNG

I. VERFASSUNGSRECHTLICHE GRENZEN NACH DEM MITBESTIMMUNGSURTEIL DES BUNDESVERFASSUNGSGERICHTS

1. HINTERGRUND

Die verfassungsrechtlichen Grenzen einer legitimen Unternehmensmitbestimmung waren stets umstritten. Vor allem in der Zeit nach dem Gesetzesentwurf

[110] Rebhahn, NZA 2001, 763, 774; Rebhahn, Unternehmensmitbestimmung in Deutschland – ein Sonderweg im Rechtsvergleich in Rieble, Zukunft der Unternehmensmitbestimmung, § 2, Rdnr. 44; in diesem Sinne auch Henssler in Festschrift für Ulmer, S. 204; Roth, ZfA 2004, 431, 432.

[111] In diesem Sinne Schwank, AG 2004, 173, 180; ebenso Adams, WiSt 2004, 693.

der Bundesregierung zum Mitbestimmungsgesetz 1976[112] und nach der Veröffentlichung des Berichts der Sachverständigenkommission zur Auswertung der bisherigen Erfahrungen bei der Mitbestimmung[113] wurde der juristische und politische Streit um die Vereinbarkeit der unternehmerischen Mitbestimmung mit dem Grundgesetz so intensiv wie nie geführt.[114]

Das Grundgesetz selbst hat sich im wesentlichen auf die Gewährleistung der klassischen Menschen- und Bürgerrechte beschränkt und enthält demgemäß keine ausdrücklichen Regelungen über die Mitbestimmung der Arbeitnehmer.[115] Der verfassungsrechtliche Rang der Unternehmensmitbestimmung wurde daher insbesondere aus dem Schutz der Menschenwürde (Artikel 1 Abs. 1 Grundgesetz)[116], dem Grundrecht der freien Entfaltung der Persönlichkeit (Artikel 2 Abs. 1 Grundgesetz)[117], sowie dem Sozialstaatsgebot[118] und dem Demokratieprinzip (Artikel 20 Abs. 1, 28 Abs. 1 Grundgesetz)[119] abgeleitet.

Die Grenzen einer legitimen Mitbestimmung sahen viele unterhalb einer paritätischen Ausgestaltung. Die Gegner einer paritätischen Mitbestimmung und später des Mitbestimmungsgesetzes äußerten verfassungsrechtliche Bedenken. Sie sahen in einer paritätischen Mitbestimmung und in den Regelungen des Mitbe-

---

112 BR-Drucks. 200/74.

113 Bericht der Mitbestimmungskommission, BT-Drucks. VI/334.

114 So Simitis, ArbuR 1975, 321.

115 BVerfGE 50, 290, 294.

116 Vgl. hierzu Mitbestimmungskommission, BT-Drucks. VI/334, S. 18, 56 f.; Lux, Mitbestimmungsgesetz, S. 20.

117 Hierzu Naendrup in Fabricius, GK-MitbestG, Einl. II, Rdnr. 28; Schwerdtfeger, Unternehmerische Mitbestimmung der Arbeitnehmer und Grundgesetz, S. 171 ff.

118 Hierzu Hanau, Pressefreiheit und paritätische Mitbestimmung, S. 74 ff.; Scholz, Paritätische Mitbestimmung und Grundgesetz, S. 25 ff.; Schwerdtfeger, Unternehmerische Mitbestimmung der Arbeitnehmer und Grundgesetz, S. 158 ff.; Huber, Grundgesetz und wirtschaftliche Mitbestimmung, S. 37 ff.; Nagel, Paritätische Mitbestimmung und Grundgesetz, S. 47 f.; Naendrup in Fabricius, GK-MitbestG, Einl. II, Rdnr. 26; Kübler/Schmidt/Simitis, Mitbestimmung als gesetzgebungspolitische Aufgabe; S. 84 f.

119 Hierzu Bericht der Mitbestimmungskommission, BT-Drucks. VI/334, S. 19 f.; Schwerdtfeger, Unternehmerische Mitbestimmung und Grundgesetz, S. 186 ff.; Nagel, Paritätische Mitbestimmung und Grundgesetz, S. 49 f.; Krüger, Paritätische Mitbestimmung, Unternehmensverfassung, Mitbestimmung der Allgemeinheit, S. 21 ff.; Müller, DB 1975, 205, 208 f.

stimmungsgesetzes eine Verletzung konkreter Grundrechtsartikel. Ihre Bedenken stützten sie in erster Linie auf die Eigentumsgarantie (Artikel 14 Abs. 1 Grundgesetz), die Berufsfreiheit in der Form der Gewerbe- und Unternehmensfreiheit (Artikel 12 Abs. 1 Grundgesetz), ferner auf die Vereinigungsfreiheit (Artikel 9 Abs. 1 Grundgesetz) und die Koalitionsfreiheit (Artikel 9 Abs. 3 Grundgesetz), sowie auf den allgemeinen Freiheitsschutz der Person nach Artikel 2 Abs. 1 Grundgesetz.

Soweit durch das Mitbestimmungsgesetz Verstöße im Hinblick auf den Eigentumsschutz gemäß Artikel 14 Abs. 1 Grundgesetz geltend gemacht wurden, ging die Mehrheit der Autoren davon aus, dass nicht nur der Vermögenswert der durch das Gesellschaftsrecht vermittelten Anteile am Unternehmen unter den verfassungsrechtlichen Eigentumsschutz fällt, sondern auch die mit den Mitgliedschaftsrechten verbundenen Verwaltungsbefugnisse, d.h. die vom Mitbestimmungsgesetz betroffenen Herrschaftskomponenten der Mitgliedschaft.[120] Streitig war indessen, inwieweit die paritätische Mitbestimmung bzw. die Regelungen des Mitbestimmungsgesetzes von dem Inhalt und den Schranken des Eigentums im Sinne des Artikel 14 Abs. 1 S. 2 Grundgesetz oder der Sozialbindung des Eigentums gemäß Artikel 14 Abs. 2 Grundgesetz umfasst ist. Hierzu wurde vorgetragen, dass der Eigentumsschutz des Artikel 14 Abs. 1 Grundgesetz verlange, dass sich die Anteilseigner bei allen Entscheidungen im Unternehmen letztlich durchsetzen können, ohne an die Zustimmung der Arbeitnehmer gebunden zu sein. Eine paritätische Besetzung des Aufsichtsrats, oder eine Besetzung in der Form, wie es das Mitbestimmungsgesetz vorsieht, würde diesem Erfordernis nicht genügen.[121] Dagegen wurde eingewandt, dass die paritätische Mitbe-

[120] So bereits BVerfGE 14, 263 ff.; Badura, ZfA 1974, 357, 361; anders Kunze, der die Ansicht vertritt, die Herrschaftskomponente der Mitgliedschaftsrechte falle unter den Persönlichkeitsschutz des Artikel 2 Abs. 1 Grundgesetz; Kunze, RdA 1972, 257, 266 ff.; Kunze, ArbuR 1976, 193, 196; abweichend auch Berenberg-Gossler, der in der paritätischen Mitbestimmung eine Sozialisierung sieht, die nach Artikel 15 Grundgesetz zu beurteilen ist, Berenberg-Gossler, AG 1968, 37, 67; ebenso Krüger, Paritätische Mitbestimmung, Unternehmensverfassung, Mitbestimmung der Allgemeinheit, S. 34 ff., S. 70 ff.

[121] In diesem Sinne Huber, mit der Argumentation, dass eine paritätische Mitbestimmung zu einer Eigentumsentziehung im Sinne einer Substanzänderung führe; vgl. Huber, Grundgesetz und wirtschaftliche Mitbestimmung, S. 86 ff., S. 110 ff.; auch nach Pernthaler verstoße die paritätische Mitbestimmung gegen den Wesensgehalt des Artikel 14 Abs. 1 Grundgesetz, wenn über das im Unternehmen investierte Kapital gegen den Willen aller Anteilseigner entschieden werden kann; vgl. Pernthaler, Qualifizierte Mitbestimmung und Verfassungsrecht, S. 75 ff.; in diesem Sinne auch Rittner in Festschrift für Schilling, S. 363 ff.; grundlegend hierzu von Plessen, Qualifizierte Mitbestimmung und Eigentumsgarantie.

stimmung, ebenso wie die Regelungen des Mitbestimmungsgesetzes, schon deshalb unbedenklich sei, weil vor allem der im Grundgesetz verankerte Schutz der Menschenwürde und der persönlichen Freiheit, sowie das Sozialstaats- und Demokratieprinzip, auf welches sich die Unternehmensmitbestimmung stützt, den in Artikel 14 Grundgesetz verankerten Eigentumsschutz überwiegen.[122] Nach einer Mindermeinung ließe sich sogar ein Grundrecht auf Mitbestimmung ableiten.[123] Andere beurteilten eine paritätische Mitbestimmung nicht als grundsätzlich unzulässig. Ein Verstoß gegen den Eigentumsschutz sahen sie jedoch dann, wenn die Arbeitnehmerseite durch ihr Recht auf Mitbestimmung das Übergewicht im Aufsichtsrat erlangen könnte, was aber durch das Mitbestimmungsgesetz nicht der Fall sei.[124] In diesem Zusammenhang wurde insbesondere auch kontrovers diskutiert, ob ein Übergewicht der Arbeitnehmerseite schon aus einer Addition der Mitbestimmungsrechte nach dem Betriebsverfassungsgesetz und der Stellung der Arbeitnehmer auf Unternehmensebene resultiere. Dabei wurde vorgetragen, dass die Kumulation der Mitbestimmungsrechte nach beiden Gesetzen die Verhandlungsposition der Arbeitnehmerseite derart verstärken würde, dass eine Überparität entstünde und folglich eine Vereinbarkeit mit dem Grundgesetz nicht mehr gewährleistet sei.[125]

---

[122] In diesem Sinne Zweigert in Vetter, Mitbestimmung Wirtschaftsordnung Grundgesetz, S. 211; Kunze, RdA 1972, 261; Kübler/Schmidt/Simitis, beziehen zudem das Grundrecht der Arbeitnehmer aus Artikel 12 Abs. 1 Grundgesetz ein, Kübler/Schmidt/Simitis, Mitbestimmung als gesetzgebungspolitische Aufgabe, S. 80 f.

[123] Däubler, Das Grundrecht auf Mitbestimmung, S. 129 ff.; vergleichsweise Küchenhoff, wonach sich die paritätische Mitbestimmung aus einem Naturrecht ergebe, Küchenhoff, DÖV 1952, 454.

[124] Hierzu insbesondere Schwerdtfeger, Unternehmerische Mitbestimmung der Arbeitnehmer und Grundgesetz, S. 245; Scholz, Paritätische Mitbestimmung und Grundgesetz, S. 86; Raiser, Grundgesetz und paritätische Mitbestimmung, S. 68 ff.

[125] Hierzu Badura/Rittner/Rüthers, Mitbestimmungsgesetz 1976 und Grundgesetz, S. 129 ff.; Raiser, Mitbestimmungsgesetz, Einl., Rdnr. 59; Naendrup in Fabricius, GK-MitbestG, Einl. II, Rdnr. 122; Fitting/Wlotzke/Wißmann, Mitbestimmungsgesetz, Vorb., Rdnr. 20; Kübler/Schmidt/Simitis, Mitbestimmung als gesetzgebungspolitische Aufgabe, S. 168 ff.; Schwerdtfeger, Verfassungsmäßigkeit der paritätischen Mitbestimmung, S. 36 ff.; Wiedemann, Gesellschaftsrecht I, S. 635 ff.; Jahnke, Tarifautonomie und Mitbestimmung, S. 184; Scholz, Paritätische Mitbestimmung und Grundgesetz, S. 67 ff.; Zöllner, RdA 1969, 65, 68 f.; Hanau, BB 1969, 1497, 1500; Zöllner/Seiter, ZfA 1970, 97, 103; Rüthers, DB 1973, 1649, 1653; Badura, ZfA 1974, 357, 359, 366; Buchner, ZfA 1974, 147, 179 f.; Erdmann, RdA 1976, 87; Auffarth, RdA 1976, 2 f.; Kunze, ArbuR 1976, 193, 197.

Der verfassungsrechtliche Streit wurde zudem mit Blick auf die durch Artikel 12 Abs. 1 Grundgesetz garantierte Berufsfreiheit geführt. Dabei wurde argumentiert, dass das Grundrecht der Berufsfreiheit die gesellschaftsrechtlich vermittelte Leitung von Unternehmen als das Recht, einer frei gewählten unternehmerischen Erwerbstätigkeit nachzugehen, schütze. Das Grundgesetz verbiete eine Systemänderung, wie es eine paritätische Mitbestimmung und das Mitbestimmungsgesetz bewirken, welche die vom Gesellschaftsrecht gewährten Chancen der Ausübung von Herrschaft im Unternehmen reduziert.[126]

Die Frage der Vereinbarkeit der paritätischen Mitbestimmung und des Mitbestimmungsgesetzes mit der durch Artikel 9 Abs. 3 Grundgesetz garantierten Koalitionsfreiheit wurde ebenfalls kontrovers diskutiert.[127] Eine generelle Unvereinbarkeit einer paritätischen Mitbestimmung und insbesondere auch des Mitbestimmungsgesetzes mit Artikel 9 Abs. 3 Grundgesetz wurde insbesondere auf die Argumentation gestützt, dass der Einfluss der paritätisch besetzten Aufsichtsräte auf die Wahl des Vertretungsorgans die Gegnerfreiheit der Arbeitgeber- und Arbeitnehmerverbände untergrabe, die aber für die institutionelle Garantie der Tarifautonomie und des Arbeitskampfes ein unverzichtbarer Bestandteil sei. Ein Nebeneinander von Tarifvertragssystem und paritätischer Mitbestimmung, speziell in der Form, wie sie das Mitbestimmungsgesetz vorsieht, sei mit Artikel 9 Abs. 3 Grundgesetz nicht vereinbar.[128] Zumindest setze Artikel 9 Abs. 3 Grundgesetz voraus, dass die Parteien unabhängig voneinander seien, und es müsse sichergestellt werden, dass den Anteilseignern der maßgebende Einfluss auf den Abschluss von Unternehmenstarifverträgen, sowie auf die Wahl derjenigen Personen verbleibe, die das Unternehmen im Arbeitgeberverband zu vertreten hätten. Daraus wurde eine Pflicht des Gesetzgebers abgeleitet, sicherzustellen, dass die Gegnerfreiheit infolge der Auswirkungen des Mitbestimmungsgesetzes nicht unterlaufen wird.[129] Eine Gefahr für die Gegnerfreiheit der Arbeitgeberkoalition

---

[126] Vgl. Mestmäcker, Festschrift für Westermann, S. 411 ff.

[127] Hierzu Biedenkopf in Festgabe für Kronstein, S. 79 ff.; Zöllner/Seiter, Paritätische Mitbestimmung und Artikel 9 Abs. 3 Grundgesetz; Hanau, BB 1969, 760.

[128] Vgl. hierzu Zöllner/Seiter, Paritätische Mitbestimmung und Art. 9 Abs. 3 Grundgesetz, S. 34 ff.; Huber, Grundgesetz und wirtschaftliche Mitbestimmung, S. 74 ff.; Pernthaler, Qualifizierte Mitbestimmung und Verfassungsrecht, S. 175 ff.; Badura/Rittner/Rüthers, Mitbestimmungsgesetz 1976 und Grundgesetz, S. 167 ff.; Hanau, BB 1969, 760; Zöllner/Seiter, ZfA 1970, 97 ff.

[129] Vgl. Scholz, Paritätische Mitbestimmung und Grundgesetz, S. 102 ff.; Raiser, Grundgesetz und paritätische Mitbestimmung, S. 97; Badura, ZfA 1974, 357, 374 ff.

wurde von den Verteidigern einer paritätischen Mitbestimmung und des Mitbestimmungsgesetzes als empirisch nicht erwiesen zurückgewiesen. Zudem sei das Prinzip der Gegnerfreiheit nicht mit Verfassungsrang ausgestattet, sondern lediglich Bestandteil des kollektiven Arbeitsrechts. Daneben wurde erneut auf die mitbestimmungsrechtliche Neutralität des Grundgesetzes hingewiesen und betont, dass Artikel 9 Abs. 3 Grundgesetz ein Schutzrecht der Arbeitnehmer sei, auf das sich die Arbeitgeberseite nicht ohne weiteres berufen könne.[130]

Im Jahr 1979 erging schließlich ein Grundsatzurteil des Bundesverfassungsgerichts zur Vereinbarkeit des Mitbestimmungsgesetzes mit dem Grundgesetz.[131] Neben der Vereinbarkeit mit der Eigentumsgarantie des Artikel 14 Abs. 1 Grundgesetz hatte das Bundesverfassungsgericht in dem so genannten Mitbestimmungsurteil darüber zu entscheiden, ob einzelne Vorschriften des Mitbestimmungsgesetzes das Grundrecht der Vereinigungsfreiheit gemäß Artikel 9 Abs. 1 Grundgesetz, das Grundrecht der Berufsfreiheit gemäß Artikel 12 Abs. 1 Grundgesetz, das Grundrecht der wirtschaftlichen Handlungsfreiheit gemäß Artikel 2 Abs. 1 Grundgesetz und das Grundrecht der Koalitionsfreiheit gemäß Artikel 9 Abs. 3 Grundgesetz verletzen. Darüber hinaus musste das Gericht beurteilen, inwieweit das Nebeneinander mitbestimmter Unternehmen und nicht mitbestimmter Unternehmen oder das Verhältnis von Unternehmen in unterschiedlichen Mitbestimmungssystemen mit dem Gleichheitssatz des Artikel 3 Abs. 1 Grundgesetz zu vereinbaren ist. Das Bundesverfassungsgericht erklärte das Mitbestimmungsgesetz für verfassungsgemäß. Die durch das Bundesverfassungsgericht festgelegten grundrechtlichen Grenzen und Rahmenbedingungen sollen nachfolgend aufgezeigt werden. Sie dienen als Grundlage für die Überprüfung der Verfassungsmäßigkeit der unter § 4 dargestellten Neuerungen, die durch das SE-Beteiligungsgesetz in das deutsche Mitbestimmungssystem Einzug genommen haben.

2. Verfassungsrechtliche Grenze aus Artikel 14 Abs. 1 Grundgesetz

Ausgangspunkt für die Beurteilung des Bundesverfassungsgerichts war die Feststellung, dass der Schutz des Artikel 14 Abs. 1 Grundgesetz sowohl das Anteils-

---

[130] Vgl. dazu Stein, Qualifizierte Mitbestimmung unter dem Grundgesetz, S. 93 ff.; Däubler, Das Grundrecht auf Mitbestimmung, S. 411 ff.; Kunze, BB 1971, 356 ff.; Schwegler, ArbuR 1975, 263, 270 ff.

[131] BVerfGE 50, 290 ff.

eigentum als auch das Eigentum der Unternehmensträger umfasse.[132] Das verfassungsrechtlich geschützte Eigentum sei gekennzeichnet durch die Privatnützigkeit, d.h. durch die Zuordnung zu einem Rechtsträger und durch die Verfügungsbefugnis über den Eigentumsgegenstand.[133]

Zur Frage der verfassungsrechtlich geschützten Eigentumsgarantie der von der Unternehmensmitbestimmung erfassten Gesellschaften führte das Bundesverfassungsgericht aus, dass zwar auch in eigentumsrechtliche Positionen eingegriffen werde, wenn die innere Organisation und das Verfahren der Willensbildung der Gesellschaft geändert werden, wie es durch die Mitbestimmungsvorschriften der Fall sei.[134] Eine Verletzung des Eigentums sei jedoch erst dann anzunehmen, wenn die Mitbestimmung zur Funktionsunfähigkeit der Unternehmen führt oder wenn sie der Funktionsunfähigkeit nahe kommende Zustände zur Folge hätte.[135] Faktische Erschwerungen der Willensbildung in der Gesellschaft blieben im Rahmen der bei größeren Unternehmen erhöhten Sozialbindung des Eigentums; sie entsprechen der Verhältnismäßigkeit und erweisen sich daher als verfassungsrechtlich zulässige Inhalts- und Schrankenbestimmungen gemäß Artikel 14 Abs. 1 S. 2 Grundgesetz.[136]

---

[132] BVerfGE 50, 290, 341; zustimmend Pernthaler, Ist Mitbestimmung verfassungsrechtlich messbar?, S. 84 mit weiteren Nachweisen; kritisch zu der Aufteilung zwischen Anteilseigentum und dem Eigentum der Unternehmensträger, Wiedemann, Anm. zu AP Nr. 1 zu § 1 MitbestG; hierzu vorab Pernthaler, Qualifizierte Mitbestimmung und Verfassungsrecht, S. 83 f.; Kübler/Schmidt/Simitis, Mitbestimmung als gesetzgebungspolitische Aufgabe, S. 53, S. 61; Stein, Qualifizierte Mitbestimmung unter dem Grundgesetz, S. 56 ff.; Schwerdtfeger, Unternehmerische Mitbestimmung der Arbeitnehmer und Grundgesetz, S. 246; Badura, ZfA 1974, 357, 359, 370; Küchenhoff, DÖV 1952, 454; die betroffene Gesellschaft sei zwar gemäß Artikel 19 Abs. 3 Grundgesetz Träger des Eigentumsgrundrechts, aber eine Verletzung des verfassungsmäßigen Eigentumsschutzes scheide aus, weil sich zum Einen an den rechtlichen Außenbeziehungen nichts ändere und zum Anderen die innere Organisationsstruktur einer Aktiengesellschaft nicht unter den Schutz des Artikel 14 Abs. 1 Grundgesetz falle.

[133] BVerfGE 50, 290, 339 mit Hinweis auf BVerfGE 42, 263, 294; BVerfGE 31, 229, 240; BVerfGE 37, 132, 140; BVerfGE 42, 263, 294.

[134] BVerfGE 50, 290, 351.

[135] BVerfGE 50, 290, 352; zu dem Kriterium der Funktionsunfähigkeit, vgl. Badura, Paritätische Mitbestimmung und Verfassung, S. 59 ff.; Pernthaler, Ist Mitbestimmung verfassungsrechtlich messbar?, S. 29, 85; Wiedemann, Anm. zu AP Nr. 1 zu § 1 MitbestG; Müller, DB 1979, Beil. Nr. 5, 1, 11f.; Meessen, NJW 1979, 833, 834; Lohse, Grenzen gesetzlicher Mitbestimmung, S. 80 ff.

[136] BVerfGE 50, 290, 352.

Ausgangspunkt der Beurteilung des verfassungsrechtlichen Schutzes für das Anteilseigentums der Aktionäre war die Aussage des Bundesverfassungsgerichts, dass das Anteilseigentum gesellschaftsrechtlich vermitteltes Eigentum darstelle.[137] Die Nutzung des von den Anteilseignern zur Verfügung gestellten Kapitals sei auf das Vertretungs- und Leitungsorgan übertragen worden (vgl. § 76 Abs. 1 Aktiengesetz), dem dabei die Wahrung von Interessen aufgegeben ist, die nicht notwendig diejenigen des Anteilseigner sein müssen.[138] Die mitgliedschaftlichen Befugnisse des Anteilseigentümers werden lediglich durch die Anteilseignerversammlung vermittelt. Der Gebrauch des Eigentums und die Verantwortung für diesen Gebrauch fallen dabei in der für Kapitalgesellschaften typischen Weise auseinander.[139] Die Regelungen der Mitbestimmung betreffen nun den gesellschaftsrechtlich begründeten Einfluss der Anteilseigner auf die Besetzung des Aufsichtsrats und über diesen auf die Wahl oder Abberufung der Unternehmensleitung und deren Kontrolle und wirken sich damit auf die mittelbare Verfügungsbefugnis der Anteilseigner aus.[140]

Durch die Besetzung des Aufsichtsrats mit Arbeitnehmervertretern und durch die Zuständigkeitsübertragung bezüglich der Bestellung und Abberufung des Vertretungsorgans von der Anteilseignerversammlung auf den Aufsichtsrat sei zwar eine teilweise weitgehende Einschränkung der mitgliedschaftlichen Position der Anteilseigner gegeben.[141] Eine qualitative Struktur- oder Substanzveränderung des Anteilseigentums durch das Mitbestimmungsgesetz verneinte das Gericht aber.[142] Zwar bestünde die Möglichkeit, dass die Mehrheit der Anteilseignervertreter im Aufsichtsrat bei einem Zusammengehen einer Minderheit mit den Arbeitnehmervertretern überstimmt werden könnte. Es gehöre aber von vornherein nicht zu den Strukturmerkmalen des Anteilseigentums, dass es dem einzelnen Rechtsinhaber stets die autonome Durchsetzung seines Willens ermögliche.[143]

---

[137] BVerfGE 50, 290, 342; BVerfGE 25, 371, 407; BVerfGE 14, 263, 276; in diesem Sinne bereits Chlosta, Der Wesensgehalt der Eigentumsgewährleistung, S. 163 ff.; Stein, Qualifizierte Mitbestimmung unter dem Grundgesetz, S. 55.

[138] BVerfGE 50, 290, 343.

[139] BVerfGE 50, 290, 343.

[140] BVerfGE 50, 290, 343.

[141] BVerfGE 50, 290, 347.

[142] BVerfGE 50, 290, 344, 346.

[143] BVerfGE 50, 290, 345.

Auch die Beseitigung der Möglichkeit, die Mitglieder des Vertretungsorgans durch die Anteilseignerversammlung zu bestellen und abzuberufen, greife nicht in die Substanz des Anteilseigentums ein.[144] Dies ergebe sich schon aus der Tatsache, dass die Verlagerung von Zuständigkeiten eines Gesellschaftsorgans auf ein anderes schwerlich als Substanzverletzung beurteilt werden könne.[145]

Eine der Hauptaussagen des Mitbestimmungsurteils war somit die verfassungsrichterliche Einschätzung, dass von einer qualitativen Veränderung des Anteilseigentums zwar nicht gesprochen werden könne, gleichwohl aber durch das Gesetz eine teilweise weitgehende Einschränkung der mitgliedschaftlichen Positionen der Anteilseigner begründet werde.[146] Diese Beschränkungen, die sich aus der Mitbestimmung ergeben, stellen jedoch eine Inhalts- und Schrankenbestimmung des Eigentums dar, zu der der Gesetzgeber nach Artikel 14 Abs. 1 S. 2 Grundgesetz grundsätzlich befugt sei.[147] Bei der Beschränkung des Eigentums müsse sich der Gesetzgeber am Wohl der Allgemeinheit orientieren. Die ses müsse nicht nur der Grund für die Beschränkung des Eigentums sein, sondern stelle zugleich auch die Grenze für die Beschränkung dar.[148] Zu beachten sei aber, dass, auch wenn das Eigentum Beschränkungen des Gesetzgebers unterworfen werden könne, in jedem Fall die Erhaltung des Zuordnungsverhältnisses und der Substanz des Eigentums gewährleistet bleiben müsse.[149] Der Spielraum des Gesetzgebers sei zudem dadurch begrenzt, dass die Eigentumsbindung stets verhältnismäßig sein müsse.[150] Die Befugnis des Gesetzgebers zur Inhalts- und Schrankenbestimmung sei aber um so weiter, je mehr das Eigentumsobjekt in einem

---

[144] BVerfGE 50, 290, 346.

[145] BVerfGE 50, 290, 346.

[146] BVerfGE 50, 290, 347.

[147] BVerfGE 50, 290, 342.

[148] BVerfGE 50, 290, 340; BVerfGE 25, 112, 118.

[149] BVerfGE 50, 290, 341; vgl. auch BVerfGE 42, 263, 295; BVerfGE 24, 367, 389; selbst die Befürworter einer paritätischen Mitbestimmung gehen zunächst davon aus, dass der Gesetzgeber nicht völlig freie Hand bei der Fortentwicklung des Rechts auf vermögensrechtlichem Gebiet hat, vgl. Stein, wonach sich der verfassungsrechtliche Schutz des Aktieneigentums auf den vermögensrechtlichen Aspekt der Garantie einer angemessenen Kapitalverwertungschance konzentriert; Stein, Qualifizierte Mitbestimmung unter dem Grundgesetz, S. 55.

[150] BVerfGE 50, 290, 341; BVerfGE 8, 71, 80 mit weiteren Nachweisen.

sozialen Bezug und einer sozialen Funktion stünde.[151] Bezogen auf die Beschränkung des Anteilseigentums stellte das Bundesverfassungsgericht hierzu fest, dass der personale Bezug der durch das Mitbestimmungsgesetz betroffenen Anteilsrechte wenig ausgeprägt sei, während ihnen ein weittragender sozialer Bezug und eine bedeutende soziale Funktion zukomme.[152]

Das Gericht kam zu dem Ergebnis, dass die Sozialbindung des Anteilseigentums die Beschränkung, wie sie sich aus dem Mitbestimmungsgesetz ergeben, noch rechtfertige. Die Grenzen einer zulässigen Inhalts- und Schrankenbestimmung des Eigentums seien jedoch überschritten, wenn die Mitbestimmung der Arbeitnehmer dazu führe, dass über das im Unternehmen investierte Kapital gegen den Willen aller Anteilseigner entschieden werden könne, wenn diese aufgrund der Mitbestimmung die Kontrolle über die Führungsauswahl im Unternehmen verlören und wenn ihnen das Letztentscheidungsrecht entzogen würde.[153] Nach der Auffassung des Bundesverfassungsgerichts seien diese Grenzen durch das Mitbestimmungsgesetz nicht überschritten. Das tragende Argument war hierbei, dass die Vorschriften des Mitbestimmungsgesetzes weder eine paritätische noch gar eine überparitätische Mitbestimmung der Arbeitnehmer im Unternehmen begründe, weil den Anteilseignern noch immer ein leichtes Übergewicht zukomme.[154] Das Bundesverfassungsgericht führte dazu aus, dass die Arbeitnehmer zwar die gleiche Anzahl der Aufsichtsratsmitglieder stellen, aber die Anteilseigner gemäß § 27 Abs. 2 Mitbestimmungsgesetz in der Regel den Aufsichtsratsvorsitzenden wählen, dessen Stimme nach § 29 Abs. 2 Mitbestimmungsgesetz bei Stimmengleichheit den Ausschlag gebe.[155] Daran ändere auch die theoretische Möglichkeit nichts, dass die Arbeitnehmervertreter im Aufsichtsrat gemeinsam mit einer Minderheit der Anteilseignervertreter die Mehrheit der Anteilseignervertreter überstimmen können. Allein die Möglichkeit, dass die Anteilseignervertreter nach dem Mitbestimmungsgesetz ihren Willen gemeinschaftlich durchset-

---

[151] BVerfGE 50, 340 f.; vgl. BVerfGE 21, 73, 83; BVerfGE 31, 229, 242; BVerfGE 36, 281, 292; BVerfGE 37, 132, 140; BVerfGE 42, 263, 294.

[152] BVerfGE 50, 290, 347 f.

[153] BVerfGE 50, 290, 350.

[154] Hierzu insbesondere Ulmer, BB 1979, 398; Wiedemann, Anm. zu AP Nr. 1 zu § 1 MitbestG; vorab bereits Raiser, NJW 1976, 1337, 1338; Naendrup in Fabricius, GK-MitbestG, Einl. II, Rdnr. 3.

[155] BVerfGE 50, 290, 324, 326, 328; vgl. hierzu Rehbinder ZGR 1979, 471, 484 ff.; Martens, ZGR 1979, 493, 511 ff.

zen können, genüge für die Bejahung eines Übergewichts der Anteilseignerseite.[156] Das Mitbestimmungsgesetz führe auch nicht zu einer Parität oder Überparität aufgrund einer Kumulation von Unternehmensmitbestimmung und betrieblicher Mitbestimmung.[157] Auch wenn in einzelnen Fällen Zuständigkeiten des Aufsichtsrats und des Betriebsrats in derselben Angelegenheit zusammentreffen können, könne nicht von einer Verstärkung des Mitbestimmungspotentials im Sinne einer Kumulation ausgegangen werden. Das Bundesverfassungsgericht argumentierte hierbei, dass sich die Mitbestimmung der Arbeitnehmer in diesen Fällen in Organen verschiedener Funktion und in verschiedenen Verfahren vollziehe.[158]

3. Verfassungsrechtliche Grenzen aus Artikel 9 Abs. 1 Grundgesetz

Der Schutzbereich des Artikel 9 Abs. 1 Grundgesetz umfasst nach dem Urteil des Bundesverfassungsgerichts sowohl für die Mitglieder als auch für die Vereinigung die Selbstbestimmung über die eigene Organisation, das Verfahren ihrer Willensbildung und die Führung der Geschäfte.[159] Dies bedeute jedoch nicht, dass jede staatliche Regelung der Organisation und Willensbildung von Vereinigungen durch Artikel 9 Abs. 1 Grundgesetz ausgeschlossen sei.[160] Eine Verletzung des Artikel 9 Abs. 1 Grundgesetz durch die Vorschriften des Mitbestimmungsgesetzes verneinte das Bundesverfassungsgericht und verwies auf die zu Artikel 14 Abs. 1 Grundgesetz angeführten Argumente.[161] Es führte zudem zu Artikel 9 Abs. 1 Grundgesetz aus, dass das Mitbestimmungsgesetz für die erfassten Gesellschaften und ihre Mitglieder auch nicht die Gründungs- und Beitrittsfreiheit, die Freiheit des Austritts und des Fernbleibens berühre und auch keine Zwangszusammenschlüsse enthalte, denn die Arbeitnehmervertreter im Aufsichtsrat würden nicht Mitglieder der jeweiligen Gesellschaft und somit würde

---

[156] BVerfGE 50, 290, 346 f.

[157] Vgl. BVerfGE 50, 290, 327; zustimmend Müller, DB 1979, Beil. Nr. 5, 1, 2.

[158] BVerfGE 50, 290, 327; kritisch Hanau, ZGR 1979, 524, 540 f.

[159] BVerfGE 50, 290, 354.

[160] BVerfGE 50, 290. 354.

[161] BVerfGE 50, 290, 357.

den betroffenen Gesellschaften auch keine Mitglieder aufgezwungen werden.[162] Das Mitbestimmungsgesetz verändere nicht einmal die herkömmliche gesellschaftsrechtliche Ausgestaltung des Aufsichtsrats, weil die Mitgliedschaft im Aufsichtsrat auch nach bisherigem Recht nicht die Mitgliedschaft in der Gesellschaft voraussetze.[163] Auch wenn die Mitbestimmung zu einer faktischen Erschwerung der Willensbildung im Aufsichtsrat führe oder zu einer Mitwirkung von Personen, die nicht von den Mitgliedern der Gesellschaft gewählt seien, sei andererseits wiederum das geringe personale Element bei größeren Kapitalgesellschaften und demgegenüber der weitergehende soziale Bezug zu berücksichtigen.[164]

4. Verfassungsrechtliche Grenzen aus Artikel 12 Abs. 1 Grundgesetz

Das Bundesverfassungsgericht stellte zunächst fest, dass die verfassungsrechtlich geschützte Berufsfreiheit aus Artikel 12 Abs. 1 Grundgesetz trotz des individualrechtlich-personalen Ansatzes auch auf juristische Personen anwendbar sei.[165] Bei juristischen Personen sei das Schutzgut des Artikel 12 Abs. 1 Grundgesetz die Freiheit, eine Erwerbszwecken dienende Tätigkeit, insbesondere ein Gewerbe zu betreiben, soweit diese Tätigkeit ihrem Wesen und ihrer Art nach in gleicher Weise von einer juristischen wie von einer natürlichen Person ausgeübt werden könne.[166] Auch die „Unternehmerfreiheit“ im Sinne freier Gründung und Führung von Unternehmen werde – soweit es sich um Tätigkeiten handelt, die den dargelegten Voraussetzungen eines „Berufs“ entsprechen – grundsätzlich von

---

[162] BVerfGE 50, 290, 356 f.; anders insbesondere Badura/Rittner/Rüthers, Mitbestimmungsgesetz 1976 und Grundgesetz, S. 218 ff.

[163] BVerfGE 50, 290, 357.

[164] BVerfGE 50, 290, 357; kritisch hierzu Rehbinder, ZGR 1979, 471, 478.

[165] BVerfGE 50, 290, 363; BVerfGE 30, 292, 312; hierzu Nagel, Paritätische Mitbestimmung und Grundgesetz, S. 35; umstritten ist, ob Artikel 12 Abs. 1 Grundgesetz im konkreten Fall überhaupt anzuwenden ist, es wird vertreten, im Verhältnis zum Eigentumsrecht fehle diesem jede selbständige Bedeutung, hierzu Kübler/Schmidt/Simitis, Mitbestimmung als gesetzgebungspolitische Aufgabe, S. 76 ff.; Schwerdtfeger, Verfassungsmäßigkeit der paritätischen Mitbestimmung, S. 88 ff.; Scholz, Paritätische Mitbestimmung und Grundgesetz, S. 58 f.

[166] BVerfGE 50, 290, 363; mit Verweis auf BVerfG 30, 292, 312; ebenso Loritz, ZfA 1990, 133, 145.

Artikel 12 Abs. 1 Grundgesetz erfasst.[167] Nach der Ansicht des Bundesverfassungsgerichts bedeutet, die Wahrnehmung von Unternehmerfreiheit sowohl die Gründung und Führung eines Klein- und Mittelbetriebes als auch die Tätigkeit eines Großunternehmens.[168] Allerdings fehle bei Großunternehmen regelmäßig der personale Bezug, der den eigentlichen Kern der Gewährleistung der Berufsfreiheit ausmache.[169] Die Größe des Unternehmens sei daher für den Umfang der Regelungsbefugnis des Gesetzgebers maßgeblich.[170]

Ein Eingriff in das Recht der Unternehmen auf eine freie Berufswahl liege nach Ansicht des Bundesverfassungsgerichts nicht vor.[171] Ein solcher sei nur dann anzunehmen, wenn die betroffene juristische Person in aller Regel wirtschaftlich nicht mehr in der Lage sei, den gewählten „Beruf" ganz oder teilweise zur Grundlage ihrer unternehmerischen Erwerbstätigkeit zu machen.[172] Die Mitbestimmungsvorschriften stellen vielmehr eine Regelung der Berufsausübung dar.[173] Die Vertretungsorgane werden durch die neue Zusammensetzung des Aufsichtsrats in der Freiheit ihrer Planung und Entscheidung eingeengt, weil sie im Umfang ihrer Abhängigkeit vom Aufsichtsrat an die Mitwirkung der nicht von den Anteilseignern gewählten Mitglieder dieses Organs gebunden seien.[174] Angesichts der Größe der dem Mitbestimmungsgesetz unterfallenden Unternehmen fehle diesen aber weitgehend der personale Grundbezug, der den eigentlichen Kern der Gewährleistung dieses Grundrechts ausmache.[175] Hierzu führte das Bundesverfassungsgericht weiter aus, dass die Berufsfreiheit der Unterneh-

---

[167] BVerfGE 50, 290, 363.

[168] BVerfGE 50, 290, 363.

[169] BVerfGE 50, 290, 364 f.

[170] BVerfGE 50, 290, 364.

[171] BVerfGE 50, 290, 364; kritisch Pernthaler, Ist Mitbestimmung verfassungsrechtlich messbar?, S. 95 f.

[172] BVerfGE 50, 290, 364 mit Hinweis auf BVerfGE 30, 292, 314.

[173] BVerfGE 50, 290, 364; kritisch Scholz, ZfA 1981, 301.

[174] BVerfGE 50, 290, 364.

[175] BVerfGE 50, 290, 364 f.

mensträger in „einem sozialen Bezug und einer sozialen Funktion“ stehe.[176] Dies folge daraus, dass die Grundrechtsträger die verbürgte Freiheit aus Artikel 12 Abs. 1 Grundgesetz nur mit Hilfe anderer, nämlich der Arbeitnehmer, wahrnehmen könnten.[177] Schließlich stellte das Gericht fest, dass die Grundrechte der Artikel 12 Abs. 1 und Artikel 14 Abs. 1 Grundgesetz funktionell aufeinander bezogen seien, so dass die verfassungsrechtliche Beurteilung im Prinzip keine andere sein könne, wie sie zu Artikel 14 Abs. 1 S. 2 Grundgesetz dargelegt wurde.[178] Der Eingriff in die Berufsfreiheit der erfassten Gesellschaften sei durch sachgerechte und vernünftige Erwägungen des Gemeinwohls gerechtfertigt. Es unterliege auch keinen Bedenken, dass er geeignet und erforderlich ist, das verfolgte Ziel zu erreichen.[179] Die Schwere des Eingriffs stehe in einem angemessenen Verhältnis zu dem Gewicht und der Dringlichkeit der ihn rechtfertigenden Gründe.[180] Denn die Regelungen des Gesetzes berührten den personalen Kern des Grundrechts der Berufsfreiheit nur am Rande. Der Einfluss der Mitwirkung der Arbeitnehmer im Aufsichtsrat auf die Unternehmensführung sei grundsätzlich kein ausschlaggebender, vielmehr komme den von den Anteilseignern der Gesellschaft als Unternehmensträger gewählten Aufsichtsratsmitgliedern das Letztentscheidungsrecht zu. Soweit Entscheidungen des Vertretungsorgans von einer Entscheidung des Aufsichtsrats abhängig seien, bleiben diese infolgedessen grundsätzlich solche, die sich auf die Mitglieder der Gesellschaft zurückführen ließen.[181] Die Einschränkung sei der Preis der angestrebten Ergänzung der ökonomischen durch eine soziale Legitimation der Unternehmensleitung in größeren Unternehmen.[182] Zudem handele es sich um eine Einschränkung von geringer Intensität, die angemessen und den Betroffenen zumutbar scheint.[183]

---

[176] BVerfGE 50, 290, 365; in diesem Sinne ebenso bereits Schwerdtfeger, Verfassungsmäßigkeit der paritätischen Mitbestimmung, S. 92 f.

[177] BVerfGE 50, 290, 365.

[178] BVerfGE 50, 290, 365.

[179] BVerfGE 50, 290, 365.

[180] BVerfGE 50, 290, 365, mit Hinweis auf BVerfGE 30, 292, 316.

[181] BVerfGE 50, 290, 365.

[182] BVerfGE 50, 290, 365 f.

[183] BVerfGE 50, 290, 365 f.

5. VERFASSUNGSRECHTLICHE GRENZEN AUS ARTIKEL 2 ABS. 1 GRUNDGESETZ

Soweit für eine Prüfung des Artikel 2 Abs. 1 Grundgesetz noch Raum blieb, stellte das Bundesverfassungsgericht fest, dass die Handlungsfreiheit auf wirtschaftlichen Gebiet, die unter anderem einen angemessenen Spielraum zur Entfaltung der Unternehmerinitiative garantiere,[184] durch die Vorschriften des Mitbestimmungsgesetzes nicht verletzt würden. Dies ergebe sich daraus, dass auch die Handlungsfreiheit auf wirtschaftlichen Gebiet nur in den Schranken des Artikel 2 Abs. 1 2 HS Grundgesetz gewährleistet sei. Das Gericht führte weiter aus, dass die Vorschriften des Mitbestimmungsgesetzes im Einklang mit dem Grundgesetz stünden und daher zur „verfassungsmäßigen Ordnung" im Sinne des Artikel 2 Abs. 1 Grundgesetz gehören. Durch Artikel 2 Abs. 1 Grundgesetz werde der Mitbestimmungsgesetzgebung nur insoweit Grenzen gezogen, als sie der Entfaltung der Unternehmerinitiative keinen angemessenen Spielraum belasse.[185] Gründe dafür, dass für die Entfaltung der Unternehmerinitiative kein angemessener Spielraum mehr bestünde und deshalb der Kern der wirtschaftlichen Betätigungsfreiheit der Gesellschaften oder Anteilseigner berührt sei, seien nach Ansicht des Gerichts jedoch nicht zu erkennen.[186] Im Ergebnis schränken die Vorschriften des Mitbestimmungsgesetzes die wirtschaftliche Betätigungsfreiheit daher in verfassungsrechtlich zulässiger Weise ein.[187]

6. VERFASSUNGSRECHTLICHE GRENZEN AUS ARTIKEL 9 ABS. 3 GRUNDGESETZ

Das Bundesverfassungsgericht führte zu Artikel 9 Abs. 3 Grundgesetz aus, dass die angegriffenen Vorschriften des Mitbestimmungsgesetzes nicht in den durch Artikel 9 Abs. 3 Grundgesetz geschützten Kernbereich der Koalitionsfreiheit eingreifen.[188] Weder die Gründungs- und Beitrittsfreiheit noch die Garantie staatsfreier Koalitionsbetätigung seien durch die Regelungen des Mitbestim-

---

[184] BVerfGE 50, 290, 366; BVerfGE 29, 260, 267 mit weiteren Nachweisen.

[185] BVerfGE 50, 290, 366; BVerfGE 29, 260, 267.

[186] BVerfGE 50, 290, 366.

[187] BVerfGE 50, 290, 366.

[188] BVerfGE 50, 290, 369, kritisch Hanau, ZGR 1979, 524, 533 f.

mungsgesetzes berührt.[189] Auch werde dem Tarifvertragssystem nicht in verfassungswidriger Weise eine weitere Form der Förderung der Arbeits- und Wirtschaftsbedingungen hinzugefügt. Der Grundsatz der Gegnerunabhängigkeit werde nicht in unzulässiger Weise eingeschränkt.[190] Dazu stellte das Bundesverfassungsgericht fest, dass die Frage der Vereinbarkeit der angegriffenen und zur Prüfung gestellten Regelungen nur das durch Artikel 9 Abs. 3 Grundgesetz gewährte Tarifvertragssystem betreffen könne. Dieses bliebe aber rechtlich unverändert erhalten.[191] Artikel 9 Abs. 3 Grundgesetz sei nicht schon deshalb verletzt, weil das Mitbestimmungsgesetz die Unternehmensmitbestimmung als weitere Form der Förderung der Arbeits- und Wirtschaftsbedingungen ausbaue.[192] Denn Artikel 9 Abs. 3 Grundgesetz ließe sich nicht dahingehend auslegen, dass er ein Tarifvertragsystem als ausschließliche Form der Förderung der Arbeits- und Wirtschaftsbedingungen gewährleiste.[193] Vielmehr wolle Artikel 9 Abs. 3 Grundgesetz als Freiheitsrecht gewährleisten, dass in dem von staatlicher Regelung freigelassenen Raum die Beteiligten selbst eigenverantwortlich bestimmen könnten, wie sie die Arbeits- und Wirtschaftsbedingungen fördern wollen.[194] Desweiteren stellte das Bundesverfassungsgericht fest, dass durch die Mitbestimmung der Arbeitnehmer in den Organen der Unternehmensträger auch die Gegnerunabhängigkeit der Arbeitgeberverbände gewahrt sei. Zwar gehöre die prinzipielle Unabhängigkeit zu dem durch Artikel 9 Abs. 3 Grundgesetz geschützten Kernbereich der Koalitionsfreiheit und die Koalitionsfreiheit schütze nicht nur die Koalitionsfreiheit im Außenverhältnis, sondern auch die Selbstbestimmung der Koalitionen über ihre eigene Organisation, das Verfahren ihrer

---

[189] BVerfGE 50, 290, 369, kritisch Hanau, ZGR 1979, 524, 533 f.

[190] BVerfGE 50, 290, 369 f.

[191] BVerfGE 50, 290, 370.

[192] BVerfGE 50, 290, 371.

[193] BVerfGE 50, 290, 371; zustimmend Papier ZGR 1979, 444, 465; Müller, DB 1979, Beil. Nr. 5, 1, 8; Hanau, ZGR 1979, 524, 536 ff.; Wiedemann, Anm. zu AP Nr. 1 § 1 MitbestG; hierzu bereits Kübler/Schmidt/Simitis, Mitbestimmung als gesetzgebungspolitische Aufgabe, S. 214 ff.; Scholz, Paritätische Mitbestimmung und Grundgesetz, S. 119; Schwerdtfeger, Unternehmerische Mitbestimmung der Arbeitnehmer und Grundgesetz, S. 254 f.; Papier, AG 1978, 285, 290.

[194] BVerfGE 50, 290, 371.

Willensbildung und die Führung ihrer Geschäfte.[195] Das Ausmaß des Einflusses, den das Mitbestimmungsgesetz den Gewerkschaften oder der Arbeitnehmerseite einräume, halte sich aber noch in den zulässigen Grenzen.[196] Schließlich stellte das Bundesverfassungsgericht fest, dass das Mitbestimmungsgesetz nicht zu nachhaltigen Funktionseinbußen oder gar zur Funktionsunfähigkeit des Tarifvertragssystems führe.[197] Dies wurde damit begründet, dass es jede Form von unternehmerischer Mitbestimmung unvermeidlich mit sich bringe, dass es zu Interessenkollisionen und Überschneidungen komme, die dem Tarifvertragssystem abträglich sein könnten.[198] Solange diese nicht die Funktionsunfähigkeit des Tarifvertragssystems zur Folge hätten, könnten sich hieraus von Verfassungswegen keine Bedenken ergeben.[199]

---

[195] BVerfGE 50, 290, 373; zustimmend Badura, Paritätische Mitbestimmung und Verfassung, S. 58; kritisch Wendeling-Schröder/Spieker, NJW 1981, 145, 148.

[196] BVerfGE 50, 290, 373 f.; kritisch hierzu Müller, DB 1979, Beil. Nr. 5, 1, 7 ff.; Wiedemann, Anm. zu AP Nr. 1 zu § 1 MitbestG; Hanau, ZGR 1979, 524, 536 ff.; Papier, ZGR 1979, 444, 466 ff.; Wendeling-Schröder/Spieker, NJW 1981, 145, 148; zu diesem Problem bereits vorab Kübler/Schmidt/Simitis, Mitbestimmung als gesetzgebungspolitische Aufgabe, S. 230 ff.; Pernthaler, Qualifizierte Mitbestimmung und Verfassungsrecht, S. 183 ff.; Scholz, Paritätische Mitbestimmung und Grundgesetz, S. 114 ff.; Schwerdtfeger, Unternehmerische Mitbestimmung der Arbeitnehmer und Grundgesetz, S. 249 ff.; Stein, Qualifizierte Mitbestimmung unter dem Grundgesetz, S. 93 ff.; Zöllner/Seiter, Paritätische Mitbestimmung und Artikel 9 Abs. 3 Grundgesetz, S. 25 ff., S. 34 ff.; Zöllner, RdA 1969, 65, 70 f.; Zöllner/Seiter, ZfA 1970, 97 ff.

[197] BVerfGE 50, 290, 376.

[198] BVerfGE 50, 290, 376; Vorschläge zur Vermeidung einer Kollision oder Überschneidung von Mitbestimmung und Tarifvertragssystem finden sich bei Müller, DB 1979, Beil. Nr. 5, 1, 9; der für ein Ruhen des Aufsichtsratsmandats der Arbeitnehmervertreter während der Tarifverhandlungen oder des Arbeitskampfes ist; kritisch hierzu Fitting/Wlotzke/Wißmann, Mitbestimmungsgesetz, § 25, Rdnr. 34; Mertens, AG 1977, 306, 307; Wiedemann, Gesellschaftsrecht, S. 633 f.; vorgeschlagen wurde zudem ein Stimmrechtsausschluss der Arbeitnehmervertreter für alle Fragen, die für den Tarifvertrag oder den Arbeitskampf unmittelbar Bedeutung haben, vgl. Hanau, ZGR 1979, 524, 537 f.; Scholz, Paritätische Mitbestimmung und Grundgesetz, S. 115; kritisch hierzu Boewer, DB 1980, 673, 675; Fitting/Wlotzke/Wißmann, Mitbestimmungsgesetz, § 25, Rdnr. 34, 114; Hanau, ZGR 1979, 524, 537.

[199] BVerfGE 50, 290, 377; hierzu Hanau, ZGR 1979, 524, 539; bereits zuvor Badura, ZfA 1974, 374 ff.; Däubler, Das Grundrecht auf Mitbestimmung, S. 422 f.; Scholz, Paritätische Mitbestimmung und Grundgesetz, S. 117 ff.; Zöllner, RdA 1969, 65, 69; Zöllner/Seiter, ZfA 1970, 97, 114 ff.; hierzu Badura, Paritätische Mitbestimmung und Verfassung, S. 92 ff.

7. Verfassungsrechtliche Grenzen aus Artikel 3 Abs. 1 Grundgesetz

Soweit eine Verletzung des Artikel 3 Abs. 1 Grundgesetz gerügt wurde, führte das Bundesverfassungsgericht aus, dass es nicht sachwidrig sei, wenn das Gesetz bei der Bestimmung der erfassten Unternehmen an die Rechtsform als solche anknüpfe.[200] Der Gesetzgeber wollte bei der Einführung der Unternehmensmitbestimmung nach dem Mitbestimmungsgesetz von den vorgefundenen Gesellschaftsformen ausgehen, ohne zugleich das Unternehmensrecht insgesamt zu novellieren.[201] Zudem sei auch die weit überwiegende Anzahl der größeren Unternehmen in einer der vom Mitbestimmungsgesetz umfassten Rechtsformen verfasst.[202] Auch die Auswahl der erfassten Unternehmen sei nicht willkürlich. Der Gesetzgeber durfte sich im wesentlichen auf Kapitalgesellschaften beschränken und sich hierbei an den §§ 76 ff Betriebsverfassungsgesetz 1952 orientieren.[203] Die Grenze seines Gestaltungsspielraums habe der Gesetzgeber zudem auch nicht deshalb überschritten, weil bei der Auswahl der vom Mitbestimmungsgesetz umfassten Unternehmen auf das Kriterium der Beschäftigungszahl abgestellt wurde. Hierfür bestünde ein sachlicher Grund. Erst mit dem Überschreiten einer bestimmten Unternehmensgröße würden die Probleme der Anonymisierung der Arbeitnehmer, der Bürokratisierung der Unternehmensleitung und der Entstehung von Dienstwegen auftreten, die eine Mitbestimmung der Arbeitnehmer nahe legen.[204]

---

[200] BVerfGE 50, 290, 380.

[201] BVerfGE 50, 290, 380 mit Verweis auf BR-Drucks. 200/74, S. 16.

[202] BVerfGE 50, 290, 380.

[203] BVerfGE 50, 290, 380; zustimmend Müller, DB 1979, Beilage Nr. 5, 1, 10; hierzu bereits Kübler/Schmidt/Simitis, Mitbestimmung als gesetzgebungspolitische Aufgabe, S. 249 ff.; Badura/Rittner/Rüthers, Mitbestimmungsgesetz 1976 und Grundgesetz, S. 26; kritisch vorab Kunze, ArbuR 1976, 193, 195.

[204] BVerfGE 50, 290, 380 f. mit Hinweis auf den Mitbestimmungsbericht, BT-Dr. VI/334, S. 114 f.; anders vorab Döhring, BB 1978, 265, 267 f.

II. EUROPARECHTLICHE GRENZEN NACH DER JÜNGSTEN RECHTSPRECHUNG DES EUROPÄISCHEN GERICHTSHOFS ZUR NIEDERLASSUNGSFREIHEIT

1. HINTERGRUND

Nachdem die Diskussion über die Grenzen einer legitimen Unternehmensmitbestimmung nach dem Mitbestimmungsurteil ruhiger wurde, lebte sie nach den jüngsten Entscheidungen des Europäischen Gerichtshofs in den Sachen „Überseering“[205] und „Inspire Art“[206] vermehrt wieder auf. Die Entscheidungen setzten die Judikatur des Europäischen Gerichtshofs zur Niederlassungsfreiheit von Unternehmen[207] fort und behandelten insbesondere die Frage, inwieweit die Sitztheorie mit der Niederlassungsfreiheit vereinbar ist.[208] Obwohl der

---

[205] EuGH, Urteil vom 5. November 2002, Rs. C-208/00, AG 2003, 37; vgl. die Schlussanträge des Generalanwalts Dámaso Ruiz-Jarabo Colomer, NZG 2002, 16.

[206] EuGH, Urteil vom 30. September 2003, Rs. C-167/01, AG 2003, 680; vgl. die Schlussanträge des Generalanwalts Siegbert Albert, DB 2003, 377; hierzu Geyrhalter/Gänßler, EuGH EWiR, Art. 43 EG 2/03, 569.

[207] EuGH, Urteil vom 27. September 1988, Rs. 81/87, „Daily Mail“, NJW 1989, 2186; EuGH, Urteil vom 9. März 1999, Rs. C-212/97, „Centros“, NJW 1999, 2027; „Daily Mail“ behandelt nur den sogenannten „Wegzugsfall“, also die Beziehung der wegziehenden Gesellschaft zu dem Gründungsstaat; vgl. hierzu jüngst EuGH, Urteil vom 11. März 2004, Rs. C-9/02, „de Lasteyrie du Saillant“, NJW 2004, 2439; der umgekehrte Fall ist derjenige, dass eine Gesellschaft eines Mitgliedstaates unter Berufung auf das für sie dort geltende Recht ihre Aktivitäten auch in einem anderen Mitgliedstaat uneingeschränkt und nach den Modalitäten, wie es ihr nach dem Recht ihres Herkunftsstaates erlaubt ist, entfalten möchte; zu dem sogenannten „Zuzugsfall“, vgl. EuGH in den Rechtssachen „Centros“, „Überseering“ und „Inspire Art“.

[208] Nach der Sitztheorie richtet sich die Rechtsstellung einer Kapitalgesellschaft nach dem Recht des Ortes ihres tatsächlichen Verwaltungssitzes. Dies hat zur Folge, dass sie durch einen Staat, der der Sitztheorie folgt, nicht als solche anerkannt wird, wenn ihr tatsächlicher Sitz in diesem Staat liegt, obwohl sie in einem anderen Staat wirksam gegründet wurde. Anders nach der Gründungstheorie. Nach dieser richten sich die Rechtsstellung und die Rechtsbeziehungen einer Gesellschaft nach dem Recht, nach dem die Gesellschaft gegründet wurde. Gesellschaften, die in einem Staat wirksam errichtet wurden, werden folglich von einem Staat der der Gründungstheorie folgt, unabhängig von ihrem tatsächlichen Verwaltungssitz anerkannt. Ein Wechsel des Verwaltungssitzes führt zu keinem Statutenwechsel und macht keine Neugründung der Gesellschaft notwendig. Umstritten ist die Frage, inwieweit durch die Urteile des Europäischen Gerichtshofs eine generelle Abkehr von der Sitztheorie statuiert wird oder ob diese möglicherweise mit Einschränkungen aufrecht erhalten werden kann; hierzu Eidenmüller, ZIP 2002, 2233, 2234; Wernicke, EuZW 2002, 758, 760; Kallmeyer, DB 2002, 2521, 2522; Forsthoff, DB 2002, 2471, 2477; Leible/Hoffmann, RIW 2002, 925, 934; Behrens, IPRax 2003, 193, 204 ff.; Binz/Mayer, GmbHR 2003, 249; Meilicke, GmbHR 2003, 793; Meilicke, GmbHR 2003, 1271; Forsthoff, DB 2003, 979, 980; Geyrhalter/Gänßler, NZG

Europäische Gerichtshof in seinen Entscheidungen keine ausdrückliche Aussage über die Grenzen einer legitimen unternehmerischen Mitbestimmung zu treffen hatte, können aus den Urteilen Grenzen für das deutsche Mitbestimmungsrecht abgeleitet werden. Dies gilt speziell für den Fall, dass eine europäische Gesellschaft ihren Verwaltungssitz nach Deutschland verlegt. In dieser Konstellation sind zwei Fragen interessant. Zum Einen ist umstritten, ob die Entscheidungen des Europäischen Gerichtshofs die deutsche Unternehmensmitbestimmung dahingehend begrenzen, dass eine analoge Anwendung der Mitbestimmungsgesetze auf europäische Gesellschaften mit Verwaltungssitz in Deutschland ausgeschlossen ist. Zum Anderen ist zu klären, inwieweit der deutsche Gesetzgeber den Anwendungskatalog der Mitbestimmungsgesetze um ausländische Gesellschaftsformen erweitern kann, ohne dabei europarechtliche Grenzen zu überschreiten.

2. Kernaussagen des Europäischen Gerichtshofs in „Überseering"

Das Urteil des Europäischen Gerichtshofs beruhte auf einer Vorlage des Bundesgerichtshofs. Dieser lag der Sachverhalt zugrunde, dass die niederländische Kapitalgesellschaft „Überseering BV"[209], deren Anteile von zwei Deutschen erworben wurden und die ihren tatsächlichen Sitz nach Deutschland verlegt hatte, gegen einen deutschen Bauunternehmer wegen einer angeblichen werkvertraglichen Mangelhaftigkeit von Sanierungsarbeiten an Gebäudekomplexen der „Überseering" auf Schadensersatz klagt. In den Vorinstanzen wurde der BV die Partei- und Rechtsfähigkeit aufgrund der in Deutschland geltenden Sitztheorie abgesprochen.[210] Im Revisionsverfahren erfolgte die Vorlage des Bundesgerichtshofs an den Europäischen Gerichtshof.[211] Der Bundesgerichtshof hatte Zweifel hinsichtlich der Vereinbarkeit der Sitztheorie mit der Niederlassungsfreiheit von Gesellschaften aus Artikel 43, 48 EG und wollte geklärt haben, ob

---

2003, 409, 410 ff.; Dubovizkaja, GmbHR 2003, 694; Großerichter, DStR 2003, 159, 164 ff.; Paefgen, DB 2003, 487; Schulz, NJW 2003, 2705; Zimmer, BB 2003, 1, 3 ff.; Ebke, BB 2003, 1; Lutter, BB 2003, 7, 9 f.; Knapp, DNotZ 2003, 85, 88; Kindler, NJW 2003, 1073; Roth, IPRax 2003, 117, 119; Ulmer, NJW 2004, 1201; Altmeppen, NJW 2004, 97, 99 ff.; Franzen, RdA 2004, 257, 258; Schäfer, NZG 2004, 785; auf dieses Problem soll nachgehend nicht eingegangen werden. Im Mittepunkt steht vielmehr die Frage zur Auswirkung der Urteile auf die deutsche Unternehmensmitbestimmung.

[209] Besloten Vennootschap, niederländische Kapitalgesellschaft.

[210] OLG Düsseldorf, Urteil vom 10. September 1998, 5 U 1/98, JZ 2000, 203.

[211] BGH, Vorlagebeschluss vom 30. März 2000, VII ZR 370, 98, AG 2000, 473.

das Gemeinschaftsrecht einer nationalen Regelung entgegensteht, nach der es der Gesellschaft, die nach dem Recht eines Mitgliedstaates wirksam gegründet worden ist, deshalb verwehrt ist, vertraglich begründete Ansprüche vor den Gerichten eines anderen Mitgliedstaates geltend zu machen, weil sie im letztgenannten Mitgliedstaat ihren Verwaltungssitz hat. Für den Fall der Bejahung der ersten Vorlagefrage sollte zudem geklärt werden, nach welchem Recht sich die Frage der Anerkennung der Rechts- und Parteifähigkeit einer solchen Gesellschaft bestimmt. Der Europäische Gerichtshof führte dazu aus, dass es gegen Artikel 43 EG und Artikel 48 EG verstoße, wenn einer Gesellschaft, die nach dem Recht des Mitgliedstaates, in dessen Hoheitsgebiet sie ihren satzungsmäßigen Sitz hat, gegründet worden ist und von der nach dem Recht eines anderen Mitgliedstaates angenommen wird, dass sie ihren tatsächlichen Verwaltungssitz dorthin verlegt hat, in diesem Mitgliedsaat die Rechts- und Parteifähigkeit abgesprochen wird.[212] Artikel 43 EG und Artikel 48 EG verpflichten die Mitgliedstaaten, die Rechtsfähigkeit und damit die Parteifähigkeit einer ausländischen Gesellschaft zu achten, die diese Gesellschaft nach dem Recht ihres Gründungsstaates besitzt.[213] Es sei jedoch nicht ausgeschlossen, dass zwingende Gründe des Gemeinwohls, wie der Schutz der Interessen der Gläubiger, der Minderheitsgesellschafter, der Arbeitnehmer oder auch des Fiskus, unter bestimmten Umständen und unter Beachtung bestimmter Voraussetzungen Beschränkungen der Niederlassungsfreiheit rechtfertigen können. Solche Ziele können es jedoch nicht rechtfertigen, einer Gesellschaft, die in einem anderen Mitgliedstaat gegründet ist, die Rechtsfähigkeit und damit die Parteifähigkeit abzusprechen.[214]

Die im europäischen Raum gegründeten Gesellschaften sind somit grundsätzlich in jedem Mitgliedstaat anzuerkennen, wenn sie wirksam gegründet wurden und durch den Wegzug aus dem Gründungstaat ihre Rechtsfähigkeit nicht verloren haben. Das bindende Ergebnis des Europäischen Gerichtshofs kann jedoch nicht dadurch erreicht werden, dass die ausländische Gesellschaft einer rechtsfähigen Personengesellschaft gleichgestellt wird, wie es der II. Zivilsenat des Bundesgerichtshofs in einem anderen Verfahren vertreten hat.[215] Dies ergibt sich daraus, dass durch eine Behandlung als Personengesellschaft die ausländische Gesell-

---

212 EuGH, Urteil vom 5. November 2002, Rs. C-208/00, AG 2003, 37.

213 EuGH, Urteil vom 5. November 2002, Rs. C-208/00, AG 2003, 37.

214 EuGH, Urteil vom 5. November 2002, Rs. C-208/00, AG 2003, 39.

215 Vgl. BGH, Urteil vom 1. Juli 2002, II ZR 380/00, WM 2002, 1929.

schaft in eine andere Gesellschaftsform mit besonderen Risiken gedrängt wird, mit der Folge, dass gerade nicht die Rechts- und Parteifähigkeit geachtet wird, welche die Gesellschaft nach dem Recht ihres Gründungsstaates besitzt.[216] Der vorlegende Bundesgerichtshof ist in seinem Urteil den Aussagen des Europäischen Gerichtshofs gefolgt und hat der niederländischen Gesellschaft die Rechts- und Parteifähigkeit zugesprochen.[217]

3. KERNAUSSAGEN DES EUROPÄISCHEN GERICHTSHOFS IN „INSPIRE ART"

Dem Urteil des Europäischen Gerichtshofs in der Sache „Inspire Art" lag folgender Sachverhalt zu Grunde. „Inspire Art Ltd", eine nach englischem Recht gegründete Gesellschaft mit beschränkter Haftung, die ihre Geschäftstätigkeit jedoch ausschließlich in den Niederlanden entfalten wollte, gründete eine Zweigniederlassung in den Niederlanden. Dort unterlag sie einem speziellen Gesetz (WFBV) über „formal ausländische Gesellschaften", welches gewährleisten sollte, dass gewisse Mindeststandards eingehalten werden. Nicht die Anerkennung als solche wurde verweigert, das WFBV legte lediglich bestimmte zusätzliche, von der niederländischen Regierung als administrativ bezeichnete Pflichten auf. Diese umfassten beispielsweise bestimmte Publizitätspflichten, die Anwendung der niederländischen Vorschriften über das Mindestkapital einer Gesellschaft und die Begründung einer gesamtschuldnerischen Haftung des Geschäftsführers für Verbindlichkeiten der Gesellschaft bei Nichteinhaltung der Pflichten des WFBV. Der Europäische Gerichtshof hatte die Frage zu klären, ob die niederländische Sonderanknüpfung mit der Niederlassungsfreiheit vereinbar ist. Der Europäische Gerichtshof hielt die Bestimmungen des WFBV für unvereinbar mit Artikel 43, 48 EG. Dazu führte er aus, dass die Rechtspersönlichkeit der Gesellschaft, die sie nach dem Recht ihres Gründungsstaates besitzt, nicht geachtet werde, soweit der Zuzugsstaat über die Gründungsvorschriften des Heimatstaates hinaus Anforde-

---

[216] Hierzu Forsthoff, DB 2002, 2471, 2474; Heidenhain, NZG 2002, 1141, 1143; Behrens, IPRax 2003, 193, 200; von Halen, WM 2003, 571, 575 f.; Meilicke, GmbHR 2003, 793, 799 ff.; Schanze/Jüttner, AG 2003, 30, 32 f.; Müller, NZG 2003, 414, 415 f.; Schulz, NJW 2003, 2705, 2706; Leible/Hoffmann, EuZW 2003, 677, 681; andere Ansicht Kindler, NJW 2003, 1073, 1077.

[217] BGH, Urteil vom 13. März 2003, VII ZR 370/98, AG 2003, 386; seit dem mit entsprechender Entscheidung BFH, Urteil vom 29. Januar 2003, I R 6/99, GmbHR 2003, 722; BayOLG, Urteil vom 19. Dezember 2002, 2 Z BR 7/02, DStR 2003, 653; OLG Zweibrücken, Urteil vom 26. März 2003, 3 W 21/03, GmbHR 2003, 530.

rungen an die Errichtung einer Gesellschaft stelle.[218] Das Gericht stellte fest, dass es für die Anwendung der Vorschriften über die Niederlassungsfreiheit, mit Ausnahme von Fällen des Rechtsmissbrauchs, ohne Bedeutung sei, dass eine Gesellschaft in einem Mitgliedstaat nur errichtet wurde, um sich in einem zweiten Mitgliedstaat niederzulassen, in dem die Geschäftstätigkeit im Wesentlichen oder ausschließlich ausgeübt werden soll.[219] Der Umstand, dass eine Gesellschaft in einem Mitgliedstaat nur gegründet wurde, um in den Genuss vorteilhafter Rechtsvorschriften zu kommen und die nachteiligen Vorschriften des Zuzugsstaates zu umgehen, stelle nach der Auffassung des Gerichts keinen Fall des Rechtsmissbrauchs dar.[220] In konsequenter Fortführung des „Überseering-Urteils" eröffnete der Europäische Gerichtshof auch die Möglichkeit einer Rechtfertigung von Beschränkungen, wenn zwingende Gründe des Allgemeinwohls dies erforderlich machen, sie nicht diskriminierend wirken und verhältnismäßig sind.[221] Von Bedeutung sind in diesem Zusammenhang insbesondere die Aussagen des Gerichts über die Vorschriften zur Festlegung eines bestimmten Mindestkapitals der Gesellschaft. Der Europäische Gerichtshof betonte, dass der Gläubigerschutz bereits dadurch ausreichend gewährleistet wird, dass die Gesellschaft englischen Rechts nicht als eine des niederländischen Rechts auftritt. Potentielle Gläubiger seien hinreichend unterrichtet, dass die Gesellschaft anderen Rechtsvorschriften als den niederländischen unterliegt. Der Vorgabe eines bestimmten Mindestkapitals bedürfe es deshalb nicht.[222] Diese Aussage des Europäischen Gerichtshofs belegt die Zurückhaltung des Gerichts bei der Annahme von Rechtfertigungsgründen, um die Einhaltung von gesellschaftsrechtlichen Mindeststandards im Zuzugsstaat erreichen zu können.[223]

---

[218] So bereits das Gericht in der Sache „Überseering"; EuGH, Urteil vom 5. November 2002, Rs. C-208/00, AG 2003, 37.

[219] EuGH, Urteil vom 30. September 2003, Rs. C-167/01, AG 2003, 680, 683.

[220] EuGH, Urteil vom 30. September 2003, Rs. C-167/01, AG 2003, 680, 683.

[221] EuGH, Urteil vom 30. September 2003, Rs. C-167/01, AG 2003, 680, 683.

[222] EuGH, Urteil vom 30. September 2003, Rs. C-167/01, AG 2003, 680, 683.

[223] Ähnlich Drygala, EuGH EWiR Art. 43 EG 4/03, 1029, 1030; Kleinert/Probst, DB 2003, 2217, 2218; Maul/Schmidt, BB 2003, 2297, 2300; Geyrhalter/Gänßler, DStR 2003, 2167, 2170 f.

Bereits unter § 2 C wurde gezeigt, dass sich die Anwendungsbereiche der Mitbestimmungsgesetze nur auf bestimmte, ausdrücklich im Gesetz genannte Rechtsformen erstrecken. Nicht umfasst sind ausländische Gesellschaftsformen, die zwar in Deutschland tätig sind, nicht aber ihren Verwaltungssitz dort haben.[224] Selbst wenn solche Gesellschaften in Deutschland eine Zweigniederlassung oder einen rechtlich unselbständigen Betrieb errichten, oder zusammen mit inländischen Unternehmen einer einheitlichen Leitung unterliegen, unterfallen sie nicht dem Anwendungsbereich des deutschen Mitbestimmungssystems.[225] Dies ergibt sich bereits aus dem völkerrechtlichen Territorialitätsprinzip, aus dem folgt, dass die Mitbestimmungsgesetze nur auf inländische Unternehmen Anwendung finden, also nicht auf ausländische Unternehmen mit tatsächlichem Verwaltungssitz im Ausland. Ungeklärt ist die Frage, ob die deutsche Mitbestimmung auf ausländische Gesellschaften anwendbar ist, die nach ausländischem Recht gegründet wurden, ihren formalen Sitz im Ausland und ihren tatsächlichen Verwaltungssitz in Deutschland haben. Bisher wurde dies überwiegend unter Berufung auf die nach deutschem internationalen Privatrecht herrschende Sitztheorie verneint.[226] Nach der Sitztheorie wird für die Frage der Rechtsfähigkeit auf den Sitz der tatsächlichen Hauptverwaltung abgestellt. Da in dem beschriebenen Fall die ausländische Gesellschaft ihren tatsächlichen Verwaltungssitz in Deutschland hat, ist die Frage nach der Rechtsfähigkeit nach den Grundsätzen des deutschen Gesellschaftsrechts zu beurteilen. Die ausländische Gesellschaft erfüllt in der Regel nicht die nach deutschem Recht erforderlichen Gründungsvorschriften, so dass sie als so genanntes „rechtliches Nullum" nicht rechtsfähig war und folglich auch nicht dem Anwendungsbereich der Mitbestimmungsgesetze unterliegen konnte. Die jüngsten Entscheidungen des Europäischen Gerichtshofs haben durch die

---

[224] BGH, Urteil vom 16. November 1981, II ZR 150/80, NJW 1982, 933, 934; OLG Stuttgart, Urteil vom 30. März 1995, 8 W 355/93, ZIP 1995, 1004; LG Düsseldorf, Beschluss vom 5. Juni 1979, 25 AktE 1/78, DB 1979, 1451; Oetker in Erfurter Kommentar, § 1 Mitbestimmungsgesetz, Rdnr. 3; Hanau/Ulmer, Mitbestimmungsgesetz, § 1, Rdnr. 33; Raiser, Mitbestimmungsgesetz, § 1, Rdnr. 14; Wißmann in Münchener Handbuch Arbeitsrecht Band 3, § 367, Rdnr. 2.

[225] Oetker in Erfurter Kommentar, § 1 Mitbestimmungsgesetz, Rdnr. 3; Wißmann in Münchener Handbuch Arbeitsrecht Band 3, § 377, Rdnr. 2; Mertens in Zöllner, Kölner Kommentar zum Aktiengesetz, Anh. § 117 B, § 1 MitbestG, Rdnr. 3; Raiser, Mitbestimmungsgesetz, § 1, Rdnr. 14; Hanau/Ulmer, Mitbestimmungsgesetz, § 1, Rdnr. 6.

[226] Raiser, Mitbestimmungsgesetz, § 1, Rdnr. 14 ff.; Gach in Münchener Kommentar Aktiengesetz, § 1 MitbestG, Rdnr. 14.

Ablehnung der Sitztheorie dieser Begründung zumindest für europäische Gesellschaften den Boden entzogen. Nach „Überseering“ muss die Rechtsfähigkeit einer zugezogenen europäischen Gesellschaft in Deutschland anerkannt werden. Die Frage der Rechtsfähigkeit einer solchen Gesellschaft bestimmt sich nach dem Recht des Gründungsstaates. Zu untersuchen ist folglich, welche Auswirkungen diese Freizügigkeit für Gesellschaften auf die deutsche Mitbestimmung zeitigt, ob ausländische Gesellschaften in analoger Anwendung der Regelungen über den Anwendungsbereich der Mitbestimmungsgesetze und in Anknüpfung an die betriebliche Mitbestimmung der deutschen Mitbestimmung unterworfen werden können.[227] Mangels einer planwidrigen Regelungslücke ist eine solche Analogie jedoch abzulehnen.[228] Der Anwendungsbereich der Mitbestimmungsregelungen ist nach dem klaren Gesetzeswortlaut abschließend. Der Gesetzgeber hat sich für eine Aufzählung der von den Mitbestimmungsgesetzen umfassten Rechtsformen entschieden und hat dabei ausländische Gesellschaften bewusst ausgeklammert.[229] Dies bestätigt auch das Inkrafttreten des Drittelbeteiligungsgesetzes, das die Unternehmensmitbestimmung nicht auf Gesellschaften aus dem EU-Ausland für anwendbar erklärt hat. Die Tatsache, dass obsolet gewordene Rechtsformen, wie die bergrechtliche Gewerkschaft, nicht mehr in den Anwen-

---

[227] Bejahend Grasmann, ZGR 1973, 317, 332 f.; Knobbe-Keuk, ZHR 154 (1990), 325, 347 f.; Schümann, EuZW 1994, 269, 274; Kieninger, ZGR 1999, 724, 744; Ulmer, JZ 1999, 662, 663; Forsthoff, DB 2000, 1109, 1114; von Halen, WM 2003, 571, 577; Kindler, NJW 2003, 1073; 1079; wohl auch Hirsch, NZG 2003, 1100, 1103; Schanze/Jüttner, AG 2003, 30, 35, mit dem Vorschlag, die Regelungen der Mitbestimmung in einer SE sinngemäß auf Auslandsgesellschaften anzuwenden; ebenso Kersting, NZG 2003, 9, 12.

[228] Ebenfalls gegen eine analoge Anwendung Oetker in Erfurter Kommentar, § 1 Mitbestimmungsgesetz, Rdnr. 2; Raiser, Mitbestimmungsgesetz, § 1, Rdnr. 13; Gach in Münchener Kommentar Aktiengesetz, § 1 MitbestG, Rdnr. 6; Seibt in Henssler/Willemsen/Kalb, Arbeitsrecht, § 1 MitbestG, Rdnr. 2; Wißmann in Münchener Handbuch Arbeitsrecht Band 3, § 367, Rdnr. 2; Mertens in Zöllner, Kölner Kommentar zum Aktiengesetz, Anh. § 117 B, § 1 MitbestG, Rdnr. 3; wohl auch Leible in Michalski, GmbHG Kommentar, Systematische Darstellung 2, Rdnr. 116; Meilicke/Meilicke, BB 1977, 1063; Schmidt-Hermesdorf, RIW 1988, 938, 944; Zimmer, NJW 2003, 3585, 3590; Thüsing, ZIP 2004, 381, 382; Veit/Wichert, AG 2004, 14, 16 f.; Kamp, BB 2004, 1496, 1498.

[229] Vgl. hierzu die Materialen zum Gesetzgebungsverfahren des Mitbestimmungsgesetzes; dort heißt es: „Im Ausschuss bestand Einmütigkeit darüber, dass der Gesetzesentwurf nicht für Unternehmensorgane ausländischer Unternehmen Geltung beanspruchen kann, dass sich vielmehr der Geltungsbereich des Entwurfs auf Unternehmen und Konzernobergesellschaften beschränkt, die ihren Sitz im Geltungsbereich des Grundgesetzes haben“; BT-Drucks. 7/4845, S. 4; kritisch hierzu Franzen: „Dieses Argument ist jedoch nicht sehr tragfähig, weil es vor dem Hintergrund der damals geltenden Sitztheorie zu sehen ist.“; Franzen, RdA 2004, 257, 259; ebenso Hanau/Ulmer, Mitbestimmungsgesetz, § 1, Rdnr. 6 a.

dungskatalog des Drittelbeteiligungsgesetzes aufgenommen wurden, zeigt, dass sich der Gesetzgeber Gedanken über die enumerative Aufzählung der Gesellschaftsformen gemacht hat und nicht lediglich den Katalog des Betriebsverfassungsgesetzes 1952 übertragen wollte. Zudem würde eine analoge Anwendung zu einer Reihe rechtspraktischer Schwierigkeiten führen und tief in die Organisationsstruktur der betroffenen Gesellschaften eingreifen.[230] Ein solcher Eingriff kann nicht Aufgabe der Gerichte sein. Vielmehr ergibt sich aus dem Grundsatz der Gewaltenteilung, dass eine Korrektur aufgrund einer veränderten Ausgangssituation, wie es der Wandel von der Sitztheorie hin zur Gründungstheorie darstellt, Aufgabe des Gesetzgebers ist.[231]

5. Grenzen legitimer Unternehmensmitbestimmung de lege ferenda

Können die Regelungen der deutschen Mitbestimmung weder direkt noch analog auf europäische Gesellschaften mit Verwaltungssitz in Deutschland angewandt werden, ergibt sich die Folgefrage, ob der Gesetzgeber befugt ist, im Wege der Sonderanknüpfung Gesellschaften ausländischen Rechts mit tatsächlichem Verwaltungssitz in Deutschland mitbestimmungsrechtlichen Vorgaben zu unterwerfen, indem er die Anwendungsbereiche der Mitbestimmungsgesetze um Gesellschaften mit ausländischen Statut erweitert oder die Rechtsformbezogenheit des deutschen Mitbestimmungssystems gänzlich aufhebt. Gegen ein solches Vorgehen ergeben sich jedoch Bedenken aus europarechtlicher Sicht, namentlich der durch die Artikel 43, 48 EG garantierten Niederlassungsfreiheit. In den Entscheidungen „Überseering“ und „Inspire Art“ stellte der Europäische Gerichtshof fest, dass ein Eingriff in die Niederlassungsfreiheit immer dann vorliege, wenn eine nach ausländischem Recht wirksam gegründete Gesellschaft in einem anderen Mitgliedstaat nicht anerkannt werde oder ihr zusätzliche Pflichten auferlegt werden, die sie nach dem Gesellschaftsstatut ihres Gründungstaates nicht zu befolgen hätte.[232] Diese Beschränkung wäre jedoch zulässig, wenn sie in nichtdiskri-

---

230 Raiser, Mitbestimmungsgesetz, § 1, Rdnr. 15; Oetker in Erfurter Kommentar, § 1 Mitbestimmungsgesetz, Rdnr. 5; Wißmann in Münchener Handbuch Arbeitsrecht Band 3, § 367, Rdnr. 2; Veit/Wichert, AG 2004, 14, 16 f.; Thüsing, ZIP 2004, 381, 382; anders Schmidt-Hermesdorf, RIW 1988, 938, 944; zu den Schwierigkeiten der Übertragung der Mitbestimmung auf eine monistisch verfasste Gesellschaft vgl. § 4 B VII 8.

231 So Veit/Wichert, AG 2004, 14, 17; Thüsing, ZIP 2004, 381, 382; Kamp, BB 2004, 1496, 1499.

232 Vgl. § 2 D II 2 und 3.

minierender Weise angewandt würde, durch zwingende Gründe des Allgemeininteresses gerechtfertigt wäre und zur Erreichung des verfolgten Ziels geeignet und erforderlich wäre.[233]

Das Kernproblem stellt somit zunächst die Frage dar, ob die Erweiterung der deutschen Mitbestimmung auf ausländische Gesellschaften mit tatsächlichem Verwaltungssitz in Deutschland deshalb gerechtfertigt ist, weil zwingende Gründe des Allgemeinwohls, zu denen auch der Schutz der Interessen der Arbeitnehmer gehört,[234] dies erforderlich machen. Mit guten Gründen ist dies zu bezweifeln.[235] Das Motiv der deutschen Mitbestimmung, die Schaffung einer sozialen und demokratischen Unternehmensverfassung, kann nicht als „zwingend" zum Schutz von Allgemeininteressen bewertet werden. Dies zeigt die Tatsache, dass die Mitbestimmung nicht allen Arbeitnehmern gleichermaßen zugute kommt, sondern nur denjenigen, die in Gesellschaften beschäftigt sind, die unter den Anwendungsbereich des deutschen Mitbestimmungssystems fallen. Dieser ist auf bestimmte Rechtsformen begrenzt und knüpft zugleich an das Überschreiten von Schwellenwerten und im Falle der Montanmitbestimmung gar an das Vorliegen eines speziellen Unternehmensgegenstandes an.[236] Hinzukommt, dass Arbeitnehmer ausländischer Tochtergesellschaften und Betriebe eines deutschen Unternehmens nicht in die Sitzverteilung einbezogen werden. Weiterhin kann auf die Ausführung zu § 3 B verwiesen werden. Dort wird gezeigt, dass die deutsche Unternehmensmitbestimmung dazu beigetragen hat, dass man mit den Bemü-

---

[233] EuGH, Urteil vom 5. November 2002, Rs. C-208/00, AG 2003, 37; zur Bestimmung der Grenzen der Niederlassungsfreiheit natürlicher Personen in diesem Sinne bereits EuGH, Urteil vom 30. November 1995, Rs. C-55/94, EuZW 1996, 92, als sogenannte „Gebhard-Formel" bezeichnet; durch das Urteil in Sachen „Centros" hat das Gericht, diesen Maßstab auch auf juristische Personen übertragen, vgl. EuGH, Urteil vom 9. März 1999, Rs. C-212/97, „Centros", NJW 1999, 2027.

[234] Vgl. EuGH, Urteil vom 5. November 2002, Rs. C-208/00, AG 2003, 39.

[235] So im Ergebnis Seibt in Henssler/Willemsen/Kalb, Arbeitsrecht, § 1 MitbestG, Rdnr. 9; Hammen, WM 1999, 2487, 2495; Ulmer, JZ 1999, 662, 663; Eidenmüller, ZIP 2002, 2233, 2242; Forsthoff, DB 2002, 2471, 2477; Müller-Bonanni, GmbHR 2003, 1235, 1237; Binz/Mayer, GmbHR 2003, 249, 257; Paefgen, DB 2003, 487, 491; Ziemons, ZIP 2003, 1913, 1917; Veit/Wichert, AG 2004, 14, 17 f.; andere Ansicht Zimmer, BB 2000, 1361, 1366; Roth, ZGR 2000, 311, 333; Roth, IPRax 2003, 117, 125; Kindler, NJW 2003, 1973, 1079; von Halen, WM 2003, 571, 577; Thüsing, ZIP 2004, 381; Bayer, BB 2004, 1, 5; Eidenmüller/Rehm, ZGR 2004, 159, 185; offen im Ergebnis Maul/Schmidt, BB 2003, 2297, 2300.

[236] Vgl. Raiser, Mitbestimmungsgesetz, Einl., Rdnr. 63; Ziemons, ZIP 2003, 1913, 1917; Eidenmüller, ZIP 2002, 2232, 2242; Veit/Wichert, AG 2004, 14, 17; kritisch zu dieser Argumentation Thüsing, ZIP 2004, 381, 386.

hungen zur Schaffung einer supranationalen Gesellschaftsform immer wieder gescheitert ist und dadurch die Vorteile, die eine solche Rechtsform mit sich bringt, lange Zeit für den Europäischen Binnenmarkt verschlossen blieben. Auch aus diesem Grund fällt es schwer, die deutsche Mitbestimmung als zwingenden Grund des Allgemeinwohls anzuerkennen. In diesem Zusammenhang gilt es zu beachten, dass sich der Rechtfertigungsgrund des Gemeinwohls nicht auf den nationalen, sondern auf den gemeinschaftsrechtlichen Ordre Public bezieht.[237] Aber auch auf nationaler Ebene zeigen die zahlreichen kritischen Stellungnahmen zur Sonderrolle des deutschen Mitbestimmungssystems in Europa und deren Auswirkung auf den Standort Deutschland, dass das Recht der Mitbestimmung nicht mehr als zwingender Gemeinwohlgrund bewertet werden kann. Es wird vielmehr zunehmend als Hindernis für das Zusammenwachsen internationaler Unternehmen und als Standortnachteil für Deutschland empfunden.[238] Zudem ermöglicht das Betriebsverfassungsgesetz den Arbeitnehmern eine wirksame Interessenvertretung und garantiert daher, dass ein Mindestmaß an Arbeitnehmerschutz gewährleistet wird, so dass man auch die Verhältnismäßigkeit einer Sonderanknüpfung nur schwer argumentativ bewältigen kann.[239] Im Ergebnis bleibt daher festzuhalten, dass eine Erweiterung der deutschen Mitbestimmung auf ausländische Gesellschaften nicht durch zwingende Gründe des Gemeinwohls gerechtfertigt werden kann. Sie würde zu einer nicht gerechtfertigten Beschränkung der Niederlassungsfreiheit führen. Dieses Ergebnis korrespondiert mit der Judikatur des Europäischen Gerichtshofs, der in seinem Urteil in der Sache „Inspire Art“ gezeigt hat, dass bei der Annahme von Rechtfertigungsgründen Zurückhaltung geboten ist.

---

[237] So Ebke, JZ 2003, 927, 931; Hammen, WM 1999, 2487, 2494; Leible/Hoffmann, RIW 2002, 925, 930.

[238] Vgl. Götz, AG 2002, 552; Paefgen, DB 2003, 487, 492; Ulmer, ZHR 166 (2002), 271; Veit/Wichert, AG 2004, 14, 20; Meilicke, GmbHR 2003, 793, 807; Grobys, NJW Editorial 2003, Heft 34; Franzen, RdA 2004, 257; Die Mitbestimmung der Arbeitnehmer am Pranger, FAZ vom 27. Juni 2003, S. 11; Mitbestimmung bleibt Reizthema, Handelsblatt vom 27./28. Juni 2003, S. 14; BDI und BDA greifen Mitbestimmung an, Handelsblatt vom 14. Oktober 2004, S. 3; kritisch zu dieser Argumentation insbesondere Thüsing, ZIP 2004, 381, 386 f.; Bayer, AG 2004, 534, 537; Drygala, EuGH EWiR Art. 43 EG 4/03, 1029, 1030; Roth, ZfA 2004, 431, 437.

[239] Vgl. Seibt in Henssler/Willemsen/Kalb, Arbeitsrecht, § 1 MitbestG, Rdnr. 9; Binz/Mayer, GmbHR 2003, 249, 257; Forsthoff, DB 2002, 2471, 2477; Paefgen, DB 2003, 487, 492; Eidenmüller, ZIP 2002, 2233, 2242; Veit/Wichert, AG 2004, 14, 17 f.; kritisch Franzen, RdA 2004, 257, 262; Kamp, BB 2004, 1496, 1500.

III. Bedeutung für den Gang der Untersuchung

Die Ausführungen über die europa- und verfassungsrechtlichen Grenzen einer legitimen Unternehmensmitbestimmung bilden die Grundlage der Analyse des SE-Beteiligungsgesetzes aus verfassungs- und europarechtlicher Sicht (§ 4 B). Im Rahmen der Untersuchung des SE-Beteiligungsgesetzes wird unter anderem gefragt, inwieweit sich der deutsche Gesetzgeber bei der Umsetzung der SE-RL 2001 an die eben dargestellten Schranken gehalten hat. Die durch das Mitbestimmungsurteil aufgezeigten Grenzen sind dabei insbesondere für die Analyse der Implementierung der deutschen Mitbestimmung in das monistische System einer SE von Bedeutung (§ 4 B VII 8). Es wird untersucht, ob sich die anteilige Übertragung des deutschen Mitbestimmungsstandards auf das monistische System einer SE wie es § 35 SEBG vorsieht, noch in den Grenzen des Artikel 14 Abs. 1 Grundgesetz bewegt. Die verfassungsrechtlichen Grenzen werden des weiteren bei der Beurteilung des Zusammenwirkens des SE-Beteiligungsgesetzes mit der bestehenden Mitbestimmungsordnung relevant (§ 4 B VI). Es wird zu klären sein, ob die Möglichkeit, mitbestimmungsfreie Großunternehmen in der Rechtsform der SE mit Sitz in Deutschland zu gründen, an deren Gründung selbst deutsche mitbestimmte Gesellschaften beteiligt sein können, dazu führen kann, dass die in § 1 Abs. 1 Mitbestimmungsgesetz getroffene Auswahl der Unternehmen im Hinblick auf Artikel 3 Abs. 1 Grundgesetz verfassungsrechtlich nicht mehr zu rechtfertigen ist. Im Rahmen der Untersuchung des SE-Beteiligungsgesetzes wird zudem gezeigt, dass das Gesetz unter bestimmten Voraussetzungen bewirkt, dass der Anwendungsbereich des Mitbestimmungsgesetzes faktisch um die Rechtsform der SE erweitert wird. Bei der Frage, inwieweit dies aus verfassungs- und europarechtlicher Sicht zulässig ist, wird ebenfalls auf die eben dargestellten Ausführungen zurückgegriffen.

§ 3 Das Recht der Unternehmensmitbestimmung auf europäischer Ebene

A Bedeutung der Unternehmensmitbestimmung auf europäischer Ebene

I. Unternehmensmitbestimmung im sozialpolitischen Gefüge der Europäischen Gemeinschaft

1. Allgemeines

Das Recht der Unternehmensmitbestimmung berührt auf europäischer Ebene vor allem zwei Bereiche. Zum Einen ist es entscheidend für die Harmonisierung des Europäischen Gesellschaftsrechts. Das Scheitern zahlreicher gesellschaftsrechtlicher Richtlinien mit mitbestimmungsrechtlichem Bezug[240], sowie die Schwierigkeiten bei der Schaffung einer eigenständigen europäischen Rechtsform verdeutlichen exemplarisch, dass die Mitbestimmung entwicklungshemmend für die Angleichung dieses Bereichs sein kann.[241] Neben dieser gesell-

---

[240] Zu nennen sind beispielhaft die Entwürfe der 5. Richtlinie zur Angleichung der Struktur der Aktiengesellschaften in Europa, Vorschlag von 1972, ABl. EG Nr. C 131 vom 13. Dezember 1972, S. 49 ff.; BT-Drucks. 7/363; geänderter Vorschlag von 1983, ABl. EG Nr. C 240 vom 9. September 1983, S. 2 ff.; Beilage 6/83 zum EG-Bulletin; BT-Drucks. 10/467; zweite Änderung von 1991, ABl. EG Nr. C 7 vom 11. Januar 1991, S. 4 ff.; KOM (90) 629 endg.; hierzu Niessen, ZGR 1973, 218; Sonnenberger, AG 1974, 1, 3 ff.; Kolvenbach, DB 1983, 2235; Pipkorn, ZGR 1985, 567, 572 ff.; Ganske, DB 1985, 581; Kolvenbach, DB 1986, 2023, 2024 f.; Birk, NZA 1989, 329, 333 f.; Hopt, ZIP 1998, 96, 101 f.; Boucourechliev, RIW 1999, 1; ebenso der Entwurf der 10. Richtlinie über die grenzüberschreitende Verschmelzung von Aktiengesellschaften, ABl. EG Nr. C 23 vom 25. Januar 1985, S. 11 ff.; KOM (84) 727 endg.; Beilage 3/85 zum EG-Bulletin; BT-Drucks. 10/2856, modernisiert durch den Vorschlag für eine Richtlinie des Europäischen Parlaments und des Rates über die Verschmelzung von Kapitalgesellschaften aus verschiedenen Mitgliedstaaten vom 18. November 2003, KOM (2003) 703 endg. und schließlich die politische Einigung im Rat für Wettbewerbsfähigkeit vom 15. November 2004; jüngst Pluskat, EWS 2004, 1; Schulte-Hillen/Hirschmann, GPR 2004, 89; Halász/Kloster, DStR 2004, 1324; Riesenhuber, NZG 2004, 15; Wiesner, DB 2005, 91; Grundmann, Europäisches Gesellschaftsrecht, S. 421 ff.

[241] In diesem Sinne Gäbelein in Gester/Koubek/Wiedemeyer, Unternehmensverfassung und Mitbestimmung in Europa, S. 129; Krimphove, Europäisches Arbeitsrecht, Rdnr. 639; Figge, Mitbestimmung auf Unternehmensebene in Vorschlägen der Europäischen Gemeinschaft, S. 22; Hopt, ZGR 1992, 265, 277; Kirchner, AG 2004, 197, 201.

schaftsrechtlichen Schnittstelle stellt das Recht der Unternehmensmitbestimmung einen Bestandteil der europäischen Sozialpolitik dar.

2. Sozialpolitik zur Zeit der Gründung der Europäischen Wirtschaftsgemeinschaft

Das Recht der Unternehmensmitbestimmung spielte auf europäischer Ebene in der Zeit nach der Gründung der Europäischen Wirtschaftsgemeinschaft eine untergeordnete Rolle. Dies lag daran, dass die Sozialpolitik in Europa in dieser Phase lange Zeit weitestgehend als nationale Domäne betrachtet wurde.[242] Die Europäische Gemeinschaft suchte ihre Aufgabe primär im wirtschaftlichen Bereich.[243] Es wurde die Auffassung vertreten, dass einer erfolgreichen Wirtschaftspolitik die soziale Integration ohnehin notwendig folgen würde.[244]

3. Ausbau einer sozialen Dimension nach der Zeit des Pariser Gipfels

Erst Ende der sechziger Jahre wurde die Förderungswürdigkeit des Rechts der Unternehmensmitbestimmung erkannt. Die Kommission betonte in dieser Zeit, dass der Mitbestimmung in den Unternehmen angesichts der wachsenden Multinationalisierung eine stärkere Bedeutung zukommen sollte.[245] Im Jahre 1972 bekannten sich die Mitgliedstaaten schließlich ausdrücklich zur europäischen Sozi-

---

[242] Schmidt, Das Arbeitsrecht der Europäischen Gemeinschaft, S. 7; Preis/Gotthardt in Preis/Oetker, EAS Teil B 1100, Rdnr. 8; Blanpain/Klein, Europäisches Arbeitsrecht, Rdnr. 89; Goos in Festschrift 50 Jahre BAG, S. 1183; ebenso Reinhard, Sozial- und arbeitsmarktpolitische Entwicklung in den europäischen Ländern, in Platzer (Hrsg.), Sozialstaatliche Entwicklung in Europa und die Sozialpolitik der Europäischen Union, S. 45; Heinze in Leinemann, Kasseler Handbuch zum Arbeitsrecht, Europarecht, Rdnr. 1; Küsters, Die Gründung der Europäischen Wirtschaftsgemeinschaft, S. 133; Zuleeg, RdA 1992, 133, 134.

[243] Diese Einstellung spiegelt die Zielvorgaben des Gründungsvertrags von Rom wieder, wonach die Europäische Wirtschaftsgemeinschaft die Aufgabe hat, eine harmonische, beständige und ausgewogene Entwicklung des Wirtschaftlebens zu fördern (Artikel 2 EG).

[244] Birk in Münchener Handbuch Arbeitsrecht Band 1, § 18, Rdnr. 5; Preis/Gotthardt in Oetker/Preis, EAS Teil B 1100, Rdnr. 7; Oppermann, Europarecht, Rdnr. 1631 ff.; Schulte in Groeben/Thiesing/Ehlermann, Kommentar zum EU-/EG-Vertrag, Vorb. § 117 bis 127 und 129, Rdnr. 4; Heinze in Leinemann, Kasseler Handbuch zum Arbeitsrecht, Europarecht, Rdnr. 1; Birk, RIW 1989, 6; Heinze, ZfA 1992, 331, 332; Wank, RdA 1995, 10, 11; Konzen, EuZW 1995, 39, 40.

[245] Ziffer 36 der Leitlinien der Kommission für ein sozialpolitisches Aktionsprogramm, Bulletin der EG Beilage 4/73.

alpolitik.[246] Es sollte eine abgestimmte Politik auf dem Gebiet der Beschäftigung und der Berufsausbildung in Gang gesetzt werden, die Arbeits- und Lebensbedingungen verbessert und die Mitwirkung der Arbeitnehmer in den Organen der Unternehmen gewährleistet werden.[247] Im Anschluss an den Pariser Gipfel von 1972 verabschiedete der Rat das geforderte sozialpolitische Aktionsprogramm.[248] Darin wurde unter anderem zum Ausdruck gebracht, dass die Sozialpolitik der Gemeinschaft einen eigenständigen Beitrag zur Verbesserung der Lebens- und Arbeitsbedingungen leistet und deren Angleichung auf dem Weg des Fortschritts erreicht werden müsse. Dies sollte auch die Förderung einer wachsenden Beteiligung der Arbeitnehmer am Leben der Unternehmen und Betriebe umfassen. Die „schrittweise Förderung der Mitwirkung der Arbeitnehmer oder ihrer Vertreter am Leben der Unternehmen und im Betriebe in der Gemeinschaft“[249] wurde als Ziel in das sozialpolitische Aktionsprogramm aufgenommen. Seit dieser Zeit hat sich die grundsätzliche Anerkennung des Partizipations- und Mitbestimmungsgedankens auf europäischer Ebene durchgesetzt.[250]

4. Allianz zwischen Ökonomie und Sozialpolitik nach der Einheitlichen Europäischen Akte

Mit der Vertragsrevision durch die Einheitliche Europäische Akte vom 28. Februar 1986[251] sollte die Vollendung des Binnenmarkts bis zum 31. Dezember 1992 realisiert werden. Das Ziel des „wirtschaftlichen und sozialen Zusammenhalts“ wurde in Artikel 158 EG (ex Artikel 130 a) aufgenommen; ferner wurden Artikel

---

[246] Vgl. Steinmeyer in Hanau/Steinmeyer/Wank, Handbuch des europäischen Arbeits- und Sozialrechts, S. 265; Miller, BArBl. 1973, S. 13; Heinze in Leinemann, Kasseler Handbuch zum Arbeitsrecht, Europarecht, Rdnr. 3; Weinstock, Europäische Sozialunion - historische Erfahrungen und Perspektiven, in Däubler (Hrsg.), Sozialstaat EG?, S. 19; zur Bedeutung des Pariser Gipfels für die Mitbestimmung vgl. Höland, Mitbestimmung in Europa, S. 18 ff.

[247] Kommission der Europäischen Gemeinschaft, 6. Gesamtbericht über die Tätigkeit der Gemeinschaft, S. 13.

[248] ABl. EG Nr. C 13 vom 12. Februar 1974, S. 1.

[249] ABl. EG Nr. C 13 vom 12. Februar 1974, S. 3.

[250] Vgl. hierzu Kommission der Europäischen Gemeinschaft, Die Rechte der Arbeitnehmer im Unternehmen; Langenfeld in Grabitz/Hilf, Das Recht der Europäischen Union Band II, Vorbemerkung Artikel 136, Rdnr. 5; Blanpain/Klein, Europäisches Arbeitsrecht, Rdnr. 90; vgl. Oppermann, Europarecht, Rdnr. 1658.

[251] ABl. EG Nr. L 169 vom 29. Juni 1987, S. 1 ff.

137 EG (ex Artikel 118) und Artikel 138 EG (ex Artikel 118 a) zur Verbesserung des Arbeitsumfelds und zur Förderung des Dialogs zwischen den Sozialpartnern eingefügt. Damit wurde erstmals eine Rechtsgrundlage geschaffen, durch die sozialpolitische Regelungen, die von wirtschaftlichen Zielen losgelöst waren, mit qualifizierter Mehrheit erlassen werden konnten.[252] Das Recht der Unternehmensmitbestimmung wurde davon allerdings nicht berührt. Der Anwendungsbereich des Artikel 137 Abs. 2 EG ist auf das Gebiet des Arbeitsschutzes beschränkt und die Bemühungen der Kommission um die Entwicklung des sozialen Dialogs zwischen den Sozialpartnern reichen als Rechtsgrundlage für mitbestimmungsbezogene Unternehmensverfassungsregelungen nicht aus.[253]

Das zentrale Dokument der Kommission zur sozialen Dimension des Binnenmarktes stellt der Entwurf der „Gemeinschaftscharta der sozialen Grundrechte"[254] dar.[255] Auf dem Gipfeltreffen von Straßburg am 9. Dezember 1989 unterzeichneten die Mitgliedstaaten mit Ausnahme des Vereinigten Königreichs den Text.[256] Der Bereich der Mitbestimmung wurde von den Artikeln 17 und 18 erfasst, die die Wichtigkeit einer Weiterentwicklung der Mitbestimmung vor allem in den Fällen von Unternehmenszusammenschlüssen und Unternehmen mit transnationaler Struktur innerhalb der Gemeinschaft betonten.[257] Die Unterrichtung, Anhörung und Mitwirkung der Arbeitnehmer sollte in geeigneter Weise unter Berücksichtigung der nationalen Gepflogenheiten weiterentwickelt werden.

---

[252] Vgl. Blanpain/Klein, Europäisches Arbeitsrecht, Rdnr. 94; Pipkorn, RdA 1992, 120, 122; die Förderung des sozialen Dialogs auf europäischer Ebene, welcher auch zu vertraglichen Beziehungen führen konnte, stellt allerdings weder eine Ermächtigungsgrundlage für die Kommission dar, ein europäisches Tarifrecht zu schaffen noch eine Rechtsgrundlage für die Sozialpartner, europäische Tarifverträge abzuschließen; Däubler in Heinemann (Hrsg.), Das kollektive Arbeitsrecht in der Europäischen Gemeinschaft, S. 19 ff.; Ringler, Die Europäische Sozialunion, S. 126 ff.; Willms in Groeben/Thiesing/Ehlermann, Kommentar zum EU-/EG-Vertrag, Artikel 118 a EGV, Rdnr. 1.

[253] Langenfeld/Jansen in Grabitz/Hilf, Das Recht der Europäischen Union Altband I, Artikel 118 a EGV, Rdnr. 3 f.; Everling in Festschrift für Steindorff, S. 1168 f.; Birk, NZA 1989, 329, 331; Gester in Gester/Koubek/Wiedemeyer, Unternehmensverfassung und Mitbestimmung in Europa, S. 68; Blanke, EBRG-Kommentar, Einleitung, Rdnr. 22.

[254] KOM (89), 471 endg.

[255] Blanpain/Klein, Europäisches Arbeitsrecht, Rdnr. 96.

[256] KOM (89) 248 endg.

[257] Blanpain/Klein, Europäisches Arbeitsrecht, Rdnr. 299; Figge, Mitbestimmung auf Unternehmensebene in Vorschlägen der Europäischen Gemeinschaft, S. 31.

Zur Verwirklichung der in der Charta verankerten Grundsätze legte die Kommission ein Aktionsprogramm vor. In diesem heißt es, dass das Vorantreiben der Unterrichtung, Anhörung und Mitwirkung der Arbeitnehmer als unerlässlich angesehen wird.[258] Dass hiervon nicht nur die Weiterentwicklung der Mitbestimmung der Arbeitnehmer auf betrieblicher Ebene umfasst sein sollte, zeigen die Vorstoße der Kommission. Diese hat neben der Ankündigung einer neuen Initiative für ein Gemeinschaftsinstrument über Verfahren zur Unterrichtung, Anhörung und Mitwirkung von Arbeitnehmern in Unternehmen mit europäischer Dimension, die die Vorschläge der so genannten Vredeling-Richtlinie über das Verfahren zur Unterrichtung und Anhörung der Arbeitnehmer[259] ablösen sollte, auch einen neuen Vorschlag zur Mitbestimmung auf Unternehmensebene in der Europäischen Aktiengesellschaft vorgelegt.

5. Europa der zwei Geschwindigkeiten nach dem Abkommen von Maastricht

Durch die Vertragsrevision von Maastricht wurde die Mitbestimmungsfrage auf europäischer Ebene weiter belebt. Die Förderung eines hohen sozialen Schutzes (Artikel 2 EG), der Sozialpolitik (Artikel 3 lit. j EG) und die Stärkung des sozialen Zusammenhalts (Artikel 3 lit. k EG) wurden als Ziele in den Vertrag aufgenommen. Das Vorhaben, die geplante Wirtschafts- und Währungsunion durch eine sozialpolitisch gestärkte Union zu flankieren, stieß jedoch auf Widerstand Großbritanniens. Man einigte sich deshalb auf einen Kompromiss.[260] Die Mitgliedstaaten unterzeichneten ein Protokoll über die Sozialpolitik, das die elf Mitgliedstaaten mit Ausnahme Großbritanniens ermächtigte, im Rahmen eines dem Protokoll beigefügten Abkommens über die Sozialpolitik den durch die Gemeinschaftscharta der sozialen Grundrechte vorgezeichneten Weg weiter zu beschreiten.[261] Das Recht der Unternehmensmitbestimmung wurde durch Artikel 2 Abs. 3

---

[258] Aktionsprogramm der Kommission zur Anwendung der Sozialcharta vom 29. November 1989, KOM (89) 568 endg.; BR-Drucks. 717/89.

[259] ABl. EG Nr. C 297 vom 15. November 1980, S. 3 ff.; geänderter Entwurf ABl. EG Nr. C 217 vom 12. August 1983, S. 3 ff..

[260] Preis/Gotthardt in Preis/Oetker, EAS Teil B 1100, Rdnr. 12.

[261] Protokoll und Abkommen über die Sozialpolitik, ABl. EG Nr. C 191 vom 29. Juli 1992, S. 91 ff.; weiterführend Ross, Das „soziale Europa" des Jacques Delors, in Leibfried/Pierson (Hrsg.), Standort Europa, S. 345 ff.; Krimphove, Europäisches Arbeitsrecht, S. 25 f.; Höland, ZIAS 1995, 427; Wank, RdA 1995, 10, 13 ff.

des Abkommens über die Sozialpolitik erfasst. Danach konnte der Rat einstimmig die Materien „Vertretung und kollektive Wahrnehmung der Arbeitnehmer- und Arbeitgeberinteressen, einschließlich der Mitbestimmung" gemeinschaftsrechtlich regeln.[262] Durch diesen Kompromiss kam es zu einem „Europa der zwei Geschwindigkeiten" im Bereich der Sozialpolitik.[263]

6. Sozialpolitik auf dem Wege des Fortschritts nach dem Vertrag von Amsterdam

Durch den am 2. Oktober 1997 von den Staats- und Regierungschefs der Mitgliedstaaten unterzeichneten Vertrag von Amsterdam[264] wurde die Zweigleisigkeit der europäischen Sozialpolitik wieder zu einer Einheit geführt, indem das Abkommen über die Sozialpolitik in den Text des EG-Vertrages inkorporiert wurde.[265] Damit rückte eine Reihe von sozialen Leitlinien, insbesondere im Bereich der Beschäftigung, in den Vordergrund.[266] Für das Recht der Mitbestimmung ist vor allem Artikel 137 Abs. 3 EG (ex Artikel 118 und ex Artikel 2 Abs. 3 des Abkommens) von Bedeutung. Danach konnte der Rat durch Richtlinien die Vertretung und kollektive Wahrnehmung der Arbeitnehmerinteressen einschließlich der Mitbestimmung regeln und so „auf dem Wege des Fortschritts" (vgl. Artikel 136 EG, ex Artikel 117) angleichen.

Beim Europäischen Rat der Regierungschefs vom 7. bis 9. Dezember 2000 in Nizza wurde in der dort beschlossenen Sozialagenda hervorgehoben, dass die gemeinschaftlichen Rahmenvorschriften über die Informations-, Anhörungs- und Mitbestimmungsrechte der Arbeitnehmer bis zum Jahre 2002 verbessert werden sollten.[267] Die ebenfalls in Nizza proklamierte Grundrechtscharta[268] verankerte

---

[262] Vgl. Goos in Festschrift 50 Jahre BAG, S. 1185; Wank, RdA 1995, 10, 12 ff.

[263] Schwarze in Preis/Oetker, EAS Teil B 8100, Rdnr. 6; Blanpain/Schmidt/Schweibert, Europ äisches Arbeitsrecht, S. 30 f.; Schuster, EuZW 1992, 178; Coen, EuZW 1995, 50, 51 ff.

[264] ABl. EG Nr. C 340 vom 10. November 1997.

[265] Langenfeld in Grabitz/Hilf, Das Recht der Europäischen Union Band II, Vorbemerkung Artikel 136, Rdnr. 8; Preis/Gotthardt in Preis/Oetker, EAS Teil B 1100, Rdnr. 13.

[266] Vgl. Artikel 2 EG, in dem die Beschäftigungsförderung zu den Zielen der Gemeinschaft aufgenommen wurde.

[267] Europäische Sozialagenda 2001/C 157/02 angenommen auf der Tagung des Europäischen Rates in Nizza, ABl. EG Nr. C 157 vom 30. Mai 2001, S. 4 ff.

zudem ein Recht der Arbeitnehmer auf Information und Konsultation in Artikel 27 der Charta. Ein garantiertes Recht auf Mitbestimmung auf Unternehmensebene, auch nicht in eingeschränkter Form, findet sich jedoch nicht.[269]

Gleichwohl wurde im Schatten der feierlichen Proklamation der Grundrechtscharta im Rahmen des EU-Gipfels von Nizza ein für das Recht der europäischen Unternehmensmitbestimmung bedeutender Schritt vollzogen. Die Mitgliedstaaten erzielten einen politischen Kompromiss in der „unendlichen Geschichte"[270] des sozialpolitischen Ringens um eine Regelung bezüglich der Arbeitnehmermitbestimmung in der Europäischen Aktiengesellschaft.

II. Mitbestimmungsrechtliche Harmonisierungsbemühungen der Europäischen Gemeinschaft

1. Ziel einer Harmonisierung der Unternehmensmitbestimmung

Das primäre Ziel der Harmonisierung der Unternehmensmitbestimmung auf europäischer Ebene besteht darin, für einen einheitlichen Binnenmarkt zu sorgen, in dem Wettbewerbsverzerrungen und -nachteile beseitigt werden, die dadurch entstehen, dass in Ländern mit einer starken Ausprägung der Arbeitnehmermitwirkung höhere Kosten für die Unternehmen und damit Wettbewerbsnachteile verbunden sind.[271] Diese rein ökonomische Betrachtung wurde im Laufe der Zeit durch eine soziale Dimension ergänzt.[272] Man erkannte, dass das Recht auf Mitbestimmung im Kern die grundlegende soziale Frage betrifft, inwieweit die soziale Verantwortung der Unternehmen für ihre Arbeitnehmer ausgeprägt ist, welche durch das Recht der Arbeitnehmer auf Mitbestimmung zum Ausdruck gebracht wird. Die Erkenntnis, dass eine Harmonisierung dieser sozialpolitischen Frage gleichfalls zur Verbesserung der europäischen Wirtschaft führt, weil eine

---

[268] ABl. EG Nr. C 364 vom 18. Dezember 2000, S. 1.

[269] Artikel 27 der Charta regelt nur die betriebsverfassungsrechtliche Stellung von Arbeitnehmern, Riedel in Meyer, Kommentar zur Charta der Grundrechte der Europäischen Union, Artikel 27, Rdnr. 19.

[270] Kleinsorge, RdA 2002, 343.

[271] Fuchs/Marhold, Europäisches Arbeitsrecht, S. 15, mit weiteren Nachweisen zu dieser Argumentation.

[272] Zur sozialpolitischen Entwicklung vgl. § 3 A I.

höhere Produktivität nur in Zusammenarbeit aller beteiligten Akteure verfolgt werden kann, war der Treiber für den europäischen Gesetzgeber die Frage der Mitbestimmung in Europa zu einem dienlichen Ergebnis zu führen.[273]

2. Grundproblem der Harmonisierung der Unternehmensmitbestimmung

In den Harmonisierungsbestrebungen des europäischen Gesetzgebers nimmt das Recht der Mitbestimmung eine Sonderrolle ein, denn „nirgendwo ist die Palette des Rechts in Europa bunter als im Bereich der Arbeitnehmermitwirkung an unternehmerischen Entscheidungen“[274]. Geprägt von geschichtlichen und politischen Ereignissen finden sich höchst unterschiedliche Ausprägungen der Unternehmensmitbestimmung in den Mitgliedstaaten. So kennen einige EU-Mitgliedstaaten ein Recht auf Mitbestimmung überhaupt nicht[275] oder, im Vergleich zu Deutschland, in stark abgeschwächter oder gänzlich andersartiger Form.[276] Zu dieser bereits schwierigen Ausgangssituation kommt hinzu, dass die Regelungsmaterie der Mitbestimmung einem dynamischen Wandel unterliegt.[277] Oft ist der mitbestimmungs- und gesellschaftsrechtliche Entwicklungsprozess innerhalb der einzelnen Mitgliedstaaten noch nicht abgeschlossen.[278] Die Har-

---

[273] Vgl. Goos in Festschrift 50 Jahre BAG, S. 1180.

[274] Weiss, NZA 2003, 177.

[275] So beispielsweise Großbritannien, Belgien, Spanien und Portugal.

[276] Sowohl im öffentlichen als auch im privaten Sektor bestehen Mitbestimmungssysteme neben Deutschland auch in Österreich, Luxemburg, Niederlande, Dänemark, Schweden und Finnland. In Frankreich, Irland und Griechenland sind mitbestimmungsrechtliche Praktiken nur für staatseigene Firmen vorgeschrieben; eine Übersicht zu den Formen der Arbeitnehmerbeteiligung in den Mitgliedstaaten findet sich bei Hoffman/Lehmann/Weinmann, Mitbestimmungsgesetz, Einl., Rdnr. 61 ff.; Klinkhammer/Welslau, Mitbestimmung in Deutschland und Europa, S. 145 ff; Niedenhoff, Mitbestimmung in den EU-Staaten; Wendeling-Schröder in Gester/Koubek/Wiedemeyer, Unternehmensverfassung und Mitbestimmung in Europa, S. 107 ff.; Figge, Mitbestimmung auf Unternehmensebene in Vorschlägen der Europäischen Gemeinschaften, S. 74 ff.; Schwarz, Europäisches Gesellschaftsrecht, S. 348 ff.; Rebhahn, NZA 2001, 763 ff.; einen Überblick der Mitbestimmungsrechte der im Zuge der EU-Osterweiterung seit Mai 2004 neu beigetretenen Länder liefern Kluge/Stollt in ETUI/Hans-Böckler Foundation, The European Company – Prospects for Board-Level Representation, S. 69 ff.; Kalss, ZGR 2000, 819, 844 ff.

[277] Siehe zu der Entwicklung der deutschen Mitbestimmung § 2 B.

[278] So bereits Gessler „Überall in Europa, wohin wir auch blicken, sehen wir das Gesellschaftsrecht, vor allem jedoch das Aktienrecht in Bewegung. Die große Reform der europäischen

monisierungsversuche der Gemeinschaft müssen sich deshalb immer wieder an die neue, unbeständige europäische Ausgangssituation anpassen.[279] Hinzukommt, dass der Wachstumsprozess der Europäischen Union die Suche nach einer Mitbestimmungslösung erschwert. So bestand die unterschiedliche mitbestimmungsrechtliche Ausgangslage zur Zeit der ersten Harmonisierungsversuche zunächst nur zwischen 6 Mitgliedstaaten[280], von denen nur Deutschland und Frankreich Regelungen zur unternehmerischen Mitbestimmung kannten. Heute muss eine Lösung zwischen 25 Mitgliedstaaten mit vielfältigen mitbestimmungsrechtlichen Ausprägungen gefunden werden, die bestmöglich zugleich mit den Rechtssystemen zukünftiger Beitrittstaaten vereinbar ist.

3. Abgrenzung der Harmonisierungsstrategien

Die dargestellte schwierige Ausgangssituation hat die Europäische Kommission jedoch nicht davon abgehalten, zahlreiche Initiativen zur Harmonisierung der Unternehmensmitbestimmung zu ergreifen. Dabei lassen sich generell zwei Strategien unterscheiden.[281] Das klassische gemeinschaftsrechtliche Instrument zur Rechtsangleichung stellt die Richtlinie als eine europalegislatorische Handlungsform dar.[282] Vorschläge von sekundärrechtlichen Akten zur Angleichung des innerstaatlichen Gesellschaftsrechts, die auch das Regelungsfeld der Unternehmensmitbestimmung betrafen, gab es eine Vielzahl.[283] Daneben sollte eine Har-

---

Gesellschaftsrechte, die damit eingeleitet ist, befindet sich naturgemäß in den einzelnen Ländern in ganz verschiedenen Stadien.“, Gessler, BB 1967, 381; vgl. hierzu auch die jüngste Entwicklung im niederländischen Mitbestimmungsrecht, Gohde, Mitbestimmung 2003, 64, 67.

[279] Der Beitritt Irlands und des Vereinigten Königreichs am 1. Januar 1973 hat beispielsweise die Konsensfähigkeit der SE-VO 1970 unmöglich gemacht, vgl. § 3 B II 2 f.

[280] Zum damaligen „Europa der Sechs“ zählten nach der Gründung der Europäischen Wirtschaftsgemeinschaft Frankreich, Italien, Belgien, Holland, Luxemburg und die Bundesrepublik Deutschland.

[281] Beiden Harmonisierungsstrategien folgen jedoch dem gleichen inhaltlichen Entwicklungspfad, vgl. Zerfaß, Europäische Unternehmensordnung, S. 43.

[282] Steding, BuW 2003, 420.

[283] Zu den mitbestimmungsrechtlich relevanten Entwürfen vgl. § 3 A I; da sich die Arbeit schwerpunktmäßig mit der Rechtsform der Europäischen Aktiengesellschaft befasst, wird auf diese Harmonisierungsstrategie nicht näher eingegangen.; vgl. hierzu Gäbelein in Gester/Koubek/Wiedemeyer, Unternehmensverfassung und Mitbestimmung in Europa, S. 129 ff.; Zerfaß, Europäische Unternehmensordnung, S. 41 ff.; Schiek, Europäisches Arbeitsrecht, S. 246 ff.; Grundmann, Europäisches Gesellschaftsrecht, S. 421 ff. mit weiteren Nachweisen;

monisierung durch die Schaffung eines „echten“ europäischen Rechts der Unternehmensmitbestimmung verwirklicht werden. In diesem Fall handelt es sich nicht um eine Harmonisierung des bestehenden Rechts der Mitgliedstaaten, sondern um eigenständige europäische Rechtsakte, die das einzelstaatliche Gesellschaftsrecht überlagern.[284] Eine von den Rechtsordnungen der Mitgliedstaaten unabhängige, einheitliche europäische Regelung der Unternehmensmitbestimmung gibt es nicht. Die Agenda der EU sieht jedoch mehrere Rechtsformen von Unternehmen vor, die alternativ zu den nationalen Rechtsformen bestehen und für die supranationale mitbestimmungsrechtliche Regelungen gelten.[285]

Niessen, ZGR 1973, 218; Sonnenberger, AG 1974, 1, 3 ff.; Kolvenbach, DB 1983, 2235; Pipkorn, ZGR 1985, 567, 572 ff.; Ganske, DB 1985, 581; Kolvenbach, DB 1986, 2023, 2024 f.; Hopt, ZIP 1998, 96, 101 f.; Däubler, DB 1988, 1850; Maul/Teichmann/Wenz, BB 2003, 2633.

[284] Cattero in Abel/Ittermann, Mitbestimmung an den Grenzen?, S. 144; Gester in Gester/Koubek/Wiedemeyer, Unternehmensverfassung und Mitbestimmung in Europa, S. 70.

[285] Neben den bestehenden Rechtsformen der Europäischen Wirtschaftlichen Interessenvereinigung, Verordnung Nr. 2137/85/EWG des Rates über die Schaffung einer Europäischen Wirtschaftlichen Interessenvereinigung, ABl. EG Nr. L 199 vom 31. Juli 1985, S. 1 ff.; hierzu Hartard, Die Europäische wirtschaftliche Interessenvereinigung im deutschen, englischen und französischen Recht; Selbherr/Manz, Kommentar zur Europäischen wirtschaftlichen Interessenvereinigung (EWIV); Lentner, Das Gesellschaftsrecht der Europäischen wirtschaftlichen Interessenvereinigung (EWIV); Meyer-Landrut, Die Europäische Wirtschaftliche Interessenvereinigung; Schlüter, EuZW 2002, 589; und der in dieser Arbeit thematisierten Rechtsform der Europäischen Aktiengesellschaft sind noch der Europäische Verein und die Europäische Gegenseitigkeitsgesellschaft geplant. Das Statut der Europäischen Genossenschaft, Verordnung Nr. 1435/2003 des Rates über das Statut der Europäischen Genossenschaft, ABl. EG Nr. L 207 vom 18. August 2003, S. 1 ff.; sowie eine Richtlinie 2003/72/EG des Rates zur Ergänzung des Statuts der Europäischen Genossenschaft hinsichtlich der Beteiligung der Arbeitnehmer, ABl. EG Nr. L 207 vom 18. August 2003, S. 25 ff. wurden am 22. Juli 2003 verabschiedet; hierzu Hagen-Eck, Die Europäische Genossenschaft; Mock, GPR 2004, 213; Schulze, NZG 2004, 792; El Mahi, DB 2004, 967; zum Stand der Entwicklung einer Europäischen Privatgesellschaft, vgl. Kommission der Europäischen Gemeinschaften, Konsultationspapier der Hochrangigen Expertengruppe auf dem Gebiet des Gesellschaftsrechts, Modernisierung des Gesellschaftsrechts und Verbesserung der Corporate Governance, abrufbar unter: http://europa.eu.int/comm/internal_market/de/company/company/modern/index.htm; grundlegend hierzu Helms, Die Europäische Privatgesellschaft; Boucourechliev/Hommelhoff, Vorschläge für eine Europäische Privatgesellschaft; Hommelhoff/Helms, Neue Wege in die Europäische Privatgesellschaft.

III. Harmonisierung der Unternehmensmitbestimmung auf der Grundlage europäischer Gesellschaftsformen

1. Ausgangslage

Zur Harmonisierung der Mitbestimmung auf der Grundlage einer europäischen Gesellschaftsform gilt es zunächst einen Kompromiss in der Frage der Ausgestaltung der Mitbestimmung in der supranationalen Rechtsform zu finden. Da in der Europäischen Union höchst unterschiedliche Traditionen und Formen der Mitbestimmung bestehen[286], muss eine Mitbestimmungsregelung gefunden werden, die weder eine bereits existierende noch eine dieser gegenüber minderwertige ist.[287] Das bedeutet, dass die beiden divergierenden Grundpositionen „keine supranationale Gesellschaftsform ohne Mitbestimmung" und „keine Übernahme einzelstaatlicher Mitbestimmungsmodelle" auf einen kleinsten gemeinsamen Nenner zu führen sind.[288] Ein Vorhaben, das der Quadratur des Zirkels gleich kommt.[289]

Zur Lösung dieses Problems können im Wesentlichen vier Grundideen herangezogen werden. Nachfolgend werden diese zusammengefasst dargestellt. Die zunächst abstrakt dargestellten Vorgehensweisen werden dann durch die Vorstellung der Entwürfe der Kommission zur Ausgestaltung der Mitbestimmung in einer Europäischen Aktiengesellschaft mit konkreten Beispielen untermauert.[290]

2. Grundmuster der Lösungsansätze

a. Rechtseinheit durch Wettbewerb

Betrachtet man die europäische Gegebenheit als unvereinbare Vielfalt, bei der ein kleinster gemeinsamer Nenner nicht zu finden ist, so müsste die Frage der Mitbestimmung auf europäischer Ebene ausgeklammert werden. Die mitbestim-

---

[286] Vgl. hierzu bereits in § 3 A II 2.

[287] Cattero in Abel/Ittermann, Mitbestimmung an den Grenzen?, S. 144.

[288] Goos in Festschrift 50 Jahre BAG, S. 1179; in diesem Sinne auch Kommission der Europäischen Gemeinschaft, Group of Experts "European Systems of Worker Involvment" (with regard to the European Company Statute and the other pending proposals), Final Report, Rdnr. 9.

[289] Wißmann in Festschrift für Wiedemann, S. 687.

[290] Hierzu ausführlich § 3 B.

mungsrechtliche Regelungskompetenz für supranationale Gesellschaftsformen bliebe dann allein dem nationalen Gesetzgeber überlassen. Die Folge wäre, dass im Regelfall ein dem nationalen Mitbestimmungsrecht vergleichbares Mitbestimmungsrecht auf die europäische Rechtsform übertragen wird. Für die Harmonisierung der Unternehmensmitbestimmung bedeuteten fehlende Vorgaben aus Brüssel, dass eine Harmonisierung nur durch den Selbstregulierungsmechanismus des Marktes erfolgen könnte. Dies könnte durch den so genannten „Delaware-Effekt" begünstigt werden, nach dem sich die europäischen Gesellschaften in dem Land mit dem lockersten Recht ansiedeln werden, wenn die nationalen Rechtsordnungen unterschiedlich rigide Anforderungen stellen.[291] Mitgliedstaaten, denen durch ihre Mitbestimmungsregelung ein Standortnachteil zugesprochen wird[292], könnten durch diesen eröffneten grenzüberschreitenden Wettbewerb der unterschiedlichen Mitbestimmungsmodelle derart unter Druck geraten, dass sie möglicherweise eine Anpassung ihrer Regelungen durchführen.

b. Rechtseinheit durch Einheitsrecht

Das Gegenmodell zu der eben beschriebenen „nationalen Lösung" stellt die einheitliche Ausgestaltung der Unternehmensmitbestimmung in der supranationalen Rechtsform durch den europäischen Gesetzgeber dar. Diese Lösung scheint vor dem Hintergrund einer Harmonisierung ideal, denn sie führte in jedem Fall zu einer einheitlichen Ausgestaltung der Mitbestimmung in der Europäischen Gesellschaft. Standortnachteile, die sich aus unterschiedlich stark ausgeprägten Mitbestimmungsstandards ergeben könnten, würden obsolet werden. Die Lösung trüge desweiteren zur Rechtssicherheit bei, da die rechtliche Auseinandersetzung und die Fragen nach der Bewertung unterschiedlicher mitgliedstaatlicher Mitbestimmungsregelungen durch ein einheitliches Modell abkömmlich würden. Problematisch ist jedoch, dass eine solche „strenge europäische Lösung" dazu führen würde, dass die Mitbestimmung auch in solche Mitgliedstaaten importiert werden würde, die bis dahin noch kein oder ein geringeres als das nach der europäischen Lösung vorgegebene Mitbestimmungssystem kennen. Selbst die mini-

[291] „Es ist zu befürchten, dass sich im dergestalt eröffneten 'Wettbewerb der Rechtsordnungen' gerade die Rechtsordnung mit dem schwächsten Schutz Dritter Interessen durchsetzen würde (race to the bottom)"; BGH, Beschluss vom 30. März 2000, VII ZR 370/99, ZIP 2000, 967, 968.

[292] Vgl. Bohl, Mitbestimmung irritiert ausländische Investoren, FAZ vom 20. September 2003, S. 14; zu den ökonomischen Effekten der Mitbestimmung Sadowski/Junkes/Lindenthal, ZGR 2001, 110 ff.; Kißler, Die Mitbestimmung in der Bundesrepublik Deutschland, S. 106 mit weiteren Nachweisen.

malste Einführung eines Mitbestimmungsrechts durch die europäische Rechtsform stellte für solche Länder einen gravierenden Einschnitt dar.[293] Mitgliedstaaten mit einem ausgeprägten Mitbestimmungsrecht müssten dagegen hinnehmen, dass ein schwächeres europäisches Mitbestimmungsmodell in ihr Rechtssystem importiert würde, das gleichfalls eine Sogwirkung auf das nationale Recht auslösen könnte. Beide Befürchtungen sind berechtigt und verlangen von den Mitgliedstaaten eine hohe Kompromissbereitschaft.

c. RECHTSEINHEIT DURCH ANREIZ

Ein weiterer Lösungsansatz besteht in dem zur Verfügung Stellen mehrerer Mitbestimmungsmodelle durch den europäischen Gesetzgeber und es den nationalen Gesetzgeber überlassen bleibt, welches Modell für die Europäische Gesellschaftsform gelten soll. Aufgrund der Wahlmöglichkeit wäre diese Idee einem Konsens eher zugänglich als die in § 3 A III 2 b beschriebene „strenge europäische Lösung", denn die Mitgliedstaaten könnten sich für ein europäisches Modell entscheiden, das ihrem nationalen am nächsten käme.[294] Dieser Vorteil stellt jedoch zugleich den entscheidenden Nachteil dar. Durch die „Renationalisierung"[295] der Mitbestimmung in der europäischen Gesellschaft würde ein der in § 3 A III 2 a aufgezeigten nationalen Lösung - einschließlich ihrer negativen Folgen - vergleichbares Ergebnis folgen.

d. RECHTSVIELFALT STATT RECHTSEINHEIT

Die Idee, das Problem sowohl aus der Hand des europäischen als auch des nationalen Gesetzgebers zu nehmen und einen Mechanismus der Selbstregulierung durch die von der Regelung betroffenen Parteien einzuführen, scheint auf den ersten Blick von einer gewissen Resignation geprägt zu sein. Der als sogenannte Verhandlungslösung bezeichnete Weg zeichnet sich dadurch aus, dass zunächst eine Lösung der Frage der Mitbestimmung von der Unternehmensleitung und den Arbeitnehmern auf dem Wege freier Verhandlungen gesucht werden soll. Nur für den Fall, dass hierbei keine Einigung über das anwendbare Mitbestimmungsmodell zustande käme, ist die Einführung einer subsidiären europäischen

---

293 So im Ergebnis auch Schulte in Clermont/Schmeisser/Krimphove, Personalführung und Organisation, S. 542.

294 Von Wiesner daher auch als „Mitbestimmung à la carte" bezeichnet; Wiesner, Die Bank 1988, 394, 395.

295 Kohlhepp, RIW 1989, 88, 90.

Lösung vorgesehen. Da das mitbestimmungsrechtliche Verhandlungsergebnis nach Umfang und Form offen wäre, verabschiedet man sich durch diesen Lösungsansatz gänzlich von dem Ziel einer Angleichung der Rechtsvorschriften. Obwohl es scheint, dass diese Lösung von einer Harmonisierung der Mitbestimmungsrechte am weitesten entfernt ist, wird sie dem europäischen Einheitsgedanken gleichwohl gerecht. Es kommt zwar durch sie nicht unmittelbar zu einer Harmonisierung der Unternehmensmitbestimmung, aber doch zur Schaffung einer strukturellen Gleichwertigkeit, da die Ausgangssituation der mitbestimmungsrechtlichen Ausgestaltung für alle Mitgliedstaaten gleich wäre. Zudem bestünde die Möglichkeit, dass sich mit der Zeit eine „Best Practice" der Verhandlungsergebnisse herauskristallisiert, die sich zukünftig andere zum Nutzen machen könnten, und dass dadurch schrittweise eine Harmonisierung realisiert würde. Die gesteigerte Bereitschaft der Mitgliedstaaten zur Implementierung einer solchen offenen Lösung würde sich daraus ergeben, dass die Stärkung der Autonomie der Parteien für die nationalen Gesetzgeber eher akzeptabel ist als die Tatsache, vom europäischen Gesetzgeber ein Mitbestimmungsmodell aufoktroyiert zu bekommen. Problematisch an dieser Vorgehensweise ist jedoch, dass sie sich als bloße Problemverschiebung entpuppen könnte, denn auch für die subsidiäre europäische Lösung müsste ein kleinster gemeinsamer Nenner gefunden werden.

B ENTWICKLUNG EINER EUROPÄISCHEN MITBESTIMMUNGSLÖSUNG – DARGESTELLT AM BEISPIEL DER EUROPÄISCHEN AKTIENGESELLSCHAFT

I. AUF DEM WEG ZU EINER EUROPÄISCHEN AKTIENGESELLSCHAFT

1. ERSTE IDEEN EINER TRANSNATIONALEN GESELLSCHAFTSFORM

Die Idee eines einheitlichen Gesellschaftsrechts, insbesondere die Schaffung einer einheitlichen Gesellschaftsform war schon früh geboren.[296] Bereits im Jahre

[296] Die supranationale Gesellschaftsform wurde im Laufe der Zeit unterschiedlich bezeichnet, so wird beispielsweise von einer Handelsgesellschaft europäischen Typs, von einer europäischen Handelsgesellschaft, von einer europäischen Aktiengesellschaft, sowie von einer europäischen Gesellschaft gesprochen; die fehlende Einheitlichkeit beruht allerdings nicht auf Nachlässigkeit, sondern stellt grundsätzliche Auffassungsunterschiede hinsichtlich des rechtlichen Charakters dar, vgl. Gessler, BB 1967, 381, 382. Selbst die SE-VO 2001 und die SE-RL 2001 kennen keine einheitliche Bezeichnung. Dort wird sowohl von der europäischen Gesellschaft als auch von der europäischen Aktiengesellschaft gesprochen. Nach dem Konzept und der

1926 wurden die ersten Forderungen nach einer internationalen Handelsgesellschaft laut. Es dauerte jedoch einige Jahre, bis das Projekt auch von den europäischen Instanzen aufgegriffen wurde. Der Europarat legte im Jahre 1949 einen ersten Gründungsentwurf für eine überstaatliche kapitalistische Organisationsform vor, der als Vorläufer einer europäischen Gesellschaft bezeichnet wurde.[297] Ein zweiter Anlauf folgte 1952 mit einem zweiten Entwurf des Europarats, der ebenso wie der erste Entwurf des Jahres 1949 nur solche Gesellschaften umfasste, die öffentliche Dienstleistungen verwalten oder öffentliche Arbeiten ausführen.[298] Auch in der Wissenschaft arbeitete man intensiv an dem Projekt einer supranationalen Gesellschaftsform.[299] Man erkannte bereits während der ersten europäischen Schritte, dass eine harmonische, ausgewogene und nachhaltige Entwicklung des Wirtschaftslebens, ein hoher Grad von Wettbewerbsfähigkeit und Konvergenz der Wirtschaftsleistungen und der wirtschaftliche Zusammenhalt der Mitgliedstaaten[300] durch eine europäische Gesellschaftsform gefördert werden können.

2. Konkrete Vorschläge zur Schaffung einer europäischen Gesellschaft

Konkrete Vorschläge zur Schaffung einer Europäischen Aktiengesellschaft wurden erst nach Unterzeichnung der römischen Verträge zur Gründung der Europäischen Wirtschaftsgemeinschaft veröffentlicht. Auf dem 57. Kongress der französischen Notare forderte der Notar Thibièrge die Schaffung einer Aktiengesellschaft europäischen Typs (société par actions de type européen). Noch im gleichen Jahr wurde der Vorschlag von Professor Pieter Sanders im Rahmen seiner Antrittsvorlesung am Hochschulinstitut für Wirtschaftswissenschaften in Rotterdam aufgegriffen. Die Kommission der Europäischen Gemeinschaft reagierte

---

Grundstruktur der SE-VO 2001 stellt die SE jedoch eine europäische *Aktiengesellschaft* dar, so dass auch dieser Terminus verwendet werden sollte; Hommelhoff, AG 2001, 279, 287; hierzu auch Nagel, DB 2004, 1299, Fn. 1; Schnyder in Festschrift für Druey, S. 569, Fn. 3; Neye, ZGR 2002, 377, Fn. 2.

[297] Theisen/Wenz in Theisen/Wenz, Die Europäische Aktiengesellschaft, S. 28.

[298] Diese Idee fand jedoch bei den Interessengruppen wenig Zustimmung, vgl. Heinze, AG 1997, 289, Fn. 1.

[299] Vgl. beispielsweise Bärmann, NJW 1957, 613 ff.

[300] Vgl. die in Artikel 2 EG festgelegten Gemeinschaftsaufgaben des EG-Vertrages.

positiv auf die Forderungen aus Wissenschaft[301] und Praxis[302] und formulierte daraufhin die Schaffung einer europäischen Handelsgesellschaft als Ziel und Bestandteil der Verwirklichung eines gemeinsamen Marktes.[303]

3. Vorentwürfe der Europäischen Kommission

Auf der Grundlage dieser Zielvorgabe beauftragte die Kommission 1966 eine Sachverständigengruppe unter dem Vorsitz Pieter Sanders mit der Ausarbeitung eines ersten Vorentwurfs für ein Statut einer Europäischen Aktiengesellschaft. Noch im gleichen Jahr legte die Arbeitsgruppe um Sander einen Entwurf vor.[304] Mit dem Ziel der Verwirklichung der Wirtschaftsunion und vor dem Hintergrund der Vorarbeit Sanders präsentierte die Kommission dem Ministerrat im Jahre 1970 einen ersten Entwurf zum Statut einer Europäischen Aktiengesellschaft.[305] Eine geänderte Fassung folgte nach umfangreichen Stellungnahmen des Europäischen Parlaments und des Wirtschafts- und Sozialausschusses im Jahr 1975.[306] Da man in der Frage der Struktur der Organe, des Konzerns- und des Steuerrechts, aber vor allem in der Ausgestaltung der Arbeitnehmermitbestimmung keine Einigung erreichen konnte, wurden die Beratungen im Ministerrat ausgesetzt. Das „Projekt SE“ lag bis Ende der achtziger Jahre zunächst brach. Erst 1985, insbesondere im Zuge der Veröffentlichung des Weißbuchs über die

---

[301] Zum Stand der damaligen wissenschaftlichen Diskussion, vgl. Sanders, AG 1967, 344 ff.

[302] Vor allem in Frankreich wurde die Idee einer europäischen Gesellschaftsform vorangetrieben. Der französische Industrieverband sowie die französische Regierung formulierten einen Entwurf über das Statut einer europäischen Gesellschaft und legten es dem Europäischen Rat vor, vgl. hierzu Skaupy, AG 1966, 13, 21 ff.; auch diverse Kongresse befassten sich mit der Diskussion zur Europäischen Aktiengesellschaft, wie beispielsweise der Kongress der Pariser Anwaltschaft im Juni 1960, hierzu Lietzmann, AG 1961, S. 57 ff.

[303] Denkschrift der Kommission der Europäischen Wirtschaftsgemeinschaft über die Schaffung einer europäischen Handelsgesellschaft, Sonderbeilage zum EG-Bulletin 9/10 1966.

[304] Vgl. Sanders, Vorentwurf eines Statuts für eine europäische Aktiengesellschaft.

[305] Verordnungsvorschlag des Rates über das Statut für Europäische Aktiengesellschaften, ABl. EG Nr. C vom 10. Oktober 1970, S. 1 ff.; KOM (70) 150 endg.; Beilage 8/70 zum EG-Bulletin; im Folgenden als SE-VO 1970 bezeichnet.

[306] Geänderter Vorschlag einer Verordnung des Rates über das Statut für Europäische Aktiengesellschaften, KOM (75) 150 endg.; BT-Drucks. 7/3713; im Folgenden als SE-VO 1975 bezeichnet.

Vollendung des Europäischen Binnenmarktes[307], lebte die Diskussion um die Europäische Aktiengesellschaft wieder auf. Die Kommission drängte darauf, dass die europäische Rechtsform sowie alle anderen Maßnahmen zur Vollendung des Europäischen Binnenmarktes bis Ende 1992 beschlossen werden.[308] 1988 griff die Kommission das Thema auf und ließ durch das Memorandum „Binnenmarkt und industrielle Zusammenarbeit – Statut für die Europäische Aktiengesellschaft"[309] die Diskussion weiter auffrischen. Daraufhin verabschiedete die Kommission im Jahre 1989 einen zweiten geänderten Verordnungsvorschlag über das Statut der Europäischen Aktiengesellschaft.[310] Dabei entschied sie sich erstmals für eine Aufspaltung der Materie in eine Verordnung zur Regelung der gesellschaftsrechtlichen Grundlagen und eine Richtlinienbestimmung, welche die mitbestimmungsrechtlichen Vorschriften enthalten sollte.[311] Ein dritter geänderter Verordnungsvorschlag – erneut mit einer flankierenden Richtlinie über die Mitbestimmung der Arbeitnehmer[312] – wurde 1991 dem Ministerrat vorgelegt.[313] Die Meinungsverschiedenheiten in Bezug auf die mitbestimmungsrechtlichen Vorschriften waren jedoch zu gravierend, so dass es wiederum nicht zu einer Einigung kam. Nachdem die Geburtsstunde des Europäischen Binnenmarktes am 1. Juni 1993 ohne die Rechtsform der Europäischen Aktiengesellschaft stattfand,

[307] Kommission der Europäischen Gemeinschaften, Vollendung des Binnenmarktes, Weißbuch an den Europäischen Rat, KOM (85) 310 endg.

[308] Kommission der Europäischen Gemeinschaften, Vollendung des Binnenmarktes, Weißbuch an den Europäischen Rat, KOM (85) 310 endg., S. 34.

[309] Kommission der Europäischen Gemeinschaften, Memorandum an das Parlament, den Rat und die Sozialpartner, Binnenmarkt und industrielle Zusammenarbeit. Statut für die Europäische Aktiengesellschaft, KOM (88) 320 endg., Beilage 3/88 zum EG-Bulletin; BR-Drucks. 392/88.

[310] Vorschlag einer Verordnung des Rates über das Statut der Europäischen Aktiengesellschaft, ABl. EG C 263 vom 16. Oktober 1989; S. 41 ff.; KOM (89) 268 endg.; BT-Drucks. 11/5427; im Folgenden als SE-VO 1989 bezeichnet.

[311] Vorschlag für eine Richtlinie des Rates zur Ergänzung des SE-Statuts hinsichtlich der Stellung der Arbeitnehmer, ABl. EG C 263 vom 16. Oktober 1989, S. 69 ff.; KOM (89) 268 endg.; BT-Drucks. 11/5427; im Folgenden als SE-RL 1989 bezeichnet.

[312] Geänderter Vorschlag für eine Richtlinie des Rates zur Ergänzung des SE-Statuts hinsichtlich der Stellung der Arbeitnehmer, ABl. EG C 138 vom 29. Mai 1991, S. 8 ff.; KOM (91) 174 endg. – SYN 218; BT-Drucks. 12/1004; im Folgenden als SE-RL 1991 bezeichnet.

[313] Geänderter Vorschlag für eine Verordnung des Rates über das Statut der Europäischen Aktiengesellschaft, ABl. EG C 176 vom 8. Juli 1991, S. 1 ff., KOM (91) 174 endg.- SYN 218; BT-Drucks. 12/1004; im Folgenden als SE-VO 1991 bezeichnet.

wurde auf Drängen des Ministerrats und der Europäischen Kommission[314] unter dem Vorsitz des ehemaligen Vizepräsidenten der Europäischen Kommission Etienne Davignon eine Sachverständigengruppe eingerichtet. Primäres Ziel dieser Gruppe war es, einen Konsens im Streit über die Mitbestimmung der Arbeitnehmer in der Europäischen Aktiengesellschaft zu finden. Den „mutigen"[315] Abschlussbericht legten die Experten 1997 vor.[316] Der Ministerrat griff auf dieser Grundlage die Arbeiten über den Verordnungsvorschlag wieder auf und versuchte unter zahlreichen Einigungsversuchen und unter stetiger Reduzierung der Konsensgrundlage einen Durchbruch zu erzielen. Als das Ziel nahezu greifbar schien und 14 der 15 Mitgliedstaaten dem Vorschlag zustimmten, beharrte Spanien hartnäckig auf seiner Position und blockierte so den gefundenen Kompromiss.[317] Erst nach Zugeständnissen[318] konnte die Stimme Spaniens „erkauft"[319] werden. Am 20. Dezember 2000 gelang schließlich auf dem Europäischen Gipfel von Nizza der politische Durchbruch. Die dort erzielte Einigung wird seither plakativ als „Wunder von Nizza"[320] bezeichnet. Der EU-Ministerrat für Beschäftigte und Soziales konkretisierte den politischen Kompromiss und beschloss am 1. Februar 2001 einen Vorschlag für die SE-VO 2001 und die SE-RL 2001. Das Europäische Parlament stimmte mit einigen wenigen Änderungsanträgen am

---

[314] Diese Forderung wurde insbesondere deshalb laut, weil der Rat für Wettbewerbsfähigkeit unter dem Vorsitz von Herrn C. A. Ciampi das jährliche Einsparpotenzial für innerhalb der Gemeinschaft tätige Unternehmen nach Annahme des SE-Statuts auf bis zu 30 Mrd. US-$ schätzte, vgl. hierzu Monti, WM 1997, 607.

[315] Theisen/Wenz in Theisen/Wenz, Die Europäische Aktiengesellschaft, S. 34.

[316] Kommission der Europäischen Gemeinschaft (Hrsg.), Group of Experts "European Systems of Worker Involvment" (with regard to the European Company Statute and the other pending proposals), Final Report, im Folgenden als Davignon Bericht bezeichnet.

[317] Der Widerstand Spaniens hatte wohl weniger seinen Grund in der mitbestimmungsrechtlichen Frage selbst. Vielmehr wollte das Land durch seine Blockadehaltung in der Frage der SE seine ablehnende Position gegen die agrarpolitischen Vorhaben der Kommission im Rahmen des vorgeschlagenen Reformpakets „Agenda 2000" Nachdruck verleihen, Hasselbach, NZG 1999, 291.

[318] Vgl. ausführlich zu der Regelung des Opting-Out bei der Gründung einer SE im Wege der Verschmelzung in § 3 C IV 3 und § 4 B VII 1 c. Die Aufgabe des Widerstands gegen jede Art von Mitbestimmung lag wohl zudem in der versprochenen Hilfe bei der Lösung der baskischen Terroristenfrage, so Hopt, EuZW 2002, 1.

[319] So Pluskat, DStR 2001, 1483, 1488.

[320] Vgl. Hirte, NZG 2002, 1 f.

4. September 2001 zu.[321] Diese Änderungen wurden von der Kommission allerdings nicht übernommen.[322] Die Verordnung über das Statut der SE und die Richtlinie über die Beteiligung der Arbeitnehmer wurden am 27. September 2001 durch den Binnenmarktrat und am 8. Oktober 2001 im Sozialrat verabschiedet. Das Parlament stimmte unter dem Vorbehalt der Erhebung einer Nichtigkeitsklage vor dem Europäischen Gerichtshof am 4. November 2001 zu.[323] Am 1. Februar 2002 stand jedoch fest: „Die Europa AG ist nicht mehr gefährdet“[324]. Um die scheinbar „unendliche Geschichte“[325] der Europäischen Aktiengesellschaft zu einem Ende zu führen, entschied der irische Präsident des Europäischen Parlaments, Pat Cox, entgegen der Empfehlung des Rechtsausschusses des Europäischen Parlaments, dass keine Klage vor dem Europäischen Gerichtshof wegen der vom Rat gewählten Rechtsgrundlage erhoben werden sollte.[326] Die SE-RL 2001 musste innerhalb von drei Jahren, also bis spätestens zum 8. Okto-

---

[321] Bericht des Europäischen Parlaments über den Entwurf einer Verordnung des Rates über das Statut der Europäischen Gesellschaft vom 26. Juni 2001, A5 – 0243/2001; sowie Bericht des Europäischen Parlaments über den Entwurf einer Richtlinie des Rates zur Ergänzung des Statuts der Europäischen Gesellschaft hinsichtlich der Beteiligung der Arbeitnehmer vom 21. Juni 2001, A5-0231/2001; Berichterstatter Winfried Menrad; abrufbar unter: http://www.europarl.eu.int/press/index_de.htm.

[322] Kritisch hierzu Kuffner, Die Beteiligung der Arbeitnehmer in der Europäischen Aktiengesellschaft, S. 44.

[323] Problematisch war, dass die Richtlinie auf die Kompetenznorm des Artikel 308 EG gestützt wurde. Artikel 137 EG stellt jedoch eine ausdrückliche Ermächtigung auf, so dass das Ausweichen auf die Annexkompetenz des Artikel 308 EG an sich unzulässig gewesen wäre; vgl. Hommelhoff, AG 2001, 279 f.; Schwarz, ZIP 2001, 1847, 1848 f.; Herfs-Röttgen, NZA 2002, 358, 359; Blanquet, ZGR 2002, 20, 61 f.; auch bei früheren Entwürfen war die Rechtsgrundlage umstritten, vgl. hierzu Kuffner, Die Beteiligung der Arbeitnehmer in der Europäischen Aktiengesellschaft, S. 50 ff.; Grote, Das neue Statut der Europäischen Aktiengesellschaft zwischen europäischem und nationalem Recht, S. 29 ff.; Kolvenbach, DB 1989, 1957, 1961 f.; Hauschka, AG 1990, 85, 98; Wahlers, AG 1990, 448 ff.; Abeltshauser, AG 1990, 289, 291 ff.; Lutter, AG 1990, 413, 415; von Maydell, AG 1990, 442, 445; Moll, RdA 1992, 132; Merkt, BB 1992, 652, 659 f.; Eser, ArbuR 1994, 91, 98.

[324] Die Europa AG ist nicht mehr gefährdet, FAZ vom 2. Februar 2002, S. 13.

[325] Kleinsorge, RdA 2002, 343.

[326] Bei der in Betracht kommenden Klage hätte es sich um eine Nichtigkeitsklage zur Wahrung der Rechte des Parlaments im Sinne von Artikel 230 Abs. 3 EG gehandelt. Wäre die Klage begründet gewesen, so hätte der Gerichtshof die angefochtene Handlung gemäß Artikel 231 Abs. 1 EG für nichtig erklären müssen. Eine bloße Feststellung, dass die gewählte Rechtsgrundlage unzutreffend gewesen sei, wäre hingegen nicht möglich gewesen; Neye, ZGR 2002, 377, 378 f.

ber 2004, von den Mitgliedstaaten in nationales Recht umgesetzt werden.[327] Zu diesem Zeitpunkt trat auch die SE-VO 2001 in Kraft (Artikel 70 SE-VO 2001).[328] Gesellschaften konnten sich daher frühestens ab diesem Datum der neuen Rechtsform bedienen.[329]

II. Europäische Mitbestimmungslösung in Vorschlägen zur Schaffung einer Europäischen Aktiengesellschaft und ihre Bedeutung für die SE-RL 2001

1. Vorentwurf Sanders von 1966

a. Hintergrund

Professor Sanders wurde im Januar 1966 von der Kommission mit der Ausarbeitung eines Vorentwurfes eines Statuts für eine Europäische Handelsgesellschaft[330] beauftragt. Obwohl Sanders damals nicht davon ausging, dass die Frage der Mitbestimmung das Projekt der Europäischen Aktiengesellschaft so lange hinauszögern, ja sogar gefährden könnte, war ihm die Problematik der Mitbestimmung der Arbeitnehmer in den Unternehmensorganen durchaus bewusst. Ein Jahr nach seiner Einsetzung legte Sanders einen detaillierten Entwurf vor, der umfassende Vorschriften über die Gründung, den Mindestinhalt der Satzung, die Rechte der Aktionäre, sowie die Organisationsverfassung der Aktiengesellschaft

---

[327] Zur Umsetzung in das Deutsche Recht vgl. ausführlich § 4.

[328] Der späte Termin ist wegen der erforderlichen Richtlinienumsetzung mit Bedacht gewählt worden; Steding, BuW 2003, 420, 421; Erwägungsgrund Nr. 22 SE-VO 2001.

[329] Erste strategische Überlegungen wurden jedoch schon weit früher getroffen: "....the company will start preparations leading to a shareholders' meeting to consider changing Elcoteq into a European Company, or Societas Europaea (SE)"; Pressemitteilung, Results of Elcoteq analysis: Elcoteq a European Company, HEX-listed, management geographically dispersed Elcoteq Network Corporation, Stock Exchange Release, 18. Dezember 2003, abrufbar unter: http://www.elcoteq.com/getxml.asp?lang=en&pid=33322F61CDF9496E930216AEA9575617 &type= rel&url=http://cws.huginonline.com/E/3033/PR/200312/928787.xml; aber auch: „Europa AG kommt für deutsche Firmen nicht in Betracht", FAZ vom 17. Juni 2003, S. 18.

[330] Die Terminologie „Europäische Handelsgesellschaft" wurde zu dieser Zeit oft bewusst gewählt, um die Diskussion über die konkrete Rechtsform noch offen zu lassen.

enthielt, und ergänzte diesen mit einem über 400 Seiten umfassenden Kommentar.[331]

b. Mitbestimmtes Unternehmensorgan

Die Organisationsverfassung der Europäischen Aktiengesellschaft sollte nach der Vorstellung Sanders allein dualistisch strukturiert sein. Er ging wie selbstverständlich von dieser in den sechs ursprünglichen Mitgliedstaaten[332] nicht eben geläufigen Aufspaltung der Unternehmensleitung in Geschäftsführung und Kontrolle durch Bildung eines Vorstandes und eines Aufsichtrates aus, ohne eine besondere Rechtfertigung hierfür zu geben.[333]

c. Funktionsweise der Mitbestimmung

Als Sanders der Frage der Mitbestimmung der Arbeitnehmer im Aufsichtsrat einer Europäischen Aktiengesellschaft gegenüberstand, hatte er den vermeintlichen Vorteil, dass zu dieser Zeit nur in Frankreich und Deutschland Regelungen zur unternehmerischen Mitbestimmung bestanden. Ein unbekanntes Rechtsinstrument wollten die anderen vier Mitgliedstaaten allerdings nicht aufoktroyiert bekommen, so dass es auch damals schwierig war, einen Kompromiss zu finden. Vor diesem Hintergrund entschied sich Sanders für ein kompliziertes Regelungswerk, das zwischen vier Mitbestimmungsmodellen unterschied. Die mitbestimmungsrechtliche Ausgestaltung erfolgte abhängig von der jeweiligen Beschäftigtenzahl in den Mitgliedstaaten und/oder unter einer hypothetischen Bezugnahme auf das damals geltende deutsche Mitbestimmungsrecht, nämlich dem Montanmitbestimmungsgesetz und dem Betriebsverfassungsgesetz 1952.[334]

d. Ausgestaltung im Einzelnen

Artikel V-1-2 des Sanderschen Vorschlags sah vor, dass die Mitbestimmungsvorschriften eines Mitgliedstaates für die gesamte Europäische Aktiengesell-

---

[331] Sanders, Vorentwurf eines Statuts für eine europäische Aktiengesellschaft; Sanders, Kommentar zum Vorentwurf eines Statuts für eine europäische Aktiengesellschaften; vgl. dazu Mävers, Die Mitbestimmung der Arbeitnehmer in der Europäischen Aktiengesellschaft, S. 95 ff.

[332] Frankreich, Italien, Belgien, Holland, Luxemburg und die Bundesrepublik Deutschland zählten damals zu den Mitgliedstaaten und bildeten das sogenannte „Europa der 6".

[333] Ficker in Festschrift für Bärmann, S. 301.

[334] Vgl. hierzu § 2 C I und II.

schaft Anwendung finden, wenn ihre Belegschaft ausschließlich oder zumindest zu 90 % in Betrieben tätig ist, die sich in diesem Staat befinden (1. Modell). Andererseits sollte keine Mitbestimmung eingeführt werden, wenn weniger als 25 % der Belegschaft in deutschen oder französischen Betriebsstätten beschäftigt sind, vgl. Artikel V-1-3 und V-1-4 (2. Modell). Sollten dagegen mindestens 25 % der Belegschaft in Betrieben tätig sein, die sich in Frankreich befinden, so hatte nach Artikel V-1-4 der französische Betriebsrat das Recht, zwei Vertreter mit beratender Stimme in den Aufsichtsrat der Europäischen Aktiengesellschaft zu entsenden. Für den Fall, dass die Gesellschaft mehr als 25 %, aber weniger als 90 % der Arbeitnehmer in deutschen Betrieben beschäftigte und auf diese Betriebe die deutschen Mitbestimmungsvorschriften Anwendung finden würden, wenn sie in der Rechtsform einer Aktiengesellschaft deutschen Rechts betrieben würden, galten drei unterschiedliche Regelungen (Artikel V-1-3 in Verbindung mit Artikel V-2-1 A).[335] Durch diese hypothetische Bezugnahme auf das geltende Mitbestimmungsrecht sollten die Regelungen der deutschen Mitbestimmung auf die Europäische Gesellschaftsform übertragen werden.[336]

e. BEDEUTUNG FÜR DIE ENTWICKLUNG DER MITBESTIMMUNGSLÖSUNG DER SE-RL 2001

Die Vorarbeit Sanders kann als Grundlage des später erzielten Durchbruchs von Nizza gesehen werden.[337] Sanders nahm in seinem Lösungsvorschlag entscheidende Ansätze der SE-RL 2001 vorweg. Er wollte die Mitbestimmung belassen, wo sie besteht, und nicht dort einführen, wo sie bis dato nicht oder jedenfalls noch nicht bestand.[338] Für Sanders war das Recht der Mitbestimmung folglich kein unabdingbarer Bestandteil jeder Unternehmensverfassung. Eine allgemein gültige Mitbestimmungsregelung, die auf jede SE, ungeachtet wo diese ihren Sitz hat oder wo sich ihre Arbeitnehmer befinden, anwendbar ist, wollte er gerade

---

[335] Ausführlich zu diesen Modellen Gessler, BB 1967, 381, 384 ff.; Wagner, Die wirtschaftliche Arbeitnehmermitbestimmung in einer Europäischen Aktiengesellschaft, S. 152 ff.; Mävers, Die Mitbestimmung der Arbeitnehmer in der Europäischen Aktiengesellschaft, S. 95 ff.

[336] Kritisiert wurde vor allem, dass das Montanmitbestimmungsergänzungsgesetz von Sanders nicht in die Vorschläge einbezogen wurde, vgl. Mävers, Die Mitbestimmung der Arbeitnehmer in der Europäischen Aktiengesellschaft, S. 103.

[337] Sanders wird auch als einer der Väter der europäischen Gesellschaft bezeichnet, vgl. Gessler, BB 1967, 381, 382; Fleischer, RIW Beilage 1 zu Heft 1/2004, 9.

[338] Sanders, AG 1967, 344, 347.

nicht einführen.[339] Sehr fortschrittlich, insbesondere vor dem Hintergrund, dass die Entwicklung der Europäischen Aktiengesellschaft noch in ihrem Anfangsstadium stand, war Sanders Erkenntnis, dass ein einziges europäisches Lösungsmodell in der Frage der Mitbestimmung nicht zur angestrebten Einigung führen konnte.

2. Entwurf der Kommission von 1970

a. Hintergrund

Auf der Grundlage des Vorentwurfs von Pieter Sanders legte die Kommission auf der Rechtsgrundlage des Artikel 308 EG (ex Artikel 235) einen Vorschlag einer Verordnung des Rates über das Statut für Europäische Aktiengesellschaften vor.[340] Es wurde ein ausführliches Artikelgesetz präsentiert, das ein „vollständiges System von Normativbestimmungen“[341] enthielt und ohne Verweisung auf die nationalen Rechte arbeitete.[342] Vor diesem Hintergrund lässt sich auch der enorme Umfang des Verordnungsvorschlages erklären, der aus 284 Artikel sowie aus einem Anhang bestand.

b. Mitbestimmtes Unternehmensorgan

So wie auch Sanders in seinem Vorentwurf wie selbstverständlich von einer dualistischen Unternehmensstruktur in der zukünftigen SE ausging, kannte auch die SE-VO 1970 nur eine solche. Es sollte demnach neben der Hauptversammlung der Aktionäre (Artikel 83-96 SE-VO 1970) und dem geschäftsführenden Vorstand (Artikel 62-72 SE-VO 1970) ein Aufsichtsrat (Artikel 73-81 SE-VO 1970) als Kontrollinstanz bestehen, in dem die Mitbestimmung der Arbeitnehmer auf Unternehmensebene verankert war.

---

[339] Sanders, AG 1967, 344, 347.

[340] Vgl. hierzu insbesondere Pipkorn, ZHR 1973, 35, 50 ff.; Birk, ZfA 1974, 47 ff.; Kolvenbach, DB 1986, 2023 f.

[341] Vgl. Erwägungsgrund Nr. 9 SE-VO 1970.

[342] Begründet wurde dies damit, dass die Vorteile der Einheitlichkeit der Regelung nur dann verwirklicht würden, wenn sämtliche Vorschriften über die Gründung, die Struktur, die Arbeitsweise und die Liquidation der Europäischen Aktiengesellschaft von der Anwendung der einzelstaatlichen Rechte ausgenommen würden, vgl. Erwägungsgrund Nr. 9 SE-VO 1970.

c. Funktionsweise der Mitbestimmung

Die mitbestimmungsrechtliche Lösung der SE-VO 1970 orientierte sich streng an einem europäischen Einheitsgedanken. Die Kommission war der Meinung, dass die Regelungen zur Frage der Vertretung der Arbeitnehmer in den Organen des Unternehmens und über die Art der Beteiligung ihrer Vertreter an der Beschlussfassung in den Organen der Europäischen Aktiengesellschaft derart unterschiedlich seien, dass eine einzelstaatliche Klärung dieses Problems nicht den Mitgliedstaaten überlassen werden könnte, da sonst die Einheitlichkeit der Vorschriften verloren ginge.[343] In der SE-VO 1970 fand sich deshalb eine dem Drittelbeteiligungsgesetz vergleichbare drittelparitätische Besetzung des Aufsichtsrates (Artikel 137 Abs. 1 S. 2 SE-VO 1970), die unabhängig vom Sitz der SE einzuführen war. Das Institut der Mitbestimmung hätte demnach auch in den Mitgliedstaaten Einzug gehalten, die eine Mitbestimmung bis dahin nicht kannten. Eine Drittelbeteiligung der Arbeitnehmer im Aufsichtsrat sollte auch dann eingeführt werden, wenn an der Gründung der SE nur Gesellschaften beteiligt waren, bei denen vor der Eintragung der SE Vorschriften über die Mitbestimmung nicht bestanden. Diese „gemauerte" europäische Mitbestimmungslösung konnte nur durch einen Beschluss der Arbeitnehmer der SE, der eine Zweidrittelmehrheit verlangte, abgewählt werden (Artikel 138 Abs. 1 SE-VO 1970).

d. Umfang der Mitbestimmung

Der Aufsichtsrat einer SE nach der SE-VO 1970 sollte aus mindestens zwölf Mitgliedern bestehen, wenn die SE Betriebe in mehreren Mitgliedstaaten hat (Artikel 74 Abs. 1 S. 2 SE-VO 1970). Sollte dies nicht der Fall sein, so musste die Zahl der Mitglieder lediglich durch drei teilbar sein (Artikel 74 Abs. 1 S. 1 SE-VO 1970). Für je zwei von der Hauptversammlung gewählte Mitglieder des Aufsichtsrates konnten die Arbeitnehmer der SE gemäß Artikel 137 Abs. 1 S. 2 SE-VO 1970 ein Mitglied in den Aufsichtsrat entsenden. Eine höhere Anzahl von Vertretern der Arbeitnehmer konnte durch Satzung festgelegt werden (Artikel 137 Abs. 1 S. 3 SE-VO 1970).

e. Personelle Zusammensetzung der Arbeitnehmerseite

Hinsichtlich der personellen Zusammensetzung der Arbeitnehmerseite bestimmte Artikel 137 Abs. 2 S. 1 SE-VO 1970, dass bei einer Entsendung von bis zu drei Arbeitnehmer unter diesen eine Person sein muss, die nicht in einer Betriebsstätte

---

343 Vgl. Erwägungsgrund Nr. 9 SE-VO 1970.

der SE beschäftigt ist. Waren vier oder mehr Arbeitnehmervertreter zu entsenden, mussten sich mindestens zwei externe Personen unter den Arbeitnehmervertretern befinden (Artikel 137 Abs. 2 S. 2 SE-VO 1970). Eine Regelung über das Verhältnis der Arbeitnehmervertreter aus den unterschiedlichen Mitgliedstaaten bestand nicht. Diesem Gesichtspunkt wurde vielmehr durch das Wahlverfahren Rechnung getragen.

f. Wahl der Arbeitnehmervertreter

Die Arbeitnehmervertreter wurden nicht von den Arbeitnehmern der SE direkt, sondern von den jeweiligen nationalen Arbeitnehmervertretungsorganen auf betrieblicher Ebene gewählt (vgl. Artikel 139 Abs. 1 SE-VO 1970 in Verbindung mit Artikel 102 SE-VO 1970). Problematisch an dieser Regelung war, dass dadurch kleinere Betriebe ohne Arbeitnehmervertretungsorgan von der Teilnahme der Wahl ausgeschlossen waren. Hinzu kam, dass nach dieser Regelung die Existenz einer solchen Vertretung in allen Mitgliedstaaten vorausgesetzt wurde. Dass dies gerade bei einer stetig wachsenden Gemeinschaft nicht immer der Fall sein sollte, zeigte sich schon fünf Jahre später, als durch den Beitritt des Vereinigten Königreichs und Irlands eine Neugestaltung des Wahlverfahrens nötig wurde.

g. Arbeitnehmerorientiertes Mitglied im Leitungsorgan

Die aus den Regelungen der Montanmitbestimmung (vgl. § 13 Abs. 1 S. 1 Montanmitbestimmungsgesetz; § 13 Montanmitbestimmungsergänzungsgesetz) bzw. des Mitbestimmungsgesetzes (vgl. § 33 Mitbestimmungsgesetz)[344] bekannte Figur des Arbeitsdirektors findet sich in Artikel 63 Abs. 6 S. 2 SE-VO 1970 wieder. Dieser sieht ein Vorstandsmitglied für Personalfragen und Fragen der Arbeitsbeziehungen vor, das durch den Aufsichtsrat bezeichnet werden sollte.

h. Bedeutung für die Entwicklung der Mitbestimmungslösung der SE-RL 2001

Die SE-VO 1970 ist von dem mitbestimmungsrechtlichen Verständnis geprägt, dass es notwendig ist, „die Vertretung der Arbeitnehmer im Aufsichtsrat zu ermöglichen, um deren Gesichtspunkte bei wichtigen wirtschaftlichen Entscheidungen, bei der Kontrolle der Unternehmensleitung und bei der Bestellung des Vorstandes Geltung zu verschaffen“[345]. Dieses Bekenntnis zur generellen Not-

---

[344] Vgl. hierzu § 2 C I 3 c und § 2 C III 3 c.

[345] Erwägungsgrund Nr. 11 SE-VO 1970.

wendigkeit einer Arbeitnehmervertretung wurde lediglich durch zwei Vorschriften relativiert. Zum Einen kannte die SE-VO 1970 eine „Option zur Nulllösung“. Nach der in Artikel 138 Abs. 1 SE-VO 1970 statuierten Öffnungsklausel konnte das Recht der Mitbestimmung mit einer Zweidrittelmehrheit abgelehnt werden. Zum Anderen zeigt das Zusammenspiel von Mitbestimmungsregelung und Gründungsvoraussetzungen, dass auch der Vorschlag von 1970 die Möglichkeit einer mitbestimmungsfreien SE nicht unmöglich machte. Die SE-VO 1970 bestimmte, dass, sollte innerhalb der Frist von zwei Monaten keine Vertretung der Arbeitnehmer gewählt sein, der Aufsichtsrat seine Aufgaben gleichwohl, also auch ohne die Beteiligung der Arbeitnehmervertreter, aufnehmen konnte (Artikel 142 SE-VO 1970). Die Möglichkeit einer, wenn auch nur vorübergehend, mitbestimmungsfreien SE kann als Ausdruck dafür gewertet werden, dass im Gründungsfall die Funktionsfähigkeit der SE über das Institut der Mitbestimmung gestellt wurde. Die heute durch Artikel 12 Abs. 2 SE-VO 2001 statuierte faktische Einigungs- bzw. Verhandlungspflicht vor der Eintragung einer SE ist dagegen Ausdruck der gegenteiligen Gewichtung.[346]

Im Ergebnis bedeutete die SE-VO 1970 für die Entwicklung der Mitbestimmungslösung der SE-RL 2001 einen Schritt zurück; anders als Sanders berücksichtigte die SE-VO 1970 nicht mehr die Tatsache, dass in den Mitgliedstaaten höchst unterschiedliche Regelungen zur Mitbestimmung bestanden. Mitgliedstaaten, die keine Mitbestimmung kannten, begegneten der SE-VO 1970 mit großen Vorbehalten, denn sie hätte nicht getroffenen Regelungen vorgegriffen, indem sie einen „Präzedenzfall“ für die Mitgliedstaaten geschaffen hätte, die bis dahin noch keine Mitbestimmung kannten. Gerade dies wollte Sanders noch vermeiden.[347] Auch wenn der Vorschlag der Kommission dem Einheitsgedanken und damit einer Harmonisierung der Mitbestimmung in Europa sehr nahe kam, so zeigt sich in der Retrospektive, dass eine Einigung auf der Grundlage eines Einheitsmodells unmöglich gewesen war. Zumindest dies ist der SE-VO 1970 aber zugute zu halten. Durch deren Scheitern bestand nun Gewissheit darüber, dass die „strenge europäische Lösung“[348] in der Praxis nicht konsensfähig ist.

---

[346] Vgl. hierzu § 3 C II 1.

[347] Sanders, AG 1967, 344, 347.

[348] Vgl. zu diesem Lösungsmodell § 3 A III 2 b.

3. Entwurf der Kommission von 1975

a. Hintergrund

Nach der Stellungnahme des Europäischen Parlaments und des Wirtschafts- und Sozialausschusses änderte die Kommission ihren ursprünglichen Vorschlag und legte eine revidierte Fassung vor.[349] Dabei wurden zugleich die durch den Beitritt Dänemarks, des Vereinigten Königreichs von Großbritannien und Irlands notwendig gewordenen Anpassungen eingearbeitet. Trotz der Erkenntnis aus der SE-VO 1970, dass eine Vereinheitlichung nicht zum entscheidenden Durchbruch führen konnte, war die SE-VO 1975 weiterhin durch einen „Rechtsangleichungsdrang" charakterisiert. Der Vorschlag von 1975 stellte erneut ein aktienrechtliches „Gesetzesbuch"[350] dar, das zwar als „achtunggebietende legislatorische Leistung der Kommission"[351] beurteilt wurde, im Ergebnis jedoch nicht zu der erhofften Einigung führen konnte.

b. Mitbestimmtes Unternehmensorgan

Der geänderte Vorschlag von 1975 stellte nur das dualistische System zur Verfügung. Die Regelungen des Titels IV des ersten Teils der SE-VO 1970, die sich mit den Organen der SE befassten, wurden weitgehend unverändert übernommen. Begründet wurde dies damit, dass eine Trennung der Funktionen von Aufsichtsrat und Vorstand erforderlich sei, „um der SE alle Möglichkeiten einer effizienten Geschäftsführung zu geben und um gleichzeitig deren Überwachung sicherzustellen"[352].

c. Funktionsweise der Mitbestimmung

Die Kommission vertrat nun die optimistische Auffassung, dass „eine gewisse Annäherung der Standpunkte bei der allgemeinen Beurteilung der Mitwirkung der Arbeitnehmer in den Organen ihrer Unternehmen eingetreten"[353] sei und der Grundsatz der Beteiligung der Arbeitnehmer nun auch übereinstimmend gebilligt

---

[349] Hierzu ausführlich Pipkorn, AG 1975, 318 ff.; Würdinger, DB 1975, 1301 ff.

[350] Kolvenbach, NZA 1998, 1324.

[351] Würdinger, DB 1975, 1301.

[352] Erläuterung zu Artikel 62 SE-VO 1975, BT-Drucks 7/7313, S. 209.

[353] Erläuterung zu Artikel 62 SE-VO 1975, BT-Drucks 7/7313, S. 209.

werden würde.[354] Daher stellte sie erneut ein einheitliches Mitbestimmungsmodell zur Verfügung. Dieses zeigte deutliche Spuren von Einflüssen des niederländischen Kooptationsmodells und des deutschen Mitbestimmungsmodells.[355] Sowohl den Arbeitnehmervertretern als auch den Vertretern der Anteilseigner sollte je ein Drittel der Sitze zustehen. Hinzu kommen sollte ein Drittel von Personen, das von beiden Gruppen kooptiert wird (Artikel 74 a Abs. 1 SE-VO 1975).

d. Umfang der Mitbestimmung

Der nach der SE-VO 1975 gebildete Aufsichtsrat, dessen Größe grundsätzlich die Satzung bestimmte, dessen Mitgliederzahl jedoch durch drei teilbar sein und mindestens 9 betragen musste, wenn die SE Betriebe in mehreren Mitgliedstaaten hat (Artikel 74 Abs. 3 SE-VO 1975), setzte sich wie folgt zusammen: Der Aufsichtsrat bestand aus einer gleichen Anzahl von Vertretern der Aktionäre und Arbeitnehmer, die gemeinsam unabhängige Personen hinzuwählten. Das hinzuzuwählende Drittel bestand aus Personen, die allgemeine Interessen vertreten, die nötige Sachkunde besitzen und nicht in unmittelbarer Abhängigkeit von den Interessen der Aktionäre oder der Arbeitnehmer, sowie deren beider Organisationen standen (vgl. Artikel 75 a Abs. 3 SE-VO 1975). Die Einführung dieses so genannten Drei-Bänke-Modells[356] wurde damit begründet, dass die gleichwertige Vertretung der Aktionäre und Arbeitnehmer im Aufsichtsrat dazu beitragen würde, dass innerhalb der SE neue Beziehungen zwischen der SE und ihren Arbeitnehmern geschaffen werden könnten. Zusätzlich sollten aber breitere Interessen als die der unmittelbar betroffenen Aktionäre und Arbeitnehmer Beachtung finden.[357]

e. Personelle Zusammensetzung der Arbeitnehmerseite

Die personelle Zusammensetzung der Arbeitnehmerbank war abweichend von den Vorschriften von 1970 geregelt. Zwar konnten auch nach der SE-VO 1975 Vertreter der Arbeitnehmer in den Aufsichtsrat gewählt werden, die außerhalb eines Beschäftigungsverhältnisses zur SE standen (Artikel 137 Abs. 2 SE-VO 1975), im Gegensatz zu den Vorschriften von 1970 bestand aber hierzu gerade

---

[354] Erläuterung zu Artikel 62 SE-VO 1975, BT-Drucks 7/7313, S. 210.

[355] So Kolvenbach, DB 1986, 2023, 2024, der insbesondere auf die Ähnlichkeit zu der deutschen Montanmitbestimmung hinweist.

[356] Lutter, BB 2002, 1.

[357] Erläuterung zu Artikel 62 SE-VO 1975, BT-Drucks 7/7313, S. 210.

keine Pflicht. Gesetzlich festgelegt wurde lediglich, dass die Arbeitnehmervertreter mehrheitlich Beschäftigte der SE oder von konzernabhängigen Unternehmen sein müssen.

f. Wahl der Arbeitnehmervertreter

Durch die Festlegung von einheitlichen europäischen Wahlvorschriften in einem separaten Anhang III zur SE-VO 1975, der durch Artikel 137 Abs. 1 S. 2 SE-VO 1975 in das Statut inkorporiert wurde, sollte sichergestellt werden, dass in allen Mitgliedstaaten in einheitlicher Weise und nach demokratischen Grundsätzen gewählt wird.[358] Die Vertreter der Arbeitnehmer sollten durch Wahlmänner (Artikel 3 bis Artikel 22 Anhang III SE-VO 1975) gewählt werden, wenn die SE und die von ihr abhängigen Konzernunternehmen mit Sitz innerhalb der Mitgliedstaaten mehr als einen Betrieb haben (Artikel 1 Abs. 1 Anhang III SE-VO 1975). Eine unmittelbare Wahl (Artikel 23 bis Artikel 26 Anhang III SE-VO 1975) war nur als Ausnahmefall vorgesehen. Sie kam dann zum Zuge, wenn die SE nur einen Betrieb hatte (vgl. Artikel 1 Abs. 3 Anhang III SE-VO 1975).[359] Das hinzuzuwählende unabhängige Drittel von Aufsichtsratsmitgliedern wurde gemäß Artikel 75 a Abs. 1 SE-VO 1975 von der Hauptversammlung, der Vertretung der Arbeitnehmer[360] und dem Vorstand vorgeschlagen. Für eine Wahl der vorgeschlagenen Kandidaten war eine Zweidrittelmehrheit der Stimmen der Arbeitnehmer- und Anteilseignervertreter nötig (Artikel 75 b Abs. 1 SE-VO 1975).

g. Arbeitnehmerorientiertes Mitglied im Leitungsorgan

Anders als noch im Vorschlag von 1970 sollte nach der SE-VO 1975 kein Vorstandsmitglied mit der Behandlung von Personalfragen und Fragen der Arbeitsbeziehungen beauftragt werden. Gesetzlich war nur festgelegt, dass die Zuständigkeit für Personalfragen innerhalb des Vorstandes eindeutig festgelegt sein

---

[358] Erwägungsgrund Nr. 14 SE-VO 1975; ursprünglich wurden die Arbeitnehmervertreter durch die nationalen Arbeitnehmervertretungen auf Betriebsebene gewählt (vgl. Artikel 139 Abs. 1 SE-VO 1970). Nachdem das Vereinigte Königreich und Irland der Europäischen Union beigetreten waren und beide Mitgliedstaaten keine auf gesetzlicher oder allgemeiner tarifvertraglicher Grundlage bestehende Arbeitnehmervertretung kennen, konnte an dieses Organ in der SE-VO 1975 nicht mehr angeknüpft werden.

[359] Weiterführend zu den Vorschriften über die Wahl der Arbeitnehmer in den Aufsichtsrat nach der SE-VO 1975, Krieger, Der Europäische Gewerkschaftsbund und die Europäische Aktiengesellschaft, S. 410 ff.

[360] Dies sollte, soweit ein solcher in der SE besteht, der Europäische Betriebsrat sein, vgl. Artikel 75 a Abs. 2 lit. a SE-VO 1970.

musste (Artikel 64 Abs. 2 SE-VO 1975). Die Absage an die Figur des Arbeitsdirektors erfolgte mit der Begründung, dass die Aufgaben innerhalb des Vorstandes, insbesondere in Holdinggesellschaften, häufig nicht nach Sachgebieten, sondern nach Tätigkeitsbereichen verteilt sind. Jedes Vorstandsmitglied sollte für ein bestimmtes Konzernunternehmen und deshalb für alle Fragen eines Unternehmensteils zuständig sein. Die Regelungen der Zuständigkeit über Personalfragen sollten diese praktische Gegebenheit nicht durchbrechen.[361]

h. Bedeutung für die Entwicklung der Mitbestimmungslösung der SE-RL 2001

Der Entwurf von 1975 nahm bei der konkreten Ausgestaltung der unternehmerischen Mitbestimmung zwar einige Neuerungen vor, die Frage, ob überhaupt eine Mitbestimmung in der SE stattfinden sollte, wurde dagegen unverändert bewertet. Die Kommission sah die Beteiligung der Arbeitnehmer im Aufsichtsrat der SE weiterhin als unverzichtbares „positives Element"[362] an. Gleichwohl fanden sich auch im Vorschlag von 1975 Regelungen, die das Recht der Unternehmensmitbestimmung abdingbar machten. Eine Mitbestimmung sollte nach Artikel 138 Abs. 1 SE-VO 1975 nicht stattfinden, wenn die Mehrheit der Arbeitnehmer diese ablehnte. Anders als die in der SE-VO 1970 geforderte Zweidrittelmehrheit genügte für eine solche „Null-Lösung" nun schon die einfache Mehrheit.[363]

Obwohl die SE-VO 1975 bereits von einigen die SE-RL 2001 prägenden Elementen durchzogen war[364], scheiterte der Vorschlag erneut. Die vorgeschlagenen

---

[361] Vgl. Erläuterung zu Artikel 63 und Artikel SE-VO 1975, BT-Drucks 7/7313, S. 210 f.

[362] Erläuterung zu Artikel 62 SE-VO 1975, BT-Drucks 7/7313, S. 210.

[363] Nagel spricht in diesem Zusammenhang von der Möglichkeit, sich die Mitbestimmung gegebenenfalls „abkaufen" zu lassen, vgl. Nagel, ArbuR 1990, 205, 208. Zu der Möglichkeit einer Nulllösung nach der SE-RL 2001, sowie nach dem deutschen Umsetzungsgesetz vgl. § 3 C III 5 und § 4 B VI.

[364] Das die SE-RL 2001 prägende Grundprinzip des „Schutzes erworbener Rechte" findet sich bereits in der SE-VO 1975 in Ansätzen wieder. Der mitbestimmungsrechtliche Status Quo Ante der Gründungsgesellschaften sollte in bestimmten Fällen rechtserheblich für die Gestaltung der Mitbestimmung innerhalb der neu gegründeten SE sein. Bei einer Umwandlung einer SE in eine nationale Aktiengesellschaft (vgl. Artikel 264 ff. SE-VO 1975) oder bei der Aufnahme einer SE durch eine Aktiengesellschaft nationalen Rechts (vgl. Artikel 272 ff. SE-VO 1975), sowie bei der Verschmelzung durch Gründung einer neuen Aktiengesellschaft nationalen Rechts (vgl. Artikel 273 ff. SE-VO 1975), war erforderlich, dass die Mehrheit der Vertreter der Arbeitnehmer im Aufsichtsrat der SE zustimmten, falls sie in der neuen Gesellschaft

weitreichenden Mitbestimmungsrechte der SE-VO 1975 gerieten in das Kreuzfeuer der Kritik und blockierten die Verabschiedung des Statuts.[365] Positiv war gleichwohl, dass der Vorschlag wenigstens dazu beitrug, dass ein Stillstand im Entstehungsprozess der Europäischen Aktiengesellschaft vermieden wurde.

4. ENTWURF DER KOMMISSION VON 1989

a. HINTERGRUND

Trotz einiger europäischer Initiativen, die auch die Frage der Mitbestimmung der Arbeitnehmer betrafen[366], dauerte es einige Zeit, bis das Projekt der Europäischen Aktiengesellschaft wieder in Angriff genommen wurde. Ein erneuter Vorstoß zur Kodifizierung erfolgte im Jahre 1989, als die Kommission dem Ministerrat einen Vorschlag über das Statut der Europäischen Aktiengesellschaft übermittelte. Dieser Entwurf basierte auf dem Memorandum „Binnenmarkt und industrielle Zusammenarbeit – Weißbuch über die Vollendung des Binnenmarktes" der Kommission aus dem Jahre 1988.[367] Als bedeutendste Neuerung dieses Entwurfes ist die Trennung der sensiblen Bereiche der Arbeitnehmerstellung und der Arbeitnehmermitbestimmung innerhalb der SE zu nennen.[368] Letzteres wurde nun in einer die Verordnung flankierende Richtlinie geregelt. Beide sollten je-

---

nicht in gleichwertiger Weise vertreten sein sollten (Artikel 264 Abs. 4, Artikel 272 a, Artikel 273 a SE-VO 1975).

[365] Abeltshauser, AG 1990, 289.

[366] So beispielsweise der Entwurf der 10. Richtlinie über die grenzüberschreitende Verschmelzung von Aktiengesellschaften, ABl. EG Nr. C 23 vom 25. Januar 1985, S. 11 ff.; KOM (84) 727 endg.; Beilage 3/85 zum EG-Bulletin; BT-Drucks. 10/2856; sowie der geänderte Vorschlag der 5. Richtlinie zur Angleichung der Struktur der Aktiengesellschaften in Europa von 1983, ABl. EG Nr. C 240 vom 9. September 1983, S. 2 ff.; Beilage 6/83 zum EG-Bulletin; BT-Drucks. 10/467.

[367] Binnenmarkt und industrielle Zusammenarbeit. Statut für die Europäische Aktiengesellschaft. Memorandum der Kommission an das Europäische Parlament, den Rat und die Sozialpartner, KOM (88) 320, endg.; Beilage 3/88 zum EG-Bulletin; durch das Memorandum wurde jedoch kein abschließender Vorschlag eines SE-Statuts präsentiert, vielmehr weist es auf die wesentlichen Schwierigkeiten einer SE hin, insbesondere die Beteiligung der Arbeitnehmer am Entscheidungsprozess des Unternehmens, und versucht Lösungen aufzuzeigen, Kolvenbach, DB 1988, 1837; hierzu auch Wiesner, Die Bank 1988, 394, 395; Kohlhepp, RIW 1989, 88 ff.

[368] Jürgens, BB 1990, 1145, 1146.

doch zusammen eine untrennbare Einheit bilden.[369] Die Verordnung wurde dabei auf Artikel 95 EG (ex Artikel 100 a)[370] gestützt, die Richtlinie wurde – nachdem sich Bestimmungen über die Rechte und Interessen der Arbeitnehmer nicht auf Artikel 95 EG berufen konnten (vgl. Artikel 95 Abs. 2 EG) – auf der Grundlage des Artikel 44 Abs. 2 lit. g EG (ex Artikel 54) erlassen.

b. MITBESTIMMTES UNTERNEHMENSORGAN

Nachdem die vorangegangenen Vorschläge lediglich die Möglichkeit der Gründung einer dualistisch verfassten SE bereit hielten, konnte nach Artikel 61 SE-VO 1989 nun durch Satzungsbeschluss auch zu einem monistischen Leitungssystem optiert werden. Diese Wahlmöglichkeit sollte nicht durch den nationalen Gesetzgeber beschränkt werden können.[371]

c. FUNKTIONSWEISE DER MITBESTIMMUNG

Mit der SE-RL 1989 verabschiedete sich der europäische Gesetzgeber von der Illusion, man könnte ein einheitliches europäisches Mitbestimmungsmodell für die SE schaffen.[372] Die konsequente Entscheidung war einfach: Anstelle eines europäischen Modells stellte die SE-RL 1989 vier[373] verschiedene Modelle zur Verfügung. Die in der SE-RL 1989 bereitgestellten Modelle waren das Repräsentationsmodell, das Kooptationsmodell, das Arbeitnehmervertretungsmodell und

---

[369] Erwägungsgrund Nr. 6 SE-RL 1989.

[370] Diese Vorschrift wurde im Rahmen der am 28. Februar 1986 verabschiedeten Einheitlichen Europäischen Akte, ABl. EG Nr. L 169 vom 29. Juni 1987, S. 1 ff., in den EG Vertrag aufgenommen, um die Ziele des Artikel 14 EG (ex Artikel 7 a) durch ein vereinfachtes Beschlussverfahren schneller erreichen zu können.

[371] Hommelhoff, AG 1990, 422, 426 f.

[372] „Angesichts der in den Mitgliedstaaten bestehenden Vielfalt an gesetzlichen und gewohnheitsrechtlichen Regelungen der Beteiligung der Arbeitnehmervertreter an der Kontrolle von Beschlüssen der Organe von Aktiengesellschaften kann die Stellung der Arbeitnehmer in der SE nicht einheitlich geregelt werden"; Erwägungsgrund Nr. 3 SE-RL 1989.

[373] Meist wird nur von drei Modellen gesprochen, weil das „deutsche" und das „niederländische" Modell innerhalb eines Artikels zusammenfasst waren; vgl. nur Kolvenbach, DB 1989, 1957, 1960; Nagel, ArbuR 1990, 205, 208; schon aufgrund der qualitativen Unterschiede der beiden Mitbestimmungsformen (vgl. hierzu auch § 4 B V 7 c) wird dieser Ansicht nicht gefolgt.

das Vereinbarungsmodell.[374] Sie repräsentierten Mitbestimmungsmodelle der Mitgliedstaaten Deutschland, Niederlande, Frankreich und der skandinavischen Länder. Die Wahl des Mitbestimmungsmodells der SE wurde durch das Leitungs- oder Verwaltungsorgan der Gründungsgesellschaften und durch die Arbeitnehmervertretungen dieser Gesellschaften vorgenommen (Artikel 3 Abs. 1 SE-RL 1989). Sollte keine Einigung hierüber erzielt werden, konnte das Mitbestimmungsmodell durch die Geschäftsführung festgelegt werden. Es bestand jedoch die Möglichkeit, dass die Mitgliedstaaten die Modellwahl für eine SE mit Sitz in ihrem Hoheitsgebiet begrenzen und insofern auch nur ein einziges Modell zur Verfügung stellen konnten (vgl. Artikel 3 Abs. 5 SE-RL 1989).

d. Umfang der Mitbestimmung

Das „deutsche" Repräsentationsmodell sah eine Mitbestimmung der Arbeitnehmer im Aufsichts- oder Verwaltungsorgan der SE vor, die durch eine Drittel- bis maximal eine paritätische Beteiligung verwirklicht werden sollte (Artikel 4 1. Spiegelstrich SE-RL 1989). Nach dem Kooptationsmodell, das die niederländische Mitbestimmungsform repräsentierte[375], wurde die Mitbestimmung durch die Kooptation der Mitglieder des Aufsichts- oder Verwaltungsorgans (Art 4 2. Spiegelstrich SE-RL 1989) verwirklicht. Der Hauptversammlung der Aktionäre oder den Vertretern der Arbeitnehmer stand das Recht zu, aus bestimmten Gründen Widerspruch gegen die Bestellung eines vorgeschlagenen Kandidaten einzulegen.

Nach dem „französischen"[376] Mitbestimmungsmodell fand keine Beteiligung der Arbeitnehmer im Aufsichts- oder Verwaltungsorgan statt. Es war vielmehr ein

---

[374] Ausführlich hierzu Raiser in Festschrift für Steindorff, S. 210 ff.; Kolvenbach, DB 1989, 1957, 1960 f.; Nagel, ArbuR 1990, 209 ff.; Kallmeyer, AG 1990, 103, 106.

[375] Zur niederländischen Form der Mitbestimmung, vgl. Oosterbeek in Henssler/Braun, Arbeitsrecht in Europa, S. 634 ff.; Niedenhoff, Mitbestimmung in den EU-Staaten, S. 49 ff.; sowie Maeijer, ZfA 1979, 69 ff.; hinsichtlich der niederländischen Mitbestimmung ist zudem zu beachten, dass ein Vorschlag des Social-ökonomischen Rates (SER) in der parlamentarischen Beratung war, nach dem ein Drittel der Aufsichtsratsmitglieder künftig auf Vorschlag der Betriebsräte durch die Hauptversammlung ernannt werden sollen; Köstler in Theisen/Wenz, Die Europäische Aktiengesellschaft, S. 310 Fn. 2; Gohde, Mitbestimmung 2003, 64, 67.

[376] Zur Gestaltung der französischen Mitbestimmung, vgl. Termin-Soccol/Combes in Henssler/Braun, Arbeitsrecht in Europa, S. 286 ff.; Niedenhoff, Mitbestimmung in den EU-Staaten, S. 33 ff.; Körner, NZA 2001, 429 ff.; Leminsky, Der Arbeitnehmereinfluss in englischen und französischen Unternehmen;Gamillscheg/Blanc-Jouvan/Davies/Hanau/Runggaldier/Summers, Mitbestimmung der Arbeitnehmer, S. 89 ff.

separates Arbeitnehmerorgan vorgesehen (Artikel 5 SE-RL 1989), das einen Einfluss auf die unternehmerische Oberleitung durch gewisse Unterrichtungs- und Anhörungsrechte ausüben konnte (Artikel 5 Abs. 2 SE-RL 1989). Entscheidungskompetenz stand diesem Organ jedoch nicht zu. Die Mitgliederzahl dieses Organs wurde durch die Satzung im Einvernehmen mit den nach dem Gesetz oder der Praxis der Mitgliedstaaten vorgesehenen Arbeitnehmervertretern der Gründungsgesellschaften festgelegt (Artikel 5 Abs. 1 SE-RL 1989).

Zudem konnte die Ausgestaltung der Mitbestimmung auch im Wege einer Vereinbarung zwischen dem Leitungs- oder Verwaltungsorgan und den Arbeitnehmern oder ihrer Vertreter getroffen werden (Artikel 6 Abs. 1 SE-RL 1989; so genanntes „skandinavisches Modell“[377]). Im Falle des Scheiterns der Verhandlungen sollte für die SE ein Standardmodell nach dem Recht des Sitzstaates gelten, das der „am weitesten fortgeschrittenen einzelstaatlichen Praxis“ entsprechen und der Arbeitnehmerseite bestimmte Informations- und Anhörungsrechte garantieren musste (Artikel 6 Abs. 8 SE-RL 1989).

e. Personelle Zusammensetzung der Arbeitnehmerseite

Für alle Mitbestimmungsmodelle sollten bei der Wahl der Arbeitnehmervertreter die verschiedenen Beschäftigungsgruppen angemessen berücksichtigt werden. Weitere Vorgaben zur personellen Ausgestaltung der Arbeitnehmerbank enthielt die SE-RL 1989 nicht. Für die personelle Zusammensetzung eines SE-Aufsichtsrates nach dem deutschen Modell ist von Bedeutung, dass die SE-RL 1989 keine Vorschrift enthielt, wonach ein Vorsitzender des Aufsichtsrats durch die Anteilseigner gewählt werden sollte, dessen Stimme in Pattsituation entscheidet.

f. Wahl der Arbeitnehmervertreter

Für die Mitbestimmung nach dem Repräsentations- und Kooptationsmodell legte Artikel 7 SE-RL 1989 fest, dass die Wahl der Arbeitnehmervertreter entsprechend den in den Mitgliedstaaten durch Gesetz oder durch die Praxis vorgesehenen Modalitäten bestimmt werden sollte. Dabei musste das Wahlsystem garantieren, dass die verschiedenen Beschäftigungsgruppen angemessen berücksichtig werden und alle Arbeitnehmer bei der Stimmabgabe teilnehmen kön-

---

[377] Vgl. zur Arbeitnehmermitbestimmung in schwedischen Unternehmen, Nordlöf in Henssler/Braun, Arbeitsrecht in Europa, S. 1020 ff., Niedenhoff, Mitbestimmung in den EU-Staaten, S. 65 ff.; Schulte, ArbuR 1978, 79, 80; Gamillscheg/Blanc-Jouvan/Davies/Hanau/Runggaldier/Summers, Mitbestimmung der Arbeitnehmer, S. 89 ff.

nen (Artikel 7 SE-RL 1989). Auch für die Mitbestimmung nach dem „französischen Modell“ sollte durch die Satzung im Einvernehmen mit den nach dem Gesetz oder der Praxis der Mitgliedstaaten vorgesehenen Arbeitnehmervertretern der Gründungsgesellschaften die Wahlmodalitäten festgelegt werden (Artikel 5 Abs. 1 SE-RL 1989).

g. Arbeitnehmerorientiertes Mitglied im Leitungsorgan

Die Figur eines Arbeitsdirektors oder einer vergleichbaren Person im Leitungsorgan der SE kannte die SE-RL 1989 nicht mehr.

h. Bedeutung für die Entwicklung der Mitbestimmungslösung der SE-RL 2001

Ein Umstand, der maßgeblich zu der Einigung im Jahre 2000 beigetragen hat - die Trennung des gesellschaftsrechtlichen Statuts von der Frage der Arbeitnehmerbeteiligung - wurde im Jahre 1989 erstmals umgesetzt. Der Vorteil der „Auslagerung“ der mitbestimmungsrechtlichen Regelungen in eine flankierende Richtlinie, bestand darin, dass dadurch für die Mitgliedstaaten ein begrenzter Gestaltungsspielraum zur Integration der nationalen Besonderheiten im Rahmen der Umsetzungsgesetzgebung geschaffen wurde. Eine weitere, äußerlich sofort erkennbare Neuerung der SE-RL 1989 wurde durch die Einführung einer neuen Regelungstechnik begründet. Der europäische Gesetzgeber verabschiedete sich von einer einheitlichen europäischen Lösung und regelte nicht mehr alle Einzelfragen der SE selbst, sondern verwies in vielen Bereichen auf das nationale Aktienrecht und auf die allgemeinen Grundsätze, auf denen das Statut beruhte (vgl. Artikel 7 SE-VO 1989).[378] Die Folge dieser „Flucht in die Verweisung“[379] war – will man es negativ formulieren – ein Scheitern des Projekts der Schaffung einer einheitlichen europäischen Gesellschaftsform. Diese Abkehr vom europäischen Einheitsgedanken war jedoch angesichts der Bedeutung der Verwirklichung der Rechtsform der SE hinnehmbar.[380] Ein Manko des Entwurfs von 1989 war indes, dass die angebotenen Mitbestimmungsmodelle sehr unterschiedlich waren. Sie

---

[378] Kritisch hierzu Kallmeyer, AG 1990, 103, 104; Lutter, AG 1990, 413, 415 f., die in der Verweisungstechnik die Gefahr einer „sachwidrigen Beeinflussung der Sitzwahl“ der SE sehen.

[379] Henssler in Festschrift für Ulmer, S. 195.

[380] So bezogen auf die SE-VO 2001 und die SE-RL 2001 im Ergebnis auch Schwarz, ZIP 2001, 1847, 1861.

konnten nicht als gleichwertig bewertet werden.[381] Der Vorschlag von 1989 lieferte dessen ungeachtet wichtige Impulse für das mitbestimmungsrechtliche Verständnis der SE-RL 2001. Er statuierte erstmals die Möglichkeit der Ausgestaltung der Mitbestimmung im Wege freier Verhandlungen. Gleichwohl änderte dies nichts daran, dass die SE-RL 1989 dem Recht auf Mitbestimmung einen großen Bestandsschutz zusprach. Anders als bei den vorangegangenen Vorschlägen war die Einigung in der Frage der Mitbestimmung nun eine zwingende Voraussetzung für die Gründung einer SE. Artikel 3 Abs. 2 SE-RL 1989 sah vor, dass eine SE erst nach der Wahl eines bestimmten Mitbestimmungsmodells gegründet werden konnte. Zudem kannte die SE-RL 1989, anders als die SE-VO 1970 und die SE-VO 1975, die Möglichkeit einer einvernehmlichen Abwahl der Mitbestimmung durch die Arbeitnehmerseite nicht mehr.

5. Entwurf der Kommission von 1991

a. Hintergrund

Nachdem der Vorschlag von 1989 durch das Europäische Parlament und den Wirtschafts- und Sozialausschuss in weiten Teilen kritisiert wurde, präsentierte die Kommission im Mai 1991 eine revidierte Fassung. Im Vergleich zu dem Entwurf von 1989 war der Vorschlag von 1991 noch kürzer gefasst. Sowohl die Trennung der Regelungsbereiche in eine Verordnung und eine Richtlinie als auch die Verweisungstechnik wurden beibehalten.[382] Von einem einheitlichen Statut konnte demnach auch nach diesem Vorschlag keine Rede sein. Die Kommission stützte die SE-VO 1991 auf Artikel 95 EG (ex Artikel 100 a). Für den Richtlinienvorschlag hinsichtlich der Stellung der Arbeitnehmer benannte die Kommission Artikel 44 EG (ex Artikel 54) als Rechtsgrundlage.[383] Von Bedeutung ist zudem, dass der Vorschlag von 1991 um die Gründungsform der Umwandlung einer nationalen Gesellschaft in eine SE erweitert wurde.[384]

---

[381] Vgl. hierzu nur Nagel, ArbuR 1990, 205, 210; Wißmann, RdA 1992, 320, 329 f.

[382] Hierzu kritisch Sagasser/Swienty, DStR 1991, 1188, 1192; Merkt, BB 1992, 652, 660 f.

[383] Hierzu Moll, RdA 1992, 132; Hopt, ZGR 1992, 265, 270 f., 278.

[384] Durch die Erweiterung der Gründungsmöglichkeiten um die Gründungsform der Umwandlung wuchs aus deutscher Sicht die Angst, dass das deutsche Mitbestimmungsmodell „ausgehöhlt" werden könnte; so Moll, RdA 1992, 132.

b. Mitbestimmtes Unternehmensorgan

Die Wahlmöglichkeit zwischen dem monistischen und dem dualistischen System wurde beibehalten, jedoch dahingehend eingeschränkt, dass die Mitgliedstaaten nach Artikel 61 SE-VO 1991 beschließen konnten, dass eine SE mit Sitz in ihrem Hoheitsgebiet nur nach einem Modell gegründet werden konnte.[385]

c. Funktionsweise der Mitbestimmung

Die SE-RL 1991 hielt an der Optionslösung der SE-RL 1989 fest. Die bereitgestellten Mitbestimmungsmodelle sollten nun allerdings der Vorgabe gerecht werden, dass in jeder SE gleichwertige Mitspracherechte und ein vergleichbarer Einfluss der Arbeitnehmer garantiert werde.[386] Welches Modell in der SE eingeführt wird, sollte vorrangig durch eine Vereinbarung zwischen den Leitungs- oder Verwaltungsorganen der Gründungsgesellschaften und den Arbeitnehmervertretungen dieser Gesellschaften geregelt werden (Artikel 3 Abs. 1 SE-RL 1991). Anders als in der SE-RL 1989 entschied im Falle einer fehlenden Einigung über das anzuwendende Modell nicht mehr einseitig die Geschäftsleitung, sondern die Hauptversammlung auf der Grundlage von vorgelegten Berichten beider Seiten (Artikel 3 Abs. 2 SE-RL 1991).[387] Dadurch sollte sichergestellt werden, dass die Hauptversammlung in voller Kenntnis der Sachlage das unter den gegebenen Umständen am besten geeignete Mitbestimmungsmodell festlegen konnte.[388] Die Wahl eines Mitbestimmungsmodells stand jedoch unter dem Vorbehalt der gesetzlichen Ausführungen des jeweiligen Sitzstaates der SE. Die Mitgliedstaaten konnten sich darauf beschränken, nur das Modell einzuführen, das ihren Traditionen am ehesten entsprach, um dem Charakter der jeweiligen Rechtsordnungen

---

[385] Weiterführend von Werder, RIW 1997, 304, 307 ff.

[386] Vgl. Erwägungsgrund Nr. 6 SE-RL 1991.

[387] Die Arbeitnehmervertreter sollten in einer schriftlichen Stellungnahme darlegen, warum die SE nach ihrem Dafürhalten geeignet ist, die Interessen der Arbeitnehmer zu schädigen und welche Maßnahmen ihnen gegenüber getroffen werden sollen (Artikel 3 Abs. 1 lit. a SE-RL 1991). Ferner sollte das Leitungs- oder Verwaltungsorgan für die Hauptversammlung einen Bericht erstellen, welchem entweder der Wortlaut der Vereinbarung oder die Stellungnahme der Arbeitnehmer beizufügen war (Artikel 3 Abs. 1 lit. b SE-RL 1991).

[388] Begründung zu Artikel 3 SE-RL 1991, BT-Drucks 12/1004, S. 74; hierzu Wiesner, AG-Report 1991, R 275 f.

Rechnung tragen zu können.[389] Es stand den Mitgliedstaaten demgemäß auch frei, nur ein Modell anzubieten (vgl. Artikel 2 Abs. 5 SE-RL 1991).

d. Umfang der Mitbestimmung

An den in der SE-RL 1989 vorgestellten Modellen hielt die SE-RL 1991 weitgehend fest. Bezüglich der grundlegenden Ausgestaltung kann daher nach oben verwiesen werden. Lediglich für die Auflösung von Pattsituationen in einem paritätisch besetzten Aufsichts- oder Verwaltungsrat nach dem „deutschen" Modell räumte die SE-RL 1991 den Anteilseignervertretern nun ein Letztentscheidungsrecht ein (vgl. Artikel 65 Abs. 1, Artikel 67 a Abs. 1, Artikel 76 Abs. 3 a SE-VO 1991). Eine Änderung erfuhr auch das niederländische Modell. Die Widerspruchsgründe gegen die Bestellung eines vorgeschlagenen Kandidaten wurden nun in Artikel 4 Abs. 2 lit. b SE-RL 1991 aufgelistet. Über die Berechtigung des Widerspruchs sollte jetzt nicht mehr eine unabhängige öffentlich-rechtliche Spruchstelle entscheiden (vgl. Artikel 4 2. Spiegelstrich SE-RL 1989), sondern ein Gericht, eine Verwaltungsbehörde oder eine andere unabhängige Instanz (Artikel 4 Abs. 2 lit. c SE-RL 1991). Das „französische" Modell wurde im Vergleich zu dem Vorschlag von 1989 vereinfacht. Die Regelungen, nach denen die Zahl der Mitglieder des Arbeitnehmerorgans und die Einzelheiten der Wahl oder Bestellung in der Satzung der SE im Einvernehmen mit den nach dem Gesetz oder der Praxis in den Mitgliedstaaten vorgesehenen Arbeitnehmervertretern der Gründungsgesellschaften festgelegt werden sollte (vgl. Artikel 5 Abs. 1 SE-RL 1989), wurden gestrichen.

e. Personelle Zusammensetzung der Arbeitnehmerseite

Eine Änderung hinsichtlich der personellen Vorgaben der Arbeitnehmervertreter enthielt der Vorschlag von 1991 im Vergleich zur SE-RL 1989 nicht. Für die personelle Zusammensetzung des deutschen Modells ist anzumerken, dass keine Vorschriften bestanden, wonach eine bestimmte Personengruppe besondere Berücksichtigung finden musste.

f. Wahl der Arbeitnehmervertreter

Anders als der schlichte Verweis der SE-RL 1989 auf die in den jeweiligen Mitgliedstaaten durch Gesetz oder durch Praxis bestimmten Wahlmodalitäten, legte Artikel 7 SE-RL 1991 einheitliche Wahlgrundsätze fest. Die Arbeitnehmervertre-

---

[389] Vgl. Erwägungsgrund Nr. 5 SE-RL 1991.

ter sollten aus allen Mitgliedstaaten gewählt werden, in denen sich Betriebe der SE befinden (Artikel 7 Abs. 1 lit. a SE-RL 1991). Ferner sollte die Anzahl der Vertreter soweit wie möglich anteilig der Anzahl der von ihnen vertretenen Arbeitnehmern entsprechen (Artikel 7 Abs. 1 lit. b SE-RL 1991) und es sollte gewährleistet sein, dass alle Arbeitnehmer ungeachtet der Dauer ihrer Betriebszugehörigkeit oder der Zahl der wöchentlichen Arbeitsstunden an der Stimmabgabe teilnehmen konnten (Artikel 7 Abs. 1 lit. c SE-RL 1991). Daneben betonte die SE-RL 1991 den Grundsatz der geheimen Wahl (Artikel 7 Abs. 1 lit. d SE-RL 1991).

g. ARBEITNEHMERORIENTIERTES MITGLIED IM LEITUNGSORGAN

Die Figur eines Arbeitsdirektors oder einer vergleichbaren Person im Leitungsorgan der SE kannte auch die SE-RL 1991 nicht mehr.

h. BEDEUTUNG FÜR DIE ENTWICKLUNG DER MITBESTIMMUNGSLÖSUNG DER SE-RL 2001

Obwohl weitestgehend die Stellungnahmen zu den Entwürfen von 1989 berücksichtigt wurden, gelang es nicht, einen der Hauptkritikpunkte – die fehlende Gleichwertigkeit der Mitbestimmungsmodelle - zu beseitigen.[390] Das erneute Scheitern in der Suche nach einer mitbestimmungsrechtlichen Lösung in einer SE hatte zur Folge, dass man schließlich befand, eine Einigung in dieser Frage sei wohl unmöglich. Die Europäische Aktiengesellschaft sollte daher in ihrer bisherigen Form als wohlgemeinte Utopie angesehen werden, für die es aber letztlich ohnehin kein Bedürfnis geben würde.[391]

---

[390] Wenz, Die Societas Europaea (SE), S. 165 f.; Wißmann, RdA 1992, 320, 329; eine ausführliche Gleichwertigkeitsuntersuchung findet sich bei Nonnenmacher, Arbeitnehmermitbestimmung auf Unternehmensebene in der Europäischen Aktiengesellschaft, S. 188 ff.

[391] "Almost every large British Company now trades in all of the European countries. These companies do not feel the need to have a societas Europaea"; Mr. Hanley, Debatte im House of Commons vom 22. Oktober 1990, Column 63, abrufbar unter: http://www.parliament.the-stationery-office.co.uk; ebenso Moll, RdA 1992, 132; dass sehr wohl ein Bedürfnis für die SE bestand, zeigt exemplarisch die Neugründung der Europipe GmbH, die sich aufgrund ihres grenzüberschreitenden Sachverhalts auch Mitbestimmungsproblemen gegenüber sah; hierzu Sagasser/Swienty, DStR 1991, 1188 ff.; zu den Vorzügen einer europäischen Mitbestimmungslösung bei der Bildung der Aventis S.A., Hoffmann, NZG 1999, 1077, 1084; hierzu auch Altmeyer, Personalführung 2003, 60, 65.

6. Davignon Bericht von 1997

a. Hintergrund

Erst im Jahre 1994 lieferte die Annahme der Richtlinie 94/45/EG des Rates über die Einsetzung eines Europäischen Betriebsrates oder die Schaffung eines Verfahrens zur Unterrichtung und Anhörung der Arbeitnehmer in gemeinschaftsweit operierenden Unternehmen, die sogenannte EBR-Richtlinie[392], neue Impulse. Von diesem Erfolg beflügelt nahm sich die Kommission des Projekts der SE wieder an und setzte Ende 1996 unter der Leitung des ehemaligen Vizepräsidenten der Europäischen Kommission, des Präsidenten der Société Générale de Belgique Etienne Davignon, eine Sachverständigengruppe mit hochrangigen Wissenschaftlern, Arbeitgeber- und Arbeitnehmervertretern ein. Im Mai 1997 legte die Gruppe ihren Abschlussbericht vor.[393]

b. Funktionsweise der Mitbestimmung

Das von der Sachverständigengruppe erarbeitete Konzept orientierte sich weitgehend an der EBR-Richtlinie. Die Frage der Mitbestimmung konnte grundsätzlich von den Beteiligten selbst frei ausgehandelt werden. Dadurch sollte den unterschiedlichen Unternehmenskulturen und den jeweiligen Gegebenheiten in den Mitgliedstaaten Rechnung getragen[394] und den Unternehmen die Möglichkeit gegeben werden, eine individuelle, auf sie zugeschnittene Lösung zu etablieren.[395] Nur für den Fall, dass keine Vereinbarungslösung zustande kommen sollte, sah der Vorschlag eine Mindestmitbestimmung in der Form einer so genannten Auffangregelung vor. Eine Gründung der SE durch Umwandlung einer nationalen Gesellschaft, wie es noch der Entwurf von 1991 vorsah, schloss die Sachverständigengruppe ausdrücklich aus.[396]

---

[392] Richtlinie 94/45/EG des Rates vom 22. September 1994 über die Einsetzung eines Europäischen Betriebsrates oder die Schaffung eines Verfahrens zur Unterrichtung und Anhörung der Arbeitnehmer in gemeinschaftsweit operierenden Unternehmen und Unternehmensgruppen, ABl. EG Nr. L 254, S. 64 ff.

[393] Hierzu Heinze, AG 1997, 289; Gaul, NZA 1997, 1022, 1029; Kolvenbach, NZA 1998, 1324; Hopt, ZIP 1998, 96, 99 f.; Kleinsorge, RdA 2002, 343, 344.

[394] Kolvenbach, NZA 1998, 1324.

[395] Heinze, AG 1997, 289, 293.

[396] Vgl. Davignon Bericht, Rdnr. 33 ff.

c. Verhandlungslösung

Innerhalb eines Jahres sollten die zuständigen Organe der an der Gründung der SE beteiligten Gesellschaften, oder die von diesen bevollmächtigten Vertreter[397], mit einem Verhandlungsgremium der Arbeitnehmer[398] die Ausgestaltung im Einzelnen verhandeln. Ein Mindestumfang einer Mitbestimmung wurde bei den Verhandlungen nicht vorgegeben. Damit sollten Lösungen gefunden werden, die jedem einzelnen nationalen System und jeder einzelnen SE gerecht werden.[399] Eine Sicherung der in den nationalen Gesetzen und Gepflogenheiten zur Unternehmensmitbestimmung festgeschriebenen Rechte der Gewerkschaften, beispielsweise das Wahl-, Vorschlags- und Benennungsrecht, war nicht vorgesehen. Nur für den Fall des Scheiterns der Verhandlungen sollten gesetzliche Bestimmungen eine Mindestmitbestimmung in der SE garantieren (so genannte Auffangregelungen).

d. Auffangregelung

Nach der Auffangregelung stand der Arbeitnehmerseite mindestens ein Fünftel der Sitze im mitbestimmten Unternehmensorgan zu. Es mussten jedoch auf jeden Fall zwei Arbeitnehmervertreter im Aufsichts- oder Verwaltungsorgan sitzen, denen die gleichen Rechte und Pflichten wie den Anteilseignervertretern zustehen sollten.[400]

e. Bedeutung für die Entwicklung der Mitbestimmungslösung der SE-RL 2001

Der Abschlussbericht der Sachverständigengruppe um Davignon machte „ein Schiff wieder flott..., das sich bereits rettungslos im Gewirr unterschiedlicher Interessen und Positionen festgefahren hatte“[401]. Der Davignon Bericht hat das für die SE-RL 2001 so wichtige Bekenntnis zur freien Gestaltbarkeit der unter-

---

[397] Davignon Bericht, Rdnr. 59.

[398] Zu der Zusammensetzung des Verhandlungsgremiums der Arbeitnehmerseite, Davignon Bericht, Rdnr. 60 ff.

[399] Davignon Bericht, Rdnr. 57.

[400] Davignon Bericht, Rdnr. 81, Rdnr. 83.

[401] Schulte, Laudatio aus Anlass der Verleihung des Hans-Böckler-Preises an Etienne Davignon am 13. Oktober 2000 in Potsdam, abrufbar unter: http://www.boeckler.de/rde/xchg/SID-3D0AB75F-D847ACE/hbs/hs.xsl/163_19730.html.

nehmerischen Mitbestimmung in einer SE fixiert und auf diese Weise dem Bestreben nach einer Vollharmonisierung der Unternehmensmitbestimmung auf europäischer Ebene eine Absage erteilt.

Die Ausgestaltung der subsidiären Auffanglösung trat nun in den Mittelpunkt des Disputs. Vor allem aus Deutschland und Österreich war der Widerstand gegen das niedrige Mindestmitbestimmungsniveau und die Möglichkeit einer mitbestimmungsfreien SE für die Fälle, in denen eines oder mehrere der beteiligten Unternehmen keine Mitbestimmung vorweisen konnten, groß. Andere Länder indessen sperrten sich selbst gegen diesen niedrigen Ansatz.

Auf der Grundlage des Davignon Berichts versuchten verschiedene Ratspräsidentschaften eine Kompromisslösung zu finden.[402] Besondere Bedeutung kam hierbei dem Richtlinienvorschlag Großbritanniens zur Beteiligung der Arbeitnehmer in einer Europäischen Aktiengesellschaft zu.[403] Er enthielt erstmals die als magische Formel bezeichnete „Vorher-Nachher-Betrachtung".[404] Anders als es im Davignon Bericht vorgeschlagen war, sollte sich der Umfang der Mitbestimmung nach der Auffangregelung nicht nach einer Sockellösung richten, sondern von einer Status Quo Ante Betrachtung der beteiligten Gesellschaften abhängig sein. Bestand vor der Gründung der SE ein Recht der Arbeitnehmer, eine bestimmte Zahl der Mitglieder im Aufsichtsorgan des Unternehmens ernennen oder wählen zu dürfen, so sollte dieses Recht auch in der SE fortbestehen. Der Anteil sollte sich nach dem Recht der Gesellschaft mit dem höchsten Mitbestimmungsstandard richten. War keine der Gründungsgesellschaften mitbestimmt, so konnte eine SE auch ohne Mitbestimmung gegründet werden. Eine Garantie auf ein Mindestmaß an Mitbestimmung sah der britische Vorschlag, anders als die Davignon-Gruppe, nicht mehr vor.[405] Unter der Ratspräsidentschaft Österreichs und Deutschlands wurde die britische Idee weiter ausgearbeitet. Insbesondere musste geklärt werden, wie hoch der Anteil der mitbestimmten Arbeitnehmer

---

[402] Hierzu Kolvenbach, NZA 1998, 1324 f.; Heinze, ZGR 1999, 54, 64 ff.

[403] Textvorschlag für eine Richtlinie des Rates zur Ergänzung des Statuts der Europäischen Aktiengesellschaft hinsichtlich der Beteiligung der Arbeitnehmer, konsolidierte Fassung der Ratsdokumente 7391/98 vom 1. April 1998 und 7816/98 vom 23. April 1998; Fundstelle nicht amtlich veröffentlicht.

[404] Vgl. Weiss, NZA 2003, 177, 181.

[405] Kritisch hierzu Heinze, der den britischen Vorschlag als „gedanklichen Rückfall in die bereits vorher gescheiterten Optionsmodelle" bewertet, Heinze, ZGR 2002, 66, 73.

eines Gründungsunternehmens sein musste, um für die SE eine Übertragung der innerstaatlichen Mitbestimmungsregelungen zu bewirken.[406]

C Durchbruch einer Europäischen Mitbestimmungslösung auf dem Gipfel von Nizza

I. Hintergrund

Die Beschlüsse von Nizza markieren das Ende eines der „ältesten Vorhaben der Gemeinschaft"[407] und einen „Meilenstein in der Geschichte des europäischen Gesellschafts- und Arbeitsrechts".[408] Am 20. Dezember 2000 wurde auf dem Gipfel der europäischen Regierungschefs in Nizza unter dem Vorsitz von Elisabeth Guiogou eine Einigung in dem Projekt der Europäischen Aktiengesellschaft erzielt. Auf der Grundlage dieses politischen Kompromisses wurden die Verordnung und die Richtlinie am 8. Oktober 2001 im Ministerrat verabschiedet und am 10. November 2001 im Amtsblatt der EU veröffentlicht. Die erstmals im Vorschlag von 1989 praktizierte Trennung des gesellschaftsrechtlichen Statuts von der Frage der Ausgestaltung der Arbeitnehmerbeteiligung in der SE in einer flankierenden Richtlinie wurde beibehalten. Beide Rechtsakte sind einheitlich auf Artikel 308 EG gestützt.[409] Die Rechtsgrundlagen der SE bilden:

- die Verordnung (2157/2001/EG) des Rates vom 8. Oktober 2001 über das Statut der Europäischen Gesellschaft;
- die Richtlinie (2001/86/EG) des Rates vom 8. Oktober 2001 zur Ergänzung des Statuts der Europäischen Gesellschaft hinsichtlich der Beteiligung der Arbeitnehmer.

---

[406] Blanquet, ZGR 2002, 20, 32.

[407] Vgl. Lutter, BB 2002, 1.

[408] Kleinsorge, RdA 2002, 343.

[409] Zu dieser umstrittenen Rechtsgrundlage, vgl. Herfs-Röttgen, NZA 2002, 358, 359; Kleinsorge, RdA 2002, 343, 345 f.

II. Überblick über das Statut der Europäischen Aktiengesellschaft

1. Regelungsgegenstand der SE-VO 2001

Die SE-VO 2001 regelt die gesellschaftsrechtlichen Wesensmerkmale und die Struktur einer SE. Im Vergleich zu den ursprünglichen Entwürfen von 1970 und 1975 stellt die Verordnung jedoch lediglich einen „Torso“[410] dar. Sie beschränkt sich auf wesentliche Rahmenbedingungen und verweist in vielen Teilen auf das nationale Recht des Sitzstaates.[411] Die auf eine SE anzuwendenden Bestimmungen ergeben sich aus einem Nebeneinander der SE-VO 2001, der nationalen Ausführungsgesetze, der mitgliedstaatlichen Aktiengesetze und etwaiger Sondervorschriften. Durch diese Regelungsstruktur kommt es bei der Bestimmung des auf die SE anzuwendenden Rechts zu einer komplexen „Rechtsquellenpyramide“[412]. Die Hierarchie der anwendbaren Normen gibt Artikel 9 Abs. 1 SE-VO 2001 vor.[413] Durch diese Kombination aus nationalen und supranationalen Regelungen

---

[410] Lutter, BB 2002, 1, 3.

[411] Alle nicht von der SE-VO 2001 umfassten Rechtsbereiche wie das Steuerrecht, das Wettbewerbsrecht, der gewerbliche Rechtsschutz und das Konkursrecht werden folglich durch das nationale Recht des jeweiligen Sitzstaates geregelt; Schulz/Geismar, DStR 2001, 1078 f.; kritisch hierzu Schwarz: zwar stellt die SE-VO 2001 mit ihren 70 Artikel im Vergleich zu dem mit 400 Artikel geplanten Vorschlag von 1970 ein sehr „schlankes Regelungswerk“ dar, die „Verlustliste der Rechtsintegration“ ist aber lang; vgl. Schwarz, ZIP 2001, 1847, 1860; ebenso kritisch Pluskat, EuZW 2001, 524, 528; anders Enriques, der die Vorteile der Verweisungstechnik hervorhebt, Enriques, ZGR 2004, 735, 744 ff. Als besonders großes Defizit wird allgemein angesehen, dass die Besteuerung der SE nicht auf europäischer Ebene geregelt wurde; vgl. die Ausführungen zur steuerrechtlichen Behandlung einer SE bei Schulz/Geismar, DStR 2001, 1078; Förster/Lange, DB 2002, 288; Schulz/Petersen, DStR 2002, 1508; Herzig/Griemla, StuW 2002, 55; Blanquet, ZGR 2002, 20, 54 ff.; Rödder, Der Konzern 2003, 522; Kloster, EuZW 2003, 293, 297; Kessler/Achilles/Huck, IstR 2003, 715; Endres, RIW 2004, 735.

[412] Theisen/Wenz in Theisen/Wenz, Die Europäische Aktiengesellschaft, S. 47; kritisch zu dieser „kunstvoll aufgeschichtete(n) Rechtsquellenpyramide aus Gemeinschaftsrecht, mitgliedstaatlichem Nationalrecht und Gesellschaftsindividuellem Satzungsrecht“; Hommelhoff, AG 2001, 279, 285; ebenso kritisch Schulz/Geismar, DStR 2001, 1078, 1079; Schindler, ecolex 2003, Skript 26, 1, 2; Schäfer, NZG 2004, 785, 789.

[413] Hierzu Wagner, NZG 2002, 985; Brandt/Scheifele, DStR 2002, 547; Hirte, NZG 2002, 1, 2; Jaecks/Schönborn, RIW 2003, 254 ff.; Heckschen, DNotZ 2003, 251, 253; Leuering/Simon, NJW-Spezial 2005, Heft 2, 75; zu dem Problem, ob es dieser Norm angesichts des ohnehin bestehenden Anwendungsvorrangs des Gemeinschaftsrechts überhaupt bedurft hätte, Raiser in Festschrift für Semler, S. 282.

kommt es dazu, dass es nicht die *eine* europäische SE geben wird, sondern so viele Europäische Aktiengesellschaften wie es Mitgliedstaaten in der EU gibt. Gerade dies stellt den einzigartigen Charakter dieser Rechtsform dar. Die „chamäleonhafte Vielgestaltigkeit“[414] wird durch die Vorschriften über die Beteiligungsrechte der Arbeitnehmer zusätzlich potenziert.

Die Beteiligungsrechte der Arbeitnehmer sind detailliert in der SE-RL 2001 geregelt. Die Richtlinie ist mit der SE-VO 2001 untrennbar verbunden[415], was in einem „komplizierten Verhältnis wechselseitiger Durchdringung“[416] deutlich wird.[417] Die wichtigste Verknüpfung zwischen SE-VO 2001 und SE-RL 2001 findet sich in Artikel 12 Abs. 2 SE-VO 2001. Danach ist die Eintragung der SE in das nationale Register, gefolgt von einer Bekanntmachung im Amtsblatt der Europäischen Gemeinschaft[418], erst dann möglich, wenn eine Regelung über die Arbeitnehmerbeteiligung gefunden wurde.

2. Gesellschaftsrechtliche Wesensmerkmale

Die SE stellt eine Handelsgesellschaft dar, deren Kapital in Aktien zerlegt ist (Artikel 1 Abs. 2 SE-VO 2001). Sie besitzt gemäß Artikel 1 Abs. 3 SE-VO 2001 Rechtspersönlichkeit. Das Kapital lautet auf Euro, das gezeichnete Kapital muss mindestens 120.000 Euro betragen, soweit nicht Rechtsvorschriften eines Mitgliedstaates ein höheres gezeichnetes Kapital für Gesellschaften vorsehen, die bestimmte Arten von Tätigkeiten ausüben (Artikel 4 SE-VO 2001). Die SE muss ihrer Firma den Zusatz „SE“ voran- oder nachstellen (Artikel 11 SE-VO 2001). Die Eintragung der SE erfolgt in ein nach dem Recht ihres Sitzstaats bestimmtes Register (Artikel 12 Abs. 1 SE-VO 2001).[419] Nach Artikel 7 SE-VO 2001 muss

---

[414] Henssler in Festschrift für Ulmer, S. 196.

[415] Vgl. Erwägungsgrund Nr. 19 SE-VO 2001; Erwägungsgrund Nr. 3 SE-RL 2001.

[416] Kübler, ZHR 167 (2003), 222, 224.

[417] Vgl. nur Artikel 1 Abs. 4, Artikel 12 Abs. 2, Abs. 3, Abs. 4, Artikel 20 Abs. 1 lit. i, Artikel 23 Abs. 2, Artikel 26 Abs. 3, Artikel 32 Abs. 6; Artikel 40 Abs. 2; Artikel 43 Abs. 2, Abs. 3, Artikel 50 Abs. 2, Abs. 3, Artikel 52 lit. b SE-VO 2001.

[418] Die Bekanntmachung enthält die Firma der SE, Nummer, Datum und Ort der Eintragung der SE, Datum, Ort und Titel der Veröffentlichung, sowie den Sitz und den Geschäftszweig der SE, vgl. Artikel 14 Abs. 1 SE-VO 2001.

[419] Zur Behandlung der SE bevor sie durch Eintragung in das Register als eigene Rechtsperson entsteht (Vor-SE), Schäfer, NZG 2004, 785, 790 ff.

die SE ihren Sitz in der Gemeinschaft und in dem Mitgliedstaat haben, in dem sich ihre Hauptverwaltung befindet. Kollisionsrechtlich folgt die SE-VO 2001 daher der Sitztheorie.[420] Einen besonderen Vorzug der Rechtsform der SE sollte die Vorschrift des Artikel 8 SE-VO 2001 statuieren. Danach kann der Sitz der SE unter Identitätswahrung, also ohne Auflösung und Gründung einer neuen juristischen Person, in einen anderen Mitgliedstaat verlegt werden. Vor dem Hintergrund der jüngsten Rechtsprechung des Europäischen Gerichtshofs zur gemeinschaftsrechtlichen Niederlassungsfreiheit von Gesellschaften ist jedoch fraglich, ob dies noch zu einer Attraktivitätssteigerung der Rechtsform der SE gegenüber den nationalen Gesellschaftsformen beitragen kann.[421]

3. ORGANISATIONSSTRUKTUR

Die SE verfügt nach Artikel 38 SE-VO 2001 über eine Hauptversammlung der Aktionäre und entweder über ein Verwaltungsorgan (monistisches System), oder ein Aufsichtsorgan und ein Leitungsorgan (dualistisches System). Zwischen der dualistischen und der monistischen Organisationsform kann durch Satzungsbeschluss unabhängig davon, ob die SE der Mitbestimmung unterliegt oder nicht[422], frei gewählt werden. Der nationale Gesetzgeber kann dieses Wahlrecht, anders als dies noch die SE-VO 1991 vorsah, nicht beschränken.[423] Auch eine spätere

---

[420] Schnyder in Festschrift für Druey, S. 573; Schäfer, NZG 2004, 785, 786; Enriques, ZGR 2004, 734, 739 mit weiteren Nachweisen zu der Frage, inwieweit die Regelung des Artikel 7 SE-VO 2001 im Lichte der Überseering-Entscheidung mit der Niederlassungsfreiheit vereinbar ist.

[421] Geht man infolge der Überseering-Entscheidung des Europäischen Gerichtshofs (EuGH, Urteil vom 5. November 2002, Rs. C-208/00, AG 2003, 37) und der Inspire Art-Entscheidung des Europäischen Gerichtshofs (EuGH, Urteil vom 30. September 2003, Rs. C-167/01, AG 2003, 680) davon aus, dass eine nach ausländischem Recht gegründete Gesellschaft, die ihren Geschäftssitz nach Deutschland verlegt, die Anerkennung nicht versagt werden darf, so kann die deutsche Unternehmensmitbestimmung allein durch die Wahl eines ausländischen Gesellschaftsstatuts umgangen werden; hierzu bereits § 2 D II; weiterführend Kindler, NJW 2003, 1073, 1079; Müller-Bonanni, GmbHR 2003, 1235; Zimmer, NJW 2003, 3585, 3592; Horn, NJW 2004, 893, 899 f.; Thüsing, ZIP 2004, 381 ff.; Schwank, AG 2004, 173, 177 f.; die Attraktivität der Rechtsform der SE insoweit ebenso in Frage stellend; Brandt, DStR 2003, 1208; Grobys, NJW Editorial 2003, Heft 34; Götz, ZIP 2003, 1067.

[422] Blanquet, ZGR 2002, 20, 49; Hommelhoff, AG 2001, 279, 282; Thoma/Leuering, NJW 2002, 1449, 1451.

[423] Zwar sind Artikel 39 Abs. 5 und Artikel 43 Abs. 4 SE-VO 2001 nicht als Rechtssetzungsbefehl, sondern als Ermächtigung formuliert (vgl. den Wortlaut „kann"), trotzdem besteht ein „faktischer Zwang", Vorschriften zu dem fehlenden System im Recht des jeweiligen Sitzstaa-

Änderung der bei der Gründung gewählten Organisationsstruktur ist durch entsprechenden Satzungsbeschluss möglich.[424]

a. Dualistisches System

Nach dem dualistischen System, das in den Artikeln 39 bis 41 SE-VO 2001 geregelt ist, besteht eine Trennung zwischen dem Leitungsorgan, das die Geschäfte der SE in eigener Verantwortung führt (vgl. Artikel 39 Abs. 1 SE-VO 2001), und dem Aufsichtsorgan. Dieser Aufbau entspricht der im deutschen Aktiengesetz geregelten Trennung von Vorstand und Aufsichtsrat.[425] Nach Artikel 39 Abs. 2 SE-VO 2001 werden die Mitglieder des Leitungsorgans vom Aufsichtsorgan bestellt und abberufen. Eine personelle Verflechtung ist dabei nicht möglich, d.h. die Mitglieder des Leitungsorgans dürfen nicht gleichzeitig Mitglieder des Aufsichtsorgans sein (vgl. Artikel 39 Abs. 3 SE-VO 2001). Die Mitglieder des Aufsichtsorgans, dessen Aufgabe die Überwachung der Arbeit des Leitungsorgans ist, und das selbst nicht zur Führung der Geschäfte der SE berechtigt ist (vgl. Artikel 40 Abs. 1 SE-VO 2001), werden von der Hauptversammlung bestellt. Für die Arbeitnehmervertreter sind die Vorschriften der SE-RL 2001 bzw. der entsprechenden nationalen Umsetzungsgesetzgebung zu beachten (vgl. Artikel 40 Abs. 2 SE-VO 2001).[426]

b. Monistisches System

Ist die SE monistisch strukturiert (vgl. Artikel 43 bis 45 SE-VO 2001), so führt das Verwaltungsorgan die Geschäfte der SE. Die Mitgliedstaaten können jedoch vorsehen, dass die laufenden Geschäfte auf einen oder mehrere geschäftsführende Direktoren übertragen werden. Die Bestellung des Verwaltungsorgans erfolgt durch die Hauptversammlung. Auch hier sind für die Arbeitnehmervertreter die Besonderheiten der SE-RL 2001 und der nationalen Umsetzungsgesetzgebung zu beachten (Artikel 43 Abs. 3 SE-VO 2001).[427]

---

tes zu erlassen; so Ihrig/Wagner, BB 2003, 969, 974; anders Schulz/Geismar, DStR 2001, 1078, 1082; hierzu auch § 4 B IV 3.

[424] Hirte, NZG 2002, 1, 5; Hommelhoff, AG 2001, 279, 283.

[425] Vgl. § 2 A III 1.

[426] Vgl. § 3 C III.

[427] Vgl. § 3 C III.

c. HAUPTVERSAMMLUNG

Die Hauptversammlung der Aktionäre stellt das „Grundorgan“ [428] der SE dar (Artikel 38 lit. a SE-VO 2001). Nach Artikel 52 SE-VO 2001 entscheidet die Hauptversammlung über all diejenigen Angelegenheiten, für die ihr durch die SE-VO 2001 oder durch in Umsetzung der SE-RL 2001 erlassene Rechtsvorschriften des Sitzstaates die alleinige Zuständigkeit übertragen wird, und in Angelegenheiten, für die der Hauptversammlung einer dem Recht des Sitzstaates unterliegenden Aktiengesellschaft die Zuständigkeit entweder aufgrund von Rechtsvorschriften oder aufgrund der Satzung übertragen worden ist. Für die Organisation, den Ablauf der Hauptversammlung und für das Abstimmungsverfahren gelten die im Sitzstaat der SE für Aktiengesellschaften maßgeblichen Rechtsvorschriften (vgl. Artikel 53 SE-VO 2001).[429]

4. GRÜNDUNGSFORMEN

a. ALLGEMEINES

Die Gründung einer SE kann auf fünf[430] verschiedenen Wegen erfolgen.[431] Dabei sind die primären Gründungsformen von der sekundären Gründung zu unterscheiden.[432] Die Primärgründung einer SE erfolgt durch Verschmelzung, Gründung einer Holding-SE, Gründung einer Tochter-SE sowie formwechselnde Umwandlung einer bestehenden Gesellschaft eines Mitgliedstaates[433] (vgl. Arti-

---

[428] Lutter, BB 2002, 1, 4.

[429] Weiterführend Artmann, wbl 2002, 189, 196 f.; Brandt, Die Hauptversammlung der Europäischen Aktiengesellschaft (SE); Theisen/Hölzl in Theisen/Wenz, Die Europäische Aktiengesellschaft, S. 260 ff.

[430] Kritisch zu diesem „numerus clausus der Gründungformen“; Hommelhoff, AG 2001, 279, 280 f.

[431] Ausführlich zu den einzelnen Gründungsformen insbesondere Neun in Theisen/Wenz, Die Europäische Aktiengesellschaft, S. 51 ff.; Vossius in Widmann/Mayer, Umwandlungsgesetz Band 2, § 20 Rdnr. 396 ff.; El Mahi, Die Europäische Aktiengesellschaft, S. 26 ff.; Schindler, Die Europäische Aktiengesellschaft, S. 17 ff.

[432] Vgl. Hommelhoff, AG 2001, 279, 280.

[433] Nach Artikel 2 Abs. 5 SE-VO 2001 kann ein Mitgliedstaat vorsehen, dass sich an der Gründung auch Gesellschaften beteiligen können, die ihre Hauptverwaltung nicht in der EU haben, sofern sie nach dem Recht eines Mitgliedstaates gegründet wurden und in diesem Staat ihren Sitz haben und mit der Wirtschaft eines Mitgliedstaates in wirtschaftlicher und dauerhafter Verbindung stehen, hierzu Hirte, NZG 2002, 1, 3 f.

kel 2 SE-VO 2001 in Verbindung mit Artikel 15 bis Artikel 37 SE-VO 2001). Die Sekundärgründung wird durch die Gründung einer oder mehrerer Tochter-SE durch eine bereits bestehende SE vorgenommen. Es ist zu beachten, dass nicht jede Gründungsalternative für jede Art von Rechtsperson offen ist.[434] Eine Gründung durch natürliche Personen ist grundsätzlich nicht möglich.[435] Als Grundsatz aller Primärgründungsformen gilt, dass ein transnationaler Bezug bestehen muss, d.h. die Gründungsgesellschaften müssen dem Recht verschiedener Mitgliedstaaten unterliegen bzw. jedenfalls Tochtergesellschaften oder Zweigniederlassungen in verschiedenen Mitgliedstaaten haben.[436] Das Erfordernis eines „europäisierten Tatbestandes"[437] ist im Rahmen einer Sekundärgründung, etwa in der Weise, dass die Tochter-SE in einem anderen Staat als die Mutter-SE errichtet werden muss, nicht auferlegt.[438] Dem Mehrstaatlichkeitserfordernis wird in diesem Fall bereits dadurch Rechnung getragen, dass eine SE als Gründerin auftritt. Nach Artikel 66 SE-VO 2001 ist die Umwandlung einer SE in eine dem Recht ihres Sitzstaates unterliegende Aktiengesellschaft möglich; dies jedoch frühestens zwei Jahre nach Eintragung der SE oder nach Genehmigung der ersten beiden Jahresabschlüsse. Eine solche Umwandlung führt weder zur Auflösung der Gesellschaft noch zur Gründung einer neuen juristischen Person (Artikel 66 Abs. 2 SE-VO 2001).[439]

---

[434] Hierzu bei den einzelnen Gründungsformen in § 3 C II 4 b bis f.

[435] Kritisch hierzu Hommelhoff, AG 2001, 279, 280 f.; Kübler, ZHR 167 (2003), 222, 226.

[436] Zur obligatorischen Mehrstaatlichkeit insbesondere Hommelhoff, nach dem das Erfordernis dieser Voraussetzung in der Erfüllung des Subsidiaritätsprinzips des Artikel 5 EG liegen könnte, denn es sei fraglich, ob „eine real konkurrierende Rechtsform des Europarechts mit dem Subsidiaritätsprinzip aus Artikel 5 EGV vereinbar wäre"; Hommelhoff, AG 2001, 279, 281; so auch Hirte, NZG 2002, 1, 4.

[437] Lutter, BB 2002, 1, 4.

[438] Hirte, NZG 2002, 1, 4.

[439] Ausführlich zur Behandlung der SE im deutschen Umwandlungsrecht, Oplustil/Schneider, NZG 2003, 13 ff.

b. Gründung einer SE durch Verschmelzung

Die Gründung einer SE durch Verschmelzung ist entweder als Verschmelzung durch Aufnahme[440] oder als Verschmelzung durch Neugründung[441] möglich (Artikel 2 Abs. 1 SE-VO 2001, Artikel 17 bis Artikel 31 SE-VO 2001).[442] Diese Gründungsformen stehen Aktiengesellschaften offen, wenn mindestens zwei von ihnen dem Recht unterschiedlicher Mitgliedstaaten unterliegen.[443] Die Grundlage der Verschmelzung bildet der Verschmelzungsplan[444], der insbesondere die Firma und den Sitz der verschmelzenden Gesellschaften, sowie der SE, das Umtauschverhältnis der Aktien und gegebenenfalls die Höhe der Ausgleichsleistung, die Einzelheiten hinsichtlich der Übertragung der Aktien der SE und insbesondere Angaben zu dem Verfahren, nach dem die Vereinbarung über die Beteiligung der Arbeitnehmer gemäß der SE-RL 2001 geschlossen wird, enthalten muss (vgl. Artikel 20 SE-VO 2001). Der Verschmelzungsplan bedarf der Zustimmung der Hauptversammlungen der beteiligten Gesellschaften.

c. Gründung einer Holding-SE

An der Gründung einer Holding-SE (Artikel 2 Abs. 2 SE-VO 2001, Artikel 32 bis Artikel 34 SE-VO 2001) können sich sowohl Aktiengesellschaften als auch Gesellschaften mit beschränkter Haftung beteiligen.[445] Dem Grundsatz der Mehr-

---

[440] Dabei geht das gesamte Aktiv- und Passivvermögen der übertragenden Gesellschaft ohne Liquidation auf die aufnehmende Gesellschaft über, die gleichzeitig die Rechtsform einer SE annimmt, vgl. Artikel 29 Abs. 1 SE-VO 2001.

[441] Die Gründungsgesellschaften übertragen ihr gesamtes Aktiv- und Passivvermögen auf die neu entstehende SE und erlöschen ohne Liquidation, vgl. Artikel 29 Abs. 2 SE-VO 2001.

[442] Es stellt sich die interessante Frage, ob es möglich ist, dass sich mehrere SE mit Sitz in verschiedenen Mitgliedstaaten nach den Vorschriften der SE-VO 2001 verschmelzen können. Eine grenzüberschreitende Verschmelzung nach den Vorschriften der SE-VO 2001 ist jedoch nur zum Zweck der Gründung einer SE möglich, so dass dieses Vorgehen nicht dem Sinn und Zweck der SE-VO 2001 entsprechen würde und daher als unzulässig beurteilt werden müsste, Kallmeyer, AG 2003, 197, 199.

[443] Nach Ansicht von Hirte dürfen die Gründungsgesellschaften zudem nicht voneinander abhängig sein, da anderenfalls die für den Gründungsfall der Umwandlung geltende zweijährige Zeitschranke unterlaufen werden könnte, vgl. Hirte, NZG 2002, 1, 3.

[444] Hierzu weiterführend Schult/Geismar, DStR 2001, 1078, 1080; Heckschen, DNotZ 2003, 251, 257 f.

[445] Nach Artikel 32 Abs. 7 SE-VO 2001 finden die Bestimmungen der Verordnung bei Gesellschaften mit beschränkter Haftung sinngemäß Anwendung.

staatlichkeit wird dadurch Rechnung getragen, dass entweder mindestens zwei beteiligte Gesellschaften dem Recht unterschiedlicher Mitgliedstaaten unterliegen, oder zwei Gesellschaften, die dem Recht desselben Mitgliedstaates unterliegen, seit mindestens zwei Jahren eine Tochtergesellschaft oder eine Zweigniederlassung in einem anderen Mitgliedstaat haben müssen (Artikel 2 Abs. 2 SE-VO 2001).[446] Grundlage bildet ein dem Verschmelzungsplan vergleichbarer Gründungsplan, zu dem die Hauptversammlungen der Gründungsgesellschaften ihre Zustimmung erteilen müssen (Artikel 32 Abs. 2 bis Abs. 7 SE-VO 2001). Innerhalb einer Frist von drei Monaten haben die Gesellschafter der beteiligten Gesellschaft dann einen im Gründungsplan festgelegten Mindestprozentsatz der Gesellschaftsanteile (mindestens jedoch 50 % der durch Aktien verliehenen ständigen Stimmrechte) einzubringen (Artikel 33 Abs. 2 SE-VO 2001).

d. Gründung einer Tochter-SE

Die einzige Gründungsform, die neben Kapitalgesellschaften auch die Beteiligung von Personengesellschaften und juristischen Personen des öffentlichen oder privaten Rechts vorsieht[447], stellt die Gründung einer Tochter-SE dar (Artikel 2 Abs. 3, Artikel 35, Artikel 36 SE-VO 2001). Um auch hier dem Erfordernis der Transnationalität zu genügen, müssen für die Gründung einer Tochter-SE mindestens zwei von den beteiligten Gesellschaften dem Recht unterschiedlicher Mitgliedstaaten unterliegen, oder an der Gründung zwei Gesellschaften beteiligt sein, die dem Recht desselben Mitgliedstaates unterliegen, aber seit mindestens zwei Jahren eine Tochtergesellschaft oder eine Zweigniederlassung in einem anderen Mitgliedstaat haben (Artikel 2 Abs. 3 SE-VO 2001). Die Gründung der Tochter-SE erfolgt durch Zeichnung ihrer Aktien. Für die Tochter-SE gilt ebenso wie für die Holding-SE, dass ihr Sitzstaat nicht mit dem (den) Sitzstaat(en) der beteiligten Gesellschaften identisch sein muss.

---

[446] Nach Hommelhoff ist dem Mehrstaatlichkeitserfordernis auch Rechnung getragen, wenn bei Einstaatlichkeit der beteiligten Gesellschaften eine von ihnen eine Tochtergesellschaft bzw. Zweigniederlassung in einem anderen Mitgliedstaat hat, vgl. Hommelhoff, AG 2001, 279, 281; so auch Kallmeyer, AG 2003, 197, 199; a.A. Schwarz, ZIP 2001, 1847, 1850.

[447] Und demnach beispielsweise auch die Gründungsbeteiligung einer europäischen wirtschaftlichen Interessen Vereinigung ermöglicht, vgl. Blanquet, ZGR 2002, 20, 45.

e. GRÜNDUNG EINER SE DURCH UMWANDLUNG

Nachdem die Gründungsform der Umwandlung einer nationalen Gesellschaft in eine SE von der Davignon Gruppe noch explizit ausgeschlossen wurde[448], wird diese Gründungform nun durch Artikel 2 Abs. 4 SE-VO 2001 und Artikel 37 SE-VO 2001 wieder zugelassen. Will sich eine nationale Aktiengesellschaft in eine SE umwandeln, muss sie seit mindestens zwei Jahren eine dem Recht eines anderen Mitgliedstaates unterliegende Tochtergesellschaft besitzen. Auf der Grundlage eines Umwandlungsplans, zu dem die Hauptversammlung ihre Zustimmung erteilen muss, kann die nationale Aktiengesellschaft dann in eine SE umgewandelt werden. Dabei gehen sämtliche Verpflichtungen im Wege der Gesamtrechtsnachfolge auf die SE über. Das gilt auch für die zum Zeitpunkt der Eintragung aufgrund der einzelstaatlichen Rechtsvorschriften und Gepflogenheiten, sowie aufgrund individueller Arbeitsverträge oder Arbeitsverhältnisse bestehenden Rechte und Pflichten der umzuwandelnden Gesellschaft (vgl. Artikel 37 Abs. 9 SE-VO 2001). Zu beachten ist, dass der Sitz der SE gemäß Artikel 37 Abs. 3 SE-VO nicht *anlässlich der Umwandlung* in einen anderen Mitgliedstaat verlegt werden darf.[449] Die Mitgliedstaaten können zudem vorsehen, dass die Umwandlung einer mitbestimmten Gesellschaft nur dann möglich ist, wenn das Organ der umzuwandelnden Gesellschaft, in dem die Mitbestimmung der Arbeitnehmer vorgesehen ist, der Umwandlung mit qualifizierter Mehrheit oder einstimmig zustimmt (vgl. Artikel 37 Abs. 8 SE-VO 2001).

f. SEKUNDÄRGRÜNDUNG EINER TOCHTER-SE

Besteht bereits eine SE, so kann diese ihrerseits eine Tochter-SE gründen (Artikel 3 Abs. 2 SE-VO 2001). Die Sekundärgründung verlangt im Gegensatz zu den primären Gründungsformen keine Beteiligung verschiedenstaatlicher Gesellschaften.[450]

---

[448] Vgl. § 3 B II 6 b.

[449] „Prima facie besagt dies nur, dass die Hauptversammlung mit dem Umwandlungsbeschluss nicht zugleich einen Sitzverlegungsbeschluss fassen darf. Alles weitere ist aber unklar"; Lange, EuZW 2003, 301, 303.

[450] Hierzu bereits § 3 C II 4 a.

III. Mitbestimmungslösung der SE-RL 2001

1. Regelungsgegenstand der SE-RL 2001

Die Regelungsschwerpunkte der Richtlinie liegen zum Einen in der Ausgestaltung eines Verfahrens zur Vereinbarung einer Mitbestimmungsregelung und zum Anderen in Bestimmungen, die greifen, wenn die Verhandlungen scheitern (so genannte Auffangregelung). Die Richtlinie gliedert sich in vier Teile, folgt in ihrem Aufbau dem zeitlichen Verlauf der Gründung einer SE und berücksichtigt dabei die einzelnen, in der SE-VO 2001 geregelten Gründungsmöglichkeiten bei der Frage der Beteiligungsrechte.[451] Der erste Teil der Richtlinie (Artikel 1 bis Artikel 2 SE-RL 2001) enthält allgemeine Bestimmungen, die den Regelungsgegenstand bezeichnen, und Definitionen der für die Richtlinie relevanten Begriffe. Im zweiten Teil (Artikel 3 bis Artikel 7 SE-RL 2001) wird das Verhandlungsverfahren geregelt. Der dritte Teil (Artikel 8 bis Artikel 17 SE-RL 2001) widmet sich sonstigen Bestimmungen. Als ein vierter Teil kann der Anhang bezeichnet werden. Dieser enthält die Auffangregelung, die selbst wiederum in drei Teile gegliedert ist.[452]

Bei den Beteiligungsrechten der Arbeitnehmer unterscheidet die SE-RL 2001, vergleichbar mit dem Dualismus der Mitbestimmung des deutschen Rechts[453], streng zwischen zwei Ebenen der Arbeitnehmerbeteiligung. Zum Einen ist neben der nationalen Arbeitnehmervertretung das so genannte Vertretungsorgan zu bilden. Dieses soll, vergleichbar mit den Europäischen Betriebsräten, Unterrichtung und Anhörung der Arbeitnehmer der SE und ihrer Tochtergesellschaften und Betriebe auf grenzüberschreitender Ebene gewährleisten (Artikel 2 lit. f SE-RL 2001).[454] Auf Unternehmensebene findet die Beteiligung der Arbeitnehmer durch die Mitbestimmung im Aufsichtsorgan (dualistisches System) oder Verwaltungsorgan (monistisches System) der SE statt. Die Beteiligung der Arbeitnehmer auf Unternehmensebene wird durch die Wahrnehmung des Rechts, einen Teil der Mitglieder des Aufsichts- oder des Verwaltungsorgans zu wählen oder zu bestel-

---

[451] Kraushaar, BB 2003, 1614, 1615.

[452] Hierzu § 3 C III 6.

[453] Vgl. § 2 A II.

[454] Aufgrund des bereits in § 2 A festgelegten Untersuchungsgegenstandes beschränken sich die Ausführungen auf die Beteiligung der Arbeitnehmer auf Unternehmensebene. Es wird deshalb nur kursorisch auf das sogenannte Vertretungsorgan eingegangen, vgl. § 3 C III 6 b.

len, oder durch die Wahrnehmung des Rechts, die Bestellung eines Teils oder aller Mitglieder des Aufsichts- oder Verwaltungsorgans zu empfehlen oder abzulehnen, verwirklicht (Artikel 2 lit. k SE-RL 2001).

2. Mitbestimmtes Unternehmensorgan

Die SE-VO 2001 stellt die dualistische und monistische Unternehmensverfassung zur Wahl.[455]

3. Funktionsweise der Mitbestimmung

Die Mitbestimmungslösung der SE-RL 2001 ist aufgrund der Tatsache, dass sie einen politischen Kompromiss darstellt, sehr kompliziert und gekennzeichnet durch eine Vielzahl von Sonderregelungen. Die SE-RL 2001 kennt kein auf die SE anwendbares, einheitliches europäisches Modell der Mitbestimmung.[456] Sie liefert lediglich einen europaweiten Rechtsrahmen, der den Mitgliedstaaten eine einheitliche Grundstruktur für die Ausgestaltung der Beteiligung der Arbeitnehmer in der SE vorgibt.

Grundsätzlich kann festgestellt werden, dass sich der „Mitbestimmungskompromiss" der Richtlinie im Kern an zwei Prinzipien orientiert:

- dem Vorrang der Verhandlungslösung und
- der „Vorher-Nachher-Betrachtung" bzw. dem „Schutz erworbener Rechte".

a. Vorrang der Verhandlungslösung

Die SE-RL 2001 folgt dem Lösungsweg des Vorrangs der Verhandlung. Das bedeutet, dass zunächst eine Vereinbarung über das „ob" und das „wie" einer Arbeitnehmermitbestimmung in der SE auf dem Verhandlungsweg zu suchen ist. Die Vereinbarung der Parteien hat Vorrang vor gesetzlich vorgeschriebenen nat ionalen Regelungen.[457] Nur für den Fall, dass eine Einigung über die Beteiligung

---

[455] Vgl. § 3 C II 3.

[456] Angesichts der Vielfalt an Regelungen und Gepflogenheiten für die Beteiligung der Arbeitnehmer an der Beschlussfassung der Gesellschaften wäre ein solches auch nicht ratsam, vgl. Erwägungsgrund Nr. 5 SE-RL 2001.

[457] Nach Artikel 13 Abs. 2 SE-RL 2001 finden die einzelstaatlichen Rechtsvorschriften über die unternehmerische Mitbestimmung in der SE keine Anwendung.

der Arbeitnehmer nicht zustande kommt, greifen subsidiär gesetzliche Regelungen.

Die Initiative zur Aufnahme von Verhandlungen mit der Arbeitnehmerseite muss dabei von den an der Gründung der SE beteiligten Gesellschaften ergriffen werden (Artikel 3 SE-RL 2001) und bereits in der Planungsphase der SE geschehen, denn die Verhandlungen können bis zu sechs Monate, bei einvernehmlichem Beschluss über eine Verlängerung der Verhandlungsperiode auch bis zu einem Jahr dauern (vgl. Artikel 5 SE-RL 2001).[458] Nach Offenlegung des Verschmelzungsplans oder des Plans zur Gründung einer Holdinggesellschaft, Tochtergesellschaft oder zur Umwandlung in eine SE haben die Leitungs- oder Verwaltungsorgane der beteiligten Gesellschaften die „erforderlichen Schritte“ zur Aufnahme von Verhandlungen mit den Arbeitnehmervertretern „so rasch wie möglich“ (vgl. Artikel 3 Abs. 1 SE-RL 2001) einzuleiten.[459] Hierzu zählt in erster Linie die Bestellung des Verhandlungsgremiums, das die Arbeitnehmer der beteiligten Gesellschaften, sowie der betroffenen Tochtergesellschaften und Betriebe bei den Verhandlungen vertritt und den Leitungs- oder Verwaltungsorganen der beteiligten Unternehmen als Verhandlungspartner gegenübersteht.

b. Vorher-Nachher-Betrachtung und Schutz erworbener Rechte

Durch das zweite Grundprinzip der SE-RL 2001, das der „Vorher-Nachher-Betrachtung“ bzw. des „Schutzes erworbener Rechte“, wird gewährleistet, dass, sofern und soweit es in einer oder in mehreren der an der Gründung einer SE beteiligten Gesellschaften Mitbestimmungsrechte gibt, diese durch Übertragung an die SE nach deren Gründung erhalten bleiben, es sei denn, dass die Parteien etwas anderes beschließen.[460] Der „Schutz erworbener Rechte“ wird durch eine Status Quo Ante Betrachtung verwirklicht („Vorher-Nachher-Betrachtung“). Das

[458] Es wird vertreten, dass sich dieses langwierige Verfahren als ein besonderes Gründungshemmnis für die SE darstellen könnte, denn aus Sicht der beteiligten Gesellschaften führt der Verhandlungszustand zu einer nicht hinnehmbaren Rechtsunsicherheit; so insbesondere Schiessl, ZHR 167 (2003), 235, 253; Schäfer, NZG 2004, 785, 789; im Ergebnis ebenso Götz, ZIP 2003, 1067.

[459] Für eine „Verzögerungstaktik“ der Unternehmensleitungen besteht in der Praxis keine Gefahr, denn ohne eine Lösung über die Beteiligung der Arbeitnehmer kann eine SE nicht eingetragen werden (vgl. Artikel 12 Abs. 2 SE-VO 2001), so dass die Initiative im Regelfall zum frühest möglichen Zeitpunkt ergriffen werden wird.

[460] Vgl. Erwägungsgrund Nr. 7 SE-RL 2001.

bedeutet, der Beteiligungsstandard der Arbeitnehmer vor der Gründung der SE ist entscheidungsrelevant für die Ausgestaltung der Mitbestimmung in der SE. Diese Besitzstandswahrung wird zum Einen durch bestimmte Sicherungsmechanismen im Rahmen der freien Verhandlungen verwirklicht,[461] andererseits erfolgt eine Absicherung durch die Auffangregelungen.[462] Die Sicherung der nationalen Mitbestimmung kann dagegen nicht durch eine Aufnahme der Rechtsform der SE in den Anwendungskatalog der nationalen Mitbestimmungsrechte erfolgen, denn nach Artikel 13 Abs. 2 SE-RL 2001 finden nationale Mitbestimmungsregelungen auf eine SE keine Anwendung.[463]

4. Besonderes Verhandlungsgremium

Als Organ der Arbeitnehmer für die Verhandlungen mit der Unternehmensführung der an der Gründung der SE beteiligten Gesellschaften wird ein besonderes Verhandlungsgremium[464] gebildet (Artikel 3 Abs. 2 SE-RL 2001). Die Initiative zur Bildung dieses Organs muss von der Unternehmensseite der an der Gründung beteiligten Gesellschaften ausgehen. Dazu gehören insbesondere die Unterrichtung über die Identität der beteiligten Gesellschaften und der betroffenen Tochtergesellschaften oder betroffenen Betriebe, sowie die Zahl ihrer Beschäftigten (vgl. Artikel 3 Abs. 1 SE-RL 2001). Aufgabe des besonderen Verhandlungsgremiums ist es, in einer schriftlichen Vereinbarung die Beteiligung der Arbeitnehmer in der SE mit den zuständigen Leitungs- oder Verwaltungsorganen der beteiligten Gesellschaften festzulegen. Dem SNB kommt daher eine zentrale strategische Bedeutung zu.[465] Die Zusammensetzung des SNB ist in der Richtlinie mit einer die „Grenzen der Skurrilität streifenden Akribie“[466] festgelegt.[467] Grund-

---

461 Vgl. § 3 C III 5.

462 Vgl. § 3 C III 6.

463 Dass das SE-Beteiligungsgesetz gleichwohl dazu führt, dass der Anwendungskatalog des Mitbestimmungsgesetzes faktisch um die Rechtsform der SE erweitert wird, zeigen die Ausführungen in § 4 VII 1 c.

464 Im Gegensatz zu der Terminologie „besonderes Verhandlungsgremium“ (kurz BVG) wird im Folgenden die Bezeichnung „Special Negotiating Body“ (kurz SNB) verwendet; dadurch soll der transnationale Charakter der Rechtsform der SE unterstrichen werden.

465 Kraushaar, BB 2003, 1614, 1615.

466 Kübler, ZHR 167 (2003), 222, 224.

sätzlich gilt, dass die Verteilung der Sitze unter mitgliedstaatlicher und proportionaler Betrachtung in Bezug auf die Zahl der beschäftigten Arbeitnehmer vorgenommen wird.[468] Entscheidend ist also nicht die Vertretung jeder beteiligten Gesellschaft, sondern jedes Mitgliedstaates, in dem Arbeitnehmer der beteiligten Gesellschaften beschäftigt sind. Nur im Falle der Gründung durch Verschmelzung wird dieser mitgliedstaatliche Bezug durchbrochen (Artikel 3 Abs. 2 lit. a ii SE-RL 2001). Im Einzelnen gilt für die Zusammensetzung des SNB folgendes:

Nach Möglichkeit soll jede Gesellschaft, die in dem jeweiligen Mitgliedstaat Arbeitnehmer beschäftigt, durch ein Mitglied im Verhandlungsgremium vertreten sein (vgl. Artikel 3 Abs. 2 lit. b SE-RL 2001). Die Zahl der Sitze pro Mitgliedstaat richtet sich nach dem Anteil der in diesem Mitgliedstaat beschäftigten Arbeitnehmer, bezogen auf die Gesamtzahl der in allen Mitgliedstaaten beschäftigten Arbeitnehmer der an der SE-Gründung beteiligten Gesellschaften und der betroffenen Tochtergesellschaften oder betroffenen Betriebe. Pro angefangene 10 % der Gesamtzahl der in allen Mitgliedstaaten beschäftigten Arbeitnehmer besteht ein Anspruch auf einen Sitz in dem SNB. Von dieser Berechnung wird für den Gründungsfall der Verschmelzung abgewichen. Nach Artikel 3 Abs. 2 lit. a ii SE-RL 2001 werden ausnahmsweise zusätzliche Sitze gewährt, um sicherzustellen, dass alle Gesellschaften repräsentiert werden. Es findet folglich ein Wechsel von der mitgliedstaatsbezogenen zur unternehmensbezogenen Betrachtung statt. Dadurch soll verhindert werden, dass kleine Unternehmen, die ihre Rechtspersönlichkeit durch die Verschmelzung verlieren, ohne Repräsentation bleiben.[469] Durch eine solche „Aufstockung“ darf die Mitgliederzahl des SNB jedoch nicht um mehr als 20 % der nach Artikel 3 Abs. 2 lit. a i SE-RL 2001 errechneten Mitgliederzahl erhöht werden (Artikel 3 Abs. 2 lit. a ii 1. Spiegelstrich SE-RL 2001), und es darf zu keiner Doppelvertretung der Arbeitnehmer kommen (Artikel 3 Abs. 2 lit. a ii 2. Spiegelstrich SE-RL 2001).

---

[467] Kritisch hierzu Heinze, der die Vorschriften als „unnötig kompliziert“ bezeichnet und auf die fehlende zahlenmäßige Begrenzung der Mitglieder des Verhandlungsgremiums im Interesse sachgerechter Verhandlungen aufmerksam macht, Heinze, ZGR 2002, 66, 81.

[468] Kritisch hierzu Kraushaar, der die Frage aufwirft, ob durch diesen mitgliedstaatlichen Ansatz die Mitglieder des SNB von den Belegschaften aller beteiligten Gesellschaften innerhalb eines Mitgliedstaates als legitime Repräsentanten anerkannt werden können, Kraushaar, BB 2003, 1614, 1615 f.

[469] Heinze, ZGR 2002, 66, 81.

Das Wahl- bzw. Bestellverfahren für die Mitglieder des SNB wird durch die jeweiligen Mitgliedstaaten festgelegt. Dabei besteht die Möglichkeit, dass, bei entsprechender nationaler Umsetzung, Gewerkschaftsvertreter Mitglieder des SNB sein können (Artikel 3 Abs. 2 lit. b UA SE-RL 2001). Zudem kann das SNB Sachverständige seiner Wahl zu den Verhandlungen hinzuziehen (Artikel 3 Abs. 5 SE-RL 2001).[470] Die Mitglieder des SNB genießen den gleichen Kündigungsschutz wie die Arbeitnehmervertreter nach den einzelstaatlichen Rechtsvorschriften (Artikel 10 SE-RL 2001). Anfallende Kosten, die im Zusammenhang mit den Verhandlungen entstehen, tragen grundsätzlich in vollem Umfang die beteiligten Gesellschaften. Die Kostentragungspflicht wird nur dadurch eingeschränkt, dass es sich hierbei um solche Kosten handeln muss, die das SNB „in angemessener Weise" zur Erfüllung seiner Aufgaben benötigt (Artikel 3 Abs. 7 SE-RL 2001). Zudem wird den Mitgliedstaaten die Möglichkeit eröffnet, die Übernahme der Kosten auf einen Sachverständigen zu begrenzen (Artikel 3 Abs. 7 UA SE-RL 2001).

5. VEREINBARUNGSINHALT

Die inhaltliche Gestaltung der zu treffenden Vereinbarung über die Frage der Beteiligung der Arbeitnehmer obliegt weitgehend frei den Verhandlungspartnern, die mit dem Willen zur Verständigung (vgl. Artikel 9 SE-RL 2001) ein Beteiligungsmodell suchen. Um jedoch die Ziele der Gemeinschaft im sozialen Bereich zu fördern, sieht die SE-RL 2001 in Artikel 4 SE-2001 einige Mindestvorgaben für den Vereinbarungsinhalt vor. In jeder SE muss insbesondere sichergestellt sein, dass ein Unterrichtungs- und Anhörungsverfahren auf grenzüberschreitender Ebene gewährleistet ist (Artikel 4 Abs. 2 lit. b bis lit. f. SE-VO 2001).[471] Dagegen ist es den Verhandlungspartnern frei gestellt, ob sie neben dem Unterrichtungs- und Anhörungsverfahren auch eine Vereinbarung über die Mitbestimmung der Arbeitnehmer in den Gesellschaftsorganen treffen wollen. Diese Wahlfreiheit über das „ob" einer Mitbestimmung ergibt sich aus dem Wortlaut des Artikel 4 Abs. 2 lit. g SE-RL 2001, wonach nur *„für den Fall*, dass die Parteien

---

470 Ausweislich des Wortlautes „kann" liegt die Entscheidung, ob davon Gebrauch gemacht wird, allein beim SNB.

471 Erwägungsgrund Nr. 6 SE-RL 2001; Wißmann sieht in der Verpflichtung auf ein Mindestmaß an Information und Konsultation „die politische Gegenleistung für den Verzicht auf eine Vereinheitlichung der Mitbestimmung und die deshalb in begrenztem Maße weiterhin bestehende Gefährdung der hoch entwickelten deutschen Mitbestimmung."; Wißmann in Festschrift für Wiedemann, S. 696.

im Laufe der Verhandlungen beschließen, eine solche Vereinbarung einzuführen", auch über die konkrete Ausgestaltung Einigkeit bestehen muss.

Der Verhandlungsspielraum wird dadurch eingeschränkt, dass unter bestimmten Voraussetzungen besondere Abstimmungsmodalitäten vorgeschrieben sind. Sollte sich durch das Verhandlungsergebnis der Mitbestimmungsstandard einer der beteiligten Gesellschaften mindern, bedarf es zwei Drittel der Stimmen der Mitglieder des SNB, die mindestens zwei Drittel der Arbeitnehmer vertreten, mit der Maßgabe, dass diese Mitglieder Arbeitnehmer in mindestens zwei Mitgliedstaaten vertreten müssen (Artikel 3 Abs. 4 SE-RL 2001). Wann eine Minderung der Mitbestimmungsrechte vorliegt, definiert die Richtlinie in Artikel 3 Abs. 4 UA SE-RL 2001. Danach mindert sich das Mitbestimmungsrecht, wenn der Anteil der Mitglieder der Organe der SE im Sinne des Artikel 2 lit. k SE-RL 2001 geringer ist als der höchste in den beteiligten Gesellschaften geltende Anteil. Einer doppelten qualifizierten Mehrheit bedarf es jedoch nicht, wenn sich die Mitbestimmung im Falle einer SE-Gründung als Holding- oder Tochtergesellschaft auf weniger als 50 % der Gesamtzahl der Arbeitnehmer der beteiligten Gesellschaften erstreckt. Bei der Gründung der SE durch Verschmelzung müssen mindestens 25 % der Gesamtzahl der Arbeitnehmer der beteiligten Gesellschaften mitbestimmt sein, um das gesetzliche Erfordernis der doppelten qualifizierten Mehrheit auszulösen. Die Tatsache, dass im Gründungsfall der Verschmelzung ein geringerer Schwellenwert nötig ist, ergibt sich daraus, dass hier die Gefahr von Mitbestimmungsverlusten der Arbeitnehmer aufgrund des Untergangs der Gründungsgesellschaften größer ist als im Fall der Gründung einer Tochter-SE bzw. Holding-SE.[472]

Das SNB kann ferner beschließen, dass die Verhandlungen erst gar nicht aufgenommen oder bereits begonnene Verhandlungen wieder abgebrochen werden (Artikel 3 Abs. 6 SE-RL 2001). Ein solcher Beschluss hat zur Folge, dass die Auffangregelungen über die grenzüberschreitende Unterrichtung und Anhörung, sowie über die Mitbestimmung keine Anwendung finden. Auf betrieblicher Ebene verbleibt es dann bei den Beteiligungsrechten nach den nationalen Gesetzen und bei den Regelungen des Europäischen Betriebsrätegesetzes, soweit dessen Voraussetzungen erfüllt sind (Artikel 13 Abs. 1 UA SE-RL 2001). Auf der unternehmerischen Ebene hat ein solcher Beschluss indes eine mitbestimmungsrechtliche Nulllösung zur Folge. Dies rechtfertigt die Anordnung, dass einem solchen Abbruchs- oder Verzichtsbeschluss zwei Drittel der Mitglieder des SNB,

---

[472] Vgl. Kleinsorge, RdA 2002, 343, 349.

die mindestens zwei Drittel der Arbeitnehmer vertreten und in mindestens zwei Mitgliedstaaten vertreten sind, zustimmen müssen. Im Fall der Umwandlung ist ein solcher Beschluss grundsätzlich nicht möglich (Artikel 3 Abs. 6 2 UA SE-RL 2001). Dadurch soll der vor allem von deutscher Seite befürchteten „Flucht aus der Mitbestimmung" entgegengewirkt werden.[473] Nach zwei Jahren kann das SNB auf Antrag von mindestens 10 % der Gesamtbelegschaft der SE die Wiederaufnahme der Verhandlungen veranlassen (vgl. Artikel 3 Abs. 6 3 UA SE-RL 2001).

6. Auffangregelung

a. Allgemeines

Kommt es im Rahmen der Verhandlungen zu keiner einvernehmlichen Lösung über die Beteiligung der Arbeitnehmer in der SE, so sieht die SE-RL 2001 in ihrem Anhang subsidiäre Regelungen vor. Diese so genannten Auffangregelungen kommen daneben auch dann zur Anwendung, wenn die Verhandlungspartner dies vereinbaren (vgl. Artikel 7 Abs. 1 UA lit. a SE-RL 2001). Sie beinhalten sowohl Mindestvorschriften für eine Arbeitnehmerbeteiligung auf betrieblicher Ebene als auch für eine Mitbestimmung im Aufsichts- oder Verwaltungsorgan der SE.

Zur Sicherung der Beteiligungsrechte der Arbeitnehmer wird ein Vertretungsorgan kraft Gesetzes gebildet (Teil 1 und Teil 2 Anhang zur SE-RL 2001), wenn das zuständige Organ der beteiligten Gesellschaften der Anwendung der Auffangregelung auf die SE und somit der Fortsetzung des Verfahrens zur Eintragung der SE zustimmt (Artikel 7 Abs. 1 UA lit. b 1. Spiegelstrich SE-RL 2001) und kein Beschluss des SNB über die Nichtaufnahme oder den Abbruch der Verhandlungen nach Artikel 3 Abs. 6 SE-RL 2001 vorliegt (Artikel 7 Abs. 1 UA lit. b 2. Spiegelstrich SE-RL 2001).

Für die Einführung einer Mitbestimmung auf Unternehmensebene kraft Gesetzes müssen daneben weitere Voraussetzungen erfüllt sein. Die SE darf nicht durch Umwandlung einer Gesellschaft gegründet worden sein, in der keine Mitbestimmung bestand. Im Fall der Gründung der SE durch Verschmelzung oder der Gründung einer Holding-SE bzw. Tochter-SE müssen vor Eintragung der SE in einer oder mehreren der beteiligten Gesellschaften eine oder mehrere Formen der

---

[473] Pluskat, DStR 2001, 1483, 1487.

Mitbestimmung bestanden haben und sich mindestens auf 25 % (Gründung durch Verschmelzung) bzw. 50 % (Holding-/Tochter-Gründung) der Arbeitnehmer erstreckt haben.[474] Werden diese Schwellenwerte nicht erreicht, so kann das SNB beschließen, dass die Auffangregelungen gleichwohl greifen (Artikel 7 Abs. 3 UA lit. a SE-RL 2001).

Eine Besonderheit stellt die Vorschrift des Artikel 7 Abs. 3 SE-RL 2001 dar, die auf Drängen Spaniens eingeführt wurde.[475] Den Mitgliedstaaten wird durch diese so genannte Opt-Out-Regelung die Möglichkeit eröffnet, durch entsprechende Umsetzung die Anwendung der Auffangregelung über die Mitbestimmung für den Gründungsfall der Verschmelzung generell auszuschließen. Macht ein Mitgliedstaat von dieser „Fluchtmöglichkeit"[476] Gebrauch, so muss jedoch zwingend eine Lösung bezüglich der Beteiligung der Arbeitnehmer im Verhandlungswege gefunden werden. Anderenfalls kann die SE nicht in das nationale Register eingetragen werden (vgl. Artikel 12 Abs. 2 und Abs. 3 SE-VO 2001).

b. AUFFANGREGELUNG ZUR BILDUNG DES VERTRETUNGSORGANS

Zum Zwecke der Wahrnehmung der den Arbeitnehmern zustehenden Beteiligungsrechte in der SE ist ein Vertretungsorgan einzusetzen, das sich aus den Arbeitnehmern der SE und ihrer Tochtergesellschaften und Betriebe zusammensetzt. Es tritt an die Stelle eines etwaigen Europäischen Betriebsrats und ermöglicht die Beteiligungsrechte der Arbeitnehmer auf betrieblicher Ebene (vgl. Anhang zur SE-RL 2001 Teil 1 und Teil 2).[477]

---

[474] Die höchste Hürde, eine Übertragung einer bestehenden Mitbestimmungsregelung in die SE zu vermeiden, besteht somit für den vielleicht wichtigsten Gründungsfall der Verschmelzung; so Hirte, NZG 2002, 1, 7.

[475] Deshalb auch als „Spanische Klausel" bezeichnet, vgl. Nagel/Köklü, WiSt 2003, 713, 718.

[476] Henssler in Festschrift für Ulmer, S. 207.

[477] Da sich die Ausführungen in dieser Arbeit auf das Beteiligungsrecht der Arbeitnehmer auf Unternehmensebene beschränken, erfolgt keine ausführliche Darstellung der Regelungen über das besondere Vertretungsorgan. Grundsätzlich gilt folgendes: Das Vertretungsorgan setzt sich aus Arbeitnehmern der SE sowie ihrer Tochtergesellschaften und Betriebe zusammen, die von den nach nationalem Recht bereits bestehenden Arbeitnehmervertretungen (bei fehlender Arbeitnehmervertretung von der Gesamtheit der Arbeitnehmer eines Betriebs bzw. Unternehmens) bestellt werden (Anhang zur SE-RL 2001 Teil 1 lit. a). Die Zusammensetzung des Vertretungsorgans richtet sich – vergleichbar mit der des SNB – nach der Proportionalität der Belegschaftsstärke der beteiligten Gesellschaften (Anhang zur SE-RL 2001 Teil 1 lit. e). Die Ausgestaltung des genauen Bestellverfahrens bleibt den einzelnen Mitgliedstaaten überlassen (Anhang zur SE-RL 2001 Teil 1 lit. b). Anders als bei der Zusammensetzung des SNB ist für

c. Auffangregelung über die Mitbestimmung im Aufsichts- oder Verwaltungsorgan

Im dritten Teil des Anhangs zur SE-RL 2001 findet sich die Auffangregelung zur unternehmerischen Mitbestimmung im Aufsichts- oder Verwaltungsorgan einer SE. Zur Verwirklichung des Grundsatzes des „Schutzes erworbener Rechte“ findet eine „Vorher-Nachher-Betrachtung“ statt. Dies bedeutet folgendes:

Bei der Gründung einer SE durch Umwandlung einer nationalen Gesellschaft setzt sich das Mitbestimmungsregime der umgewandelten Gesellschaft bei der SE fort; es werden sämtliche vor der Umwandlung bestehenden Mitbestimmungsrechte auf die SE übertragen (Anhang zur SE-RL 2001 Teil 3

---

das Vertretungsorgan eine Mitgliedschaft von Gewerkschaftsvertretern allerdings nicht vorgesehen. Die Befugnisse des Vertretungsorgans erstrecken sich auf alle transnationalen Angelegenheiten der SE, einer ihrer Tochtergesellschaften oder Betriebe (Anhang zur SE-RL 2001 Teil 2 lit. a). Die Rechte des Vertretungsorgans umfassen vor allem Unterrichtungs- und Anhörungsrechte. So ist das Vertretungsorgan zu der Entwicklung und den Perspektiven der SE (insbesondere zu der wirtschaftlichen und finanziellen Situation, zu der Geschäfts-, Produktions- und Absatzlage und zu der Beschäftigungslage) zu unterrichten und anzuhören. Zu diesem Zweck hat das Vertretungsorgan mit dem zuständigen Organ der SE mindestens einmal jährlich zusammenzutreten (Anhang zur SE-RL 2001 Teil 2 lit. b). Zudem hat es ein Recht auf Übermittlung der Tagesordnungen aller Sitzungen des Leitungsorgans der SE und die Aushändigung von Kopien aller Unterlagen, die der Hauptversammlung der Aktionäre unterbreitet werden (Anhang zur SE-RL 2001 Teil 2 lit. b UA). Außerhalb dieser regelmäßigen Beteiligung des Vertretungsorgans besteht ein besonderes Unterrichtungsrecht bei außergewöhnlichen Umständen, die erhebliche Auswirkungen auf die Interessen der Arbeitnehmer haben können, wie etwa Verlegungen, Verlagerungen, Unternehmensschließungen (Anhang zur SE-RL 2001 Teil 2 lit. c). Ungeklärt ist die Frage, wann eine Unterrichtung des Vertretungsorgans nach den gesetzlichen Vorgaben rechtzeitig und umfassend erfolgt ist und ob das detaillierte Verfahren zur Unterrichtung, Anhörung und Stellungnahme, sowie das Recht zur erneuten Anhörung bei abweichender Auffassung der Geschäftsleitung gegebenenfalls eine einstweilige Verfügung gegen bestimmte unternehmerische Maßnahmen rechtfertigt, sofern diese Rechte verletzt werden. Möglich scheint hier ein Rückgriff auf die Rechtsprechung zu den Europäischen Betriebsräten, vgl. Urteil zum EBR: "Renault-Fall" vgl. Cour d`Appel de Versailles, Urteil vom 7. Mai 1997 (Nr. 308), Reg. Nr. 2780/97, ArbuR 1997, 299 ff. Dem Vertretungsorgan obliegt die Pflicht, die nationalen Arbeitnehmervertretungen über die Ergebnisse der Unterrichtung und Anhörung zu informieren (Anhang zur SE-RL 2001 Teil 2 lit. e). In welchen Fristen dies zu geschehen hat, gibt die SE-RL 2001 nicht vor. Problematisch in diesem Zusammenhang ist, dass es dadurch mittelbar zu einer Erweiterung der nationalen Beteiligungsrechte kommen kann, wenn ein Unternehmen über keinen Wirtschaftsausschuss verfügt. Denn dann erlangen die Arbeitnehmer durch die Information des Vertretungsorgans gleichwohl umfänglich Kenntnis über wirtschaftliche Angelegenheiten, obwohl die Voraussetzungen des § 106 Betriebsverfassungsgesetz nicht erfüllt sind, vgl. hierzu Herfs-Röttgen, NZA 2002, 358, 362; kritisch auch Wisskirchen/Prinz, DB 2004, 2638, 2640; weiterführend zu den Rechten und Pflichten des Vertretungsorgans, Köstler in Theisen/Wenz, Die Europäische Aktiengesellschaft, S. 317 ff.

lit. a).[478] Hiermit soll der „Flucht aus der Mitbestimmung" entgegengewirkt werden.[479]

Für alle anderen Gründungsformen sind die nach dem jeweiligen nationalen Recht bestehenden Mitbestimmungsstandards der an der Gründung beteiligten Gesellschaften bestimmend. Bestand in keiner der beteiligten Gesellschaften vor der Gründung der SE eine Unternehmensmitbestimmung, so besteht auch für die SE keine Pflicht, Arbeitnehmervertreter zuzulassen (Anhang zur SE-RL 2001 Teil 3 UA). In allen anderen Fällen haben die Arbeitnehmer Anspruch auf Vertretung im Aufsichts- oder Verwaltungsorgan der SE. Der Anspruchsumfang richtet sich nach dem höchsten Mitbestimmungsstandard, der in den beteiligten Gesellschaften vor der Eintragung der SE bestand (Anhang zur SE-RL 2001 Teil 3 lit. b). Dies gilt allerdings nur für die Beteiligungsquote. Sonstige Parameter, die den Wirkungsgrad der Mitbestimmung beeinflussen (Kompetenz des Aufsichts- oder Verwaltungsrats und dessen Auskunftsrechte, Verankerung der Mitbestimmung in einem bestimmten Organ etc.), werden nicht übertragen.[480] Steht der Umfang der Mitbestimmung fest, so bestimmt das SNB die Form der Mitbestimmung, wenn in den beteiligten Gesellschaften mehr als ein Mitbestimmungsmodell bestand (Artikel 7 Abs. 2 UA SE-RL 2001). Anschließend teilt das Vertretungsorgan die zustehenden Sitze im Aufsichts- oder Verwaltungsorgan den Mitgliedstaaten zu. Bei der Entscheidung über die Verteilung der Sitze ist der jeweilige Anteil der in den einzelnen Mitgliedstaaten beschäftigten Arbeitnehmer der SE zu berücksichtigen. Ergibt sich nach der Verteilung, dass Arbeitnehmer aus einem Mitgliedstaat unberücksichtigt bleiben, so kann das Vertretungsorgan der SE diesem unberücksichtigt gebliebenen Mitgliedstaat einen Sitz zusprechen. Dieser Sitz soll vorrangig dem Mitgliedstaat zukommen, in dem die SE ihren Sitz hat. Steht fest, wie viele Sitze jedem Mitgliedstaat im Aufsichts- oder Verwaltungsorgan der SE gebühren, erfolgt eine personelle Besetzung der Arbeitnehmerbank, deren Ausgestaltung den einzelnen Mitgliedstaaten obliegt.[481]

---

[478] Daran ändert auch die irreführende Formulierung des Anhangs zur SE-RL 2001 Teil 3 lit. a Satz 2 nichts, wonach Teil 3 lit. b im Falle der Umwandlung sinngemäß gelten solle. Die Verweisung legt nur fest, dass es auch im Falle der Gründung durch Umwandlung zu einer anteiligen Übertragung der Arbeitnehmersitze kommt; Kallmeyer, AG 2003, 197, 200.

[479] Reichert/Brandes in Bonner Europa-Symposium, Europäische AG und der Diskussionsentwurf zum deutschen Begleitgesetz, S. 83.

[480] Grundmann, Europäisches Gesellschaftsrecht, Rdnr. 1058; weiterführend § 4 B VII 2.

[481] Zur Umsetzung durch den deutschen Gesetzgeber vgl. ausführlich in § 4 B VII 4.

Die bestellten oder empfohlenen Mitglieder der Arbeitnehmerseite des Aufsichts- oder Verwaltungsorgans sind vollberechtigte Mitglieder des jeweiligen Organs mit denselben Rechten (einschließlich des Stimmrechts) und denselben Pflichten wie die Mitglieder der Anteilseigner (Anhang zur SE-RL 2001 Teil 3 3 UA SE-RL 2001). Für die Arbeitnehmervertreter einer SE gilt der gleiche Schutz und die gleichartigen Sicherheiten wie für die Arbeitnehmervertreter nach den innerstaatlichen Rechtsvorschriften des Landes, in dem sie beschäftigt sind (vgl. Artikel 10 SE-RL 2001).

IV. Zwischenergebnis: SE-RL 2001 als Gradmesser eines europäischen Mitbestimmungsverständnisses

1. Hintergrund

Die Kommission hat sich jahrelang bemüht, ein einheitliches Mitbestimmungsmodell für die Europäische Aktiengesellschaft zu schaffen. Maßgeblich für die Einigung auf dem Gipfel von Nizza war jedoch ein gänzlich anderer Ansatz, der kurz als „Vielheit in der Einheit"[482] bezeichnet werden kann. Dadurch hat sich der europäische Gesetzgeber von der Idee einer Vereinheitlichung der Mitbestimmung in der Europäischen Aktiengesellschaft gänzlich gelöst. Das europäische Mitbestimmungsverständnis zielt seither nicht mehr auf eine „Total Harmonisierung"[483] ab. Vor allem die ambitionierten deutschen Vorstellungen von einem generell „hohen" einheitlichen Mitbestimmungsmodell auf europäischer Ebene haben sich nicht durchsetzen können.[484] Mit der SE-RL 2001 fand der europäische Gesetzgeber eine Regelung, die den gewachsenen mitbestimmungsrechtlichen Strukturen der Mitgliedstaaten Rechnung trägt und dadurch zu einer annehmbaren Lösung für alle wurde. Das Konzept basiert im Wesentlichen auf zwei Grundbekenntnissen, die das heutige europäische Mitbestimmungsverständnis widerspiegeln.

---

[482] Heinze, AG 1997, 289, 297; hierzu auch § 3 A III 2 d.

[483] Maschmann, NZA 2003, 206.

[484] Pluskat, DStR 2001, 1483, 1489.

2. Prinzip der regulierten Selbstregulierung

Die SE-RL 2001 folgt der Beurteilung, dass die effizienteste Mitbestimmungslösung am Besten durch die betroffenen Parteien selbst gefunden werden kann. Dies kommt durch den Vorrang der Verhandlungslösung zum Ausdruck, wonach die Frage der Ausgestaltung der Mitbestimmung zunächst im Wege freier Verhandlungen zwischen der Unternehmensleitung und den Arbeitnehmern bzw. einem die Arbeitnehmer vertretenden Organ festgelegt werden soll. Erst im Falle des Scheiterns der Verhandlungen sollen gesetzliche Mitbestimmungsregeln greifen. Es findet also eine „regulierte Selbstregulierung“[485] statt.

3. Prinzip der abdingbaren Besitzstandswahrung

Das zweite Bekenntnis stellt der Grundsatz zur abdingbaren Besitzstandswahrung dar. Das bedeutet zunächst, dass der einmal in einem Unternehmen erreichte Mitbestimmungsstandard gegen einen Abbau geschützt werden soll[486], indem die Ausgestaltung der Mitbestimmung von einer Status Quo Ante Betrachtung der beteiligten Gesellschaften abhängig gemacht wird. In der SE-RL 2001 kommt dies zum Einen dadurch zum Ausdruck, dass eine Absenkung des erworbenen Besitzstandes im Rahmen der Verhandlungslösung nur durch eine doppelte qualifizierte Mehrheit möglich ist. Zum Anderen wird der Bestandsschutz durch die Auffanglösung verwirklicht, die sich am höchsten Mitbestimmungsniveau der beteiligten Gesellschaften orientiert.

Die SE-RL 2001 garantiert jedoch kein europaweites Mindestmaß an Mitbestimmung. Zwar soll in allen Fällen der Gründung einer SE ein Unterrichtungs- und Anhörungsverfahren auf grenzüberschreitender Ebene gewährleistet sein,[487] eine vergleichbare Zielsetzung bezogen auf die unternehmerische Mitbestimmung kennt die SE-RL 2001 dagegen nicht. Unter dem Postulat von Verhandlungsvorrang und Verhandlungsfreiheit ist der Grundsatz der Besitzstandswahrung abdingbar.[488] Die Parteien können unter bestimmten Voraussetzungen be-

---

[485] Zu diesem Begriff vgl. Götz, AG 2002, 552, 553

[486] Wißmann in Festschrift für Wiedemann, S. 694.

[487] Vgl. Erwägungsgrund Nr. 6 SE-RL 2001.

[488] Vgl. Erwägungsgrund Nr. 7 SE-RL 2001.

schließen, keine Mitbestimmung einzuführen.[489] Auch wenn die besonderen Mehrheitserfordernisse und der von der Auffangregelung ausgehende Automatismus, der im Falle des Scheiterns der Verhandlungen zur Anwendbarkeit des höchsten Mitbestimmungsniveaus der beteiligten Gesellschaften führt, einen solchen Beschluss in der Praxis erschweren könnten und Zugeständnisse der Arbeitnehmerseite nicht ohne Gegenleistung zu erreichen sein werden[490], so bedeutet dies gleichwohl, dass das Recht der Unternehmensmitbestimmung kein zwingender Bestandteil einer jeden Unternehmensverfassung sein muss. Dies unterstreicht zudem der Grundsatz der „Vorher-Nachher-Betrachtung", weil dieser auch besagt, dass eine Mitbestimmung dort, wo sie nicht besteht, auch nicht eingeführt werden soll. Die SE-RL 2001 ist im Ergebnis von den „Zwängen wie...der verbindlichen Mitbestimmung in den Gesellschaftsorganen...befreit"[491].

Diese Schlussfolgerung bestätigt die in Artikel 7 Abs. 3 SE-RL 2001 zu findende Regelung des Opting-Out. Sie gestattet einem Mitgliedstaat, „eine Regelung nicht umzusetzen, die es einer Minderheit erlaubt, ihr System der Mehrheit aufzuerlegen, wenn er dafür auf das Recht verzichtet, die SE in seinem Hoheitsgebiet einzutragen"[492]. Das bedeutet, dass in einem Mitgliedstaat, der von der Opting-Out Regelung Gebrauch macht, im Falle einer Verschmelzung eine SE ohne jedwede Mitbestimmung eingetragen werden kann, wenn vorher für keine der an der Gründung beteiligten Gesellschaften eine Mitbestimmungsregelung bestand. Gab es in einer der an der Verschmelzung beteiligten Gesellschaften eine Mitbestimmungsregelung, so müssen sich die Gründungsgesellschaften zum Abschluss einer Vereinbarung nach Artikel 4 SE-RL 2001 entschließen. Anderenfalls kann die SE nicht eingetragen werden (Artikel 12 Abs. 2 und Abs. 3 SE-VO 2001). Obwohl Artikel 12 Abs. 2 SE-VO 2001 ein nicht unerhebliches Hindernis darstellt, bleibt festzuhalten, dass Artikel 7 Abs. 3 SE-RL 2001 dazu führt, dass es zur Eintragung einer SE ohne jegliche Mitbestimmungsregelung

---

[489] Vgl. die Formulierungen in Erwägungsgrund Nr. 8 SE-RL 2001 „*gegebenenfalls* der Mitbestimmung" und in Artikel 4 Abs. 2 lit. g SE-RL 2001 „*für den Fall*, dass die Parteien im Laufe der Verhandlungen beschließen, eine solche Vereinbarung (über die Mitbestimmung) einzuführen".

[490] Reichert/Brandes in Bonner Europa-Symposium, Europäische AG und der Diskussionsentwurf zum deutschen Begleitgesetz, S. 81 f.

[491] Blanquet, ZGR 2002, 20, 63; andere Ansicht Kübler, der davon ausgeht, dass die Richtlinie nicht nur auf eine Zementierung, sondern auf eine Expansion des jeweils am weitesten reichenden Mitbestimmungsregimes angelegt ist, vgl. Kübler, ZHR 167 (2003), 222, 227.

[492] Blanquet, ZGR 2002, 20 34.

kommen kann. Dies jedoch nicht gegen den Willen der Arbeitnehmer.[493] Allein indem der europäische Gesetzgeber aber eine solche Regelung zulässt, weicht er den zunächst zum „fundamentalen Grundsatz“ erklärten Bestandsschutz[494] enorm auf. Artikel 7 Abs. 3 SE-RL 2001 statuiert daher in gewisser Hinsicht eine „rechtlich zulässige Flucht aus der Mitbestimmung“[495], so dass konstatiert werden kann: zumindest in beschränkter Form ist nun auf europäischer Ebene ein mitbestimmungsfreies Zeitalter angebrochen.

4. Fazit

Das heutige mitbestimmungsrechtliche Verständnis der europäischen Gemeinschaft spiegelt sich in der SE-RL 2001 wider. Sie steht am Ende einer Jahrzehnte langen Suche nach einer optimalen Mitbestimmungslösung. Die beiden „tragenden Säulen“ stellen das Bekenntnis zur regulierten Selbstregulierung und zur abdingbaren Besitzstandswahrung dar. Beide Prinzipien können in Ansätzen auch in früheren Vorschlägen zur Lösung der Frage der Mitbestimmung in einer SE gefunden werden.[496] Der Durchbruch der gefundenen europäischen Mitbestimmungslösung der SE-RL 2001 sollte daher nicht als „Sensation“[497] bewertet werden, sondern vielmehr als konsequente Folge eines gewachsenen europäischen Mitbestimmungsverständnisses, das die Idee einer normierten Parteiautonomie zum Grundprinzip der europäischen Unternehmensmitbestimmung erklärt.

---

[493] Nagel, DB 2004, 1299, 1303.

[494] Vgl. Erwägungsgrund Nr. 18 SE-RL 2001.

[495] Nagel, ArbuR 2001, 406.

[496] Vgl. hierzu die Ausführungen zur Bedeutung früherer Vorschläge für die Entwicklung der Mitbestimmungslösung der SE-RL 2001 in § 3 B II 1 e; § 3 B II 2 h; § 3 B II 3 h; § 3 B II 4 h; § 3 B II 5 h; § 3 B II 6 e.

[497] Jahn/Herfs-Röttgen, DB 2001, 631, 634.

§ 4 Die Europäisierung der deutschen Unternehmensmitbestimmung

A Umsetzung der europäischen Mitbestimmungslösung der SE-RL 2001 in das deutsche Recht

I. Gang der deutschen Gesetzgebung

Nachdem am 8. Oktober 2001 der Rat der Europäischen Union die SE-VO 2001 und die SE-RL 2001 beschlossen hatte, kam auf die nationalen Gesetzgeber die „große und schwierige Aufgabe"[498] zu, die Rechtsakte bis zum 8. Oktober 2004 in nationales Recht umzusetzen.[499] Zu diesem Zeitpunkt trat nach Artikel 70 SE-VO 2001 die SE-VO 2001 in Kraft.[500] Da die SE-RL 2001 zu der Verordnung eine untrennbare Ergänzung darstellt[501], musste sie zum gleichen Zeitpunkt umgesetzt sein. Der deutsche Gesetzgeber veröffentlichte am 28. Februar 2003 zunächst einen Diskussionsentwurf.[502] Dieser Entwurf behandelte nur die Ausführungsgesetzgebung zur SE-VO 2001, sodass zunächst vorrangig eine Auseinandersetzung mit den gesellschaftsrechtlichen Grundlagen einer SE stattfand.[503] Die Umsetzung der „ungewöhnlich komplizierte(n)"[504] Richtlinie über die Beteiligung der Arbeitnehmer in einer SE wurde mit der Begründung, politisch spiele

---

[498] Lutter, BB 2002, 1, 6.

[499] Kritisch zu der fehlenden Kommunikation zwischen den Mitgliedstaaten, Kübler: "But we see much less of such a debate taking place between the Member States, although we have very good reasons to assume that such an exchange of information and ideas is more relevant than ever."; Kübler in Baums/Cahn, Die Europäische Aktiengesellschaft – Umsetzungsfragen und Perspektiven, S. 1; zum gesetzgeberischen Handeln in Frankreich, Klein, RIW 2004, 435; Roussel-Verret, BB-Special 1/2005, 25.

[500] Zum Erfordernis eines Ausführungsgesetzes zur SE-VO 2001, vgl. § 4 A II.

[501] Vgl. Erwägungsgrund Nr. 19 SE-VO 2001; hierzu bereits § 3 C II 1.

[502] Der Diskussionsentwurf ist abgedruckt in AG 2003, 204 ff.

[503] Hierzu Teichmann, ZIP 2002, 1109; Ihrig/Wagner, BB 2003, 969; Neye/Teichmann, AG 2003, 169; Brandt, DStR 2003, 1208; Maul, BB 2003, 1; Teichmann, BB 2004, 53.

[504] Lutter, BB 2002, 1, 6.

das Thema zur Zeit keine Hauptrolle[505], lange ausgeklammert. Von dem ursprünglich angekündigten Diskussionsentwurf verabschiedete sich das Bundesministerium für Wirtschaft und Arbeit zugunsten einer unmittelbaren Vorlage eines Referentenentwurfs. Am 5. April 2004 wurde ein ressortübergreifender Entwurf eines Gesetzes zur Einführung der Europäischen Gesellschaft (SEEG) veröffentlicht, in dem die Ausführungsgesetzgebung zur SE-VO 2001 mit der Umsetzung der Richtlinie in einem Artikelgesetz zusammengefasst wurde. Dadurch sollte der Praxis die Nutzung der neuen Rechtsform erleichtert werden.[506] In Artikel 1 SEEG findet sich das auf dem Diskussionsentwurf vom 28. Februar 2003 basierende Gesetz zur Ausführung der SE-VO 2001 (SE-Ausführungsgesetz – SEAG).[507] In Artikel 2 SEEG wird die Beteiligung der Arbeitnehmer in einer Europäischen Gesellschaft durch das SE-Beteiligungsgesetz - SEBG geregelt.[508] Das Bundeskabinett beschloss am 26. Mai 2004 den Entwurf des SEEG und leitete diesen dem Bundesrat zu.[509] Der Bundesrat gab am 9. Juli 2004 eine Stellungnahme zu dem Gesetzesentwurf ab.[510] Der Gesetzesentwurf der Bundesregierung wurde am 29. September 2004 und 18. Oktober 2004 im

---

505 So Kleinsorge in Baums/Cahn, Die Europäische Aktiengesellschaft – Umsetzungsfragen und Perspektiven, S. 141.

506 Begründung zum gesetzgeberischen Handlungsbedarf, BT-Drucks. 15/3405, S. 30.

507 Änderungen im Vergleich zu dem übermittelten Diskussionsentwurf finden sich insbesondere in § 6 Abs. 4 SEAG (Antrag beim Gericht nach Spruchverfahrensgesetz auf Bestimmung einer angemessenen baren Zuzahlung), § 7 Abs. 7 SEAG (Abfindungsangebot im Verschmelzungsplan auch für Aktionäre einer übertragenden Gesellschaft mit Sitz in einem anderen Mitgliedstaat, soweit bestimmte Voraussetzungen erfüllt werden), § 10 SEAG (Zustimmungsbeschluss bei Gründung einer Holding), § 14 SEAG (Negativerklärung bei Nichtvorliegen von Klagen bzw. deren rechtskräftigen Abweisung), § 26 Abs. 2 SEAG, § 30 Abs. 1 SEAG (SE-Betriebsrat antragsberechtigt für Klagen nach §§ 98, 99, 104 Aktiengesetz).

508 Steuerrechtliche Fragen der SE wurden nicht berücksichtigt, sie sollen als Teil des SEEG oder in separaten Gesetzesvorhaben berücksichtigt werden; Brandt, DStR 2003, 1208.

509 BR-Drucks. 438/04; vgl. gemeinsame Pressemitteilung des Bundesministeriums für Wirtschaft und Arbeit und des Bundesministeriums der Justiz, Europäische Aktiengesellschaft stärkt die internationale Wettbewerbsfähigkeit deutscher Unternehmen, vom 26. Mai 2004, abrufbar unter: http://www.bmwa.bund.de/bmwa/generator/Navigation/wirtschaft,did=32818.html.

510 Vgl. Stellungnahme des Bundesrates vom 9. Juni 2004, BR-Drucks. 438/04 (Beschluss) und BR-Drucks. 438/1/04 (Empfehlung der Ausschüsse); Gesetzesentwurf Bundesregierung vom 21. Juni 2004, BT-Drucks. 15/3405; Unterrichtung Bundesregierung vom 24. August 2004; Stellungnahme Bundesrat und Gegenäußerung der Bundesregierung, BT-Drucks. 15/3656.

Rechtsausschuss[511] behandelt und wurde am 17. Dezember 2004, nachdem im Vermittlungsausschuss kein Einigungsvorschlag gefunden worden war, unter Ablehnung eines Änderungsantrags[512] beschlossen. Das Gesetz zur Einführung der Europäischen Gesellschaft (SEEG) vom 22. Dezember 2004 wurde im Bundesgesetzblatt Nr. 73 vom 28. Dezember 2004, S. 3675 ff. verkündet. Das neue Recht trat, nach dem die EU-Vorschriften bereits am 8. Oktober 2004 in Kraft getreten waren, am 29. Dezember 2004 in Kraft.

II. Gesetzgeberischer Handlungsbedarf

Obwohl die SE-VO 2001 wegen ihrer unmittelbaren Anwendbarkeit gemäß Artikel 249 Abs. 2 EG keiner Umsetzung in das nationale Recht bedurfte, war ein Ausführungsgesetz unumgänglich und europarechtlich zwingend vorgegeben; denn die SE-VO 2001 weist abweichend vom Normalfall erhebliche Besonderheiten auf.[513] Sie stellt keine vollständige Regelung der Materie dar und enthält eine Vielzahl von Regelungsaufträgen und Wahlrechten für den nationalen Gesetzgeber. Die Regelungsschwerpunkte des SE-Ausführungsgesetzes liegen in den Bereichen Minderheiten- und Gläubigerschutz, Sitzverlegung und monistisches Verwaltungssystem.[514] Das Gesetz gliedert sich in sechs Abschnitte: Allgemeine Vorschriften, insbesondere Gesellschaftssitz (§§ 1 bis 4 SEAG), Gründung einer SE (Verschmelzung §§ 5 bis 8 SEAG und Gründung einer Holding-SE §§ 9 bis 11 SEAG), Sitzverlegung (§§ 12 bis 14 SEAG), Aufbau der SE (Dualistisches §§ 15 bis 19 SEAG und monistisches System §§ 20 bis 49 SEAG, Hauptversammlung §§ 50 bis 51 SEAG), Auflösung (§ 52 SEAG) und Straf- und Bußgeldvorschriften (§ 53 SEAG).[515] Das SE-Ausführungsgesetz beinhaltet je-

---

[511] Beschlussempfehlung und Bericht des Rechtsausschusses, BT-Drucks. 15/4053; Deutscher Bundestag, Pressemitteilung, Mitbestimmung beherrscht Diskussion um Europäische Aktiengesellschaft, vom 18. Oktober 2004, abrufbar unter: http://www.bundestag.de/bic/hib/2004/2004_245/01.html; vgl. hierzu Deutsche SE bietet Unternehmen keine Wahl, Börsen-Zeitung vom 19. Oktober 2004, S. 7; Streit über Vor- und Nachteile der Mitbestimmung wird schärfer, FAZ vom 19. Oktober 2004, S. 11; Clement will Mitbestimmung im Aufsichtsrat verteidigen, Handelsblatt vom 19. Oktober 2004, S. 4.

[512] BT-Drucks. 15/4075.

[513] Begründung zum gesetzgeberischen Handlungsbedarf, BT-Drucks. 15/3405, S. 30; hierzu Brandt, NZG 2002, 991 ff.

[514] Eine SE-spezifische Ausgestaltung des in Deutschland bestehenden dualistischen Systems war dem nationalen Gesetzgeber verwehrt, Neye/Teichmann, AG 2003, 169, 175.

[515] Vgl. Freudenberg, AG Report 2004, R 219.

doch nicht alle die SE betreffenden aktienrechtlichen Regelungen und stellt somit kein vollständiges SE-spezifisches Aktienrecht dar.[516]

Die SE-RL 2001 musste indessen gemäß Artikel 249 Abs. 3 EG in das nationale Recht umgesetzt werden. Dem ist der deutsche Gesetzgeber durch das SE-Beteiligungsgesetz nachgekommen.

III. Gesetzgeberischer Handlungsspielraum

Durch die SE-RL 2001 soll im Europäischen Binnenmarkt ein europaweit einheitlicher Rechtsrahmen zur Ausgestaltung der Arbeitnehmerbeteiligung in einer SE geschaffen werden[517], deshalb besteht ein Großteil der Richtlinie aus so genannten Principal Provisions[518], d.h. Vorschriften, die von allen Mitgliedstaaten entweder wörtlich oder zumindest inhaltsgleich umzusetzen sind.[519] Dadurch sollten Unstimmigkeiten der einzelnen Umsetzungsgesetze zu Fragen mit grenzüberschreitendem Bezug vermieden werden (z.B. die Tätigkeit des SNB, in dem im Regelfall Arbeitnehmer verschiedener Mitgliedstaaten repräsentiert sind).[520] In diesen Bereichen stand dem deutschen Gesetzgeber nur ein geringer Gestaltungsspielraum zu.

Daneben bestehen ergänzende Regelungen, bei denen dem Gesetzgeber größere Gestaltungs- und Regelungsbefugnisse eröffnet wurden (so genannte Accessory

---

[516] Zur Diskussion über die Option eines SE-Aktiengesetzes, vgl. Lutter, BB 2002, 1, 6; Teichmann, ZGR 2002, 383, 399 f.; Teichmann, ZIP 2002, 1109, 110; Ihrig/Wagner, BB 2003, 969, 970.

[517] Erwägungsgrund Nr. 2 SE-RL 2001.

[518] Kleinsorge in Baums/Cahn, Die Europäische Aktiengesellschaft – Umsetzungsfragen und Perspektiven, S. 140; Niklas, NZA 2004, 1200.

[519] Ein solches Vorgehen hat der Europäische Gerichtshof ausdrücklich gebilligt. Der Europäische Gerichtshof gesteht dem europäischen Gesetzgeber zu, den Spielraum des nationalen Gesetzgebers derart zu beschränken, dass dieser bis in alle Einzelheiten gebunden ist (EuGH, Urteil vom 23. November 1977, Rs. 38/77, Slg. 1977, S. 2203, 2212). Gleichwohl betont der Europäische Gerichtshof, dass eine wörtliche Übernahme des Richtlinientextes nicht verlangt werden kann; bloße Formulierungsunterschiede, die sich nicht auf die inhaltliche Durchführung der Richtlinie auswirken, betrachtet der Europäische Gerichtshof als zulässig, solange die Verwirklichung des angestrebten Ziels erreicht wird (EuGH, Urteil vom 9. April 1987, Rs. 363/85, Slg. 1987, 1733, 1742 f.).

[520] Grobys, NZA 2004, 779, 780.

Provisions).[521] Die Wahl von Form und Mittel der Umsetzungsgesetzgebung blieb dabei grundsätzlich den Mitgliedstaaten überlassen. Die Umsetzung musste aber so erfolgen, dass die vollständige Wirksamkeit der Richtlinie entsprechend ihrer Zielsetzung[522] gewährleistet ist (Artikel 249 EG-Vertrag).[523] Zudem gibt Artikel 13 Abs. 2 SE-RL 2001 vor, dass einzelstaatliche Rechtsvorschriften und/oder Gepflogenheiten in Bezug auf die Mitbestimmung der Arbeitnehmer, die nicht unmittelbar der Umsetzung der Richtlinie dienen, keine Anwendung auf eine SE finden dürfen. Zu beachten ist desweiteren, dass die SE-RL 2001, anders als vergleichbare arbeitsrechtliche europäische Rechtsakte (wie beispielsweise Artikel 7 der Betriebsübergangsrichtlinie 98/50/EG[524]), gerade keine „Öffnungsklausel" für Abweichungen zugunsten der Arbeitnehmer beinhaltet.[525]

---

[521] Vor diesem Hintergrund ist fraglich, ob eine unmittelbare Anwendbarkeit der Richtlinie für den Fall, dass in Mitgliedstaaten die Umsetzung nicht rechtzeitig vorgenommen wurde, möglich ist. Kallmeyer bejaht dies mit der Argumentation, dass die Richtlinie keinen nennenswerten Gestaltungsspielraum eröffnet, die Belegschaften der beteiligten Gesellschaften begünstigt würden und die Nichtumsetzung die Niederlassungsfreiheit einschränke; Kallmeyer, AG 2003, 197. Folgt man dieser Ansicht, so kommt es jedoch zu Regelungslücken in den Bereichen, die von der SE-RL 2001 ausweislich der Regelungsbefugnis der Mitgliedstaaten zugewiesen sind, z.B. die Entsendung nationaler Mitglieder in das SNB und in den Aufsichts- oder Verwaltungsrat (vgl. Artikel 3 Abs. 2 lit. b SE-RL 2001; Anhang zur SE-RL 2001 Teil 3 2 UA). Ob in diesen Fällen den nationalen Arbeitnehmervertretungen oder den Satzungsgebern der SE eine Ersatzzuständigkeit zusteht, ist fraglich. Dies wird aber deshalb zu verneinen sein, weil die Richtlinie schon generell ungeeignet ist, unmittelbare Wirkung zu entfalten, denn sie ist weder unbedingt noch hinreichend genau; vgl. EuGH, Urteil vom 6. Oktober 1970, Rs. C-9/70, Slg. 1970, 825, 837 ff.; EuGH, Urteil vom 5. April 1979, Rs. 148-78, Slg. 1979, 1629; EuGH, Urteil vom 19. November 1991, Rs. C-6/90 und C 9/90, Slg. I-5403, 5408; EuGH, Urteil vom 18. Oktober 2001, Rs. C-441/99, Slg. 2001, I-7687; zudem betrifft die SE-RL 2001 ganz überwiegend das Rechtsverhältnis der Bürger untereinander, so dass schon aus diesem Grund die unmittelbare Wirkung verneint werden kann, vgl. EuGH, Urteil vom 14. Juli 1994, Rs. C-91/92, Slg. 1994, I-3347, 3356; EuGH, Urteil vom 7. März 1996, Rs. C-192/94, Slg. 1996, I-1296, 1303 f.; EuGH, Urteil vom 26. Februar 1986, Rs. C-152/84, Slg. 1986, 737, 749; EuGH, Urteil vom 27. Juni 2000, Rs. C-240/98 und C-244/98, Slg. 2000, I-4941.

[522] Mit dem Begriff des Zieles sind diejenigen Rechtswirkungen gemeint, die sich aus dem Inhalt der Richtlinie ableiten lassen und die der Mitgliedstaat auf seinem Gebiet zu garantieren hat; Biervert in Schwarze, EU-Kommentar, Artikel 249, Rdnr. 25.

[523] EuGH, Urteil vom 10. April 1984, Rs. 14/83, Slg. 1984, 1891.

[524] Richtlinie 98/50/EG des Rates vom 29. Juni 1998 zur Änderung der Richtlinie 77/187/EWG zur Angleichung der Rechtsvorschriften der Mitgliedstaaten über die Wahrung von Ansprüchen der Arbeitnehmer beim Übergang von Unternehmen, Betrieben oder Betriebsteilen, ABl. EG Nr. L 201 vom 17. Juli 1998, S. 88 ff; NZA 1998, 1211 ff.

[525] Grobys, NZA 2004, 779, 780.

B Unternehmerische Mitbestimmung im SE-Beteiligungsgesetz

I. Geltungsbereich des SE-Beteiligungsgesetzes

Das SE-Beteiligungsgesetz regelt die Beteiligung der Arbeitnehmer in einer SE und soll in einer SE die erworbenen Rechte der Arbeitnehmer auf Beteiligung an Unternehmensentscheidungen in einer SE sichern (§ 1 Abs. 1 SEBG). Der räumliche Geltungsbereich des Gesetzes erfasst Europäische Aktiengesellschaften, die nach der SE-VO 2001 gegründet wurden und ihren Sitz in Deutschland haben, also solche, die ihren Sitz in Deutschland gründen oder ihren Sitz nach Deutschland verlegen.[526] Da es sich bei einer SE, jedenfalls im Gründungsstadium, in der Regel um eine transnationale Gesellschaftsform handelt[527], waren Verbindungsnormen nötig, die auf SE-spezifische Vorschriften der anderen Mitgliedstaaten verweisen (vgl. § 2 Abs. 1 S. 1, § 6 Abs. 1, § 7 Abs. 1 SEBG).[528] Eine Folge des transnationalen Charakters einer SE ist ferner, dass deutsche Arbeitnehmer betroffen sein können, selbst wenn sich der Sitz der SE im Ausland befindet. Deswegen erstreckt sich der Anwendungsbereich des SE-Beteiligungsgesetzes ebenso auf Arbeitnehmer der SE, die im Inland beschäftigt sind, auch wenn sich der Sitz der SE im Ausland befindet. Unabhängig vom Sitz der SE erfasst das SE-Beteiligungsgesetz dementsprechend alle beteiligten Gesellschaften, betroffenen Tochtergesellschaften und betroffenen Betriebe mit Sitz im Inland (vgl. § 3 Abs. 1 SEBG).

II. Dualismus der Mitbestimmung im SE-Beteiligungsgesetz

Vergleichbar mit dem bekannten System des deutschen Mitbestimmungsrechts[529] unterscheidet das SE-Beteiligungsgesetz zwei Beteiligungsebenen der Arbeitnehmer.[530] Auf der ersten Ebene sichert es Unterrichtungs- und Anhörungsrechte

---

[526] Begründung zu § 3 Abs. 1 SEBG, BT-Drucks. 15/3405, S. 45.

[527] Zu den Gründungsvoraussetzungen und insbesondere zur obligatorischen Mehrstaatlichkeit vgl. § 3 C II 4.

[528] Zum Begriff des Mitgliedstaats vgl. § 3 Abs. 2 SEBG.

[529] Vgl. hierzu § 2 A II.

[530] Das besondere Verhandlungsgremium, das zwar auch der „Vertretung" der Arbeitnehmerinteressen dient stellt kein Arbeitnehmerbeteiligungsorgan im engeren Sinne dar, denn es hat nur die Aufgabe, mit dem jeweils zuständigen Organ der beteiligten Gesellschaften die Ver-

der Arbeitnehmer, die durch den SE-Betriebsrat wahrgenommen werden. Diesem steht ein Unterrichtungsrecht über Angelegenheiten zu, welche die SE selbst oder eine ihrer Tochtergesellschaften oder einen ihrer Betriebe in einem anderen Mitgliedstaat betreffen oder die über die Befugnisse der zuständigen Organe auf der Ebene des einzelnen Mitgliedstaats hinausgehen (§ 2 Abs. 10 SEBG), sowie das Recht auf die Einrichtung eines Dialogs und eines Meinungsaustauschs mit der Leitung der SE oder einer anderen zuständigen, mit eigenen Entscheidungsbefugnissen ausgestatteten Leitungsebene (§ 2 Abs. 11 SEBG). Die unternehmerische Mitbestimmung nach § 2 Abs. 12 SEBG stellt die zweite Ebene der Arbeitnehmerbeteiligung in einer SE dar. Sie ermöglicht die Einflussnahme der Arbeitnehmer auf die Angelegenheiten einer Gesellschaft durch das Recht, Mitglieder des Aufsichts- oder Verwaltungsrats der Gesellschaft zu wählen, zu bestellen, zu empfehlen oder abzulehnen.[531]

III. Begriff der Mitbestimmung im SE-Beteiligungsgesetz

In Anlehnung an die Vorgaben des europäischen Gesetzgebers (Artikel 2 lit. k SE-RL 2001) definiert das SE-Beteiligungsgesetz den Begriff der Mitbestimmung als Einflussnahme der Arbeitnehmer auf die Angelegenheiten einer Gesellschaft entweder durch die Wahrnehmung des Rechts, einen Teil der Mitglieder des Aufsichts- oder Verwaltungsrats der Gesellschaft zu wählen oder zu bestellen oder durch die Wahrnehmung des Rechts, die Bestellung eines Teils bzw. aller Mitglieder des Aufsichts- oder Verwaltungsrats der Gesellschaft zu empfehlen oder abzulehnen (§ 2 Abs. 12 SEBG). Neben der bisher in Deutschland bestehenden Mitbestimmungsform, die nur eine Beteiligung durch das Recht, einen Teil der Mitglieder des Aufsichtsrats zu wählen, kannte, umfasst der Begriff der Mitbestimmung des SE-Beteiligungsgesetzes nun außerdem das so genannte Kooptationsmodell, das mit der niederländischen Mitbestimmung vergleichbar ist, und stellt dieses als gleichwertige Alternative zur Verfügung.[532]

---

einbarung über die Beteiligung der Arbeitnehmer in der SE auszuhandeln (§ 4 Abs. 1 S. 2 SEBG), ausführlich hierzu § 4 B V 3.

[531] Auch hier begrenzen sich die folgenden Ausführungen auf diese Ebene der Arbeitnehmerbeteiligung.

[532] Welche Probleme das Nebeneinander dieser beiden Mitbestimmungsformen aufwirft, wird in § 4 B V 7 d gezeigt.

IV. MITBESTIMMTES UNTERNEHMENSORGAN

1. ALLGEMEINES

Durch die Rechtsform der SE findet in Deutschland ein Paradigmenwechsel statt. Zum ersten Mal besteht Wahlfreiheit bei der Organisationsstruktur einer Kapitalgesellschaft. Ob die SE dualistisch oder monistisch strukturiert ist, wird durch die Satzung der SE bestimmt (vgl. Artikel 38 lit. b SE-VO 2001). Ein Einfluss auf dieses Wahlrecht besteht für den Gesetzgeber nicht.[533] Durch den Einzug des monistischen Verwaltungssystems in Deutschland wird die aktienrechtliche Verfassung mit ihrem prägenden Aufsichtsratssystem „revolutionär ergänzt“[534].

2. DUALISTISCHES SYSTEM

Nach dem dualistischen System, zu dem das SE-Ausführungsgesetz in § 15 bis § 19 SEAG Ausführungsbestimmungen enthält, besteht eine Trennung zwischen dem Leitungsorgan, das die Geschäfte der SE in eigener Verantwortung führt (vgl. Artikel 39 Abs. 1 S. 1 SE-VO 2001), und dem Aufsichtsorgan. Dieser Aufbau entspricht der im deutschen Aktiengesetz geregelten Trennung von Vorstand und Aufsichtsrat. Eine personelle Verflechtung zwischen den Mitgliedern des Leitungs- und Aufsichtsorgans ist grundsätzlich nicht möglich, d.h. die Mitglieder des Leitungsorgans dürfen nicht gleichzeitig Mitglieder des Aufsichtsorgans sein (vgl. Artikel 39 Abs. 3 S. 1 SE-VO 2001). Eine Ausnahme kennt Artikel 39 Abs. 3 S. 2 SE-VO 2001, wonach ein Mitglied des Aufsichtsrates zur Wahrnehmung der Aufgaben eines Mitgliedes des Leitungsorgans abgestellt werden kann, wenn der betreffende Posten nicht besetzt ist. Von der Wahlmöglichkeit der Mitgliedstaaten, hierfür eine zeitliche Begrenzung vorzusehen, hat der deutsche Gesetzgeber in § 15 SEAG Gebrauch gemacht, indem er die Wahrnehmung der Geschäftsleitung durch Mitglieder des Aufsichtsorgans auf ein Jahr begrenzt hat. Die Vorschrift entspricht inhaltlich § 105 Abs. 2 S. 1 und S. 2 Aktiengesetz.

---

[533] Zu der vorab umstrittenen Frage, ob für den deutschen Gesetzgeber überhaupt eine Pflicht zur Einführung eines monistischen Systems besteht; vgl. Hirte, Kapitalgesellschaftsrecht, S. 139; Hommelhoff, AG 2001, 279, 282; Kleinsorge, RdA 2002, 343, 347; Hirte, NZG 2002, 1, 5; Lange, EuZW, 2003, 301, 306; offen lässt die Frage Nagel/Köklü, WiSt 2003, 713, 715.

[534] Hommelhoff, AG 2001, 279, 282.

a. LEITUNGSORGAN

Bei einer Gesellschaft mit einem Grundkapital von mehr als drei Millionen Euro hat das Leitungsorgan mindestens zwei Mitglieder, sofern die Satzung nicht bestimmt, dass es nur aus einer Person besteht (§ 16 SEAG). Die Regelung stellt somit den Gleichlauf mit dem allgemeinen Aktienrecht her (vgl. § 76 Abs. 2 Aktiengesetz). Dabei ist auch die Verknüpfung mit den Regelungen des SE-Beteiligungsgesetzes zu beachten. Sobald es zu einer Mitbestimmung kraft Gesetzes gemäß §§ 34 ff. SEBG kommt, besteht das Leitungsorgan aus mindestens zwei Personen, von denen eine für den Bereich Arbeit und Soziales zuständig ist (§ 16 S. 2 SEAG in Verbindung mit § 38 Abs. 2 SEBG).[535] Gemäß Artikel 39 Abs. 2 SE-VO 2001 werden die Mitglieder des Leitungsorgans von dem Aufsichtsorgan bestellt und abberufen. Von der Möglichkeit des Artikel 39 Abs. 2 UA SE-VO 2001, wonach die Mitgliedstaaten bestimmen können, dass durch die Satzung die Wahl und Abberufung von Vorstandsmitgliedern auf die Hauptversammlung übertragen werden kann[536], hat der deutsche Gesetzgeber keinen Gebrauch gemacht. Die Übertragung dieser Aufgabe, die nach deutschem Aktienrecht beim Aufsichtsrat liegt (vgl. § 84 Abs. 1 S. 1 Aktiengesetz)[537], hätte zu einer Beeinträchtigung der Position der Arbeitnehmervertreter führen können.[538]

b. AUFSICHTSORGAN

Die Mitgliederzahl des Aufsichtsorgans beträgt grundsätzlich drei. Die Satzung kann jedoch eine höhere durch drei teilbare Zahl festlegen. Jedoch ist die Höchstzahl - abhängig von der Höhe des Grundkapitals - begrenzt (vgl. § 17 Abs. 1 SEAG). Der Gesetzgeber hat hier von seiner Regelungsbefugnis aus Artikel 39 Abs. 4 S. 2 SE-VO 2001 Gebrauch gemacht und einen Gleichlauf mit dem allgemeinen Aktienrecht hergestellt (vgl. § 95 S. 1 bis S. 4 Aktiengesetz).

Die Mitglieder des Aufsichtsorgans, dessen Aufgabe die Überwachung der Arbeit des Leitungsorgans ist und das selbst nicht zur Führung der Geschäfte der SE berechtigt ist (vgl. Artikel 40 Abs. 1 SE-VO 2001), werden von der Hauptver-

---

[535] Hierzu § 4 B VII 6 a.

[536] Hierzu Schwarz, ZIP 2001, 1847, 1854; Hirte, NZG 2002, 1, 6.

[537] Hüffer, Aktiengesetz, § 84, Rdnr. 5; weiterführend Lutter/Krieger, Rechte und Pflichten des Aufsichtrats, S. 131 ff.

[538] Vgl. Hommelhoff, AG 2001, 279, 283.

sammlung bestellt. Für die Arbeitnehmervertreter sind die besonderen Vorschriften des SE-Beteiligungsgesetzes zu beachten.[539]

3. Monistisches System

a. Leitungsorgan

Der Regelungsauftrag des Artikel 43 Abs. 4 SE-VO 2001 sieht vor, dass Mitgliedstaaten, deren Recht bislang keine Regelungen für ein monistisches Leitungssystem bereit hält, entsprechende Vorschriften in Bezug auf die SE erlassen müssen. Dieser Notwendigkeit folgend besteht der überwiegende Teil der Regelungsmaterie des SE-Ausführungsgesetzes (§ 20 bis § 49 SEAG) aus Vorschriften zur Ausgestaltung des monistischen Systems bei einer in Deutschland ansässigen SE.

Ist die SE monistisch strukturiert, so verfügt sie neben der Hauptversammlung nur über ein Organ, den sogenannten Verwaltungsrat (vgl. § 20 SEAG).[540] Dieser besteht grundsätzlich aus drei Mitgliedern, soweit die Satzung nicht etwas anderes bestimmt (§ 23 SEAG). Aus seiner Mitte wird ein Vorsitzender gewählt, der für den Fall, dass die SE einer paritätischen Mitbestimmung unterliegt, nur ein Anteilseignervertreter sein darf (Artikel 45 S. 2 SE-VO 2001).[541] Dem Gesetzgeber stand es offen, juristische Personen als Mitglieder der Geschäftsleitung zuzulassen (Artikel 47 Abs. 1 SE-VO 2001). Von dieser Option hat der deutsche Gesetzgeber keinen Gebrauch gemacht (vgl. § 27 Abs. 3 SEAG, entsprechendes gilt für das dualistische System, vgl. § 76 Abs. 3 S. 1 Aktiengesetz).[542] Unterliegt die SE der Mitbestimmung, so hat der Verwaltungsrat zwingend drei Mitglieder (Artikel 43 Abs. 2 UA SE-VO 2001). Die Höchstzahl der Mitglieder ist durch die Höhe des Grundkapitals der Gesellschaft beschränkt. Der deutsche Gesetzgeber hat hier die Regelungsbefugnis des Artikel 43 Abs. 2 S. 2 SE-VO 2001 genutzt. Die Bestellung der Mitglieder des Verwaltungsrats erfolgt durch die Hauptversammlung (Artikel 43 Abs. 3 S. 1 SE-VO 2001). Für die Bestellung der Arbeit-

---

[539] Zu der Bestellung der Arbeitnehmerbank vgl. ausführlich § 4 B VII 4.

[540] Auch wenn die SE ihren Sitz im Ausland hat, wird in den nachfolgenden Ausführungen der Begriff des Verwaltungsrats und nicht die aus der Verordnung bekannte Terminologie des Verwaltungsorgans verwendet.

[541] Zur Person des Verwaltungsratsvorsitzenden insbesondere Eder, NZG 2004, 544 ff.

[542] Weiterführend Brandes, NZG 2004, 642 ff.

nehmervertreter sind die besonderen Vorschriften des SE-Beteiligungsgesetzes zu beachten.

b. Geschäftsführende Direktoren

Eine Annäherung der monistisch verfassten SE an das dualistische System findet dadurch statt, dass zwingend einem oder mehreren geschäftsführenden Direktoren die laufende Geschäftsführung übertragen werden muss (§ 40 Abs. 1 S.1 SEAG). Die Unterstützung des Verwaltungsrats durch die geschäftsführenden Direktoren dient vor allem dazu, die Funktionen der Geschäftsführung und der allgemeinen Unternehmensleitung klar zu trennen.[543] Anders als im dualistischen System kommt es indes nur zu einer funktionalen, nicht zu einer personalistischen Trennung. Nach § 40 Abs. 1 S. 2 SEAG können auch Verwaltungsratsmitglieder zu geschäftsführenden Direktoren bestellt werden, sofern der Verwaltungsrat mehrheitlich aus nicht geschäftsführenden Mitgliedern bestehen bleibt.[544] Sollte es zu einer Mitbestimmung kraft Gesetzes kommen, ist zu beachten, dass mindestens zwei geschäftsführende Direktoren zu bestellen sind, von denen einer für den Bereich Arbeit und Soziales zuständig ist (§ 40 Abs. 1 S. 6 SEAG in Verbindung mit § 38 Abs. 2 SEBG).[545] Aufgrund des Stichentscheids des Verwaltungsratsvorsitzenden, der zwingend aus dem Kreis der Aktionärsvertreter zu bestellen ist (vgl. Artikel 45 S. 2 SE-VO 2001), kann verhindert werden, dass Arbeitnehmervertreter des Verwaltungsrats zu geschäftsführende Direktoren gewählt werden. Auch wenn § 38 Abs. 2 SEBG dies nicht ausdrücklich klar stellt, so muss das selbe für die Person des Arbeitsdirektors gelten, da es anderenfalls zu einer enormen Ausweitung des Mitbestimmungsniveaus kommen würde.[546]

---

[543] Begründung zu § 22 Abs. 4 SEAG, BT-Drucks. 15/3405, S. 39.

[544] Hierzu Brandt, DStR 2003, 1208, 1212.

[545] Hierzu § 4 B VII 6 a.

[546] Kallmeyer, ZIP 2003, 1531, 1543; Ihrig/Wagner, BB 2004, 1749, 1758; Seibt, Stellungnahme vor dem Rechtsausschuss des Deutschen Bundestages zum Gesetzesentwurf der Bundesregierung zur Einführung der Europäischen Gesellschaft (SEEG), NZA 2004, XIII.

c. Kompetenzverteilung zwischen Verwaltungsrat und geschäftsführenden Direktoren

Das SE-Ausführungsgesetz sieht vor, dass der Verwaltungsrat die Gesellschaft leitet, die Grundlinien ihrer Tätigkeit bestimmt und deren Umsetzung überwacht (§ 22 Abs. 1 SEAG). Die Formulierung der Aufgaben und Rechte des Verwaltungsrats ist an den französischen Code de Commerce (Artikel L. 225-35) angelehnt und verdeutlicht, dass die Aufgaben des Verwaltungsrats weiter reichen als diejenigen des Aufsichtrats im dualistischen Modell.[547] Anders als im dualistischen System verteilen sich die Verantwortung und die Letztverantwortlichkeit für die Unternehmenspolitik nicht auf zwei Organe, sondern liegen allein beim Verwaltungsrat.[548] Dies gilt ungeachtet von der Bestellung der geschäftsführenden Direktoren, die nach § 40 Abs. 2 SEAG die Geschäfte der Gesellschaft führen. Die Leitungsverantwortung verbleibt beim Verwaltungsrat. Die geschäftsführenden Direktoren sind dem Verwaltungsrat sachlich und personell unterstellt.[549] Der Verwaltungsrat kann den geschäftsführenden Direktoren Weisungen erteilen (vgl. § 44 Abs. 2 SEAG), wenn er mit der Führung der Geschäfte nicht einverstanden ist.[550] Zudem können die geschäftsführenden Direktoren jederzeit durch Beschluss des Verwaltungsrats abberufen werden, sofern die Satzung nichts anderes regelt (§ 40 Abs. 5 SEAG). Die geschäftsführenden Direktoren haben somit keine dem Vorstand vergleichbare Position und leiten die Gesellschaft nicht in eigener Verantwortung, wie das gemäß § 76 Aktiengesetz für den deutschen Vorstand gilt.[551]

Die Verantwortung des Verwaltungsrats für die Gesamtleitung der SE korrespondiert mit entsprechenden Aufgaben. So muss er etwa die Hauptversammlung einberufen, wenn das Wohl der Gesellschaft es erfordert (vgl. § 22 Abs. 2 SEAG), besonders bei einem Verlust in der Höhe der Hälfte des Grundkapitals (§ 22 Abs. 5 SEAG). Ausdrückliche Zuständigkeiten weist das Gesetz den geschäftsführenden Direktoren in § 40 Abs. 2 S. 4 SEAG (Anmeldung zum Handelsregister), § 47 Abs. 1 S. 1 SEAG (Aufstellung von Jahresabschluss und La-

---

[547] Begründung zu § 22 SEAG, BT-Drucks. 15/3405, S. 36.

[548] Weiterführend hierzu § 4 B VII 8 c.

[549] Kallmeyer spricht gar von einer „Abhängigkeit" der geschäftsführenden Direktoren von dem Verwaltungsrat; Kallmeyer, ZIP 2003, 1531, 1533.

[550] Kallmeyer, ZIP 2003, 1531, 1533; Eder, NZG 2004, 544, 545.

[551] Vgl. Neye/Teichmann, AG 2003, 169, 179 Fn. 51.

gebericht) und § 49 Abs. 1 SEAG (Erstellung des konzernrechtlichen Abhängigkeitsberichts) zu. Die geschäftsführenden Direktoren vertreten die SE gegenüber Dritten (§ 41 Abs. 1 SEAG). Werden also Verwaltungsratsmitglieder zu geschäftsführenden Direktoren bestellt, so ist es möglich, dass die selben Personen sowohl die dem Verwaltungsrat als auch die den geschäftsführenden Direktoren zugewiesenen Befugnisse wahrnehmen und die Gesellschaft Dritten gegenüber organschaftlich vertreten.[552]

V. Mitbestimmung durch Vereinbarung

1. Allgemeines

Die Ausgestaltung der Mitbestimmung in der SE erfolgt vorrangig im Wege der freien Verhandlung (§ 1 Abs. 2 S. 1 SEBG). Innerhalb einer Verhandlungsfrist von sechs Monaten bzw. einem Jahr (vgl. § 20 SEBG) sollen die Verhandlungspartner eine Lösung in der Ausgestaltung der Arbeitnehmerbeteiligung finden. Als Verhandlungspartner stehen sich dabei das SNB[553] - als Gremium der Arbeitnehmer - und die Leitungs- oder Verwaltungsorgane der unmittelbar an der Gründung der SE beteiligten Gesellschaften gegenüber. Da an der Gründung einer SE häufig Gesellschaften verschiedener Rechtsformen der Mitgliedstaaten beteiligt sind, deren Unternehmensorgane dabei höchst unterschiedliche Bezeichnungen führen, werden letztere unter den Begriff der „Leitung" zusammengefasst (§ 2 Abs. 5 S. 1 SEBG).[554] Für den Fall, dass eine bereits bestehende SE in Verhandlungen eintritt, setzt sich diese terminologische Vereinfachung fort (§ 2 Abs. 5 S. 2 2. HS SEBG). Das Organ der SE, das die Geschäfte der Gesellschaft führt und zu ihrer Vertretung berechtigt ist (das Leitungsorgan bzw. die geschäftsführenden Direktoren), wird in dieser Konstellation ebenfalls als „Leitung" bezeichnet. Eine solche sprachliche Vereinheitlichung findet sich in der SE-RL 2001 nicht, diese spricht vielmehr durchgehend von dem „jeweils zustän-

[552] Eder, NZG 2004, 544.

[553] Zwar verwendet der deutsche Gesetzgeber die Terminologie „besonderes Verhandlungsgremium", der Begriff des SNB wird aber bevorzugt und auch im Rahmen der Untersuchung des deutschen Umsetzungsgesetzes beibehalten.

[554] Begründung zu § 2 Abs. 5 SEBG, BT-Drucks. 15/3405, S. 44.

digen Organ der beteiligten Gesellschaften“ (vgl. nur Artikel 4 Abs. 1 SE-RL 2001).[555]

2. Einleitung des Verfahrens zur Errichtung des SNB

Anders als bei den Europäischen Betriebsräten[556] muss die Initiative zur Einleitung der Verhandlungen von der Leitung ausgehen. Die SE-RL 2001 gibt hierfür vor, dass die Leitungs- oder Verwaltungsorgane der beteiligten Gesellschaften „so rasch wie möglich...die erforderlichen Schritte“ einleiten (Artikel 3 Abs. 1 SE-RL 2001). Der zeitliche Rahmen, also die Frage, wie der unbestimmte Rechtsbegriff „so rasch wie möglich“ zu verstehen ist, und die formellen Anforderungen, d.h. die Ausgestaltung des Merkmals der „erforderlichen Schritte“, wurden durch den Gesetzgeber in § 4 SEBG konkretisiert.

a. Erforderliche Schritte

Das Verfahren ist durch eine schriftliche Aufforderung der Leitung einzuleiten. Es sind die Sprecherausschüsse und Arbeitnehmervertretungen der beteiligten Gesellschaften, betroffenen Tochtergesellschaften und betroffenen Betriebe über das Gründungsvorhaben zu informieren. Fehlen solche Organe, ist der Entschluss den Arbeitnehmern selbst bekannt zu machen (§ 4 Abs. 2 S. 2 SEBG).[557] Ungeklärt ist, an wen die schriftliche Aufforderung in diesem Fall zu richten ist. Um das Verfahren für die Gründungsgesellschaften nicht unnötig kompliziert zu gestalten, sollte es genügen, dass die schriftliche Aufforderung durch Aushang an einer oder mehreren geeigneten, den Arbeitnehmern zugänglichen Stellen im Betrieb und durch Einsatz der im Unternehmen vorhandenen Informations- und Kommunikationstechniken bekannt gemacht wird. Unbeantwortet lässt das Gesetz ferner die Frage, wie es sich auswirkt, wenn an der Gründung einer SE eine Gesellschaft ohne Arbeitnehmer beteiligt ist. Dies kann durchaus von praktischer Relevanz sein. Die europäischen Regelungen sehen nämlich nicht vor, dass eine

---

[555] Zustimmend zu der offenen Formulierung der SE-RL 2001 Kuffner, wonach den vielfältigen denkbaren Tatbeständen dadurch am besten entsprochen werden kann und in der jeweiligen Situation ein flexibles Agieren ermöglicht wird; Kuffner, Die Beteiligung der Arbeitnehmer in der Europäischen Aktiengesellschaft, S. 106.

[556] Vgl. Blanke, EBRG-Kommentar, § 9, Rdnr. 2.

[557] Nach Oetker soll § 4 Abs. 2 S. 2 SEBG auf den Sonderfall übertragen werden, dass zwar eine Arbeitnehmervertretung besteht, nicht aber ein Sprecherausschuss. In dieser Konstellation sollen die leitenden Angestellten ebenfalls nach § 4 Abs. 2 S. 2 SEBG unmittelbar unterrichtet werden; Oetker, BB-Special 1/2005, 2, 6.

Gründungsbeteiligung nur für operative Gesellschaften möglich ist. Es können sich also auch Vorratsgesellschaften oder Mantelgesellschaften ohne Geschäftsbetrieb an der Gründung einer SE beteiligen.[558] Bezogen auf diese Gesellschaften kann die Pflicht zur Information von niemandem, weder von der Leitung noch von einem Dritten, erfüllt werden. Die Leitung muss infolgedessen in diesem Fall von der Informationspflicht befreit sein.

Im Rahmen der Vorschrift des § 4 SEBG sind zwei Pflichten der Leitung zu unterscheiden. Zum Einen muss sie schriftlich zur Bildung des SNB auffordern (§ 4 Abs. 1 S. 1 SEBG), und zum Anderen muss sie über das Vorhaben einer SE-Gründung informieren (§ 4 Abs. 2 S. 1 SEBG). Die Aufforderung zur Bildung des SNB ist an den Vorsitzenden der Arbeitnehmervertretung[559] auf Konzernebene oder, sofern eine solche nicht besteht, auf Unternehmensebene oder, wenn auch eine solche nicht besteht auf Betriebsebene zu richten. Dies ergibt sich aus § 9 SEBG; denn danach treffen den Vorsitzenden der auf höchster Ebene bestehenden Arbeitnehmervertretung die weiteren Pflichten zur Einberufung des Wahlgremiums.[560] In der Praxis werden sich die Pflichten der Leitung aus § 4 Abs. 1 S. 1 SEBG und § 4 Abs. 2 S. 1 SEBG regelmäßig als einheitlicher Akt darstellen, wobei es die ungleichen Erklärungsempfänger zu beachten gilt. Aus rechtlicher Sicht ist eine Unterscheidung jedoch bedeutsam. Für die Ermittlung der Arbeitnehmerzahl der beteiligten Gesellschaften, betroffenen Tochtergesellschaften und betroffenen Betriebe kommt es allein auf die Erteilung der Informationen nach § 4 Abs. 2 SEBG an (vgl. § 4 Abs. 4 SEBG). Dieser Zeitpunkt ist auch für den Lauf der Zehn-Wochen-Frist, der für die Wahl oder Bestellung der Mitglieder des SNB angesetzt ist, entscheidend (vgl. § 11 Abs. 1 S. 1 SEBG). Die Bestimmung des Zeitpunkts der Informationserteilung nach § 4 Abs. 2 SEBG ist daher von erheblicher rechtlicher Relevanz, was zur Schaffung größtmöglicher Rechtssicherheit durch einfache Verfahrensvorschriften zwingen sollte. Kritisch ist deshalb die Umsetzungsgesetzgebung hinsichtlich der Empfangsberechtigten bei der Informationserteilung zu beurteilen. Nach § 4 Abs. 2 S. 1 SEBG sind alle Arbeitnehmervertretungen und Sprecherausschüsse in den betei-

---

[558] Kallmeyer, AG 2003, 197, 198 f.

[559] Gemäß § 2 Abs. 6 SEBG bezeichnet der Begriff der Arbeitnehmervertretung jede Vertretung der Arbeitnehmer nach dem Betriebsverfassungsgesetz (Betriebsrat, Gesamtbetriebsrat, Konzernbetriebsrat oder eine nach § 3 Abs. 1 Nr. 1 bis 3 des Betriebsverfassungsgesetzes gebildete Vertretung).

[560] Kallmeyer, ZIP 2004, 1442, 1443; so im Ergebnis auch Grobys, NZA 2005, 84, 86.

ligten Gesellschaften, betroffenen Tochtergesellschaften und betroffenen Betriebe zu informieren.[561] Aufgrund der dadurch entstehenden Vielzahl an Informationsberechtigten kommt es zu einem zeitlich aufwändigen Verfahren, vor dessen Abschluss das Verhandlungsverfahren nicht begonnen werden kann (vgl. § 20 Abs. 1 S. 1 SEBG). Eine Rechtfertigung für diese weitreichende Informationspflicht ist in der SE-RL 2001 nicht zu finden. Sie überlässt es vielmehr den Mitgliedstaaten, die Vertretungsebene der Arbeitnehmer, die von der Leitung informiert werden muss, zu bestimmen. Nach dem Wortlaut der Richtlinie hätte, anstelle der Arbeitnehmervertretungen und Sprecherausschüsse der beteiligten Gesellschaften, betroffenen Tochtergesellschaften und betroffenen Betriebe, der Informationsempfänger auch auf ein Organ begrenzt werden können.[562] In Betracht wäre hierfür der Europäische Betriebsrat gekommen oder, bei Fehlen eines solchen, die höchste nationale Arbeitnehmervertretung der Unternehmensgruppe. Dieses Vertretungsorgan hätte dann als Empfangsvertreter[563] aller bestehenden Arbeitnehmervertretungen auftreten können. Die Pflicht der Leitung wäre durch die Zuteilung der Informationen an ein Arbeitnehmervertretungsorgan erfüllt gewesen, ohne dass es auf die konkrete Kenntnisnahme durch alle Arbeitnehmervertretungsorgane angekommen wäre.

Hinsichtlich des Umfangs der Informationspflicht stand dem Gesetzgeber ein gewisser Gestaltungsspielraum zu. Die Richtlinie gibt nur vor, dass die Informationen auch die Identität der beteiligten Gesellschaften und der betroffenen Tochtergesellschaften oder betroffenen Betriebe sowie die Zahl ihrer Beschäftigten umfassen sollen (vgl. „...die erforderlichen Schritte – zu denen *auch*..." Artikel 3

---

[561] § 4 Abs. 2 S. 1 SEBG führt die Sprecherausschüsse neben den Arbeitnehmervertretungen deshalb gesondert auf, weil die Sprecherausschüsse gemäß § 2 Abs. 6 SEBG nicht von dem Begriff der Arbeitnehmervertretungen umfasst sind, Niklas, NZA 2004, 1200, 1201. Hieraus folgt, dass andere als die in § 4 Abs. 2 S. 1 SEBG genannten betriebliche Gremien, wie insbesondere Schwerbehindertenvertretungen und Jugend- und Ausbildungsvertretungen keinen Informationsanspruch haben, Grobys, NZA 2005, 84, 86.

[562] Hierzu gemeinsame Stellungnahme BDA, BDI, DIHK, GDV, Bdb, Dt. Aktieninstitut zum Entwurf eines Gesetzes zur Einführung der Europäischen Gesellschaft, S. 8; abrufbar unter: http://www.bda-online.de/www/bdaonline.nsf/id/6A574521EFDC690AC1256E8B00546B80/$file/SEEG.pdf, in der eine Begrenzung auf die jeweils auf höchster Ebene bestehende Arbeitnehmervertretung vorgeschlagen wird; ebenso Stellungnahme DAV, mit der Begründung, dass dies deshalb genügen sollte, weil auch das in § 8 SEBG geregelte Wahlgremium für das SNB nur aus Mitgliedern der obersten Arbeitnehmervertretungen gebildet wird, vgl. Stellungnahme DAV, S. 9 f., abrufbar unter: http://www.anwaltverein.de/ 03/05/2004/35-04.pdf.

[563] Hierzu Heinrichs in Palandt, Bürgerliches Gesetzbuch, § 130, Rdnr. 8; Einsele in Münchener Kommentar Bürgerliches Gesetzbuch Band 1, § 130, Rdnr. 27.

Abs. 1 SE-RL 2001). Diesen Freiraum hat der deutsche Gesetzgeber in dem Katalog des § 4 Abs. 3 SEBG genutzt und die Informationspflicht zusätzlich auf die Struktur der beteiligten Gesellschaften, betroffenen Tochtergesellschaften und betroffenen Betriebe und deren Verteilung auf die Mitgliedstaaten, die in diesen Gesellschaften und Betrieben bestehenden Arbeitnehmervertretungen sowie die Zahl der Arbeitnehmer, denen Mitbestimmungsrechte in den Organen dieser Gesellschaften zustehen, erweitert. Auch wenn § 4 Abs. 3 SEBG keine abschließende Aufzählung der Informationen enthält (vgl. den Wortlaut „insbesondere"), so ergibt sich aus dem Sinn und Zweck der Regelung, dass nur solche Informationen gefordert werden können, die für die ordnungsgemäße Bildung des SNB erforderlich sind und aus denen sich die bei Abstimmungen maßgeblichen Zahlenverhältnisse errechnen lassen. Trotzdem ist festzustellen, dass durch § 4 Abs. 3 SEBG der Leitung eine sehr weitreichende Informationspflicht auferlegt ist. Die SE-RL 2001 steht einer solchen Umsetzung aber nicht entgegen. Wie bereits ausgeführt, enthält diese keine abschließende Aufzählung der Informationspflichten. Zu beachten ist, dass das SE-Beteiligungsgesetz allgemein die am Sitz der SE zu erfüllenden Mitwirkungspflichten regelt. Die Verpflichtung zur Erteilung der Informationen nach § 4 Abs. 3 SEBG trifft daher auch die in anderen Mitgliedstaaten ansässigen Unternehmen, die sich an der Gründung einer SE mit Sitz in Deutschland beteiligen.

b. Zeitliche Vorgaben

Bei der Ausgestaltung des zeitlichen Spielraums hat der deutsche Gesetzgeber eine weit einschränkende Umsetzung gewählt. Anders als der Richtlinientext („so rasch wie möglich", Artikel 3 Abs. 1 SE-RL 2001) fordert der Gesetzgeber die Zuleitung der Informationen „unverzüglich" (vgl. § 4 Abs. 2 S. 3 SEBG). In Anlehnung an die Rechtsterminologie des § 121 BGB bedeutet dies, dass die Informationserteilung ohne schuldhafte Verzögerung erfolgen muss.[564]

Wurden die nach § 4 Abs. 2 und Abs. 3 SEBG vorgeschriebenen Informationen den Arbeitnehmervertretungen und Sprecherausschüssen übermittelt, so beginnt eine Zehn-Wochen-Frist zur Bildung des SNB zu laufen. Diese zeitliche Eingrenzung, die von der SE-RL 2001 nicht vorgegeben wurde, ist begrüßenswert. Sie kann zur Beschleunigung des Eintragungsverfahrens der SE beitragen, da nach § 11 Abs. 2 SEBG das Verhandlungsverfahren auch dann stattfindet, wenn

---

[564] Heinrichs in Palandt, Bürgerliches Gesetzbuch, § 121, Rdnr. 3; so auch bereits auf der Grundlage der Richtlinie Herfs-Röttgen, NZA 2002, 358, 359; Jahn/Herfs-Röttgen, DB 2001, 631, 634.

die Frist aus Gründen, die von der Arbeitnehmerseite zu vertreten sind, überschritten wird. Die Leitung kann nach Ablauf der Zehn-Wochen-Frist zur konstituierenden Sitzung des SNB einladen, auch wenn noch nicht alle Mitglieder des SNB bestellt oder gewählt sind. Mit dem Tag zu dem die Leitung zur konstituierenden Sitzung einlädt, gilt das SNB als eingesetzt (§ 20 Abs. 1 S. 2 SEBG)[565], und die sechsmonatige bzw. einjährige Verhandlungsfrist beginnt zu laufen. Das Eintragungsverfahren der SE kann daher durch eine Verzögerungstaktik der Arbeitnehmerseite *vor* dem Einsetzen des SNB nicht blockiert werden.[566] Dieser Vorteil kann sich aber zugleich als nachteilig erweisen, denn bei fehlender oder verspäteter Bildung des SNB nimmt die Chance ab, eine Vereinbarung über die Beteiligung der Arbeitnehmer nach § 13 Abs. 1 SEBG zu finden oder einen Abbruchs- oder Nichtaufnahmebeschluss nach § 16 SEBG durchzusetzen, sodass die Mitbestimmung kraft Gesetzes nicht ausgeschlossen wird.[567]

3. Aufgaben und Befugnisse des SNB

Das SNB hat zur Aufgabe, mit der Leitung eine schriftliche Vereinbarung über die Beteiligung der Arbeitnehmer in der SE abzuschließen (§ 4 Abs. 1 S. 2 SEBG). Zur Erfüllung dieser Arbeit muss die Leitung dem SNB rechtzeitig alle erforderlichen Auskünfte und Unterlagen zur Verfügung stellen (§ 13 Abs. 2 S. 1 SEBG). Während des Verhandlungsverfahrens gilt der Grundsatz der vertrauensvollen Zusammenarbeit (§ 13 Abs. 1 S. 2 SEBG in Verbindung mit § 40 SEBG).

Offen gelassen hat der Gesetzgeber die Frage, ob dem SNB ein Recht auf vorbereitende Sitzungen zusteht. Auch die SE-RL 2001 enthält hierzu keine Vorgaben. Da eine Willensbildung innerhalb des SNB in der Regel nicht unproblematisch sein wird, sollte dem SNB, trotz etwaiger Mehrkosten, ein solches Recht zuste-

---

[565] Nach dem Wortlaut der Richtlinie beginnen die Verhandlungen mit dem Einsetzen des SNB (vgl. Artikel 5 SE-RL 2001); in § 20 Abs. 1 S. 2 SEBG hat der deutsche Gesetzgeber „Einsetzen“ als den Tag definiert, zu dem die Leitung zur konstituierenden Sitzung einlädt, vgl. Kallmeyer, ZIP 2004, 1442.

[566] Vorgeschlagen wurde vorab die Versagung der Anwendbarkeit der Auffangregelung als Folge, dass es innerhalb einer bestimmten Frist nicht zur Bildung eines SNB kommen sollte. Gestützt wurde diese Auffassung auf den Rechtsgedanken des Artikel 3 Abs. 6 SE-RL 2001, vgl. Reichert/Brandes in Bonner Europa-Symposium, Europäische AG und der Diskussionsentwurf zum deutschen Begleitgesetz, S. 71; Artikel 3 Abs. 6 SE-RL 2001 verlangt für den Abbruchs- oder Verzichtsbeschluss jedoch eine doppelte qualifizierte Mehrheit, die durch ein bloßes Untätigsein nicht fingiert werden kann.

[567] Kallmeyer, ZIP 2004 1442, 1443.

hen. Schließlich treffen Vertreter aus unterschiedlichen Mitgliedstaaten (Sprachbarrieren), aus unterschiedlichen Unternehmenssparten, mit unterschiedlichen Erfahrungen und unterschiedlichem Kenntnisstand, sowie gegebenenfalls Gewerkschaftsvertreter aufeinander, die jeweils Partikularinteressen verfolgen und nicht notwendigerweise auf das gleiche Ergebnis hinarbeiten.[568] Ein reibungsloser und zielführender Verhandlungsablauf liegt auch im Interesse der Leitung, weil hiervon die Eintragung der SE abhängt (vgl. Artikel 12 Abs. 2 SE-VO 2001).[569] Um jedoch eine missbräuchliche Verzögerung des Gründungsverfahrens zu vermeiden, sollte der Unternehmensleitung das Recht zustehen, die interne Vorbereitungszeit in die Verhandlungsfrist des § 20 SEBG einzubeziehen.

4. Zusammensetzung des SNB

a. Mitgliedstaatsbezogene Zuteilung der Sitze

Bei der Frage nach der zahlenmäßigen Zusammensetzung des SNB stand dem deutschen Gesetzgeber kein großer Gestaltungsspielraum zu. § 5 SEBG setzt aus diesem Grund die durch die SE-RL 2001 vorgegebene proportionale, mitgliedstaatlich bezogene Zusammensetzung des SNB um.[570] Grundsätzlich soll dabei für die in jedem Mitgliedstaat beschäftigten Arbeitnehmer der beteiligten Gesellschaften, betroffenen Tochtergesellschaften und betroffenen Betriebe ein Mitglied in das SNB gewählt oder bestellt werden (§ 5 Abs. 1 S. 1 SEBG). Neben dieser geographischen Betrachtung erfolgt eine Verteilung nach der Zahl der in einem Mitgliedstaat beschäftigten Arbeitnehmer. Für jeden angefangenen Anteil der in einem Mitgliedstaat beschäftigten Arbeitnehmer, bezogen auf die Gesamtzahl der in allen Mitgliedstaaten beschäftigen Arbeitnehmer der beteiligten Gesellschaften und der betroffenen Tochtergesellschaften oder betroffenen Betriebe, der 10 % beträgt, steht dem Mitgliedstaat ein Sitz zu (§ 5 Abs. 1 S. 2 SEBG).

Für die Berechnung der Mitgliederzahl des SNB sind somit insbesondere zwei Komponenten von Bedeutung. Entscheidend ist zum Einen der Begriff des Arbeitnehmers und zum Anderen die Bestimmung des Zeitpunkts, zu welchem die Arbeitnehmerzahl zu ermitteln ist.

---

[568] Zu den praktischen Problemen der Arbeit des SNB, vgl. Herfs-Röttgen, NZA 2002, 358, 360; Keller, WSI Mitteilung 2002, 203, 209; kritisch auch Wisskirchen/Prinz, DB 2004, 2638, 2640.

[569] Weiterführend zum Eintragungsverfahren Oetker, BB-Special 1/2005, 2, 5.

[570] Hierzu bereits in § 3 C III 4.

Den Begriff des Arbeitnehmers definiert der deutsche Gesetzgeber in § 2 Abs. 1 S. 2 und S. 3 SEBG. Dieses Vorgehen ist deshalb problematisch, weil die SE-RL 2001 eine solche Begriffsbestimmung nicht enthält und deshalb der Eindruck entstehen könnte, dass Definitionen aufgrund der europäischen Dimension der SE eine vom deutschen kollektiven Arbeitsrecht abweichende Bedeutung haben, obwohl in § 2 Abs. 1 SEBG an dem geltenden Arbeitnehmerbegriff festgehalten wird.[571] Arbeitnehmer sind danach Arbeiter und Angestellte, einschließlich der zu ihrer Berufsausbildung Beschäftigten, der in Heimarbeit Beschäftigten, sowie der in § 5 Abs. 3 S. 2 Betriebsverfassungsgesetz genannten leitenden Angestellten, unabhängig davon, ob sie im Betrieb, im Außendienst oder mit Telearbeit beschäftigt werden. Zu beachten ist also, dass anders als beim Europäischen Betriebsrätegesetz, leitende Angestellte von dem Arbeitnehmerbegriff umfasst sind.[572]

Als maßgeblichen Zeitpunkt für die Bestimmung der Arbeitnehmerzahl legt § 4 Abs. 4 SEBG den Zeitpunkt der Informationserteilung über das Gründungvorhaben nach § 4 Abs. 2 SEBG fest.[573] Die Arbeitnehmerzahl kann folglich erst dann beziffert werden, wenn alle Arbeitnehmervertretungen und Sprecherausschüsse in den beteiligten Gesellschaften, betroffenen Tochtergesellschaften und betroffenen Betriebe über das Gründungsvorhaben informiert wurden. Aus dieser Bestimmung des maßgeblichen Zeitpunkts könnte man schließen, dass eine Veränderung der Arbeitnehmerzahl zwischen dem Zugang der Informationen und der Eintragung der SE keine Auswirkungen auf die Besetzung des SNB hat. Für den Fall der Veränderung der Arbeitnehmerzahl während des Verhandlungsverfahrens sieht § 5 Abs. 4 SEBG jedoch eine Regelung vor.[574]

b. Unternehmensbezogene Zuteilung der Sitze

Eine Sonderregelung für den Fall der Verschmelzung beinhaltet § 5 Abs. 2 SEBG. Im Rahmen dieser Gründungsform werden zusätzliche Mitglieder in das

---

[571] Gemeinsame Stellungnahme BDA, BDI, DIHK, GDV, Bdb, Dt. Aktieninstitut zum Entwurf eines Gesetzes zur Einführung der Europäischen Gesellschaft, S. 7 f.

[572] Kraushaar, NZA 2004, 591, 592; kritisch Oetker, BB-Special 1/2005, 2, 6.

[573] Der von § 4 Abs. 4 SEBG festgelegte Zeitpunkt ist sowohl für die Berechnung der Schwellenwerte im Rahmen der Beschlussfassung, die eine Minderung der Mitbestimmung zur Folge hätte (§ 15 Abs. 3 SEBG), als auch für die Schwellenwerte, die über die Anwendbarkeit der Auffangregelung entscheiden (§ 34 Abs. 1 SEBG), maßgeblich; vgl. hierzu § 4 B VII 1 b.

[574] Vgl. § 4 B V 4 f.

SNB gewählt oder bestellt, damit gewährleistet ist, dass jede beteiligte Gesellschaft, die eingetragen ist und Arbeitnehmer in dem betreffenden Mitgliedstaat beschäftigt und die als Folge der geplanten SE-Gründung als eigene Rechtspersönlichkeit untergeht, vertreten ist. Die Zahl der zusätzlichen Mitglieder ist jedoch nach oben begrenzt; sie darf 20 % der sich aus § 5 Abs. 1 SEBG ergebenden Mitgliederzahl nicht überschreiten (§ 5 Abs. 3 S. 1 SEBG). Wird diese Beschränkung überschritten, so werden die zusätzlichen Mitglieder den beteiligten Gesellschaften nach der Zahl der bei ihnen beschäftigten Arbeitnehmer in absteigender Reihenfolge zugeteilt (§ 5 Abs. 3 S. 2 SEBG). Bei dieser Verteilung soll gewährleistet werden, dass es zu keiner Doppelvertretung der Arbeitnehmer der beteiligten Gesellschaften kommt (§ 5 Abs. 3 S. 3 SEBG).

c. Privilegierte Unternehmen

Probleme bei der Zusammensetzung des SNB bereitet der Fall, dass bei der Gründung der SE mehrere deutsche Gesellschaften mit jeweils geringer Beschäftigtenzahl beteiligt sind, während in den anderen Mitgliedstaaten lediglich jeweils eine Gründungsgesellschaft mit einer großen Arbeitnehmerzahl besteht. Aufgrund der Verteilung der Sitze nach Mitgliedstaaten und nicht nach Einzelgesellschaften kann es dazu kommen, dass nicht für jedes deutsche Unternehmen ein Sitz im SNB vorhanden ist.[575] Fraglich ist nun, welcher beteiligten Gesellschaft der „deutsche" Sitz zusteht. Vor dem Hintergrund, dass die Mitglieder des SNB von den Belegschaften aller beteiligten Gesellschaften innerhalb eines Mitgliedstaates als legitime Repräsentanten anerkannt werden müssen[576], fällt eine Entscheidung schwer. Eine unternehmensbezogene Verteilung kennt die Richtlinie nur für den eben beschriebenen Sonderfall der Verschmelzung, wenn aufgrund der in Artikel 3 Abs. 2 lit. a ii 1. Spiegelstrich SE-RL 2001 statuierten 20 % Grenze nicht alle beteiligten Gesellschaften, die durch die Verschmelzung ihre Rechtspersönlichkeit verlieren, im SNB vertreten sein können (vgl. Artikel 3 Abs. 2 lit. a ii UA SE-RL 2001). Mit § 7 Abs. 3 SEBG hat der Gesetzgeber diesen Sonderfall erweitert. Besteht nicht für jede deutsche Gesellschaft ein Sitz, so erfolgt die Verteilung nach absteigender Reihenfolge der Zahl der Beschäftigten. Dies stellt eine Privilegierung der Unternehmen mit einer großen Arbeitnehmer-

---

[575] Herfs-Röttgen, NZA 2002, 358, 360; Kraushaar, BB 2003, 1614, 1616; im umgekehrten Fall, also wenn die Zahl der auf Deutschland entfallenden Mitglieder des SNB höher ist als die Anzahl der deutschen Gründungsgesellschaften, so bestimmt § 7 Abs. 4 SEBG, dass die verbleibenden Sitze nach dem d'Hondtschen Höchstzahlverfahren auf die beteiligten Gesellschaften zu verteilen sind.

[576] Vgl. Kraushaar, BB 2003, 1614, 1615 f.

zahl dar, die aber gerechtfertigt ist, weil sie gewährleistet, dass dadurch die größtmögliche Anzahl an Arbeitnehmern vertreten wird.[577]

d. PERSONELLE ZUTEILUNG DER SITZE

Der Gesetzgeber ist dem Regelungsauftrag des Artikel 3 Abs. 2 lit. b SE-RL 2001, wonach die Mitgliedstaaten die personelle Zusammensetzung der Mitglieder des SNB, die auf ihr Hoheitsgebiet entfallen, festzulegen haben, mit den Regelungen in §§ 6 ff. SEBG nachgekommen. Für die Bestellung der „deutschen" Mitglieder des SNB gelten diese Regelungen unabhängig vom späteren Sitz der SE (vgl. § 3 Abs. 1 S. 2 SEBG).[578] Das passive Wahlrecht besteht für alle Arbeitnehmer der Gesellschaften und Betriebe der SE.[579]

Bei der personellen Zusammensetzung nehmen Gewerkschaftsvertreter eine Sonderrolle ein. Der deutsche Gesetzgeber sieht für diese Gruppe eine „Zwangsrepräsentation"[580] vor. Nach § 6 Abs. 3 SEBG muss jedes dritte Mitglied ein Vertreter einer Gewerkschaft sein, sobald das SNB aus mehr als zwei Mitgliedern besteht.[581] Die Grundlage dieser Umsetzung bildet Artikel 3 Abs. 2 lit. b UA SE-RL 2001. Danach können die Mitgliedstaaten vorsehen, dass auch Gewerk-

---

[577] So Herfs-Röttgen, NZA 2002, 358, 360; anders Kraushaar, der aus der Existenz des Artikel 3 Abs. 2 lit. a ii SE-RL 2001 gerade den Gegenschluss zieht und so zu dem Ergebnis kommt, dass ein gesellschaftsbezogenes Verfahren unter Berücksichtigung der Gesellschaften nach Größe in absteigender Reihenfolge für die anderen Gründungsformen gerade nicht gewählt werden soll, vgl. Kraushaar, BB 2003, 1614, 1616, Fn. 11.

[578] Hierzu bereits in § 4 B I.

[579] Eine Entsendung nur aus dem Kreis der Mitglieder einer nationalen Arbeitnehmervertretung wäre dagegen mit dem Vorteil verbunden gewesen, dass bestehende Detailkenntnisse aus der Betriebsratstätigkeit in die Arbeit des SNB eingebracht worden wären und es dadurch zu einer Beschleunigung des Verhandlungsverfahrens hätte kommen können. Die österreichische Umsetzung sieht beispielsweise nur eine Entsendung aus dem Kreis der Betriebsratsmitglieder vor, vgl. § 217 Arbeitsverfassungsgesetz.

[580] Gemeinsame Stellungnahme BDA, BDI, DIHK, GDV, Bdb, Dt. Aktieninstitut zum Entwurf eines Gesetzes zur Einführung der Europäischen Gesellschaft, S. 8.

[581] Eine entsprechende Vorschrift gilt für leitende Angestellte. § 6 Abs. 4 SEBG bestimmt, dass jedes siebte Mitglied ein leitender Angestellter sein muss, wenn das SNB aus mehr als sechs Mitgliedern besteht. Nur wenn der Anteil der in Deutschland beschäftigten Arbeitnehmer 70 % der Gesamtzahl der in allen Mitgliedstaaten beschäftigten Arbeitnehmer der beteiligten Gesellschaften und der betroffenen Tochtergesellschaften oder betroffenen Betriebe beträgt, kommt es zur Bestellung eines Mitglieds aus der Gruppe der leitenden Angestellten; kritisch daher Deutscher Führungskräfteverband, kurz und bündig, Ausgabe 8, 2004 vom 7. Mai 2004, S. 2.

schaftsvertreter Mitglieder des SNB sein können.[582] Dass Deutschland von dieser Option Gebrauch machen würde, war angesichts der bestehenden Regelungen des deutschen Mitbestimmungsrechts zur Beteiligung von Gewerkschaftsvertretern im Aufsichtsrat und der Tatsache, dass diese Option auf eine deutsche Anregung zurückgeht, vorhersehbar.[583] Zudem folgt die deutsche Umsetzung dem 19. Erwägungsgrund der SE-RL 2001.[584] Trotzdem wäre es begrüßenswert gewesen, wenn von einer derartigen Ausgestaltung abgesehen worden wäre; die Rechtsform SE hätte dadurch an Attraktivität gewonnen. Der erforderliche gewerkschaftliche Beratungsbedarf, der unter anderem dadurch begründet ist, dass Arbeitnehmervertreter aus unterschiedlichen Sparten entsandt werden und daher stark divergierende Interessen verfolgen[585], hätte durch die von § 14 Abs. 1 SEBG eröffnete Möglichkeit des Einbezugs von Sachverständigen, zu denen auch Vertreter von Gewerkschaftsorganisationen auf Gemeinschaftsebene zählen können, gedeckt werden können. Problematisch ist zudem, dass diese Umsetzungsgesetzgebung zu einer inhomogenen Zusammensetzung der Arbeitnehmerseite innerhalb des SNB führt, weil in das SNB Vertreter aus verschiedenen Mitgliedstaaten entsandt werden und nicht jeder Mitgliedstaat von der Möglichkeit der Entsendung von Gewerkschaftsvertretern Gebrauch macht. Dies erschwert nicht nur die Arbeit im und mit dem Verhandlungsgremium, sondern kann auch dazu führen, dass einzelne Länderinteressen aufgrund einer höheren Durchsetzungskraft gewerkschaftlicher Vertreter stärker Berücksichtigung finden als andere.[586] Desweiteren besteht die Gefahr, dass die Gewerkschaftsvertreter versuchen könnten, allgemeine unternehmensübergreifende Interessen der Gewerkschaft durchzusetzen und dadurch der Vorteil einer Verhandlungslösung, eine spezifisch auf das einzelne Unternehmen und seine Betriebe zugeschnittene Mitbestimmungslösung festlegen zu können, konterkariert wird.[587]

---

[582] Die Gewerkschaftsvertreter werden nicht zusätzlich, sondern anstelle der „regulären" Arbeitnehmer bestellt; anders Luther, BB 2002, 1, 5.

[583] Protokoll der 726. Sitzung des Bundesrates vom 29. Mai 1998, S. 286.

[584] Kallmeyer, ZIP 2004, 1442, 1443.

[585] So Herfs-Röttgen, NZA 2002, 358, 360.

[586] Vgl. Herfs-Röttgen, NZA 2002, 358, 360; gemeinsame Stellungnahme BDA, BDI, DIHK, GDV, Bdb, Dt. Aktieninstitut zum Entwurf eines Gesetzes zur Einführung der Europäischen Gesellschaft, S. 8.

[587] So Schiessl, ZHR 167 (2003), 235, 252; offen Niklas, NZA 2004, 1200, 1201.

Neben der kritischen Beurteilung, dass der deutsche Gesetzgeber von der Option des Artikel 3 Abs. 2 lit. b UA SE-RL 2001 überhaupt Gebrauch gemacht hat, steht vor allem der Umfang der gewerkschaftlichen Beteiligung im Mittelpunkt der Kritik.[588] Der lineare Anstieg von Gewerkschaftsvertretern abhängig von der Größe des SNB erstaunt insbesondere vor dem Hintergrund der gewählten gesetzgeberischen Begründung. Der Gesetzgeber bezieht sich in der Begründung zu § 6 SEBG auf die Traditionen des Mitbestimmungsgesetzes und meint damit die Vorschrift des § 7 Abs. 2 Mitbestimmungsgesetz.[589] Dieser sieht aber gerade keinen von der Größe des Gremiums abhängigen linearen Anstieg der Zahl der Gewerkschaftsvertreter vor. Die Umsetzungsgesetzgebung widerspricht gerade dem in § 7 Abs. 2 Mitbestimmungsgesetz zum Ausdruck kommenden Rechtsgedanken, wonach die Rechte in erster Linie von Unternehmensangehörigen wahrgenommen werden sollen.[590]

e. Ausgestaltung des Bestellverfahrens

Das Verfahren zur Ermittlung der auf das deutsche Hoheitsgebiet entfallenden Mitglieder konnte von dem deutschen Gesetzgeber frei gestaltet werden. Um den Aufwand und die Kosten möglichst gering zu halten, ist für die Bestellung der Mitglieder des SNB kein eigenes Wahl- oder Bestellverfahren vorgesehen.[591] Die Wahl erfolgt vielmehr durch ein Wahlgremium, das aus den vorhandenen Betriebsratsstrukturen gebildet wird.[592]

Die Zusammensetzung des Wahlgremiums unterscheidet sich abhängig von der Unternehmensstruktur und den bereits bestehenden Arbeitnehmervertretungsorganen. Für eine inländische Unternehmensgruppe bildet das auf der jeweils höchsten Ebene tatsächlich vorhandene Arbeitnehmervertretungsorgan das Gremium. Dies ist in der Regel der Konzernbetriebsrat. Wurde ein solcher nicht gebildet, fällt die Aufgabe dem Gesamtbetriebsrat oder, bei Fehlen eines solchen,

---

[588] Vgl. Kallmeyer, ZIP 2004, 1442, 1443; Wisskirchen/Prinz, DB 2004, 2638, 2639.

[589] Begründung zu § 6 Abs. 3 und Abs. 4 SEBG, BT-Drucks. 15/3405, S. 46; auch Kraushaar nimmt für die Zusammensetzung des SNB Bezug auf die Regelungen und Rechtsgedanken des Mitbestimmungsgesetzes, Kraushaar, BB 2003, 1614, 1615 f.

[590] Vgl. hierzu Kraushaar, BB 2003, 1614, 1617.

[591] Begründung zu § 8 SEBG, BT-Drucks. 15/3405, S. 47.

[592] Kritisch aufgrund fehlender Berücksichtigung der Sprecherausschüsse, Deutscher Führungskräfteverband, kurz und bündig, Ausgabe 8, 2004 vom 7. Mai 2004, S. 1.

dem Betriebsrat zu (§ 8 Abs. 2 SEBG). Bei der Beteiligung nur eines deutschen Unternehmens besteht das Wahlgremium aus Mitgliedern des Gesamtbetriebsrats oder des Betriebsrats (§ 8 Abs. 3 SEBG). Ist ein in Deutschland ansässiger Betrieb eines Unternehmens, das seinen Sitz nicht in Deutschland hat, betroffen, so besteht das Wahlgremium aus Mitgliedern des Betriebsrats (§ 8 Abs. 4 SEBG). Für den Fall, dass an der Gründung der SE mehrere nicht konzernverbundene Unternehmen oder Unternehmensgruppen beteiligt sind oder Niederlassungen ausländischer Gesellschaften betroffen sind, setzt sich das Wahlgremium aus Mitgliedern der Arbeitnehmervertretungen der jeweils höchsten Konzern-, Unternehmens- oder Betriebsebene zusammen. (§ 8 Abs. 5 SEBG). Besteht in den einzelnen Unternehmen keine Arbeitnehmervertretung, so bestimmt sich die Anzahl der aus dieser Einheit stammenden Mitglieder des Wahlgremiums nach der Mitgliederzahl, die ein fingiertes Arbeitnehmervertretungsorgan in diesem Unternehmen hätte (§ 8 Abs. 5 S. 5 SEBG). Die Mitglieder des Wahlgremiums werden dann gemäß § 8 Abs. 5 S. 3 SEBG von den Arbeitnehmern in Urwahl gewählt.

Die Höchstzahl der Mitglieder des Wahlgremiums ist nach § 8 Abs. 6 S. 1 SEBG grundsätzlich auf 40 begrenzt. Für den Fall, dass in keinem der inländischen Unternehmen oder Betriebe eine Arbeitnehmervertretung besteht, wählen die Arbeitnehmer die Mitglieder des SNB in geheimer und unmittelbarer Wahl selbst (§ 8 Abs. 7 S. 1 SEBG).

Die Wahl der Mitglieder des SNB erfolgt durch Beschluss des Wahlgremiums. Bei der Wahl müssen mindestens zwei Drittel der Mitglieder des Wahlgremiums, die mindestens zwei Drittel der Arbeitnehmer vertreten, anwesend sein (§ 10 Abs. 1 S. 1 SEBG). Die Wahl wird gemäß § 10 Abs. 1 S. 3 SEBG mit einfacher Mehrheit der abgegebenen Stimmen entschieden, wobei jedes Mitglied des Wahlgremiums jeweils so viele Stimmen hat, wie es Arbeitnehmer vertritt (§ 10 Abs. 1 S. 2 SEBG).

f. Strukturelle Änderungen

Nachdem die Tätigkeitsdauer des SNB bis zu einem Jahr dauern kann (vgl. § 20 Abs. 2 SEBG), ist die Frage interessant, wie sich ein Strukturwechsel bzw. eine Änderung in der Arbeitnehmerzahl der beteiligten Gesellschaften, der betroffenen Tochtergesellschaften oder der betroffenen Betriebe auf die Zusammensetzung des SNB auswirkt. Nach § 5 Abs. 4 S. 1 SEBG ist in diesen Fällen eine Neukonstituierung des SNB durchzuführen.

Es ist jedoch fraglich, ob diese gesetzliche Pflicht der Intention des europäischen Gesetzgebers entspricht. Nach Erwägungsgrund Nr. 18 der SE-RL 2001 gilt der Grundsatz der Sicherung erworbener Rechte der Arbeitnehmer über ihre Beteiligung an Unternehmensentscheidungen nicht nur für den Fall der Neugründung einer SE, sondern auch für strukturelle Veränderungen einer bereits gegründeten SE. Aus dem Wortlaut ergibt sich, dass die Geltung des Vorher-Nachher-Prinzips nur solche strukturellen Änderungen umfasst, die *nach* Gründung der SE erfolgen. Ein *erworbenes* Recht auf eine bestimmte Zusammensetzung des SNB gibt es aber nicht, denn die Arbeit des SNB findet in der Regel *vor* der Gründung der SE statt. Zudem will der europäische Gesetzgeber nur die Rechte der Arbeitnehmer über die Beteiligung an Unternehmensentscheidungen sichern. Ein solches Beteiligungsrecht wird durch das SNB jedoch nicht unmittelbar gewährt, denn es stellt keine dritte Ebene der Beteiligungsrechte der Arbeitnehmer dar.[593] Aus der Regelung über die Neuzusammensetzung des SE-Betriebsrats für den Fall struktureller Änderungen (vgl. Anhang zur SE-RL 2001 Teil 1 lit. b UA) ergibt sich zudem, dass eine solche Pflicht bei der Zusammensetzung des SNB nicht bestehen kann. Anderenfalls wäre eine vergleichbare Vorschrift in den Richtlinientext aufgenommen worden. Nur wenn die Zusammensetzung des SNB nach der Informationserteilung über das Gründungsvorhaben ohne Rücksicht auf etwaige strukturelle Änderungen während der Verhandlungsphase unverändert bleibt, ist gewährleistet, dass die Verhandlungen auf der Basis einer gesicherten Ausgangssituation geführt werden können.

g. Rechte und Pflichten der Mitglieder des SNB, Kosten und Sachaufwand

Die Mitglieder des SNB unterliegen bei der Wahrnehmung ihrer Aufgaben dem gleichen Schutz und den gleichen Sicherheiten wie die Arbeitnehmer nach den Gesetzen und Gepflogenheiten des Mitgliedstaates, in dem sie beschäftig sind (§ 42 Nr. 1 SEBG). Nach § 41 Abs. 4 in Verbindung mit § 41 Abs. 2 SEBG unterliegen die Mitglieder und Ersatzmitglieder des SNB der Geheimhaltungspflicht.

Die beteiligten Gesellschaften tragen die Kosten, die durch die Bildung und die Tätigkeit des SNB entstehen, als Gesamtschuldner. Eine Begrenzung der Kosten auf das Kriterium der Erforderlichkeit legt § 19 SEBG zwar fest[594], es wäre je-

---

[593] Vgl. bereits § 4 B II.

[594] Kritisch zu dem Fehlen eines ausdrücklichen Gebots zur Kostenvermeidung, gemeinsame Stellungnahme BDA, BDI, DIHK, GDV, Bdb, Dt. Aktieninstitut zum Entwurf eines Gesetzes

doch begrüßenswert gewesen, wenn der Gesetzgeber die Übernahme der Kosten auf einen Sachverständigen pro Beratungs- bzw. Verhandlungsgegenstand[595] begrenzt hätte.[596] Diese Möglichkeit sieht die Richtlinie in Artikel 3 Abs. 7 UA SE-RL 2001 vor.

5. Inhalt der Vereinbarung

a. Gesetzliche Vorgaben

Die Aufgabe des SNB besteht darin, mit den Leitungen in vertrauensvoller Zusammenarbeit (vgl. § 40 SEBG) eine schriftliche Vereinbarung über die Beteiligung der Arbeitnehmer abzuschließen.[597] Dazu treffen sie eine Vereinbarung über die Errichtung eines SE-Betriebsrats oder über die Schaffung eines Verfahrens zur Unterrichtung und Anhörung.[598] Daneben kann eine Vereinbarung über

---

zur Einführung der Europäischen Gesellschaft, S. 10. Zwar sieht die Richtlinie für die Arbeit des SNB eine Begrenzung der Kosten durch das Kriterium der Angemessenheit vor (vgl. Artikel 3 Abs. 7 SE-RL 2001), bei der Pflicht zur Übernahme der Kosten für die Arbeit des SE-Betriebsrats nach der Auffangregelung findet sich dagegen in dem Richtlinientext eine doppelte Einschränkung nach Erforderlichkeit und Angemessenheit der Kosten (die erforderlichen Mittel in angemessener Weise vgl. Anhang zur SE-RL 2001 Teil 2 lit. h); nur für diesen Fall hätte daher die Aufnahme eines Gebots zur Kostenvermeidung der Intention des Europäischen Gesetzgebers entsprochen.

[595] Zur Frage, ob sich nach dem Wortlaut der SE-RL 2001 die Begrenzung auf einen Sachverständigen für die gesamte Arbeit des SNB oder auf die einzelnen Beratungs- bzw. Verhandlungsgegenstände bezieht, vgl. Kuffner, Die Beteiligung der Arbeitnehmer in der Europäischen Aktiengesellschaft, S. 146 mit weiteren Nachweisen.

[596] Ebenso kritisch Wisskirchen/Prinz, DB 2004, 2638, 2639.

[597] Problematisch ist die Frage nach der Rechtsnatur der Vereinbarung. Zu denken ist an die Qualifizierung als Tarifvertrag, Betriebsvereinbarung, schuldrechtlich wirkender Vertrag oder als eigenständiger Kollektivvertrag mit normativer Wirkung, wobei sich die Legitimation für die Normsetzung unmittelbar aus Artikel 4 Abs. 1 SE-RL 2001 ergibt. Für Letzteres Kraushaar, BB 2003, 1614, 1619; ausführlich hierzu Herfs-Röttgen, NZA 2002, 358, 363 f.

[598] In der schriftlichen Vereinbarung soll der Geltungsbereich der Vereinbarung, die Zusammensetzung des SE-Betriebsrats, die Befugnisse und das Verfahren zur Unterrichtung und Anhörung des SE-Betriebsrats, die Häufigkeit der Sitzungen des SE-Betriebsrats, die für den SE-Betriebsrat bereitzustellenden finanziellen und materiellen Mittel, sowie der Zeitpunkt des Inkrafttretens und ihre Laufzeit, ferner die Fälle, in denen die Vereinbarung neu ausgehandelt werden soll, enthalten sein. Sollte kein SE-Betriebsrat gebildet werden, sind in der Vereinbarung die Durchführungsmodalitäten des Verfahrens zur Unterrichtung und Anhörung festzulegen (§ 21 Abs. 1 und Abs. 2 SEBG). Fraglich ist, ob das SNB auch entscheiden kann, dass Unterrichtungs- und Anhörungsrechte auf grenzüberschreitender Ebene nicht eingeführt werden. Dies muss bejaht werden, denn die Vereinbarung kann „unbeschadet der Autonomie der Parteien" (vgl. § 21 Abs. 1 SEBG) getroffen werden. Allerdings ist ein solcher Verzichtsbe-

die Mitbestimmung auf der Unternehmensebene getroffen werden. Die Parteien können sich aber auch darauf einigen, dass es zur Anwendung der gesetzlichen Regelungen des SE-Beteiligungsgesetzes kommt (§ 21 Abs. 5 SEBG). In diesem Fall greifen die Bestimmungen über den SE-Betriebsrat kraft Gesetzes (§§ 22 bis 33 SEBG) und bzw. *oder* über die Mitbestimmung kraft Gesetzes (§§ 34 bis 38 SEBG). Eine unterschiedliche Ausgestaltung hinsichtlich der betrieblichen und der unternehmerischen Mitbestimmung ist möglich. Dies ergibt sich zum Einen aus § 34 SEBG, der nur auf die Voraussetzungen des § 22 SEBG verweist,[599] und zum Anderen aus der Formulierung des § 21 Abs. 5 SEBG selbst, der die Möglichkeit eröffnet, die gesetzlichen Regeln auch nur in Teilen zur Anwendung kommen zu lassen. § 21 Abs. 5 SEBG kann folglich nicht als „Alles-oder-Nichts" Regel verstanden werden.

Für den Fall, dass die Parteien beschließen, eine Vereinbarungslösung einzuführen, ist deren Inhalt festzulegen (§ 21 Abs. 3 S. 1 SEBG). Sie kann jedoch nicht die Struktur der SE berühren. Die Größe des Kontroll- oder Leitungsorgans ist nicht Gegenstand der Vereinbarung, denn diese richtet sich gemäß Artikel 40 Abs. 3, Artikel 43 Abs. 2 SE-VO 2001 nach der Satzung.[600] Daher kann in der Vereinbarung über die Mitbestimmung vor allem die Zahl der Mitglieder des Aufsichts- oder Verwaltungsrates der SE, welche die Arbeitnehmer wählen oder bestellen können oder deren Bestellung sie empfehlen oder ablehnen können (§ 21 Abs. 3 Nr. 1 SEBG), das Verfahren, nach dem die Arbeitnehmer diese Mitglieder wählen oder bestellen oder deren Bestellung empfehlen oder ablehnen können (§ 21 Abs. 3 Nr. 2 SEBG) und die Rechte der Mitglieder (§ 21 Abs. 3 Nr. 3 SEBG) festgelegt werden. Dass dieser Inhalt nicht verpflichtend ist, ergibt

---

schluss dann an die besonderen Mehrheitsverhältnisse des § 16 Abs. 1 S. 2 SEBG gekoppelt. Zudem ist zu beachten, dass es in diesem Fall zur Anwendbarkeit der Regelungen des Europäischen Betriebsrätegesetzes kommt (vgl. § 49 Abs. 1 Nr. 2 SEBG). Der Verzicht muss also gleichgesetzt werden mit einer ausdrücklichen Vereinbarung darüber, dass das genannte Gremium nicht eingerichtet werden soll; vgl. Herfs-Röttgen, NZA 2002, 358, 361 f.; anders Kleinsorge, RdA 2002, 343, 347; Niklas, NZA 2004, 1200, 1203; die Möglichkeit, im Vereinbarungswege die Vertretungsstrukturen nach dem Betriebsverfassungsgesetz (Betriebsrat, Gesamtbetriebsrat, Konzernbetriebsrat, Spartenbetriebsrat und andere vereinbarte Formen nach § 3 Betriebsverfassungsgesetz) auszuschließen, besteht allerdings nicht. Dies stellt die SE-RL 2001 in Artikel 13 Abs. 3 lit. a SE-RL 2001 ausdrücklich klar, dem folgt § 47 Abs. 1 SEBG.

[599] Wisskirchen/Prinz, DB 2004, 2638, 2640 Fn. 20.

[600] Kallmeyer, AG 2003, 197, 199.

sich aus dem Wortlaut des § 21 Abs. 3 S. 2 SEBG, der als Soll-Vorschrift formuliert ist, sodass dessen Verletzung keine Auswirkung zeitigt.[601]

b. Grundsatz der Parteiautonomie

§ 21 Abs. 3 S. 1 SEBG stellt klar, dass die Beteiligten frei darüber entscheiden können, ob sie eine Vereinbarung zur Mitbestimmung treffen (vgl. den Wortlaut „*Für den Fall*, dass die Parteien eine Vereinbarung über die Mitbestimmung treffen“, § 21 Abs. 3 S. 1 SEBG).[602] Zwar wird in dieser Vorschrift der Grundsatz der Parteiautonomie betont, doch krankt die deutsche Umsetzung daran, dass der Vereinbarungsinhalt über die Mitbestimmung nicht „unbeschadet der Autonomie der Parteien“ festgelegt werden kann. In dem Richtlinientext bezieht sich das Merkmal „unbeschadet der Autonomie der Parteien“ aufgrund der fortlaufenden Nummerierung des Artikel 4 Abs. 2 lit. a bis lit. h SE-RL 2001 indessen auch auf die Vereinbarung über die Mitbestimmung (vgl. Artikel 4 Abs. 2 lit. g SE-RL 2001). Zwar wird der Grundsatz der Parteiautonomie noch in § 21 Abs. 1 SEBG und durch den Verweis in § 21 Abs. 2 S. 2 SEBG auch in § 21 Abs. 2 S. 1 SEBG betont; die Aufteilung des § 21 SEBG in verschiedene Absätze hat jedoch zur Folge, dass sich das Merkmal „unbeschadet der Autonomie der Parteien“ nicht mehr auf die in § 21 Abs. 3 SEBG geregelte unternehmerische Mitbestimmung bezieht. Um jedoch zu verdeutlichen, dass die Beteiligten in ihrer Entscheidung über die Einführung einer Unternehmensmitbestimmung frei sind, auch wenn sie eine Vereinbarung zur Unterrichtung und Anhörung treffen, wäre eine eindeutige Formulierung wünschenswert gewesen.

Eine vergleichbare „Verschleierung“ des fundamentalen Grundsatzes der Parteiautonomie findet sich in § 1 Abs. 1 S. 3 und Abs. 2 SEBG. Dort hebt der Gesetzgeber zwar den von der Richtlinie vorgegebenen Grundsatz des „Schutzes erworbener Rechte“[603] hervor. Die Möglichkeit, dass die bestehenden Beteiligungs-

---

[601] Kritisch deshalb DGB, Stellungnahme des DGB zum Referentenentwurf eines Gesetzes zur Einführung der Europäischen Gesellschaft (SEEG), S. 3.

[602] Für einen Beschluss des SNB, keine Mitbestimmung einzuführen ist jedoch zu beachten, dass ein solcher Verzicht gleichgesetzt werden muss mit einem Nichtaufnahme- bzw. Abbruchsverzicht gemäß § 16 SEBG. Beiden Beschlüssen ist immanent, dass sie eine ausdrückliche Vereinbarung darüber darstellen, dass das Institut der Mitbestimmung nicht eingerichtet werden soll. Der Beschluss erfordert daher eine doppelte qualifizierte Mehrheit und kommt im Falle einer Gründung durch Umwandlung nicht in Betracht, wenn die umzuwandelnde Gesellschaft mitbestimmt ist; weiterführend § 4 B VI.

[603] Vgl. Erwägungsgrund Nr. 3 und Nr. 7 SE-RL 2001; hierzu auch § 3 C III 3 b.

rechte in den Gründungsgesellschaften im Wege der Verhandlungen auch anders ausgestaltet werden können, findet sich dagegen in den Zielsetzungen des Gesetzes nicht. Sie ist aber ebenso prägend wie der Grundsatz des „Schutzes erworbener Rechte".

c. Sonderfall der Umwandlung

Die Parteiautonomie wird für den Fall der Gründung einer SE durch Umwandlung weitgehend eingeschränkt. § 21 Abs. 6 S. 1 SEBG sieht vor, dass in der durch Umwandlung gegründeten SE in Bezug auf alle Komponenten der Arbeitnehmerbeteiligung zumindest das gleiche Ausmaß gewährleistet wird, das in der Gesellschaft besteht, die in eine SE umgewandelt werden soll. Die Formulierung „in Bezug auf alle Komponenten der Arbeitnehmerbeteiligung", die sich auch in Artikel 4 Abs. 4 SE-RL 2001 findet, macht dabei deutlich, dass es hier nicht nur um einen zahlenmäßigen Bestandsschutz geht, sondern dass damit konkret bestehende Mitbestimmungsrechte gemeint sind.[604] Der Bestandsschutz setzt sich auch bei einem Wechsel der Gesellschaft von einer dualistischen zu einer monistischen Organisationsstruktur oder umgekehrt durch (§ 21 Abs. 6 S. 2 SEBG).

Aus diesem vorgezeichneten Ergebnis könnte man schließen, dass die Aufnahme von Verhandlungen im Falle der Umwandlung mit der Folge, dass dadurch auch die Kosten für die Bildung und Tätigkeit des SNB entfallen, entbehrlich ist. Das Recht zum Verhandeln kann der Arbeitnehmerseite aber nicht genommen werden, weil sie die Verhandlungen stets auch mit dem Ziel einer Erweiterung der Arbeitnehmerbeteiligung führen kann.[605] Selbst wenn sich die Arbeitnehmer keinen Erfolg hinsichtlich einer freiwilligen Erweiterung der Mitbestimmung versprechen oder an einer solchen gar nicht interessiert sind, besteht der Verhandlungszwang fort. § 4 Abs. 1 S. 1 SEBG schreibt die Einsetzung des SNB zwingend vor, ohne das hierzu eine Ausnahmeregelung besteht.[606]

d. Auslegung der Vereinbarung

Zur Verwirklichung der in § 1 SEBG festgelegten Ziele führt der Gesetzgeber eine Auslegungsregel ein, wonach sowohl die Vorschriften des Gesetzes als auch

---

[604] So auch Begründung zu § 21 Abs. 6 SEBG, BT-Drucks. 15/3405, S. 52.

[605] Lange, EuZW 2003, 301, 304.

[606] Auf der Grundlage der SE-RL 2001 bereits Heinze, ZGR 2002, 66, 80; Lange, EuZW 2003, 301, 304.

die getroffene Vereinbarung der Parteien über die Beteiligung der Arbeitnehmer im Zweifel so auszulegen sind, dass eine Beteiligung der Arbeitnehmer in der SE gesichert wird (§ 1 Abs. 3 SEBG). Diese Sicherung entspricht dem fundamentalen Grundsatz und dem erklärten Ziel der Richtlinie[607], sodass aufgrund des Vorrangs des Europarechts das SE-Beteiligungsgesetz ohnehin an dieser Vorgabe gemessen werden muss. Die zielgerichtete Auslegung der Parteivereinbarung stößt dagegen auf Unverständnis. Eine solche ist der Richtlinie fremd und entspricht nicht der Intention des europäischen Gesetzgebers, der das Prinzip der Parteiautonomie als ebenso wichtig erachtet wie den Schutz erworbener Rechte.[608] Die Beteiligungsrechte werden ohnedies durch die besonderen Mehrheitsverhältnisse im Falle einer Minderung des Mitbestimmungsstandards und durch die gesetzlichen Auffangregelungen ausreichend gesichert. Ein weiterer „Sicherungsmechanismus" in Form einer zielgerichteten Auslegung der Vereinbarung ist daher nicht nötig. Die Vereinbarung der Parteien ist vielmehr nach den allgemeinen Grundsätzen, also dem wirklichen Willen und dem objektiven Erklärungsinhalt (§§ 133, 157 BGB), auszulegen und nicht nach dem Ziel, eine Beteiligung der Arbeitnehmer sicherzustellen.[609]

6. Beschlussfassung mit doppelter absoluter Mehrheit

Die Frage, mit welchen Mehrheiten in dem SNB abgestimmt werden soll, war auf europäischer Ebene eine sensible Frage.[610] Das SNB hat seine Beschlüsse grundsätzlich mit einer doppelten absoluten Mehrheit zu fassen, d.h. für einen Beschluss muss die absolute Mehrheit der Mitglieder zustimmen, die zugleich die Mehrheit der durch sie vertretenen Arbeitnehmer umfasst (Artikel 3 Abs. 4 SE-RL 2001, § 15 Abs. 2 SEBG). Eine reine „pro Kopf" Betrachtung genügt nicht. Anderenfalls würde die Proportionalität der Arbeitnehmerzahlen in den verschiedenen Mitgliedstaaten unberücksichtigt bleiben.

---

607 Vgl. Erwägungsgrund Nr. 18 SE-RL 2001.

608 Vgl. nur Erwägungsgrund Nr. 8 SE-RL 2001.

609 Anders Kuffner, die auf den kollektivvertraglichen, normativen Charakter der Vereinbarung abstellt und daher wie auch bei Tarifverträgen und Betriebsvereinbarungen primär einen objektiven Maßstab anlegt; vgl. Kuffner, Die Beteiligung der Arbeitnehmer in der Europäischen Aktiengesellschaft, S. 151.

610 Kleinsorge/Neye, BArbBl. 4/2001, 5, 7.

7. Beschlussfassung mit doppelter qualifizierter Mehrheit

Für den Fall, dass die Verhandlungslösung eine Minderung der Mitbestimmungsrechte zur Folge hätte, sieht das Gesetz vor, dass dem Beschluss zwei Drittel der Mitglieder des SNB, die mindestens zwei Drittel der Arbeitnehmer in mindestens zwei Mitgliedstaaten vertreten, zustimmen müssen (§ 15 Abs. 3 SEBG).

a. Schwellenwerte

Dieses Mehrheitsverhältnis ist aber nur dann vorgeschrieben, wenn - neben dem Kriterium der Minderung der Mitbestimmung - bestimmte Schwellenwerte überschritten werden. Wird die SE durch Verschmelzung gegründet, so ist die doppelte qualifizierte Mehrheit nur dann erforderlich, wenn sich die Mitbestimmung auf mindestens 25 % der Gesamtzahl der Arbeitnehmer der beteiligten Gesellschaften und der betroffenen Tochtergesellschaften erstreckt. Für den Fall einer Holding- oder Tochter-SE liegt der Schwellenwert bei 50 % der Gesamtzahl der Arbeitnehmer der beteiligten Gesellschaften und Tochtergesellschaften. Anders als die SE-RL 2001, wonach es für die Schwellenwerte lediglich auf die Gesamtzahl der Arbeitnehmer der beteiligten Gesellschaften ankommt, bezieht § 15 Abs. 3 Nr. 1 und Nr. 2 SEBG auch die betroffenen Tochtergesellschaften mit ein. Die SE-RL 2001 ist in diesem Punkt nicht auslegungsfähig, sodass sich die deutsche Umsetzung erheblicher Kritik aussetzt.[611]

b. Minderung der Mitbestimmung

Neben der Überschreitung der genannten Schwellenwerte verlangt § 15 Abs. 3 SEBG, dass die Verhandlungen eine Minderung der Mitbestimmungsrechte zur Folge haben. Wann eine Mitbestimmungsminderung vorliegt, bestimmt die Legaldefinition der SE-RL 2001 (Artikel 3 Abs. 4 UA SE-RL 2001), die sich im Wesentlichen in § 15 Abs. 4 Nr. 1 SEBG wieder findet. Danach bedeutet eine Minderung der Mitbestimmungsrechte, dass der Anteil der Arbeitnehmervertreter im Aufsichts- oder Verwaltungsrat der SE geringer ist als der höchste in den beteiligten Gesellschaften bestehende Anteil. Aus der Verwendung des Begriffs „Anteil" ergibt sich, dass nicht die absolute Zahl von Arbeitnehmervertretern,

---

[611] Kritisch insbesondere Grobys, der durch den Einbezug von Tochtergesellschaften in die Berechnung einen Verstoß gegen die Richtlinie sieht, weil „der deutsche Gesetzgeber....damit in eigener Regie ein qualitatives Berechnungselement ein (führt), das im klaren Widerspruch zu den europäischen Vorgaben steht.", vgl. Grobys, NZA 2004, 779, 781; Grobys, NZA 2005, 84, 89; ebenso Kallmeyer, ZIP 2004, 1442, 1443; andere Ansicht Niklas, NZA 2004, 1200, 1203.

sondern nur das prozentuale Verhältnis zwischen Anteilseignern und Arbeitnehmervertretern betrachtet wird. Es findet somit primär ein rein quantitativer Vergleich statt.

c. Abkehr von der rein quantitativen Betrachtung

Eine Mitbestimmungsminderung liegt nach dem SE-Beteiligungsgesetz auch dann vor, wenn das Recht, Mitglieder des Aufsichts- oder Verwaltungsrats der Gesellschaft zu wählen, zu bestellen, zu empfehlen oder abzulehnen, beseitigt oder *eingeschränkt* wird (§ 15 Abs. 4 Nr. 2 SEBG). Nach der Begründung des Gesetzgebers liegt eine Einschränkung von Mitbestimmungsrechten vor, wenn es zur Einführung des Kooptationsmodells, d.h. des Rechts der Arbeitnehmer, einen Teil oder alle Mitglieder des Aufsichts- oder Verwaltungsrats der Gesellschaft zu empfehlen oder abzulehnen (vgl. § 2 Abs. 12 Nr. 2 SEBG), kommt.[612] Durch die in § 15 Abs. 4 Nr. 2 SEBG statuierte Fiktion einer Minderung der Mitbestimmung im Falle der Einführung des Kooptationsmodells nimmt der deutsche Gesetzgeber von einem rein formalen Zahlenvergleich der Arbeitnehmersitze Abstand und geht auf eine qualitative Betrachtung über.

Es stellt sich somit die Frage, ob dieses Vorgehen mit den europäischen Vorgaben vereinbar ist, da nach der SE-RL 2001 trotz der vorhandenen Unterschiede alle Formen der Mitbestimmung als gleichwertig anzusehen sind. Dies ergibt sich daraus, dass der Richtlinientext beide Mitbestimmungsformen in Artikel 2 lit. k SE-RL 2001 als gleichwertige Alternativen zur Verfügung stellt. Eine Durchbrechung der rein numerischen Betrachtung ist für den Fall der Einführung des Kooptationsmodells nach niederländischem Muster jedoch geboten.[613] Anderenfalls würde das deutsche Mitbestimmungsrecht immer als schwächer im Vergleich zum niederländischen Kooptationsmodell beurteilt werden müssen, „weil letzteres sämtliche Aufsichtsratsmitglieder erfasst, ersteres dagegen nur die Arbeitnehmervertreter“[614]. Würde man hier einem „blinden“ Zahlenvergleich folgen, so liefe der grundlegende Unterschied zwischen dem Recht zur eigenverantwortlichen Bestimmung eines Amtsträgers und der Befugnis, eine Auswahl zu empfeh-

---

[612] Vgl. Begründung zu § 15 Abs. 4 SEBG, BT-Drucks. 15/3405, S. 50.

[613] Mit diesem Ergebnis auch Niklas, NZA 2004, 1200, 1203, der das gesetzgeberische Vorgehen mit Artikel 11 SE-RL 2001 rechtfertigt. Danach haben die Mitgliedstaaten geeignete Maßnahmen zu treffen, um zu verhindern, dass eine SE dazu missbraucht wird, den Arbeitnehmern Beteiligungsrechte zu entziehen oder vorzuenthalten.

[614] Wißmann, in Festschrift für Wiedemann, S. 692.

len oder abzulehnen, leer.[615] „Selbst-Entscheiden-Können" ist aber qualitativ gerade nicht dasselbe wie „Widersprechen-Müssen".[616] Das Recht zur Wahl von Arbeitnehmervertretern in den Aufsichtsrat ist daher höher einzuschätzen als die im niederländischen Recht vorgesehene Beteiligung der Arbeitnehmervertretung am Bestellverfahren; denn die niederländische Befugnis „macht die Aufsichtsratsmitglieder nicht zu Vertretern der Arbeitnehmerinteressen"[617]. Eine andere Beurteilung hätte zudem das Kuriosum zur Folge, dass der Aufsichtsrat der SE unter bestimmten Voraussetzungen ausschließlich aus Arbeitnehmervertretern zusammengesetzt sein könnte, da sich das Recht auf Empfehlung oder Ablehnung der Mitglieder des Aufsichts- oder Verwaltungsrats auf sämtliche Aufsichtsratsmitglieder erstrecken kann.[618]

Problematisch an der deutschen Umsetzung ist jedoch, dass aus der Formulierung des § 15 Abs. 4 Nr. 2 SEBG nicht eindeutig hervorgeht, dass hiervon ausschließlich die Einführung des niederländischen Modells umfasst ist. Es besteht die Gefahr, dass der unbestimmte Rechtsbegriff „Einschränken" eines Mitbestimmungsrechts auf andere Fallgruppen ausgeweitet wird. Dass auch andere Konstellationen zu einer Einbuße von Mitbestimmungsrechten führen können, verdeutlichen die folgenden Beispiele.

d. Weitere Fallgruppen

Eine deutsche Aktiengesellschaft und eine spanische S.A. entscheiden sich, eine gemeinsame Tochter-SE in Spanien zu gründen. Die „spanische" SE soll eine dualistische Organisationsverfassung haben. Die Bundesrepublik hat im Rahmen der Umsetzung der SE-VO 2001 nicht von der Gestaltungsmöglichkeit des Artikel 39 Abs. 2 UA SE-VO 2001 Gebrauch gemacht, wonach die Mitgliedstaaten vorschreiben können, dass in der Satzung festgelegt werden kann, dass die Mitglieder des Leitungsorgans von der Hauptversammlung unter den Bedingungen,

---

[615] Wißmann in Festschrift für Wiedemann, S. 692.

[616] Niessen, ZGR 1973, 218, 223.

[617] Wißmann in Festschrift für Wiedemann, S. 692; so im Ergebnis auch Köstler in Theisen/Wenz, Die Europäische Aktiengesellschaft, S. 310, Fn. 2; Köstler: „Ich behaupte immer noch, in den Niederlanden gäbe es gar keine Mitbestimmung", Köstler in Studien des Deutschen Aktieninstituts, Die Europa AG – Eine Perspektive für deutsche Unternehmen?, S. 45.

[618] Fallbeispiel bei Reichert/Brandes in Bonner Europa-Symposium, Europäische AG und der Diskussionsentwurf zum deutschen Begleitgesetz, S. 86.

die für Aktiengesellschaften mit Sitz in ihrem Hoheitsgebiet gelten, bestellt und abberufen werden können. Eine Minderung des Mitbestimmungsrechts könnte trotz einer Übertragung des deutschen Mitbestimmungsstandards auf die SE dann bejaht werden, wenn die Satzung der „spanischen" SE bestimmt, dass die Mitglieder des Leitungsorgans von der Hauptversammlung bestellt und abberufen werden, da den deutschen Arbeitnehmervertretern dadurch das Recht zur Bestellung des Leitungsorgans genommen wird. Eine Einschränkung des Mitbestimmungsstandards kann sich somit auch schon aus dem maßgeblichen SE-Statut ergeben, ohne dass das Recht der Arbeitnehmer, Vertreter in den Aufsichts- oder Verwaltungsrats zu wählen bzw. auf deren Bestellung Einfluss zu nehmen, beschnitten wird.[619]

Vergleichsweise schwierig ist die Bewertung, wenn die deutsche Aktiengesellschaft mit der spanischen S.A. nun vereinbart, dass in der gemeinsamen Tochter-SE eine Drittelparität eingeführt wird, die Tochter-SE dabei allerdings monistisch strukturiert sein soll. Der vereinbarte Anteil der Arbeitnehmer im Aufsichts- oder Verwaltungsrat ist dann zwar geringer als der höchste in den beteiligten Gesellschaften bestehende Anteil. Aufgrund der monistischen Struktur der Tochter-SE wird die Mitbestimmung der deutschen Arbeitnehmer aus dem Aufsichtsorgan jedoch auf das Leitungsorgan der SE übertragen. Im Vergleich mit der Verankerung im Kontrollorgan der deutschen Aktiengesellschaft könnte man folgern, dass der daraus resultierende Machtzuwachs, soweit man einen solchen bejahen will,[620] die geringere anteilsmäßige Vertretung ausgleichen könnte. Eine Einschränkung des Rechts der Mitbestimmung im Sinne des § 15 Abs. 4 Nr. 2 SEBG müsste man – folgt man einer juristischen Gesamtbetrachtung – verneinen.[621]

Geht man unter dem Postulat einer juristischen Gesamtbetrachtung in dieser Fallgestaltung noch einen Schritt weiter, so könnte eine Einschränkung der Mitbestimmung schon deshalb verneint werden, weil nach der Vereinbarung für die spanische Tochter-SE eine dem deutschen Mitbestimmungssystem bekannte drittelparitätische Beteiligung eingeführt wird. Stellt man also auf das Regelwerk der deutschen Mitbestimmungsgesetze als solches ab, könnte man eine Mitbestim-

---

[619] Herfs-Röttgen, NZA 2002, 358, 361.

[620] Ausführlich hierzu in § 4 B VII 8 c.

[621] Hierzu Nagel, ArbuR 2001, 406, 407; Herfs-Röttgen, NZA 2002, 358, 361; Kraushaar, BB 2003, 1614, 1619 Fn. 21.

mungseinschränkung im Sinne des § 15 Abs. 4 Nr. 2 SEBG nur dann bejahen, wenn die Sicherung eines Mitbestimmungsstandards nach *einer* der vier deutschen Rechtsgrundlagen nicht mehr gewährleistet ist.[622]

Zudem könnte man in dieser Konstellation auch die Auffassung vertreten, dass eine Einschränkung des Mitbestimmungsstandards schon deshalb zu verneinen sei, weil sich nach einer europäischen Gesamtbetrachtung das Mitbestimmungsrecht der Arbeitnehmer nicht mindert, sondern vielmehr erhöht. Zwar bedeutet die getroffene Vereinbarung aus deutscher Sicht eine Reduzierung des bisherigen Mitbestimmungsstandards, zugleich tritt jedoch für die spanischen Arbeitnehmer eine Mitbestimmungssteigerung ein, da diese vor der Gründung der SE keinerlei Mitbestimmungsrechte auf Unternehmensebene hatten. Im Sinne einer europäischen Gesamtbetrachtung wäre dann sogar eine Verbesserung der Mitbestimmung erreicht worden, da nunmehr alle Arbeitnehmer durch Vertreter im Aufsichtrat repräsentiert wären.[623]

e. BEWERTUNG

Es wird deutlich, dass die Beurteilung, ob eine Minderung bzw. Einschränkung der Mitbestimmung vorliegt, im Einzelfall schwierig sein kann. Im Ergebnis ist jedenfalls bei der Bewertung keine juristische Gesamtbetrachtung angebracht. Auch wenn das die Richtlinie prägende „Vorher-Nachher-Prinzip“ einen solchen Rückschluss zulassen könnte[624], stellt die SE-RL 2001 eindeutig durch die Formulierung in Artikel 3 Abs. 4 UA SE-RL 2001 klar, dass es nur auf den Anteil und daher auf eine rein zahlenmäßige Betrachtung ankommt. Auch gesellschaftsrechtliche Vorgaben, die bei einer Gesamtbewertung zu einer Minderung des Mitbestimmungsniveaus führen, sind nicht einzubeziehen, da diese auch nicht durch die Mitbestimmungsvereinbarung gestaltbar sind. Das Erfordernis der doppelten qualifizierten Mehrheit kann deshalb hieran nicht anknüpfen.[625]

---

[622] Vgl. Nagel, ArbuR 2001, 406, 408.

[623] Vgl. Herfs-Röttgen, NZA 2002, 358, 361.

[624] So Herfs-Röttgen, NZA 2002, 358, 361.

[625] Vgl. Herfs-Röttgen, NZA 2002, 358, 361.

VI. MITBESTIMMUNGSRECHTLICHE NULLLÖSUNG

1. MITBESTIMMUNGSFREIE GROẞUNTERNEHMEN MIT SITZ IN DEUTSCHLAND

Die Vorgaben der SE-RL 2001 verfolgen das Ziel, dass die Gründung einer SE nicht zur Beseitigung oder zur Einschränkung der Gepflogenheiten der Arbeitnehmerbeteiligung führt[626], andererseits ist es aber möglich und zulässig, Großunternehmen[627] in der Rechtsform der SE mit Sitz in Deutschland zu gründen, die keiner Mitbestimmung unterliegen.[628]

So können Gesellschaften aus Mitgliedsstaaten, die eine der deutschen Mitbestimmung vergleichbare Arbeitnehmerbeteiligung nicht kennen, zu einer SE mit Sitz in Deutschland fusionieren, ohne dabei für diese ein Mitbestimmungsrecht einzuführen. Ein Beschluss, im Rahmen der Verhandlungslösung keine Mitbestimmung in der SE einzuführen, wäre nicht an die strengen Mehrheitserfordernisse des § 15 Abs. 3 SEBG gebunden, da eine Minderung der Mitbestimmungsrechte nur dort möglich ist, wo bereits zuvor ein Mitbestimmungsrecht bestand.[629] Auch im Falle des Scheiterns der Verhandlungen besteht in dieser Konstellation nicht die Gefahr, dass ein Mitbestimmungsrecht kraft Gesetzes eingeführt wird; denn dieses greift gemäß § 34 SEBG nur unter der zusätzlichen Voraussetzung, dass ein Recht auf Unternehmensmitbestimmung bereits in den an der Gründung beteiligten Gesellschaften vorhanden war oder dass das SNB einen entsprechenden Beschluss fasst.

---

[626] Erwägungsgrund Nr. 3 SE-RL 2001.

[627] Die Rechtsform der SE steht zwar auch für kleine und mittlere Unternehmen offen, die hohe Grundkapitalsumme von 120.000 Euro macht sie jedoch für diese Unternehmen nicht sonderlich attraktiv. Auch die weitgehende Satzungsstrenge ist ein Charakteristikum einer Rechtsform für Großunternehmen, Teichmann, ZGR 2002, 383, 388; differenzierend Horn, DB 2005, 147, 153. Weiterführend auf der Grundlage der SE-VO 1991, SE-RL 1991, Gutsche, Die Eignung der Europäischen Aktiengesellschaft für kleine und mittlere Unternehmen in Deutschland.

[628] So bereits Pluskat, EuZW 2001, 524, 528; kritisch Nagel: „Die Legitimationswirkung des supranationalen Statuts einer Europa-AG rechtfertigt die Flucht eines bundesrepublikanischen Unternehmens aus der deutschen Mitbestimmung, die dann auch noch als europafreundliches Verhalten verkauft werden kann"; Nagel, ArbuR 1990, 205, 210.

[629] Vgl. § 4 B V 6; § 4 B V 7.

Zu einer mitbestimmungsfreien SE mit Sitz in Deutschland kommt es sogar auch dann, wenn die ausländischen Gesellschaften, die keiner Mitbestimmung unterliegen, von einer deutschen Aktiengesellschaft oder Gesellschaft mit beschränkter Haftung als Muttergesellschaft gehalten werden. In diesem Fall wäre die entstehende SE eine unmittelbare Tochtergesellschaft der deutschen Gesellschaft, ohne dass es zu einer Übernahme des deutschen Mitbestimmungsregimes kommt.[630]

Aber selbst für den Fall, dass eine deutsche Gesellschaft unmittelbar an der SE-Gründung beteiligt ist, kann es durch die Verhandlungslösung zu einer mitbestimmungsrechtlichen Nulllösung in einer SE mit Sitz in Deutschland kommen. § 16 SEBG eröffnet die Möglichkeit, dass keine Verhandlungen aufgenommen[631] oder bereits begonnene Verhandlungen abgebrochen werden. Ein solcher „Negativ-Beschluss"[632] beendet das Verhandlungsverfahren und entfaltet Sperrwirkung in Bezug auf die Auffangregelungen, d.h. die gesetzlichen Bestimmungen über die grenzüberschreitende Unterrichtung und Anhörung sowie über die Mitbestimmung finden keine Anwendung.[633] Die SE ist folglich mitbestimmungsfrei. Lediglich auf betrieblicher Ebene bleiben die Vertretungsstrukturen nach dem Betriebsverfassungsgesetz unverändert bestehen (vgl. § 47 Abs. 1 SEBG). Zudem greifen die Regelungen des Europäischen Betriebsrätegesetzes, soweit dessen Voraussetzungen erfüllt sind (vgl. § 47 Abs. 1 Nr. 2 2 HS. SEBG). Das Interesse der Unternehmensleitung an einem Abbruch der Verhandlungen wird in der Praxis daher dann besonders groß sein, wenn dem Europäischen Betriebsrat in der Europäischen Betriebsratsvereinbarung weniger Rechte zustehen, als dies die Auffangregelung des SE-Beteiligungsgesetzes für den SE-Betriebsrat vorsieht. Eine Einigung in der Praxis in diesem Fall wird insbesondere dann zu erwarten sein, wenn diese unmittelbar mit der Existenz des Unternehmens und somit mit dem Erhalt von Arbeitsplätzen verbunden ist.

Für eine mitbestimmungsrechtliche Nulllösung ist es allerdings nötig, dass das SNB diesen „Negativ-Beschluss" mit einer doppelten qualifizierten Mehrheit

---

[630] Grobys, Mitbestimmung lässt sich künftig umgehen, FAZ vom 14. Juli 2004, S. 19.

[631] Waclawik kritisiert in diesem Zusammenhang, dass trotz des bis dahin betriebenen Aufwands zur Errichtung des SNB eine gesetzliche Pflicht, sich ernsthaft um den Abschluss einer Verhandlung zu bemühen, fehlt, vgl. Waclawik, DB 2004, 1191, 1197.

[632] Pluskat, DStR 2001, 1483, 1487.

[633] Kraushaar, BB 2003, 1614, 1617; Korts, Die Europäische Aktiengesellschaft, S. 23.

fasst. Vergleichbar mit dem Fall, dass die Vereinbarung zu einer Minderung der Mitbestimmungsrechte führt (vgl. § 15 Abs. 3 SEBG)[634], ist für die Beschlussfassung erforderlich, dass zwei Drittel der Mitglieder, die mindestens zwei Drittel der Arbeitnehmer in mindestens zwei Mitgliedstaaten vertreten, zustimmen. Dieses Mehrheitserfordernis gilt, anders als im Rahmen von § 15 Abs. 3 SEBG, unabhängig davon, ob eine bestimmte Mindestzahl von Arbeitnehmern Mitbestimmungsrechte in die SE mitbringt. Im Fall der Gründung durch Umwandlung hat der mitbestimmungsrechtliche Bestandsschutz dagegen Vorrang. Ein Abbruchs- oder Verzichtsbeschluss ist nicht möglich, wenn die umzuwandelnde Gesellschaft mitbestimmt ist (§ 16 Abs. 3 SEBG).

Nachdem ein solcher Beschluss gefasst wurde, besteht die Möglichkeit der Wiederaufnahme der Verhandlungen (§ 18 Abs. 1 und Abs. 2 SEBG). Dazu müssen mindestens 10 % der Arbeitnehmer der SE, ihrer Tochtergesellschaften und Betriebe oder deren Vertreter nach frühestens zwei Jahren einen schriftlichen Antrag stellen. Dies führt zu Neuverhandlungen, die es nach dem Wortlaut des § 18 Abs. 1 S. 1 SEBG erforderlich machen, ein SNB neu zu bilden. Die SE-RL 2001 spricht zwar von einer Wiedereinberufung des SNB (vgl. Artikel 3 Abs. 6 2 UA SE-RL 2001), sodass auch eine „Reaktivierung“ des SNB möglich gewesen wäre; Änderungen in der Struktur oder der Arbeitnehmerzahl innerhalb von zwei Jahren sind in der Praxis jedoch nicht selten, sodass durch eine direkte Neubildung des SNB der „Umweg“ über eine Analogie zu der Anpassungsvorschrift des § 5 Abs. 4 SEBG[635] vermieden wird. Wird trotz der Wiederaufnahme der Verhandlungen erneut keine Einigung zwischen den Verhandlungsparteien erzielt, so bleibt es gemäß § 18 Abs. 2 SEBG bei der Nichtanwendbarkeit der gesetzlichen Auffangregelungen.

2. Verfassungsrechtlicher Konflikt

a. Konflikt mit Artikel 3 Abs. 1 Grundgesetz

Der europäische Gesetzgeber hat die Möglichkeit eröffnet, mitbestimmungsfreie Großunternehmen in der Rechtsform der SE, gleich in welchem Mitgliedstaat sie ihren Sitz haben, zu gründen. Dies ist auch in solchen Mitgliedstaaten zulässig, die wie Deutschland ein hohes Mitbestimmungsniveau haben. Aus verfassungsrechtlicher Sicht stellt sich nun die Frage der Legitimation eines Nebeneinanders

---

[634] Hierzu § 4 B V 7.

[635] Vgl. § 4 B V 4 f.

mitbestimmungsfreier Unternehmen in der Rechtsform der SE und mitbestimmungspflichtiger Großunternehmen in nationaler Rechtsform mit Sitz in Deutschland.

Die Möglichkeit der Schaffung mitbestimmungsfreier Großunternehmen beruht zunächst auf einer Entscheidung des europäischen Gesetzgebers, der sich im Rahmen der SE-RL 2001 für den Kompromiss einer besitzstandswahrenden „Vorher-Nachher-Betrachtung" und einer Verhandlungslösung entschieden hat.[636] Im Rahmen einer verfassungsrechtlichen Beurteilung kann diese Entscheidung des europäischen Gesetzgebers nicht hinterfragt werden. Für die Überprüfung von Gemeinschaftsrecht am Maßstab der deutschen Grundrechte hat das Bundesverfassungsgericht, in Abkehr von seiner früheren Rechtsprechung[637] zur Kontrolle von sekundärem Gemeinschaftsrecht im Lichte der Grundrechte, die Überprüfung von sekundärem Gemeinschaftsrecht auf dessen Vereinbarkeit mit den Grundrechten in seiner Solange II Entscheidung[638] suspendiert.

Es ist allerdings zulässig zu fragen, ob angesichts der durch das SE-Beteiligungsgesetz neu geschaffenen Mitbestimmungslandschaft die Auswahl der nach § 1 Mitbestimmungsgesetz mitbestimmungspflichtigen Unternehmen weiterhin sachgerecht ist.

b. STELLUNGNAHME

Nach ständiger Rechtsprechung des Bundesverfassungsgerichts verbietet Artikel 3 Abs. 1 Grundgesetz, wesentliches Gleiches willkürlich ungleich und wesentlich Ungleiches willkürlich gleich zu behandeln.[639] Neben diesem Willkürverbot sieht das Bundesverfassungsgericht eine Verletzung des Artikel 3 Abs. 1 Grundgesetz immer dann, wenn eine Gruppe von Normadressaten im Vergleich zu anderen Normadressaten anders behandelt wird, obwohl zwischen beiden Gruppen keine Unterschiede von solcher Art und solchem Gewicht bestehen, dass sie die ungleiche Behandlung rechtfertigen könnten.[640] Bei der verfassungsrechtlichen

---

636 Vgl. § 3 C III 3.

637 BVerfGE 37, 271, 288 ff.

638 BVerfGE 73, 339 ff.

639 BVerfGE 78, 249, 287; BVerfGE 67, 186, 195; BVerfGE 45, 376, 386; BVerfGE 21, 227, 234; BVerfGE 21, 6, 9; BVerfGE 18, 38, 46; BVerfGE 18, 38, 46; BVerfGE 1, 14, 52.

640 Vgl. BVerfGE 55, 72, 88; BVerfGE 82, 60, 86; BVerfGE 76, 256, 329 f.; BVerfGE 75, 284, 300; BVerfGE 74, 129, 149; BVerfGE 74, 9, 24; als „neue Formel" bezeichnet.

Würdigung am Maßstab der neuen Formel des Bundesverfassungsgerichts stellt die maßgebliche Vergleichsgruppe die unter das Mitbestimmungsgesetz fallenden nationalen Kapitalgesellschaften und die nicht mitbestimmten Unternehmen mit mehr als 2000 Arbeitnehmer in der Rechtsform der SE dar. Für die Vergleichbarkeit der nationalen Unternehmen, die dem Mitbestimmungsgesetz unterfallen, und der Unternehmen in der Rechtsform der SE kann daran angeknüpft werden, dass die SE in ihren Grundzügen einer nationalen Aktiengesellschaft entspricht.[641] Sie ist eine Handelsgesellschaft mit eigener Rechtspersönlichkeit, für deren Verbindlichkeit nur das Gesellschaftsvermögen haftet und deren Kapital in Aktien zerlegt ist.[642] „Die SE ist damit eine supranationale Kapitalgesellschaft, die im Kern auf Großunternehmen zugeschnitten ist"[643]. Die Verwandtschaft zwischen SE und nationaler Aktiengesellschaft unterstreicht Artikel 9 Abs. 1 lit. c ii SE-VO 2001, wonach für beide Rechtsformen in weiten Bereichen dasselbe Recht gilt, sofern die Bestimmungen der SE-VO 2001, die Satzung der SE oder mitgliedstaatliche Spezialvorschriften nichts anderes vorsehen. Die SE wird nach dem Konzept der Verordnung daher stark durch das allgemeine Aktienrecht ihres Sitzstaates geprägt.[644]

Die durch § 1 Mitbestimmungsgesetz getroffene Auswahl der Unternehmen verstößt trotz der nun bestehenden Möglichkeit der Gründung einer mitbestimmungsfreien Europäischen Aktiengesellschaft nicht gegen Artikel 3 Abs. 1 Grundgesetz.

Für die unterschiedliche Behandlung einer SE und einer nationalen Aktiengesellschaft mit mehr als 2000 Arbeitnehmer stellt das eine SE charakterisierende Merkmal der Mehrstaatlichkeit[645] einen sachlichen Grund zur Ungleichbehandlung dar. Anders als bei den nationalen Vorschriften über die Mitbestimmung müssen aufgrund des grenzüberschreitenden Charakters der SE unterschiedliche Rechtslagen verschiedener Mitgliedstaaten berücksichtigt werden. Unbeachtlich ist, dass der grenzüberschreitende Bezug einer SE nur im Gründungsstadium bestehen muss. Artikel 2 Abs. 1 SE-VO 2001 bestimmt, dass für die *Gründung* ei-

---

[641] So Lange, EuZW 2003, 301.

[642] Vgl. § 3 C II 2.

[643] Steding, BuW 2003, 420, 421.

[644] Teichmann, ZIP 2002, 1109, 1110.

[645] Hierzu in § 3 C II 4 a.

ner SE mindestens die Gründungsgesellschaften dem Recht verschiedener Mitgliedstaaten unterliegen. Auch ein zwingender Gesellschaftszweck, wonach die SE in mindestens zwei Mitgliedstaaten Geschäftstätigkeit entfalten muss[646] oder dass die Mehrstaatlichkeit durch gewisse Mindestumsätze in mehreren Mitgliedstaaten wirtschaftlich definiert wird, verlangt der europäische Gesetzgeber nicht.[647] Der grenzüberschreitende Charakter kann bei der Rechtsform der SE also auch nur im Rahmen des „Gründungsvorgangs" zum Tragen kommen und unter Umständen relativ gering ausgeprägt sein. Dann nämlich, wenn es genügt, dass nur eine Zweigniederlassung in einem anderen Mitgliedstaat liegt.[648] Für eine Rechtfertigung der unterschiedlichen Behandlung von nationalen Großunternehmen und Großunternehmen in der Rechtsform der SE genügt das Merkmal der Mehrstaatlichkeit aber gleichwohl als sachlicher Differenzierungsgrund. Die Beschränkung des § 1 Abs. 1 Nr. 1 Mitbestimmungsgesetz auf nationale Kapitalgesellschaften ist folglich nicht schon deshalb willkürlich, weil die Rechtsform der SE nicht in den Anwendungsbereich einbezogen ist. Die unterschiedliche mitbestimmungsrechtliche Behandlung ist schon deshalb gerechtfertigt, weil sie europarechtlich zwingend vorgeschrieben ist. Nach Artikel 13 Abs. 2 SE-RL 2001 finden einzelstaatliche Rechtsvorschriften in Bezug auf die Mitbestimmung der Arbeitnehmer in den Gesellschaftsorganen, die nicht zur Umsetzung der SE-RL 2001 dienen, keine Anwendung auf Gesellschaften in der Rechtsform der SE. Die Aufnahme der SE in den Anwendungskatalog des § 1 Abs. 1 Nr. 1 Mitbestimmungsgesetz, mit dem Ziel eine Gleichbehandlung von nationalen und supranationalen Gesellschaften zu erreichen, müsste deshalb bereits als europarechtswidrig beurteilt werden.

Fraglich ist aber, ob die Auswahl der vom Mitbestimmungsgesetz erfassten Gesellschaften anhand des Kriteriums der Beschäftigungszahl (§ 1 Abs. 1 Nr. 2 Mitbestimmungsgesetz) weiterhin sachgerecht ist. Zum Zeitpunkt des Inkrafttretens des Mitbestimmungsgesetzes wurde ein Recht auf Mitbestimmung gerade bei Großunternehmen aufgrund der Gefahren von Anonymisierung der Arbeit-

---

[646] Lange, EuZW 2003, 301, 302.

[647] Kritisch hierzu bereits Hommelhoff: der Rechtsformzusatz „SE" „signalisiert im Rechts- und Geschäftsverkehr ein Unternehmen, das nach Größe und Marktstellung den Anforderungen des europäischen Marktes entspricht und sich zudem tatsächlich europaweit betätigt...Insoweit bedarf das Publikum in der Tat des Schutzes vor Täuschung...Ihn aber kann das Mehrstaatlichkeits-Gebot...bloß in ganz formaler und deshalb höchst ineffektiver Weise leisten"; Hommelhoff, AG 1990, 422, 423.

[648] Lange, EuZW 2003, 301, 302.

nehmer und der Bürokratisierung der Unternehmensleitung für sachgerecht gehalten und als Auswahlkriterium der vom Mitbestimmungsgesetz umfassten Unternehmen akzeptiert.[649] Die Entscheidung ergab sich außerdem daraus, dass die Unternehmen erst mit dem Überschreiten einer gewissen Unternehmensgröße in der Regel eine ausreichend differenzierte Organisation aufweisen, an welcher die Mitbestimmung ansetzen konnte.[650] Angesichts der nun bestehenden Möglichkeit der Gründung mitbestimmungsfreier Unternehmen mit mehr als 2000 Arbeitnehmer in der Rechtsform der SE erscheint diese Begründung auf den ersten Blick fragwürdig. Allerdings kann das Kriterium der Beschäftigungszahl des § 1 Abs. 1 Nr. 2 Mitbestimmungsgesetz nun nicht deshalb als willkürlich bezeichnet werden, weil der europäische Gesetzgeber mit der SE-RL 2001 keine Mitbestimmungspflicht für Europäische Aktiengesellschaften mit mehr als 2000 Arbeitnehmer eingeführt hat. Die Mitbestimmungsfreiheit von Europäischen Aktiengesellschaften mit mehr als 2000 Arbeitnehmer ist lediglich Ausdruck des in der SE-RL 2001 manifestierten Mitbestimmungskompromisses, in dem eine europaweit einheitliche Regelung, die abhängig von der Beschäftigungszahl zwingend in jeder SE zur Mitbestimmung führt, nicht gefunden werden konnte.

Zudem spielt das Kriterium der Zahl der Beschäftigten zumindest mittelbar auch eine Rolle in der Ausgestaltung der Mitbestimmung einer SE. Nach dem SE-Beteiligungsgesetz unterliegt eine SE in der Regel dann dem deutschen Mitbestimmungsstandard, wenn vor der Eintragung der SE in einer oder mehreren der beteiligten Gesellschaften das Mitbestimmungsgesetz anwendbar war und sich auf mindestens 25 % (im Falle der Gründung durch Verschmelzung) bzw. 50 % (im Falle der Gründung einer Holding-/Tochter-SE) der Gesamtzahl der Arbeitnehmer aller beteiligten Gesellschaften und betroffenen Tochtergesellschaften erstreckt. Der deutsche Mitbestimmungsstandard wird folglich dann auf die SE übertragen, wenn an der Gründung der SE mindestens 25 % bzw. 50 % der Gesamtzahl der Arbeitnehmer aller beteiligten Gesellschaften und betroffenen Tochtergesellschaften in Gesellschaften tätig waren, die in der Regel mehr als 2000 Arbeitnehmer beschäftigen.

An der Vereinbarkeit der durch § 1 Abs. 1 Mitbestimmungsgesetz getroffenen Auswahl der Unternehmen mit Artikel 3 Abs. 1 Grundgesetz hat die Rechtsform der SE nichts geändert. Trotz eines Nebeneinanders mitbestimmungspflichtiger

---

[649] Bericht der Mitbestimmungskommission, BT-Drucks. VI/334, S. 114 f.

[650] Begründung zum Regierungsentwurf des Mitbestimmungsgesetzes, BR-Drucks. 200/74, S. 18.

Großunternehmen in nationaler Rechtsform und solcher in der Rechtsform der SE liegt kein Verstoß gegen Artikel 3 Abs. 1 Grundgesetz vor.

VII. Mitbestimmung kraft Gesetzes

1. Anwendungsvoraussetzung der Auffangregelung

a. Allgemeine Voraussetzungen

Führen die Verhandlungen innerhalb der Verhandlungsfrist von sechs Monaten bzw. einem Jahr (vgl. § 20 SEBG) zu keiner einvernehmlichen Lösung über die Beteiligungsrechte der Arbeitnehmer in der SE und liegt kein Abbruchs- oder Verzichtsbeschluss des SNB nach § 16 SEBG vor, so kommen grundsätzlich die Auffangregelungen über die Mitbestimmung kraft Gesetzes zur Anwendung (§§ 34 bis 38 SEBG in Verbindung mit § 22 SEBG). Sie kommen auch dann zur Anwendung, wenn die Parteien in ihrer Vereinbarung festlegen, dass sich die Beteiligungsrechte der Arbeitnehmer nach den gesetzlichen Vorschriften richten sollen (§ 22 Abs. 1 Nr. 1 SEBG).

Die Vorschriften über die gesetzliche Auffangregelung zur Unternehmensmitbestimmung finden auf eine SE, die ein sogenanntes Tendenzunternehmen darstellt, keine Anwendung (§ 39 Abs. 1 SEBG). Diese Regelungsbefugnis gibt Artikel 8 Abs. 3 SE-RL 2001, der dem Mitgliedstaat erlaubt, für eine SE mit Sitz in seinem Hoheitsgebiet einen Tendenzschutz vorzusehen, wenn das innerstaatliche Recht zum Zeitpunkt der Annahme der Richtlinie einen solchen bereits enthält. Dadurch wird deutlich, dass Widersprüche zum bestehenden Recht grundsätzlich vermieden werden sollen. Die Grundsätze des § 1 Abs. 2 Nr. 2 Drittelbeteiligungsgesetz[651] und des § 1 Abs. 4 Mitbestimmungsgesetz[652] gelten für eine SE daher entsprechend. Letztlich ist die Vorschrift des § 39 Abs. 1 SEBG aber überflüssig, wenn ein deutsches Tendenzunternehmen in eine SE umgewandelt wird. In diesem Fall bestehen keine Mitbestimmungsregelungen, die bei der Gründung der SE zu sichern wären.[653]

---

651 Kraft in GK-BetrVG, § 81 Betriebsverfassungsgesetz 1952, Rdnr. 4 ff.

652 Oetker in Erfurter Kommentar, § 1 Mitbestimmungsgesetz, Rdnr. 9.

653 So Nagel, DB 2004, 1299, 1302; Nagel, NZG 2004, 833, 838; Calle, RIW 2005, 161, 165; unbegründet daher die Kritik des DGB hinsichtlich dieser Regelung; vgl. Stellungnahme des DGB zum Referentenentwurf eines Gesetzes zur Einführung der Europäischen Gesellschaft (SEEG), S. 4.

Die SE-RL 2001 sieht vor, dass das zuständige Organ jeder der beteiligten Gesellschaften der Anwendung der Auffangregelung auf die SE und damit der Fortsetzung des Verfahrens zur Eintragung der SE zugestimmt hat (Artikel 7 Abs. 1 UA lit. b 1. Spiegelstrich SE-RL 2001). Dieses Erfordernis ist in dem deutschen Umsetzungsgesetz nicht ausdrücklich normiert. Nach der Formulierung des § 22 Abs. 1 SEBG (auf den § 34 SEBG verweist) finden die Auffangregelungen „ab dem Zeitpunkt der Eintragung der SE Anwendung“ (§ 22 Abs. 1 SEBG). Um eine SE eintragen zu können, muss jedoch Klarheit über die Beteiligungsrechte der Arbeitnehmer bestehen (vgl. Artikel 12 Abs. 2 SE-VO 2001). Liegt daher keine Zustimmung zur Fortsetzung des Verfahrens zur Eintragung der SE vor, so kommt es auch nicht zur Anwendbarkeit der Auffangregelungen. Der Zeitpunkt der Eintragung, auf den § 22 Abs. 1 SEBG abstellt, wird in diesem Fall zwangsläufig nie eintreten. Die Formulierung des § 22 Abs. 1 SEBG setzt somit bereits die Zustimmung zur Fortsetzung des Verfahrens zur Eintragung der SE voraus.

b. Besondere Voraussetzungen

Anders als die gesetzlichen Regelungen über die Errichtung eines SE-Betriebsrats kraft Gesetzes kommen die Vorschriften der Mitbestimmung kraft Gesetzes nur dann zur Anwendung, wenn neben dem Scheitern der Verhandlungen die zusätzlichen Voraussetzungen des § 34 SEBG erfüllt sind. Vor der Eintragung der SE müssen in einer oder mehreren der beteiligten Gesellschaften eine oder mehrere Formen der Mitbestimmung bestanden haben und sich auf eine Mindestzahl von Arbeitnehmern erstrecken. Die Schwellenwerte hierfür betragen im Gründungsfall der Verschmelzung 25 % der Gesamtzahl der Arbeitnehmer aller beteiligten Gesellschaften und betroffenen Tochtergesellschaften, bzw. 50 % der Gesamtzahl der Arbeitnehmer aller beteiligten Gesellschaften und betroffenen Tochtergesellschaften im Falle einer Holding-/Tochter-Gründung (§ 34 Abs. 1 Nr. 2 lit. a und Nr. 3 lit. a SEBG). Werden diese Schwellenwerte nicht erreicht, so kommt es nur dann zur Anwendbarkeit der Regelungen über die Mitbestimmung kraft Gesetzes, wenn das SNB einen entsprechenden Beschluss fasst. Die einzige Voraussetzung für diesen Beschluss ist, dass vor der Eintragung der SE in einer oder mehreren der beteiligten Gesellschaften eine oder mehrere Formen der Mitbestimmung bestanden (§ 34 Abs. 1 Nr. 2 lit. b und Nr. 3 lit. b SEBG).

Da ein Über- oder Unterschreiten dieser Schwellenwerte durch strukturelle Änderungen während des Verhandlungsverfahrens in der Praxis nicht unwahrscheinlich ist, muss für deren Ermittlung ein genauer Zeitpunkt festgelegt werden. Hiefür kann auf § 4 Abs. 4 SEBG zurückgegriffen werden. Danach ist der

Zeitpunkt der Informationserteilung über das Gründungsvorhaben maßgeblich für die Ermittlung der Arbeitnehmerzahl.[654] Diese ex ante Betrachtung führt dazu, dass die Beratungen des SNB zunächst auf einer als gesichert geltenden Faktenlage stattfinden können.[655] Veränderungen der Arbeitnehmerzahl zwischen dem Zeitpunkt der Informationserteilung nach § 4 Abs. 2 SEBG und der Eintragung der SE führen jedoch dazu, dass es gemäß § 5 Abs. 4 SEBG zu einer Neuzusammensetzung des SNB kommen kann. § 5 Abs. 4 S. 3 SEBG bestimmt in diesem Fall, dass es zur entsprechenden Anwendung der § 4 Abs. 2 bis 4 SEBG kommt. Dies bedeutet zugleich, dass auch der Zeitpunkt zur Ermittlung der Zahl der für die Schwellenwerte maßgeblichen Arbeitnehmer neu festgesetzt wird. Verändert sich die Arbeitnehmerzahl dagegen erst nach Eintragung der SE, so greift die Sondervorschrift des § 18 Abs. 3 SEBG.[656]

Neben der Festsetzung eines genauen Zeitpunktes ist die Bestimmung der Gesellschaften, die in die Berechnung der Schwellenwerte einbezogen werden, von Bedeutung. Die Richtlinie bestimmt hierzu, dass alle „Arbeitnehmer der beteiligten Gesellschaften“ in die Berechnung einbezogen werden. Unter Bezugnahme der Definition des Begriffs der „beteiligten Gesellschaften“ (Artikel 2 lit. b SE-RL 2001) bedeutet dies, dass alle Arbeitnehmer der Gesellschaften umfasst sind, die unmittelbar an der Gründung einer SE beteiligt sind. Arbeitnehmer von Tochtergesellschaften sind daher nicht einzubeziehen.[657] Das Überschreiten der jeweiligen Schwellenwerte lässt sich daher nach den Vorgaben der SE-RL 2001 durch Ausgliederungen und Holdingbildungen umgehen. Eine Gesellschaft hat dadurch bessere Möglichkeiten, der Mitbestimmung im Wege der Verschmel-

---

[654] Fraglich ist, ob nach diesem Zeitpunkt ein Wechsel der Gründungsform im Sinne der Artikel 2, Artikel 3 in Verbindung mit Artikel 17 ff. SE-VO 2001 unmöglich wird. Eine nachträgliche Änderung sollte jedenfalls dann nicht zugelassen werden, wenn dadurch die zur Anwendung kommenden Schwellenwerte berührt werden, anderenfalls könnte die Unternehmensleitung die zur Anwendung kommenden Schwellenwerte durch Änderung des SE-Errichtungsplans in ihrem Sinne beeinflussen, Kraushaar, BB 2003, 1614, 1618; anders Heinze, ZGR 2002, 66, 95.

[655] Für eine ex ante Betrachtung bereits Kraushaar, BB 2003, 1614, 1618; anders Grobys, der hinsichtlich des Zeitpunkts § 23 Abs. 1 S. 4 SEBG in entsprechender Anwendung heranzieht; Grobys, NZA 2005, 84, 90.

[656] Hierzu § 4 B VII 7.

[657] Reichert/Brandes in Bonner Europa-Symposium, Europäische AG und der Diskussionsentwurf zum deutschen Begleitgesetz, S. 76 Fn. 157, S. 79; in diesem Sinne auch Kallmeyer, AG 2003, 197, 201; Götz hält aus diesem Grund den Wortlaut der SE-RL 2001 insoweit für „interpretations- und im Zweifel korrekturbedürftig“, Götz, AG 2002, 552, 555 Fn. 25.

zung zu einer SE zu entgehen, wenn sie als Holding-Gesellschaft und nicht als operative Gesellschaft, die selbst im erheblichen Maße Arbeitnehmer beschäftigt, ausgestaltet ist.[658] Begrenzt wird dieses Vorgehen nach den Vorgaben der Richtlinie nur durch Artikel 11 SE-RL 2001, d.h. die Maßnahmen dürfen nicht als Verfahrensmissbrauch zur Entziehung oder Vorenthaltung von Beteiligungsrechten der Arbeitnehmer bewertet werden.

Der deutsche Gesetzgeber ist dieser europäischen Vorgabe nicht gefolgt. Nach § 34 Abs. 1 Nr. 2 und Nr. 3 SEBG ist für die Berechnung der Schwellenwerte sowohl für den Fall der Gründung durch Verschmelzung als auch bei der Errichtung einer Holding- oder Tochter-SE, die „Gesamtzahl der Arbeitnehmer aller beteiligten Gesellschaften und betroffenen Tochtergesellschaften" maßgeblich. Diese Erweiterung des Bezugspunktes um die *betroffenen Tochtergesellschaften* wird damit begründet, dass diese Umsetzung dem Sinn der Richtlinie entspreche, weil dadurch die Wahlrechte der Arbeitnehmer im Konzern erhalten bleiben.[659] Eine Veränderung der Schwellenwerte wäre für dieses Ziel jedoch nicht erforderlich gewesen; denn die Arbeitnehmer der Tochtergesellschaften sind zumindest im SNB vertreten (vgl. § 5 Abs. 1 S. 1 SEBG), weil sie zu Tochtergesellschaften der SE werden und es sich somit um „betroffene Tochtergesellschaften" in Sinne der Definition des § 2 Abs. 4 SEBG handelt. Die Veränderung der Berechnungsgrundlage führt vielmehr „durch die Hintertür" zu einer dem § 5 Mitbestimmungsgesetz vergleichbaren Regelung, die in der SE-RL 2001 gerade fehlt.

c. FEHLENDE UMSETZUNG DER OPT-OUT REGELUNG UND EUROPÄISCHE BINDUNG

Durch entsprechende Umsetzung des Artikel 7 Abs. 3 SE-RL 2001 hätte Deutschland die Anwendung der Auffangregelung über die Mitbestimmung kraft Gesetzes für den Gründungsfall der Verschmelzung generell ausschließen können (so genannte Opt-Out Regelung).[660] Um die Eintragung der SE im Handelsregister erreichen zu können, hätte dann zwingend eine Lösung über die Beteiligung der Arbeitnehmer im Verhandlungswege gefunden werden müssen. Der deutsche Gesetzgeber hat von dieser „Öffnungsklausel" keinen Gebrauch ge-

---

[658] So Schiessl, ZHR 167 (2003), 235, 253.

[659] Begründung zu § 34 Abs. 1 SEBG, BT-Drucks. 15/3405, S. 54.

[660] Hierzu bereits in § 3 C IV 3.

macht.[661] Die Auffangregelung für die Mitbestimmung in Teil 3 des Anhangs der SE-RL 2001 wurde vielmehr ohne Ausnahme in das deutsche Recht umgesetzt. Die fehlende Umsetzung der Opt-Out Regelung ist grundsätzlich mit dem Richtlinientext vereinbar. Aus der Formulierung des Artikel 7 Abs. 3 SE-RL 2001 als Kann-Vorschrift ergibt sich, dass dieser nur eine Regelungsoption für die Mitgliedstaaten eröffnet. Aus der deutschen Umsetzung folgt somit, dass, sobald an der SE-Gründung durch Verschmelzung ein oder mehrere deutsche Unternehmen beteiligt sind, die dem Mitbestimmungsgesetz unterliegen und mehr als 25 % der Gesamtzahl der Arbeitnehmer aller beteiligten Gesellschaften und betroffenen Tochtergesellschaften in diesen beschäftigt sind, die deutschen Gesellschaften ihre Mitbestimmung als Beiwerk in die SE mitbringen. Dadurch kommt es dazu, dass die Rechtsform der SE unter bestimmten Voraussetzungen entgegen § 47 Abs. 1 Nr. 1 SEBG faktisch in den Anwendungsbereich des deutschen Mitbestimmungsgesetzes aufgenommen wird.[662] Diese Folge entspricht jedoch dem ausdrücklichen Willen des europäischen Gesetzgebers, der sich im Rahmen der SE-RL 2001 für den Grundsatz der Besitzstandswahrung entschieden hat. Die faktische Erweiterung des Anwendungsbereichs des Mitbestimmungsgesetzes um die Rechtsform der SE kann daher nicht an den unter § 2 D II festgelegten Grenzen gemessen werden. Sie wurde vielmehr durch den europäischen Gesetzgeber selbst angeordnet und ist die Konsequenz der ausnahmslosen Umsetzung der SE-RL 2001 durch das SE-Beteiligungsgesetz. Auch wenn das Fehlen der Opt-Out Regelung nun dazu führen sollte, dass nationale Gesellschaften bei der Gründung einer SE mit Sitz in Deutschland diskriminiert werden, so steht dies grundsätzlich nicht den europäischen Vorgaben entgegen. Eine andere Ansicht würde den Sinn des Artikel 7 Abs. 3 SE-RL 2001 konterkarieren. Dieser stellt lediglich eine Ausnahme zum fundamentalen Grundsatz des Schutzes erworbener Rechte dar und kann nicht dahingehend verstanden werden, dass die Regelungsoption zu einem Regelungsauftrag für den Gesetzgeber wird, sobald das nationale Mitbestimmungssystem nachteilige Folgen bei der Gründungsbeteiligung hervorrufen könnte.

---

661 Kritisch hierzu Bundesrat, Stellungnahme des Bundesrates, 802. Sitzung am 9. Juli 2004, BR-Drucks. 438/04 (Beschluss), S. 2; ebenso gemeinsame Stellungnahme BDA, BDI, DIHK, GDV, Bdb, Dt. Aktieninstitut zum Entwurf eines Gesetzes zur Einführung der Europäischen Gesellschaft, S. 12.

662 Die sonstigen Beteiligungsrechte der Arbeitnehmer, insbesondere die Beteiligungsrechte aus dem Betriebsverfassungs- und Sprecherausschussgesetz, bleiben gemäß § 47 Abs. 1 SEBG ohnehin weiter anwendbar.

2. UMFANG DER MITBESTIMMUNG

Sind die allgemeinen und besonderen Voraussetzungen zur Anwendbarkeit der Regelung über die Mitbestimmung kraft Gesetzes erfüllt, so richtet sich die Mitbestimmung in den Unternehmensorganen grundsätzlich nach dem höchsten Anteil an Arbeitnehmervertretern, der in den Organen der beteiligten Gesellschaften vor der Eintragung der SE bestand (§ 35 Abs. 2 S. 2 SEBG). Es findet somit eine quantitative Status ex ante Betrachtung statt. Für den Fall der Gründung durch Umwandlung einer nationalen Aktiengesellschaft besteht eine Sonderregelung.

a. ANTEILIGE BETRACHTUNG

Die Übertragung des höchsten Mitbestimmungsstandards der beteiligten Gesellschaften auf die SE bedeutet nicht, dass die Zahl der Arbeitnehmervertreter im Aufsichts- oder Verwaltungsrat der SE identisch ist mit der Zahl der Arbeitnehmervertreter der beteiligten Gesellschaft mit dem höchsten Mitbestimmungsstandard. Der Bestandsschutz umfasst lediglich den maßgeblichen *Anteil* (§ 35 Abs. 2 S. 2 SEBG), nicht die absolute Zahl der Arbeitnehmersitze. Eine andere Auslegung würde die Satzungsautonomie zur Festlegung der Zahl der Mitglieder des Aufsichts- oder Verwaltungsrats (vgl. Artikel 40 Abs. 3 S. 1 und Artikel 43 Abs. 2 S. 1 SE-VO 2001), in unzulässiger Weise beschränken.[663]

Fraglich ist, ob diese anteilige Übertragung auch dann stattfindet, wenn eine bereits bestehende SE eine Tochter-SE auf dem Wege der so genannten Sekundärgründung gemäß Artikel 3 Abs. 2 SE-VO 2001 gründet.[664] Weder die SE-RL 2001 noch das SE-Beteiligungsgesetz treffen hierzu eine Regelung. In diesem Fall ist es sachgerecht, das Mitbestimmungsregime der Mutter-SE analog auf die Tochter-SE anzuwenden und somit den Umfang der Mitbestimmung der Mutter-SE anteilig auf die Tochter-SE zu übertragen.[665] Dieser Fall darf jedoch nicht mit der Frage nach den Regelungen für die Mitbestimmung der Tochtergesellschaften der SE verwechselt werden. Für die Tochtergesellschaften bleibt es bei der

---

[663] Unberührt hiervon ist freilich das Recht, eine Mindest- oder Höchstzahl der Sitze des Aufsichts- oder Verwaltungsrats festzulegen, vgl. Artikel 40 Abs. 3 S. 2 und Artikel 43 Abs. 2 S. 2 SE-VO 2001.

[664] Zu dieser Gründungsform § 3 C II 4 f.

[665] Auch Köstler plädiert für „eine Analogie zur originären Gründung"; Köstler in Studien des Deutschen Aktieninstituts, Die Europa AG – Eine Perspektive für deutsche Unternehmen?, S. 45; ebenso Grobys, NJW Editorial 2003, Heft 34.

Unternehmensmitbestimmung nach nationalem Recht (vgl. Artikel 13 Abs. 3 lit. b SE-RL 2001).

b. Keine qualitative Übertragung

Es stellt sich die Frage, ob bei der Übertragung des höchsten Mitbestimmungsstandards der beteiligten Gesellschaften auch qualitative Regelungen des maßgeblichen Mitbestimmungsregimes umfasst werden. Der Vergleich mit der französischen und der englischen Fassung des Richtlinientextes zeigt, dass es bei der Übertragung auf eine rein zahlenmäßige Betrachtung ankommt.[666] Dies bestätigen auch die Regelungen der Artikel 42 S. 2 und Artikel 45 S. 2 SE-VO 2001, die bestimmen, dass bei einer paritätischen Besetzung des Aufsichts- oder Verwaltungsrats nur ein von der Hauptversammlung der Aktionäre bestelltes Mitglied zum Vorstand gewählt werden kann. Diese Normierung wäre entbehrlich gewesen, wenn man davon ausginge, dass der Mitbestimmungsexport auch die qualitativen Elemente des maßgeblichen Mitbestimmungsregimes umfasst. Die entsprechende Regelung des § 27 Abs. 2 Mitbestimmungsgesetz käme dann zur Anwendung, ohne dass es einer Normierung in Artikel 42 S. 2 und Artikel 45 S. 2 SE-VO 2001 bedurft hätte.

Für den Fall, dass an der Gründung Gesellschaften beteiligt sind, die einerseits dem deutschen (§ 2 Abs. 12 Nr. 1 SEBG) und andererseits dem niederländischen Mitbestimmungsmodell (§ 2 Abs. 12 Nr. 2 SEBG) folgen, entscheidet das SNB über die in der SE anzuwendende Form der Mitbestimmung (§ 34 Abs. 2 S. 1 SEBG). Gemäß § 34 Abs. 3 SEBG hat das SNB seine Entscheidung den Leitungen mitzuteilen; diese sind daran gebunden. Zu klären war die Frage, wie vorzugehen ist, wenn das SNB keinen einschlägigen Beschluss fassen sollte (vgl. Artikel 7 Abs. 2 lit. c UA SE-RL 2001). Nach § 34 Abs. 2 S. 2 SEBG kommt es zur Anwendbarkeit der deutschen Form der Mitbestimmung, wenn eine inländische Gesellschaft, deren Arbeitnehmern Mitbestimmungsrechte zustehen, an der Gründung der SE beteiligt ist. Dadurch kommt es zur Privilegierung der deutschen Mitbestimmungsform bei fehlendem SNB Beschluss, weil die Fortgeltung des deutschen Mitbestimmungsmodells unabhängig von der Zahl der Arbeitnehmer, die davon umfasst sind, festgelegt wird. Nur wenn keine inländische mitbestimmte Gesellschaft beteiligt ist, findet die Form der Mitbestimmung Anwen-

---

[666] Französische Fassung : «un nombre de membres...égale à plus élevée des proportions en vigueur dans les sociétés participantes...» ; englische Fassung : "equal to the highest proportion... ".

dung, die sich auf die höchste Zahl der in den beteiligten Gesellschaften beschäftigten Arbeitnehmer erstreckt (§ 34 Abs. 2 S. 3 SEBG).

c. Sonderfall der Umwandlung

Für den Fall einer Gründung durch Umwandlung wurde die Gefahr einer „Flucht aus der Mitbestimmung" besonders hoch eingeschätzt. Deshalb statuiert § 35 Abs. 1 SEBG einen besonderen Bestandsschutz bei dieser Gründungsform. Die Ratio des § 35 Abs. 1 SEBG ist vergleichbar mit die der Regelungen in § 15 Abs. 5 SEBG und § 21 Abs. 6 S. 1 SEBG. Der Umfang der Mitbestimmung, der in der Gesellschaft vor der Umwandlung bestanden hat, soll in der SE erhalten bleiben. Wie im Fall des § 21 Abs. 6 S. 1 SEBG kommt es deshalb zu einer Übertragung der konkret bestehenden Mitbestimmungsrechte, also der „inneren Struktur"[667], die vor der Gründung der SE in der nationalen Gesellschaft bestanden hat. Die unterschiedliche Formulierung des deutschen Gesetzgebers ist ohne Bedeutung.[668] Eine einheitliche Begriffsverwendung, wie sie auch die SE-RL 2001 kennt[669], wäre wünschenswert gewesen.

3. Mitgliedstaatsbezogene Verteilung der Sitze

Steht der Umfang der Mitbestimmung fest, so werden die Sitze im Aufsichts- oder Verwaltungsrat in einem ersten Schritt an die Mitgliedstaaten verteilt, in denen Mitglieder zu wählen oder zu bestellen sind. Diese Zuweisung übernimmt der SE-Betriebsrat (§ 36 Abs. 1 S. 1 SEBG). Vergleichbar mit der Sitzverteilung im SNB[670] richtet sich diese nach dem jeweiligen Anteil der in den einzelnen Mitgliedstaaten beschäftigen Arbeitnehmer, ihrer Tochtergesellschaften und Betriebe (§ 36 Abs. 1 S. 2 SEBG). Der Aufsichts- oder Verwaltungsrat spiegelt dadurch den grenzüberschreitenden Charakter der SE wider.[671]

---

[667] Köstler in Theisen/Wenz, Die Europäische Aktiengesellschaft, S. 322.

[668] § 21 Abs. 6 S. 1 SEBG spricht von der Erhaltung „aller Komponenten"; § 35 Abs. 1 SEBG dagegen von der Erhaltung der „Regelungen".

[669] Artikel 4 Abs. 4 SE-RL 2001 und Anhang zur SE-RL 2001 Teil 3 lit. a sprechen jeweils von der Erhaltung „aller Komponenten der Mitbestimmung".

[670] Hierzu § 4 B V 4 a.

[671] Begründung zu § 36 SEBG, BT-Drucks. 15/3405, S. 55.

Aufgrund der begrenzten Zahl an Arbeitnehmersitzen besteht die Möglichkeit, dass nicht alle Arbeitnehmer aus den verschiedenen Mitgliedstaaten durch einen Sitz im Aufsichts- oder Verwaltungsrat vertreten sind. In diesem Fall bestellt der SE-Betriebsrat ein Mitglied aus dem unberücksichtigt gebliebenen Mitgliedstaat. Diese Umverteilung erfolgt so, dass der „letzte Sitz" einem nicht repräsentierten Mitgliedsland zugeteilt wird (§ 36 Abs. 1 S. 3 SEBG). Die Verteilung wird also erneut durchgeführt, wobei ein Sitz nicht in die Zuweisung einbezogen wird. Sind mehrere Mitgliedstaaten unberücksichtig geblieben, so erhält der Mitgliedstaat den Sitz im Aufsichts- oder Verwaltungsrat der SE, in dem die SE ihren Sitz haben wird (§ 36 Abs. 1 S. 4 SEBG).

Da die Anzahl der Arbeitnehmersitze auch bei fehlender Repräsentation eines Mitgliedstaates nicht erweitert werden kann, stellt sich die Frage, zu wessen Lasten die durch § 36 Abs. 1 S. 3 und S. 4 SEBG vorgeschriebene Sitzumverteilung geht. Eine Lösung kann hier in Anlehnung an die Vorschriften über die Zusammensetzung des SNB gefunden werden. § 5 Abs. 3 S. 2 SEBG stellt eine Kollisionsnorm für den Fall auf, dass aufgrund der 20 % Grenze nicht alle beteiligten Gesellschaften einen der zusätzlichen Sitze im Gründungsfall der Verschmelzung im SNB erhalten. Die Zuteilung auf die Gesellschaften erfolgt dann nach der Größe der Arbeitnehmerzahl in absteigender Reihenfolge.[672] Überträgt man diese Regelung sinngemäß auf die Umverteilung der Arbeitnehmersitze im Aufsichts- oder Verwaltungsrat, so kommt man zu dem Ergebnis, dass die Verteilung der Sitze zu Lasten des Mitgliedstaates mit der geringsten Arbeitnehmerzahl geht. Dadurch wird gewährleistet, dass die größtmögliche Zahl an Arbeitnehmern in den Organen der SE vertreten ist.

4. Personelle Verteilung der Sitze

Der Aufsichts- oder Verwaltungsrat einer SE zeichnet sich dadurch aus, dass er sich regelmäßig aus Arbeitnehmervertretern aus den unterschiedlichen Mitgliedstaaten zusammensetzt. Die Besetzung der den einzelnen Mitgliedstaaten zustehenden Sitze regeln die Mitgliedstaaten in eigener Kompetenz (Anhang zur SE-RL 2001 Teil 3 lit. b 2 UA). In § 36 Abs. 3 SEBG finden sich die Vorschriften zur Besetzung der „deutschen" Sitze der Arbeitnehmerbank.

---

[672] Vgl. § 4 B V 4 b und c.

a. Passives Wahlrecht

Das passive Wahlrecht steht gemäß § 36 Abs. 3 S. 2 SEBG in Verbindung mit § 6 Abs. 2 S. 1 SEBG grundsätzlich allen im Inland beschäftigten Arbeitnehmern der Gesellschaften und Betreiben zu.[673] Bestimmte Personengruppen, dazu zählen leitende Angestellte und Gewerkschaftsvertreter, sind dabei besonders zu berücksichtigen.

Zudem soll bei der Wahl das zahlenmäßige Verhältnis von Frauen und Männern berücksichtigt werden (§ 36 Abs. 3 S. 2 in Verbindung mit § 6 Abs. 2 S. 2 SEBG). Diese Differenzierung nach Geschlecht ist allerdings kritisch zu bewerten. Eine Verknüpfung der Auswahl der Arbeitnehmervertreter mit einer Gruppenzugehörigkeit könnte die Wahl eines ausreichend qualifizierten Kandidaten in den Hintergrund treten lassen. Für eine geschlechtsbezogene Unterscheidung besteht zudem schon deshalb kein Grund, weil ausreichend Schutz durch den allgemeinen Gleichheitsgrundsatz gewährt wird.[674] Hinzu kommt, dass der Aufsichts- oder Verwaltungsrat einer SE aufgrund dessen transnationalen Charakters in der Regel mit Arbeitnehmervertretern aus verschiedenen Mitgliedstaaten besetzt ist. Da die Ausgestaltung des Wahlverfahrens in die Kompetenz der einzelnen Mitgliedstaaten fällt und daher nicht zwingend in allen Mitgliedstaaten eine dem § 6 Abs. 2 S. 2 SEBG vergleichbare geschlechtsbezogene Regelung besteht, wird eine gleichberechtigte Sitzverteilung im gesamten Aufsichts- oder Verwaltungsrat im Regelfall nicht zustande kommen. Zum Wohle der SE und ihrer Beschäftigten sollte die Besetzung des Aufsichts- oder Verwaltungsrats daher allein von einer Prüfung der Kompetenz der einzelnen Mitglieder abhängig gemacht werden. Da § 6 Abs. 2 S. 2 SEBG lediglich als Soll-Vorschrift formuliert ist, ist ein solches Vorgehen auch mit dem Gesetz vereinbar. Eine Nichtberücksichtigung von Frauen, auch bei Überwiegen von weiblichen Arbeitnehmern innerhalb eines Unternehmens, kann folglich nicht zur Ungültigkeit eines Wahlvorschlags führen. Auch kann eine Anfechtung nicht auf den Verstoß gegen diese Soll-Vorschrift gestützt werden.

---

[673] Eine Vorschrift, wonach eine Mitgliedschaft im Aufsichts- oder Verwaltungsrat nicht mit einer gleichzeitigen Mitgliedschaft im SE-Betriebsrat oder einem anderen Arbeitnehmervertretungsorgan vereinbar ist, kennt das Gesetz nicht.

[674] Bezogen auf die Entsendung der Mitglieder des SNB, im Ergebnis so auch gemeinsame Stellungnahme BDA, BDI, DIHK, GDV, Bdb, Dt. Aktieninstitut zum Entwurf eines Gesetzes zur Einführung der Europäischen Gesellschaft, S. 8.

b. Einbindung von Vertretern der Gewerkschaften

Die Frage, ob externe Gewerkschaftsvertreter auf der Arbeitnehmerbank einer SE sitzen dürfen, wird durch die Richtlinie nicht geklärt.[675] Vor dem Hintergrund der jüngsten Diskussion über Gewerkschaftsvertreter als Aufsichtsratsmitglieder in deutschen Unternehmen[676] und aufgrund der Tatsache, dass es sich bei den Regelungen über die Mitbestimmung ohnehin um einen politischen Kompromiss handelt, wäre eine restriktive Umsetzung wünschenswert gewesen.[677] Diesem Wunsch ist der deutsche Gesetzgeber nicht gefolgt. § 36 Abs. 3 S. 2 SEBG in Verbindung mit § 6 Abs. 3 SEBG bestimmt, dass jeder dritte Sitz einem Vertreter einer Gewerkschaft, die in einem an der Gründung der SE beteiligten Unternehmen vertreten ist, zusteht. Diese Mitglieder werden gemäß § 36 Abs. 3 S. 2 SEBG in Verbindung mit § 8 Abs. 1 S. 2 SEBG auf der Grundlage eines Wahlvorschlags einer Gewerkschaft, die in einer der Gründungsgesellschaften vertreten ist, gewählt. Anders als nach § 7 Mitbestimmungsgesetz sind die den Gewerkschaften zustehenden Sitze nicht auf zwei (vgl. § 7 Abs. 2 Nr. 1 und Nr. 2 Mitbestimmungsgesetz) bzw. drei (vgl. § 7 Abs. 2 Nr. 3 Mitbestimmungsgesetz) begrenzt, sondern es kommt zu einer linear ansteigenden Beteiligung. Da in den Aufsichts- oder Verwaltungsrat Vertreter aus verschiedenen Mitgliedstaaten entsandt werden und nicht jeder Mitgliedstaat von der Möglichkeit der Entsendung von Gewerkschaftsvertretern Gebrauch macht, könnte es dadurch zu einem überproportionalen Einfluss der deutschen Gewerkschaften kommen. Diese inhomogene Zusammensetzung der Arbeitnehmerbank erschwert nicht nur die Arbeit im Aufsichts- oder Verwaltungsrat, sondern kann auch dazu führen, dass einzelne Länderinteressen aufgrund der Durchsetzungskraft gewerkschaftlicher Vertreter stärker Berücksichtung finden als andere.[678]

---

[675] Bei der Zusammensetzung des SNB wird den nationalen Gesetzgebern ausdrücklich die Möglichkeit eröffnet, das SNB mit Gewerkschaftsvertretern besetzen zu können (vgl. Artikel 3 Abs. 2 lit. b UA SE-RL 2001). Es liegt daher der Umkehrschluss nahe, dass die Einbindung von Gewerkschaftsvertretern eben dann nur in diesem Gremium der europäischen Intention entspricht.

[676] Vgl. nur Möllers, NZG 2003, 697; Ruzik, NZG 2004, 455.

[677] So bereits Grobys, NJW Editorial 2003, Heft 34; anders Köstler, Die Europäische Aktiengesellschaft, Arbeitshilfen für Arbeitnehmervertreter, S. 42.

[678] Vgl. Herfs-Röttgen, NZA 2002, 358, 360; zu den vergleichbaren Problemen bei der Zusammensetzung des SNB; gemeinsame Stellungnahme BDA, BDI, DIHK, GDV, Bdb, Dt. Aktieninstitut zum Entwurf eines Gesetzes zur Einführung der Europäischen Gesellschaft, S. 8; hierzu auch § 4 B V 4 d.

c. Entsendung der Mitglieder

Die SE-RL 2001 schreibt keine einheitlichen Wahlvorschriften für die Entsendung der Mitglieder vor, sodass den Mitgliedstaaten diesbezüglich Gestaltungsfreiheit zustand. Nachdem das im Mitbestimmungsgesetz vorgezeichnete und durch die einzelnen Wahlordnungen ausgestaltete Wahlverfahren als zu umfangreich, zu kompliziert und damit als schwer handhabbar kritisiert wurde[679], hat sich der deutsche Gesetzgeber für ein einfaches und kostengünstiges Verfahren entschieden, das auf bestehende Arbeitnehmerstrukturen aufbaut. Die Wahl der auf Deutschland entfallenden Arbeitnehmervertreter erfolgt durch ein besonderes Wahlgremium. Dieses Gremium setzt sich aus Arbeitnehmervertretungen der SE, ihrer Tochtergesellschaften und Betriebe zusammen (§ 36 Abs. 3 S. 1 SEBG). Abhängig von der Struktur der SE und den bereits bestehenden Arbeitnehmervertretungsorganen kommt es zu den in § 4 B V 4 e dargestellten Möglichkeiten der Zusammensetzung des Wahlgremiums (§ 36 Abs. 3 S. 2 in Verbindung mit § 8 Abs. 1 S. 2 bis 5, Abs. 2 bis 7 SEBG). Die Hauptversammlung bestellt die durch das Wahlgremium gewählten Arbeitnehmer zu Mitgliedern des Aufsichts- oder Verwaltungsrats, dabei ist sie an die Personenauswahl des Wahlgremiums gebunden (§ 36 Abs. 4 SEBG). Erst die Bestellung durch die Hauptversammlung begründet den rechtlichen Status als Mitglied des Aufsichts- oder Verwaltungsrats. Dies folgt aus Artikel 40 Abs. 2 und Artikel 43 Abs. 3 SE-VO 2001 wonach alle Mitglieder des Aufsichts- oder Verwaltungsorgans von der Hauptversammlung zu bestellen sind.

Zu beachten ist, dass die Regelung zur Ermittlung der Arbeitnehmervertreter nur die auf das Inland entfallenden Arbeitnehmervertreter des Aufsichts- oder Verwaltungsrats der SE betreffen. Für die konkrete Auswahl der Arbeitnehmervertreter aus dem Ausland steht dem deutschen Gesetzgeber keine Regelungsbefugnis zu. Fraglich ist deshalb, wie die Sitze zu besetzen sind, wenn ein Mitgliedstaat für die ihm zugeteilten Sitze keine Vorschriften trifft. Für diesen Fall bestimmt § 36 Abs. 2 SEBG, dass dem SE-Betriebsrat eine Ersatzzuständigkeit zusteht.

d. Anfechtung der Wahl von Arbeitnehmervertretern und Abberufung

Die Möglichkeit einer vorzeitigen Abberufung von inländischen Arbeitnehmervertretern im Aufsichts- oder Verwaltungsrat ist in § 37 Abs. 1 SEBG normiert.

---

679 Vgl. nur Sieg/Siebels, NZA 2002, 697, mit weiteren Nachweisen.

Die Regelung orientiert sich an den entsprechenden Vorschriften des § 22 und § 23 Mitbestimmungsgesetz. Antragsberechtigt sind diejenigen, die das betreffende Mitglied gewählt haben. Die Vorschriften über das Wahlverfahren (§§ 8 bis 10 SEBG) gelten gemäß § 37 Abs. 1 S. 3 SEBG entsprechend. Dabei ist jedoch zu beachten, dass der Beschluss einer Mehrheit von drei Viertel der abgegebenen Stimmen bedarf (§ 37 Abs. 1 S. 3 2 HS SEBG). Liegt dieses Erfordernis vor, wird die Abberufung formal durch die Hauptversammlung vollzogen (§ 37 Abs. 1 S. 4 SEBG).

Eine Anfechtung der Wahl eines Mitglieds der Arbeitnehmer aus dem Inland im Aufsichts- oder Verwaltungsrat setzt voraus, dass gegen wesentliche Wahlvorschriften verstoßen wurde (§ 37 Abs. 2 S. 1 SEBG). Wegen der Vorschriften der § 17 Abs. 4 S. 1 und § 32 SEAG können daneben formale Fehler bei der Bestellung durch die Hauptversammlung angegriffen werden. § 17 Abs. 4 S. 1 und § 32 SEAG stellen zudem ausdrücklich klar, dass die Anfechtung der Wahl von Arbeitnehmervertretern aufgrund von gesetzeswidrigen Wahlvorschlägen nur nach dem Recht desjenigen Mitgliedstaates möglich ist, nach dessen Recht der betroffene Arbeitnehmervertreter in das Verwaltungs- oder Aufsichtsorgan entsandt wurde. Anfechtungsberechtigt sind neben denjenigen, die das betreffende Mitglied gewählt haben, auch der SE-Betriebsrat und die Leitung der SE (§ 37 Abs. 2 S. 2 SEBG). Die ausschließliche Zuständigkeit für eine Klage auf Anfechtung der Wahl von Aufsichtsratsmitgliedern liegt gemäß § 2 a Abs. 1 Nr. 3 lit. d Arbeitsgerichtsgesetz (eingefügt durch Artikel 6 SEEG) bei den Arbeitsgerichten. Für sämtliche Streitigkeiten, die sich aus dem SE-Beteiligungsgesetz ergeben, ist gemäß § 82 Abs. 3 Arbeitsgerichtsgesetz das Arbeitsgericht am Sitz der SE örtlich zuständig. Vor der Eintragung der SE ist das Arbeitsgericht zuständig, in dessen Bezirk die SE ihren Sitz plant. Die Klage ist abweichend von § 22 Abs. 2 S. 2 Mitbestimmungsgesetz innerhalb eines Monats nach dem Bestellungsbeschluss der Hauptversammlung zu erheben (§ 37 Abs. 2 S. 3 SEBG).

5. Rechte und Pflichten der Arbeitnehmervertreter

a. Stimmrecht

Grundsätzlich haben die Arbeitnehmervertreter die gleichen Rechte und Pflichten wie die Anteilseignervertreter (§ 38 Abs. 1 SEBG). Aus dem Anhang zur SE-RL 2001 Teil 3 lit. b 2 UA ergibt sich, dass davon insbesondere auch das Stimmrecht umfasst ist. Für den Fall, dass der Aufsichts- oder Verwaltungsrat der SE paritätisch besetzt ist, gilt für die Stimmgewichtung der Mitglieder eine Sonderregelung.[680] Artikel 50 Abs. 2 SE-VO 2001 bestimmt, dass die Stimme des Vorsitzenden bei Stimmengleichheit zwingend den Ausschlag gibt. Eine abweichende Satzungsbestimmung ist nicht möglich. Bei einer paritätischen Besetzung des Aufsichts- oder Verwaltungsrats hat stets ein Anteilseignervertreter den Vorsitz inne (vgl. Artikel 42 S. 2 und Artikel 45 S. 2 SE-VO 2001).[681] Anders als die Regelung des § 29 Abs. 2 Mitbestimmungsgesetz gibt die Stimme des Vorsitzenden aber nicht erst den Ausschlag, wenn sowohl die erste als auch die zweite Abstimmung über denselben Gegenstand Stimmengleichheit ergeben, vielmehr genügt nach dem Wortlaut des Artikels 50 Abs. 2 SE-VO 2001 eine einmalige Pattsituation. Im Verordnungstext fehlt gerade die in § 29 Abs. 2 Mitbestimmungsgesetz zu findende Formulierung „bei einer erneuten Abstimmung über denselben Gegenstand". Darüber hinaus schränkt das Gesetz die Abstimmungsbefugnisse in einem paritätisch besetzten Verwaltungsrat in bestimmten Fällen weiter ein (§ 35 Abs. 3 SEAG).[682]

b. Schutz der Arbeitnehmervertreter

Die deutschen Arbeitnehmervertreter im Aufsichts- oder Verwaltungsrat der SE genießen denselben Schutz und die gleichen Sicherheiten wie die übrigen nationalen Arbeitnehmervertreter (§ 42 S. 1 Nr. 4 SEBG). Davon umfasst sind vor allem der Kündigungsschutz, die Teilnahme an Sitzungen des Aufsichts- oder Verwaltungsrats und die Entgeltfortzahlung (vgl. § 42 S. 2 Nr. 1 bis Nr. 3 SEBG). Eine abschließende Aufzählung gibt das Gesetz nicht (vgl. den Wortlaut „insbesondere", § 42 S. 2 SEBG), sodass von dieser Schutznorm beispielsweise

---

[680] Ein Sitzanteil der Arbeitnehmervertreter von 50 % kommt beispielsweise dann zustande, wenn bei der Gründung einer SE durch Verschmelzung eine deutsche Gesellschaft beteiligt ist, die dem Mitbestimmungsgesetz unterliegt, mindestens 25 % der Gesamtzahl der Arbeitnehmer aller beteiligten Gesellschaften und betroffenen Tochtergesellschaften in dieser beschäftigt sind und keine einvernehmliche Lösung über die Ausgestaltung der Mitbestimmung in der SE im Wege der Verhandlungen erzielt wird. Es greifen dann die Auffangregelungen ein mit der Folge, dass sich die Mitbestimmung in der SE nach dem höchsten Mitbestimmungsniveau der beteiligten Gesellschaften richtet (vgl. § 34 Abs. 1 Nr. 2 lit. a in Verbindung mit § 35 Abs. 2 SEBG). Maßgeblich für den Umfang der Mitbestimmung in der SE ist dann die paritätische Mitbestimmung der deutschen Gesellschaft.

[681] Nach § 27 Mitbestimmungsgesetz erfolgt die Wahl des Aufsichtsratsvorsitzenden dagegen mit einer Zweidrittelmehrheit der Aufsichtsratsmitglieder. Erst wenn diese Mehrheit nicht erreicht wird, wählt die Anteilseignerseite allein den Aufsichtsratsvorsitzenden. Artikel 42 S. 2 und Artikel 45 S. 2 SE-VO 2001 sind daher strenger als § 27 Abs. 2 S. 2 Mitbestimmungsgesetz, denn nach § 27 Abs. 2 S. 2 Mitbestimmungsgesetz kann theoretisch auch ein Arbeitnehmervertreter zum Vorsitzenden gewählt werden; Henssler in Festschrift für Ulmer, S. 207.

[682] Hierzu § 4 B VII 8 d.

auch der Diskriminierungsschutz, der Anspruch auf Teilnahme an Schulungs- und Bildungsveranstaltungen sowie Behinderungs-, Benachteiligungs- und Bevorzugungsverbot umfasst sind. Ergänzt wird die Regelung durch den Errichtungs- und Tätigkeitsschutz des § 44 SEBG. Da die SE-RL 2001 den besonderen Arbeitnehmerschutz zwar ausdrücklich betont, dabei jedoch – anders als beispielsweise die Rahmenrichtlinie zur Unterrichtung und Anhörung der Arbeitnehmer[683] - auf die Festlegung eines einheitlichen Schutzstandards verzichtet, indem lediglich auf die innerstaatlichen Rechtsvorschriften der einzelnen Mitgliedstaaten verwiesen wird (Artikel 10 SE-RL 2001), kommt es dazu, dass in einem einheitlichen Gremium unterschiedliche Schutzbestimmungen für die Arbeitnehmervertreter der verschiedenen Mitgliedstaaten bestehen.[684] Um die Arbeit des Aufsichts- oder Verwaltungsrats dadurch nicht zu behindern, sollte durch Vereinbarungen eine Vereinheitlichung herbeigeführt werden. Ein solches Vorgehen könnte gleichzeitig dazu führen, dass sich im Wege der „Best Practice" ein europaweiter Schutzstandard herauskristallisieren könnte.

c. VERSCHWIEGENHEITSPFLICHT

Die in § 41 Abs. 2 SEBG geregelte Pflicht zur Geheimhaltung und Vertraulichkeit gilt für die Mitglieder und Ersatzmitglieder des SE-Betriebsrats und wird durch § 41 Abs. 4 und Abs. 5 SEBG auf weitere Personengruppen übertragen. Die Pflicht zur Geheimhaltung setzt gemäß § 41 Abs. 2 SEBG voraus, dass eine ausdrückliche Geheimhaltungserklärung seitens der Leitung vorliegt. Die Verschwiegenheitsverpflichtung der Arbeitnehmervertreter im Aufsichts- oder Verwaltungsrat einer SE bleibt jedoch nicht hinter den nationalen aktienrechtlichen Vorschriften zurück, obwohl nach § 116 Aktiengesetz, § 93 Abs. 1 S. 2 Aktiengesetz die Verschwiegenheitsverpflichtung unabhängig von einer formellen Erklärung der Leitung greift.[685] Die Arbeitnehmervertreter im Aufsichts- oder Verwaltungsrat der SE werden nicht von § 41 SEBG erfasst, für sie gelten vielmehr

[683] In der Rahmenrichtlinie wird der geltende Schutzstandard dahingehend definiert, „dass die Arbeitnehmervertreter bei der Ausübung ihrer Funktion einen ausreichenden Schutz und ausreichende Sicherheiten genießen, die es ihnen ermöglichen, die ihnen übertragenen Aufgaben in angemessener Weise wahrzunehmen.", vgl. Artikel 7 der Richtlinie 2002/14/EG des Europäischen Parlaments und des Rates vom 11. März 2002 zur Festlegung eines allgemeinen Rahmens für die Unterrichtung und Anhörung der Arbeitnehmer in der Europäischen Gemeinschaft, ABl. EG Nr. L 80 vom 23. März 2002, S. 29 ff.

[684] Für Deutschland besteht z.B. die besondere Schutzvorschrift des § 26 Mitbestimmungsgesetz.

[685] Anders Oetker, BB-Special 1/2005, 2, 13.

allein die gesellschaftsrechtlichen Vorschriften der SE-VO 2001. Nach Artikel 49 SE-VO 2001 dürfen die Mitglieder der Organe der SE Informationen über die SE, die im Falle ihrer Verbreitung den Interessen der Gesellschaft schaden können, auch nach Ausscheiden aus ihrem Amt nicht weitergeben. Diese Verschwiegenheitspflicht gilt für Anteilseigner- und Arbeitnehmervertreter im Aufsichts- oder Verwaltungsrat gleichermaßen.

6. Innere Ordnung

a. Figur des Arbeitsdirektors

Die aus dem deutschen Mitbestimmungsrecht bekannte Figur des Arbeitsdirektors[686] findet sich auch in dem Leitungsorgan der SE wieder, wenn die SE der Mitbestimmung kraft Gesetzes unterliegt. § 38 Abs. 2 SEBG bestimmt, dass ein Mitglied des zur Leitung der SE berufenen Organs für den Bereich Arbeit und Soziales zuständig ist, sofern die Regelungen über die Mitbestimmung kraft Gesetzes zur Anwendung kommen. In der europäischen Rechtsgrundlage findet man eine entsprechende Vorschrift nicht. Anders als in früheren Entwurfsfassungen[687] wurde die Pflicht zur Bestellung eines Arbeitsdirektors nicht in die SE-RL 2001 aufgenommen. Die Einführung der Figur des Arbeitsdirektors durch das SE-Beteiligungsgesetz bedeutet im Ergebnis die Übertragung eines qualitativen mitbestimmungsrechtlichen Elements. Dies widerspricht der Intention des europäischen Gesetzgebers, der nur für den Gründungsfall der Umwandlung eine Übertragung „aller Komponenten der Mitbestimmung der Arbeitnehmer" vorsieht (vgl. Anhang zur SE-RL 2001 Teil 3 lit. a). Nur in dieser Konstellation umfasst der Bestandsschutz die innere Struktur und folglich auch die Figur des Arbeitsdirektors.[688] Die gesetzliche Einführung eines Arbeitsdirektors für alle Gründungsalternativen „verwässert" im Ergebnis die vom europäischen Gesetz-

---

[686] Vgl. § 2 C III 3 c.

[687] Vgl. § 3 B II 2 g.

[688] Anders wohl Gruber/Weller: „Besteht doch im Falle des Scheiterns der Verhandlungen die Auffanglösung gem. Artikel 7 der Richtlinie in Verbindung mit Teil 3 lit. b des Anhangs der RL bei mehr als 25 % deutscher Belegschaft mindestens im status quo der deutschen Mitbestimmung...Gemäß § 33 MitbestG wird auch ein Arbeitsdirektor in die Geschäftsleitung zu integrieren sein"; Gruber/Weller, NZG 2003, 297, 298 f.

geber vorgesehene abgestufte Intensität des Bestandsschutzes in Abhängigkeit von den Gründungsformen.[689]

b. Neutrales Mitglied

Für den Fall, dass an der Gründung der SE eine deutsche Gesellschaft beteiligt ist, die dem Anwendungsbereich des Montanmitbestimmungsgesetzes oder des Montanmitbestimmungsergänzungsgesetzes unterliegt, führt der deutsche Gesetzgeber durch § 38 Abs. 3 SEBG ein neutrales Mitglied in die SE ein. In dem paritätisch besetzten Aufsichts- oder Verwaltungsrat der SE muss sich danach ein Arbeitnehmervertreter befinden, der in keinem näheren Verhältnis zum Unternehmen und zu den Gewerkschaften steht, d.h. er darf kein Repräsentant einer Gewerkschaft, Arbeitgebervereinigung oder Spitzenorganisation der Verbände sein oder zu diesen in einem ständigen Dienstverhältnis stehen, weder zum Zeitpunkt der Wahl noch im Laufe des letzten Jahres davor, sowie im Unternehmen tätig oder an diesem besonders wirtschaftlich interessiert sein. Das neutrale Mitglied ist „auf gemeinsamen Vorschlag" der Anteilseigner- und Arbeitnehmervertreter zu wählen. Obwohl dem europäischen Gesetzgeber die Besonderheiten der deutschen Montanmitbestimmung hinreichend bekannt gewesen waren[690] findet das neutrale Mitglied in der SE-RL 2001 keine Erwähnung.[691] Es gilt aber zu beachten, dass die Regelung des Artikel 42 S. 2 SE-VO 2001, wonach bei einem paritätisch besetzten Aufsichtsorgan stets ein Anteilseignervertreter den Vorsitz inne haben muss, gegenüber dem deutschen Montanmitbestimmungsrecht vorrangig ist.[692]

7. Mitbestimmung und strukturelle Änderungen

a. Grundsatz der fiktiven Neugründung

Kommt es zu einer Änderung in der Struktur der SE, die die Interessen der Arbeitnehmer in Bezug auf ihre Beteiligungsrechte berührt, so ist fraglich, wie sich dies auf die Ausgestaltung der Mitbestimmung auswirkt. § 18 Abs. 3 S. 1 SEBG

---

[689] Kritisch auch Grobys, NZA 2004, 779, 780; Grobys, NZA 2005, 84, 90.

[690] Vgl. nur die Vorschläge von Sanders, hierzu § 3 B II 1.

[691] Kritisch deshalb Grobys, NZA 2004, 779, 780.

[692] Vgl. Nagel, DB 2004, 1299, 1302; Nagel, NZG 2004, 833, 838; Nagel, ArbuR 2004, 281, 285; Grobys, NZA 2004, 779, 780; Niklas, NZA 2004, 1200, 1204; Wisskirchen/Prinz, DB 2004, 2638, 2642; Calle, RIW 2005, 161, 167.

bestimmt hierzu, dass auf Veranlassung der Leitung der SE oder des SE-Betriebsrats Neuverhandlungen stattfinden, wenn die Strukturänderung geeignet ist, die Beteiligungsrechte der Arbeitnehmer zu mindern.[693] Dabei ist es irrelevant, ob die Strukturänderung in einem engen zeitlichen Zusammenhang mit der SE-Gründung steht. Anders als in § 43 S. 2 SEBG fehlt in § 18 Abs. 3 SEBG ein Zeitelement.[694] Aus § 43 S. 2 SEBG folgt vielmehr, dass das Verfahren nach § 18 Abs. 3 SEBG zwingend auch dann durchzuführen ist, wenn die strukturellen Änderungen innerhalb eines Jahres nach Gründung der SE stattfinden, denn anderenfalls wird vermutet, dass die SE dazu missbraucht wird, den Arbeitnehmern Beteiligungsrechte zu entziehen.

Die Aufforderung zu Neuverhandlungen sollte dabei in Anlehnung an § 4 Abs. 1 SEBG in schriftlicher Form erfolgen. Um den langwierigen und kostenintensiven Prozess der Neubildung eines SNB zu umgehen, können die Beteiligten einvernehmlich beschließen, dass sich als Verhandlungspartner die Leitung der SE (die Leitungen der Gründungsgesellschaften sind nicht mehr beteiligt) und der SE-Betriebsrat gegenübersitzen.[695] Dann müssen allerdings die Vertreter der von der geplanten strukturellen Änderung betroffenen Arbeitnehmer, die bisher nicht von dem SE-Betriebsrat repräsentiert werden, mit einbezogen werden (vgl. § 18 Abs. 3 S. 2 SEBG). Führen die Neuverhandlungen zu keinem Ergebnis, so greifen – anders als im Falle von Neuverhandlungen nach § 18 Abs. 2 SEBG – die Regelungen über die Mitbestimmung kraft Gesetzes (§ 18 Abs. 3 S. 3 SEBG in Verbindung mit § 34 bis § 38 SEBG). Die strukturelle Änderung einer SE wird daher bezogen auf die Beteiligungsrechte der Arbeitnehmer in ihrer Wirkung einer Neugründung gleichgestellt. Unterstrichen wird dies durch die Regelung des § 1 Abs. 4 SEBG, die für den Fall von strukturellen Änderungen in einer ge-

---

[693] Anders als im Falle eines Abbruchs- oder Verzichtsbeschlusses nach § 16 Abs. 1 SEBG sieht § 18 Abs. 3 SEBG nicht die Möglichkeit vor, dass Neuverhandlungen von mindestens 10 % der Arbeitnehmer der SE, ihrer Tochtergesellschaften und Betriebe oder von deren Vertretern gefordert werden können.

[694] Nagel, DB 2004, 1299, 1303; kritisch hierzu Kallmeyer, ZIP 2004, 1442, 1444.

[695] Dies hat regelmäßig zur Folge, dass Gewerkschaftsvertreter nicht mehr im SNB vertreten sind. Der SE-Betriebsrat setzt sich gemäß § 23 Abs. 1 SEBG aus Arbeitnehmern der SE, ihrer Tochtergesellschaften und Betriebe zusammen. Für die Errichtung des SE-Betriebsrats gelten § 5 Abs. 1, § 6 Abs. 1 und 2 S. 2 und S. 3 sowie die §§ 7 bis 10 und 11 Abs. 1 S. 2 und S. 3 entsprechend mit der Maßgabe, dass an die Stelle der beteiligten Gesellschaften, betroffenen Tochtergesellschaften und betroffenen Betriebe die SE, ihre Tochtergesellschaften und Betriebe treten. Ein Verweis auf die Vorschrift des § 6 Abs. 3 SEBG fehlt.

gründeten SE auf die im Gründungsfall geltenden Grundsätze des § 1 Abs. 1 bis Abs. 3 SEBG verweist.

b. GEEIGNETE STRUKTURÄNDERUNG

Voraussetzung für die Anwendbarkeit des § 18 Abs. 3 SEBG ist, dass die strukturelle Änderung *geeignet* ist, die Beteiligungsrechte der Arbeitnehmer zu mindern. Wann eine derartige Strukturänderung vorliegt, lässt das Gesetz offen.[696] Es können nur solche strukturellen Änderungen von § 18 Abs. 3 SEBG umfasst sein, in deren Zusammenhang regelmäßig eine erhebliche Änderung der Beschäftigungszahl einhergeht (z.B. Zusammenschluss von Betrieben oder Unternehmen der SE, Erwerb wesentlicher Beteiligungen an anderen Unternehmen, grenzüberschreitende Verschmelzung zweier SE zu einer neuen SE, Verschmelzung einer SE auf eine andere SE).[697] Nur für diese Fälle ist die Gleichstellung mit einer Neugründung gerechtfertigt. Bei einem Wechsel der Verwaltungssysteme[698], sowie bei einer grenzüberschreitenden Sitzverlegung der SE[699], bei der die SE als europäische Gesellschaft in ihrer bisherigen Struktur erhalten bleibt (vgl. Artikel 8 Abs. 1 SE-VO 2001), wird das Merkmal einer geeigneten Strukturänderung im Sinne des § 18 Abs. 3 SEBG nicht erfüllt.[700]

---

[696] Dass die Beurteilung der Frage, wann eine Minderung der Mitbestimmungsrechte zu bejahen ist, im Einzelfall schwierig sein kann, wurde in § 4 B V 7 d dargestellt; kritisch zu dem Begriff der „Eignung", Kallmeyer, ZIP 2004, 1442, 1444.

[697] Dass es sich hierbei nicht um die Erhöhung der Arbeitnehmerzahl durch bloße Neueinstellungen handeln kann, ergibt schon ein Vergleich zu § 5 Abs. 4 S. 1 SEBG, der von einer „Ä nderung in der Struktur *oder* Arbeitnehmerzahl" und nicht von einer „strukturellen Änderung" (vgl. § 18 Abs. 3 S. 1 SEBG) spricht.

[698] Hierzu Lange, der bei einem Wechsel vom dualistischen zum monistischen System folgert, dass den Organmitgliedern „gewissermaßen die Stühle entzogen" werden und jedenfalls nicht zwingend ein Anspruch auf Fortbestand des Sitzes im Verwaltungsrat besteht; Lange, EuZW 2003, 301, 303.

[699] Im Ergebnis so auch Köstler, Die Europäische Aktiengesellschaft, Arbeitshilfe für Arbeitnehmervertreter, S. 18; Kleinsorge, RdA 2002, 343, 351.

[700] So wohl auch Maul/Wenz, EuZW 2004, 674, 675; „Allerdings muss ein solcher Systemwechsel abgeglichen werden mit der Mitwirkungsvereinbarung nach Artikel 4 der....Mitbestimmungs-Richtlinie zur SE, falls jene in der konkreten Europäischen Gesellschaft abgeschlossen sein sollte."; Hommelhoff, AG 2001, 279, 283.

c. Verfassungsrechtlicher Konflikt

Finden Strukturänderungen innerhalb eines Jahres nach Gründung der SE statt und werden dadurch Beteiligungsrechte den Arbeitnehmern vorenthalten oder entzogen, ohne dass es dabei zu den von § 18 Abs. 3 SEBG geforderten Neuverhandlungen kommt, so wird vermutet, dass die SE dazu missbraucht wird, den Arbeitnehmern Beteiligungsrechte zu entziehen oder vorzuenthalten (§ 43 S. 2 SEBG). Fraglich ist, ob dieser „vermutete Missbrauch“ in Verbindung mit § 45 Abs. 1 Nr. 2 SEBG unmittelbar eine Strafbarkeit zur Folge hat. Würde man dies bejahen, so könnte man hierin einen Verstoß gegen den im Rechtsstaatsprinzip verankerten Grundsatz in dubio pro reo sehen.[701] Die Strafvorschrift des § 45 Abs. 1 Nr. 2 SEBG bezieht sich jedoch ausweislich des Wortlautes nur auf § 43 S. 1 SEBG und somit nicht auf die Konstellationen in denen eine Verletzung des § 43 SEBG aufgrund fehlenden Verfahrens nach § 18 Abs. 3 SEBG lediglich vermutet wird, weil dieser Fall gerade in § 43 S. 2 SEBG geregelt ist. Eine verfassungsrechtliche Verletzung liegt somit nicht vor.

d. Stellungnahme

Die Richtlinie erklärt die Grundsätze der „Sicherung erworbener Rechte“ und das „Vorher-Nachher-Prinzip“ auch für strukturelle Veränderungen einer bereits gegründeten SE und für die von dem strukturellen Änderungsprozess betroffenen Gesellschaften für anwendbar.[702] Durch die vom deutschen Gesetzgeber vorgesehenen Neuverhandlungen wird diesen europäischen Vorgaben grundsätzlich Rechnung getragen, da durch die Fiktion einer Neugründung die bestandschützenden Vorschriften uneingeschränkt Anwendung finden.

Aufgrund des in der deutschen Regelung vorgegebenen pauschalierten Anspruches auf Neuverhandlungen ist die Regelung gleichwohl kritikwürdig. Ob vor dem strukturändernden Ereignis überhaupt eine Mitbestimmung in der SE bestand und ob diese gegebenenfalls kraft Vereinbarung oder kraft Gesetzes geregelt wurde, ist nach dem Wortlaut des § 18 Abs. 3 SEBG unbeachtlich. Für den Fall, dass vor der strukturellen Änderung keine Mitbestimmung in der SE bestand, ist die Regelung des § 18 Abs. 3 SEBG jedenfalls gerechtfertig. Durch sie werden die Mitbestimmungsrechte eines Unternehmens, das von einer mitbestimmungsfreien SE aufgenommen wird, gesichert. Durch die Fiktion einer Neugründung mit der Folge von Neuverhandlungen und gegebenenfalls der An-

---

[701] So Grobys, NZA 2004, 779, 781; Calle, RIW 2005, 161, 168.

[702] Erwägungsgrund Nr. 18 SE-RL 2001.

wendbarkeit der Regelungen über die Mitbestimmung kraft Gesetzes wird dem bestehenden Mitbestimmungsrecht der aufgenommenen Gesellschaft im gleichen Umfang Bestandsschutz gewährt, wie wenn sie bei der Gründung der SE als Gesellschaft im Sinne des § 2 Abs. 2 SEBG beteiligt gewesen wäre.[703]

Wurde dagegen in der SE die Mitbestimmung im Wege einer Vereinbarung geregelt, kann ein Anspruch des SE-Betriebsrats auf Neuverhandlungen nicht bestehen. Dies aus zwei Gründen: Zum Einen haben die Parteien vor der Gründung der SE die Möglichkeit, in einer Vereinbarung über die Beteiligung der Arbeitnehmer festzulegen, ob und gegebenenfalls wie im Falle einer strukturellen Änderung eine Anpassung vorgenommen werden soll (vgl. Artikel 4 Abs. 2 lit. h SE-RL 2001, § 21 Abs. 1 Nr. 6 und Abs. 4 SEBG). Macht die Arbeitnehmerseite von dieser Befugnis keinen Gebrauch, so ist sie im Falle der Minderung von Beteiligungsrechten bei strukturellen Änderungen auch nicht schutzwürdig. Zum Anderen hat die getroffene Vereinbarung über die Mitbestimmung Bindungswirkung. Der Grundsatz „pacta sunt servanda“ kann nicht deshalb entfallen, weil sich durch die strukturelle Änderung die Zusammensetzung eines SNB bzw. des SE-Betriebsrates verändern würde und/oder für die von der Strukturänderung betroffenen Gesellschaften ein anderes Mitbestimmungsrecht gelten würde. Zwar besteht durch § 313 BGB im deutschen Recht die Möglichkeit der Anpassung von Verträgen an veränderte Verhältnisse. Dies allerdings nur für den Fall einer schwerwiegenden Veränderung.[704] Wann eine solche vorliegt, kann aber nicht pauschal beantwortet werden. Vielmehr wäre in jedem Fall neu zu prüfen, ob durch die Strukturänderung ein derart schwerwiegender Verlust der Mitbestimmungsrechte eintreten würde, dass eine Anpassung durch Neuverhandlungen erfolgen müsste. Dabei sollte von einer eng zu interpretierenden Anspruchsbegründung auszugehen sein.

8. Paritätische Mitbestimmung im monistischen System

a. Problemdarstellung

Die Vorschriften des SE-Beteiligungsgesetzes führen dazu, dass die Mitbestimmung deutscher Prägung unter bestimmten Umständen auf die Rechtsform der SE übertragen wird. Dies ist regelmäßig dann der Fall, wenn an der Gründung

---

[703] Für Neuverhandlungen in dieser Konstellation auch Herfs-Röttgen, NZA 2002, 358, 365.

[704] Heinrichs in Palandt, § 313, Rdnr. 15.

der SE eine deutsche Gesellschaft beteiligt ist, die dem Anwendungsbereich des Mitbestimmungsgesetzes unterliegt. Stellt die deutsche Gesellschaft mindestens 25 % (bei der Gründung durch Verschmelzung) bzw. 50 % (bei der Gründung einer Holding/Tochter-SE) der Arbeitnehmer, und votieren die deutschen Arbeitnehmervertreter für die Beibehaltung der deutschen Mitbestimmung, dann muss der Arbeitnehmeranteil der ausländischen Partner mehr als zwei Drittel betragen und auf mindestens zwei Mitgliedstaaten verteilt sein, wenn ihre Vertreter eine Minderung der Mitbestimmungsrechte oder den Verzicht hierauf durchsetzen wollen (vgl. § 15 Abs. 3 SEBG bzw. § 16 Abs. 1 SEBG).[705] Wird dieses Erfordernis nicht erreicht und kommt es zu keiner einvernehmlichen Lösung oder vereinbaren die Parteien die Anwendbarkeit der Regelungen über die Mitbestimmung kraft Gesetzes gemäß § 22 Abs. 1 Nr. 1 in Verbindung mit 34 ff. SEBG, so wird der Mitbestimmungsstandard des § 7 Abs. 1 und 2 Mitbestimmungsgesetz in die SE überführt (§ 34 Abs. 1 Nr. 2 bzw. § 34 Abs. 1 Nr. 3 in Verbindung mit § 35 Abs. 2 SEBG). Eine Übertragung des deutschen Mitbestimmungsstandards ist gleichfalls für den Fall vorgesehen, dass sich eine nationale Gesellschaft, die dem Anwendungsbereich des Mitbestimmungsgesetzes unterliegt, in eine SE umwandelt (§ 34 Abs. 1 Nr. 1 in Verbindung mit § 35 Abs. 1 SEBG).[706] Dann nämlich bleiben die Regelungen zur Mitbestimmung zwingend erhalten. Es werden alle Komponenten der deutschen Mitbestimmung auf die SE übertragen.[707] Diese Folge tritt nach dem Wortlaut des § 35 SEBG unabhängig davon ein, ob die SE monistisch oder dualistisch strukturiert ist.

Das Zusammentreffen einer monistisch strukturierten SE[708] mit der deutschen Mitbestimmung wurde bereits vor Umsetzung der SE-RL 2001 in das deutsche Recht als „dogmatisch reizvolle und zugleich rechtspraktisch hervorgehobene bedeutsame Aufgabe“[709] des Gesetzgebers bezeichnet.[710] Das Problem liegt dar-

---

[705] Vgl. hierzu § 4 B V 7; § 4 B VI.

[706] Zum Gründungsfall der Umwandlung vgl. § 3 C II 4 e.

[707] Vgl. § 4 B VII 2 c.

[708] Ein entsprechender Satzungsbeschluss führt dazu, dass eine SE monistisch strukturiert ist (Artikel 38 lit. b SE-VO 2001). Die SE verfügt dann nur über ein Organ, den so genannten Verwaltungsrat, dem die Geschäftsführungsbefugnis bzw. Leitungsautonomie zusteht; vgl. § 4 B IV 3.

[709] Hommelhoff, AG 2001, 279, 282.

in, dass das deutsche Mitbestimmungssystem im Aufsichtsrat angesiedelt ist und daher fest in der Zweiteilung von Geschäftsführungs- und Kontrollorgan verwurzelt ist.[711] Es stellt sich somit die Frage, wie bei einem Systemwechsel vom dualistischen System einer deutschen Aktiengesellschaft in das monistische System einer SE die Mitbestimmung deutscher Tradition in den Verwaltungsrat der SE implementiert werden kann. Das SE-Beteiligungsgesetz begegnet dem Problem in der Form, dass es nicht differenziert, ob die SE dualistisch oder monistisch strukturiert ist. Der deutsche Mitbestimmungsstandard wird vielmehr gemäß § 35 SEBG unterschiedslos auf die SE übertragen.

b. Europarechtskonforme Umsetzung

Es stellt sich zunächst die Frage, ob die Verankerung des deutschen Mitbestimmungssystems im monistischen System einer SE, wie sie § 35 SEBG vorsieht, europarechtskonform ist. Problematisch ist, dass sich der für die SE maßgebliche Arbeitnehmeranteil aus der Vertretung der Arbeitnehmer in einer dualistisch strukturierten Gesellschaft ergibt und sich folglich auf die Zahl der Arbeitnehmervertreter im Aufsichtsrat als ein im Wesentlichen mit Kontroll- und Überwachungsaufgaben ausgestattetes Organ bezieht. Die SE-Richtlinie könnte, vor dem Hintergrund des in der Richtlinie statuierten Vorher-Nachher-Prinzips, aber dahingehend auszulegen sein, dass die im Aufsichtsrat verankerte Parität nur in der Form auf die SE übertragen werden darf, dass es auch dort nur zu einer „Parität in der Kontrolle" kommt.[712] Dies könnte dadurch erreicht werden, dass die Unternehmensmitbestimmung der deutschen Gesellschaft nur funktional in den Verwaltungsrat der SE übertragen wird, indem sich der maßgebliche Anteil nur auf die Anzahl der nicht geschäftsführenden Direktoren bezieht. Folgt man dieser Auslegung der europäischen Richtlinie, so wäre § 35 SEBG europarechtswidrig.

---

[710] In diesem Zusammenhang sei angemerkt, dass die Schwierigkeit einer Integration der deutschen Mitbestimmung in das monistische System nicht allein den deutschen Gesetzgeber betraf. Vielmehr mussten auch andere Mitgliedstaaten, die das Board-System schon bislang kannten, die Auffangregelung gemäß der SE-RL 2001 Teil 3 des Anhangs so ausgestalten, dass sie den deutschen Mitbestimmungsstandard wahrt und auf das monistische System überträgt, vgl. Henssler in Festschrift für Ulmer, S. 198.

[711] Henssler in Festschrift für Ulmer, S. 200.

[712] Vgl. Reichert/Brandes in Bonner Europa-Symposium, Europäische AG und der Diskussionsentwurf zum deutschen Begleitgesetz, S. 107; Gruber/Weller, NZG 2003, 297, 299 Fn. 24; Henssler in Festschrift für Ulmer, S. 203; Teichmann, BB 2004, 53, 56; so wohl auch Lutter, „die Mitbestimmung im Verwaltungsrat (board) wäre ein aliud."; Lutter, ZGR 2000, 1, 17.

Nach dessen Wortlaut ist der höchste Anteil an Arbeitnehmervertretern, der in den Organen der beteiligten Gesellschaften vor der Eintragung der SE bestand, anteilig auf den Aufsichts- oder Verwaltungsrat der SE zu übertragen. Zwischen einer dualistisch oder monistisch strukturierten SE, mit der Konsequenz, dass die geschäftsführenden und nicht geschäftsführenden Direktoren in die Betrachtung einbezogen werden, wird wie bereits festgestellt nicht unterschieden.

Die Auffassung, im monistischen System könne sich die Übertragung der Zahl der Arbeitnehmervertreter nur auf die nicht geschäftsführenden Direktoren beziehen, weil sich nur hinsichtlich dieser ein maßgeblicher Anteil im Vergleich zum dualistischen System feststellen ließe,[713] ist mit den europäischen Vorgaben allerdings nicht vereinbar.[714] Gegen diese Ansicht ist zunächst anzuführen, dass der europäische Gesetzgeber einen nach deutscher Mitbestimmungstradition besetzten Verwaltungsrat grundsätzlich für möglich und zulässig hält.[715] Dies ergibt sich aus der Regelung des Artikel 45 S. 2 SE-VO 2001, wonach in einem zur Hälfte mit Arbeitnehmervertretern besetzten Verwaltungsorgan, nur ein Anteilseignervertreter den Vorsitz inne haben darf. Aus dem Wortlaut der SE-Richtlinie folgt schließlich, dass die anteilige Übertragung des höchsten Mitbestimmungsstandards auf die SE rein numerisch zu verstehen ist. Die Richtlinie gibt vor, dass sich die Mitbestimmung nach dem höchsten Mitbestimmungsstandard, der in den beteiligten Gesellschaften vor der Eintragung der SE bestand, richtet (Anhang zur SE-RL 2001 Teil 3 lit. b). Qualitative Parameter, wie es die Bewertung der Mitbestimmung nach deren Verankerung in einem bestimmten Organ und wie es eine unterschiedliche Behandlung von geschäftsführenden und nicht geschäftsführenden Direktoren darstellen würden, bleiben bei der Übertragung unberücksichtigt. Diesen Formalismus der Mitbestimmungsübertragung beweist der euro-

---

[713] So Änderungsantrag auf BT-Drucks. 15/4075; Empfehlung des Wirtschaftsausschusses, BR-Drucks. 850/1/04; Henssler in Festschrift für Ulmer, S. 209; Reichert/Brandes, ZGR 2003, 767, 791 f.; Teichmann, BB 2004, 53, 56; Roth, ZfA 2004, 431, 436; Hoffmann-Becking, ZGR 2004, 355, 381 f.

[714] Ebenso Köstler, ZGR 2003, 800, 804; Kallmeyer, ZIP 2003, 1531, 1534.

[715] Anders als der Vorschlag des Rates für Wettbewerbsfähigkeit für eine Richtlinie des Europäischen Parlaments und des Rates über die grenzüberschreitende Verschmelzung von Kapitalgesellschaften sieht die SE-RL 2001 die Möglichkeit nicht vor, den unerwünschten Transfer einer paritätischen Mitbestimmung in das monistische System dadurch abzuwenden, dass der Anteil der Arbeitnehmervertreter in einer monistischen Leitungsstruktur auf ein Drittel begrenzt wird; vgl. Artikel 14 Abs. 3 3. Spiegelstrich des Richtlinienvorschlags des Rates für Wettbewerbsfähigkeit vom 15. November 2004, abrufbar unter: http://register.consilium.eu.int/pdf/de/04/st15/st15315.de04.pdf.

päische Gesetzgeber in Teil 3 lit. b Anhang zur SE-RL 2001, indem er „erkennbar einen Schematismus huldigt"[716] und hinsichtlich der Zahl der Arbeitnehmersitze nicht zwischen Aufsichts- und Verwaltungsrat unterscheidet. Eine solche Differenzierung wäre auch widersprüchlich, denn nach den Vorgaben der SE-Verordnung stehen das monistische und das dualistische Modell als gleichwertige Alternativen nebeneinander (vgl. Artikel 38 lit. b SE-VO 2001). Es ist folglich von einer unterschiedslosen Behandlung der beiden Systeme auch hinsichtlich der Arbeitnehmerbeteiligung auszugehen. Gleiches bringt Artikel 2 lit. k SE-RL 2001 zum Ausdruck, in dem der Begriff der Mitbestimmung als ein Recht bezeichnet wird, einen Teil der Mitglieder des Aufsichts- oder Verwaltungsorgans zu bestellen und damit auf eine mitbestimmungsrechtliche Gleichbehandlung des Aufsichts- und Verwaltungsrats hinweist.[717]

Als Folge dieser rein formalistischen Auslegung ergibt sich, dass die Zahl der Arbeitnehmervertreter der Gesellschaft mit dem höchsten Mitbestimmungsniveau anteilig auf die SE zu übertragen ist, ohne dass hierbei unterschieden wird, ob die SE monistisch oder dualistisch strukturiert ist. Eben dies sieht § 35 SEBG vor, so dass von einer europarechtskonformen Umsetzung auszugehen ist.

c. Verfassungsrechtlicher Konflikt

Aus verfassungsrechtlicher Sicht stellt sich die Frage, ob sich die anteilige Übertragung des deutschen Mitbestimmungsstandards auf das monistische System einer SE, wie sie durch § 35 SEBG vorgesehen ist, noch in den Grenzen des Artikel 14 Abs. 1 Grundgesetz bewegt. Das Bundesverfassungsgericht hat sich in seinem Mitbestimmungsurteil auf Ausführungen zu den angegriffenen Vorschriften des Mitbestimmungsgesetzes begrenzt und jegliche ausdrückliche Entscheidung zur Verfassungsmäßigkeit in Bezug auf künftige Mitbestimmungsregelungen von sich gewiesen.[718] Eine Aussage hinsichtlich der Verankerung der Mitbestimmung in einem monistischen System findet sich daher nicht. Gemessen an dem Prüfungsmaßstab des Verfassungsgerichts kann jedoch davon ausgegangen werden, dass eine Verletzung des Eigentumsrechts der Anteilseigner dann vorlä-

---

[716] So Kallmeyer, ZIP 2003, 1531, 1534.

[717] Vgl. Roth, ZfA 2004, 431, 441.

[718] Vgl. BVerfGE 50, 290, 350; Papier, ZGR 1979, 444, 445; 468; Martens, ZGR 1979, 493, 520.

ge, wenn die Regelungen der Mitbestimmung im monistischen System dazu führten, dass über das im Unternehmen investierte Kapital gegen den Willen aller Anteilseigner entschieden werden könnte, wenn diese auf Grund der Mitbestimmung die Kontrolle über die Führungsauswahl im Unternehmen verlören und wenn ihnen nicht das Letztentscheidungsrecht belassen würde.[719] Die von der Regelung des § 35 SEBG erfassten Gesellschaften wären nach dem Mitbestimmungsurteil dann in ihrem Grundrecht aus Artikel 14 Abs. 1 Grundgesetz verletzt, wenn die Mitbestimmung zur Funktionsunfähigkeit der Unternehmen führte oder wenn sie der Funktionsunfähigkeit nahekommende Zustände zur Folge hätte. Dies wäre insbesondere dann der Fall, wenn die Willensbildung in den Unternehmen so kompliziert werden würde, dass Entscheidungen nicht oder kaum mehr getroffen werden könnten.[720] Eine Verletzung des Eigentumsrechts aus Artikel 14 Abs. 1 Grundgesetz sowohl der Anteilseigner als auch der Unternehmensträger kann, gemessen an dem Prüfungsmaßstab des Bundesverfassungsgerichts, allerdings dann verneint werden, wenn durch die Übertragung der Mitbestimmung in das monistische System einer SE weder rechtlich noch in einer dem SE-Beteiligungsgesetz zuzurechnenden Weise der Sache nach eine paritätische oder gar überparitätische Mitbestimmung der Arbeitnehmer im Unternehmen begründet wird.[721] Bei der Übertragung der Mitbestimmung einer an der Gründung der SE beteiligten deutschen Gesellschaft in das Leitungsorgan der SE stellt sich infolgedessen die Frage, ob der Wechsel der Arbeitnehmerbank von dem Aufsichtsrat in den Verwaltungsrat der SE zu einer Erhöhung des Arbeitnehmereinflusses führt, so dass von einer paritätischen oder gar überparitätischen Mitbestimmung auszugehen ist. Bewertet man die Stellung der Arbeitnehmvertreter in beiden Organisationsstrukturen, so ergibt sich hieraus folgendes:

---

[719] BVerfGE 50, 290, 350; vgl. bereits § 2 D I 2; auch in der Entscheidung des Bundesverfassungsgerichts vom 5. Dezember 2002 hat das Gericht die Arbeitnehmermitbestimmung in öffentlich-rechtlichen Selbstverwaltungsverbänden gebilligt, solange nur der Selbstverwaltungsträger den maßbeglichen Einfluss behält, BVerfGE 107, 59, 98, BVerfG Urteil vom 5. Dezember 2002, 2 BvL 5/98, JZ 2003, 1057 ff.

[720] BVerfGE 50, 290, 352.

[721] In diesem Sinne Martens, der die durchgehend akzentuierte Paritätsgrenze als markanten, die Verfassungskonformität sichernden Baustein des Mitbestimmungsgesetzes beurteilt; vgl. Martens, ZGR 1979, 493, 520; ebenso Hanau, ZGR 1979, 524, 530, 548; anders Wendeling-Schröder/Spieker, NJW 1981, 145, 146.

Die Arbeitnehmervertreter im Aufsichtsrat haben die Geschäftsführung zu überwachen (§ 111 Abs. 1 Aktiengesetz). In die Leitung des Unternehmens, die Formulierung der Strategie und die aktive Vorbereitung wichtiger Weichenstellungen sind sie nicht eingebunden.[722] Die Arbeitnehmervertreter befinden sich nur in einem Kontrollorgan. Auch die Tatsache, dass der Arbeitnehmerseite eine gewisse Leitungsfunktion in Gestalt des Zustimmungskataloges des § 111 Abs. 4 S. 2 Aktiengesetz zukommt, ändert an dieser Grundentscheidung nichts.

Anders als der Aufsichtsrat hat der Verwaltungsrat nicht nur Überwachungs- und Beratungsfunktion. Er leitet vielmehr die Geschäfte der SE, bestimmt die Grundlinien ihrer Tätigkeit und überwacht deren Umsetzung (§ 22 Abs. 1 SEAG).[723] Diese Befugnisse gelten unterschiedslos für Arbeitnehmervertreter und Anteilseignervertreter, denn die Arbeitnehmervertreter sind vollberechtigte Mitglieder des Verwaltungsrats (vgl. § 38 Abs. 1 SEBG). Eine qualitative Erhöhung des Einflusses der Arbeitnehmerseite im monistischen System ist daher zu bejahen. Dies belegt auch die Ausdehnung der Informationsrechte der Arbeitnehmerseite. Nach Artikel 44 Abs. 2 SE-VO 2001 kann jedes Mitglied des Verwaltungsrats von allen Informationen, die diesem Organ übermittelt werden, Kenntnis nehmen. Die Informationsrechte der Mitglieder des Verwaltungsrats gehen damit deutlich über diejenigen der einfachen Aufsichtsratsmitglieder nach dem deutschen Aktienrecht hinaus.[724] Aber auch die Tatsache, dass den Arbeitnehmervertretern die Teilnahme an den Sitzungen eines Leitungsorgans und nicht nur eines Kontrollorgans ermöglicht ist, markiert den Machtzuwachs. Die Arbeitnehmervertreter profitieren davon, dass sie sich nun in einer größeren Nähe zu dem unternehmerischen Entscheidungsträger befinden.[725]

Weiter stellt sich die Frage, ob die Bewertung des Machtzuwachses anders ausfällt, wenn man die geschäftsführenden Direktoren mit in die Betrachtung einbezieht. Nach § 40 Abs. 1 S. 1 SEAG sind ein oder mehrere geschäftsführende Direktoren in den Verwaltungsrat zu bestellen, die die Geschäfte der Gesellschaft führen (§ 40 Abs. 2 S. 1 SEAG). Die geschäftsführenden Direktoren haben je-

---

[722] Schiessl, ZHR 167 (2003), 235, 250.

[723] Vgl. § 4 B IV 3.

[724] Henssler in Festschrift für Ulmer, S. 207.

[725] Henssler in Festschrift für Ulmer, S. 209.

doch keine dem Vorstand vergleichbare Position und leiten nicht die Gesellschaft in eigener Verantwortung, wie das gemäß § 76 Aktiengesetz für den deutschen Vorstand gilt.[726] Auch wenn die Geschäftsführung einzelnen Verwaltungsratsmitgliedern übertragen wird, ändert dies nichts daran, dass die Letztverantwortlichkeit für die Unternehmenspolitik und für die strategischen Entscheidungen weiterhin allein beim Verwaltungsrat liegt. Etwas anderes ergibt sich auch nicht aus der Vorschrift des Artikel 43 Abs. 1 S. 2 SE-VO 2001. Diese bestimmt zwar, dass die geschäftsführenden Direktoren die laufenden Geschäfte „in eigener Verantwortung" führen. Artikel 43 Abs. 1 S. 2 SE-VO 2001 ist jedoch vorliegend nicht einschlägig, da er sich nur an die Mitgliedstaaten richtet, die das monistische System bereits kennen.[727] Für die Einführung der geschäftsführenden Direktoren in das deutsche Recht stellt vielmehr Artikel 43 Abs. 4 SE-VO 2001 die richtige Rechtsgrundlage dar. Dass die Leitungsverantwortung beim Verwaltungsrat und somit auch bei der Arbeitnehmerseite verbleibt, ergibt sich auch daraus, dass die geschäftsführenden Direktoren dem Verwaltungsrat sachlich und personell unterstellt sind.[728] Der Verwaltungsrat kann den geschäftsführenden Direktoren jederzeit Weisungen erteilen (vgl. § 44 Abs. 2 SEAG), wenn er mit der Führung der Geschäfte nicht einverstanden ist.[729] Zudem können die geschäftsführenden Direktoren jederzeit durch Beschluss des Verwaltungsrats abberufen werden, sofern die Satzung nichts anderes regelt (§ 40 Abs. 5 SEAG). Im Ergebnis bedeutet dies, dass der Verwaltungsrat stets als einheitliches Organ zu bewerten ist, das lediglich die Ausführungen von Entscheidungen auf die geschäftsführenden Direktoren delegiert, letztlich aber die strategischen Entscheidungen und die Leitung der Gesellschaft in einem einzigen Organ vereint.[730] Dies bestätigt auch der Generalverweis in § 22 Abs. 6 SEAG, in dem solche Rechtsvorschriften auf den Verwaltungsrat für sinngemäß anwendbar erklärt werden,

---

[726] Vgl. Neye/Teichmann, AG 2003, 169, 179 Fn. 51.

[727] Eingeführt wurde Artikel 43 Abs. 1 S. 2 SE-VO 2001 auf Wunsch von Schweden, wo im monistischen System eigenverantwortlich handelnde Direktoren vorhanden sind. Dies wollte Schweden auch in der Verordnung verankert haben, vgl. Teichmann in Theisen/Wenz, Die Europäische Aktiengesellschaft, S. 603; Teichmann, BB 2004, 53, 60 Fn. 77.

[728] Kallmeyer spricht insoweit von einer „Abhängigkeit" der geschäftsführenden Direktoren von dem Verwaltungsrat; Kallmeyer, ZIP 2003, 1531, 1533.

[729] Kallmeyer, ZIP 2003, 1531, 1533; Eder, NZG 2004, 544, 545.

[730] Neye/Teichmann, AG 2003, 169, 177.

die außerhalb des SE-Ausführungsgesetzes dem Vorstand oder dem Aufsichtsrat einer Aktiengesellschaft Rechte und Pflichten zuweisen, soweit nicht das SE-Ausführungsgesetz für den Verwaltungsrat und für die geschäftsführenden Direktoren besondere Regelungen enthält. Dies verdeutlicht, dass die Verantwortlichkeiten, die im dualistischen System unter Vorstand und Aufsichtsrat aufgeteilt sind, im monistischen System im Grundsatz im Verwaltungsrat zusammenlaufen. Auch wenn man die geschäftsführenden Direktoren in die Bewertung der Machtposition der Arbeitnehmerseite mit einbezieht, ändert dies nichts daran, dass den Arbeitnehmervertretern im monistischen System unmittelbar eine Letztverantwortlichkeit für die Leitung der Gesellschaft verbleibt. Dadurch kommt es im mitbestimmten Verwaltungsrat zu einer qualitativen Erhöhung des Arbeitnehmereinflusses.[731]

d. STELLUNGNAHME

Dieser Machtzuwachs allein führt jedoch weder zur Begründung einer paritätischen noch zu einer überparitätischen Mitbestimmung der Arbeitnehmer im monistischen System einer SE. Der Anteilseignerseite verbleibt noch immer ein leichtes Übergewicht. Dies garantieren die Regelungen des Artikel 45 S. 2 SE-VO 2001 und des Artikel 50 Abs. 2 SE-VO 2001. Gemäß Artikel 45 S. 2 SE-VO 2001 darf nur ein Anteilseignervertreter zum Vorsitzenden des Verwaltungsorgans gewählt werden, wenn die Hälfte des Verwaltungsorgans von den Arbeitnehmern bestellt wird. Dadurch wird die Möglichkeit ausgeschlossen, dass eine Parität oder gar eine Überparität zu Gunsten der Arbeitnehmerseite dadurch zustande kommt, dass ein Verwaltungsratmitglied der Arbeitnehmer zum Vorsitzenden des Verwaltungsrats gewählt wird und der Arbeitnehmerseite mit seinem Zweitstimmenrecht ein Übergewicht verschaffen kann, wie es nach dem Wortlaut des § 27 Abs. 1 Mitbestimmungsgesetz im Aufsichtsrat grundsätzlich möglich wäre. Das Zweitstimmenrecht des Verwaltungsratvorsitzenden sichert Artikel 50 Abs. 2 SE-VO 2001. Die Anteilseigner im Verwaltungsrat sind daher rechtlich in der Lage, sich bei einer etwaigen Konfrontation mit der Arbeitneh-

---

731 Henssler in Festschrift für Ulmer, S. 207; Gruber/Weller, NZG 2003, 297, 299; Kallmeyer, ZIP 2003, 1531, 1534; Reichert/Brandes, ZGR 2003, 767, 790; Schiessl, ZHR 167 (2003), 235, 250 f.; Seibt, Stellungnahme vor dem Rechtsausschuss des Deutschen Bundestages zum Gesetzesentwurf der Bundesregierung zur Einführung der Europäischen Gesellschaft (SEEG), NZA 2004, X f.; Wisskirchen/Prinz, DB 2004, 2638, 2642; Teichmann, BB 2004, 53, 56; Hoffmann-Becking, ZGR 2004, 355, 381; Roth, ZfA 2004, 431, 443 f.; Nagel, ArbuR 2004, 281, 286; Horn, DB 2005, 147, 152.

merseite durchzusetzen. Auch wenn das bedeutet, dass die Anteilseignerseite nicht nur bei der Entscheidung über die personelle Zusammensetzung der Unternehmensleitung, sondern bei zahlreichen anderen Entscheidungen, die die Unternehmensplanung betreffen, auf das Zweitstimmenrecht des Vorsitzenden angewiesen ist, so ergeben sich hieraus noch keine verfassungsrechtlichen Bedenken.[732] Das Mitbestimmungsgesetz beschränkt die Zweitstimme des Aufsichtsratsvorsitzenden ebenfalls nicht auf Entscheidungen über die personelle Zusammensetzung der Unternehmensleitung. Dies zeigt beispielsweise die Möglichkeit, mit Hilfe des Zweitstimmenrechts eine unterparitätische Zusammensetzung eines Ausschusses im Aufsichtsrat erzwingen zu können.[733]

Darüber hinaus wird die Machtposition der Arbeitnehmerseite praktisch dadurch geschmälert, dass bei der Ermittlung der auf das Inland entfallenen Arbeitnehmervertreter jedes siebte Mitglied ein leitender Angestellter sein muss (vgl. 36 Abs. 3 S. 2 in Verbindung mit § 6 Abs. 4 SEBG). Die Beschneidung der Position der Arbeitnehmerschaft ergibt sich daraus, dass nach ständiger Rechtsprechung des Bundesarbeitsgerichts der leitende Angestellte dadurch gekennzeichnet ist, dass ihn seine Tätigkeit so in die Nähe des Unternehmens rücken muss, dass er bei der allgemeinen Interessenpolarität des Unternehmers gegenüber der Arbeitnehmerschaft kraft seiner Aufgaben auf der Seite des Unternehmens steht.[734] Interessenunterschiede innerhalb der Arbeitnehmerbank sind zudem deshalb wahrscheinlich, weil die Vertreter der Arbeitnehmer regelmäßig Arbeitnehmer aus verschiedenen Mitgliedstaaten vertreten. Infolge dieser inhomogenen Zusammensetzung der Arbeitnehmerbank, ist nicht davon auszugehen, dass sich die Arbeitnehmerschaft stets zu einer geschlossenen Stimmabgabe zusammenfinden wird.

---

[732] Anders Gruber/Weller, NZG 2003, 297, 299; Huke/Prinz, BB 2004, 2633, 2638.

[733] Hoffmann/Lehmann/Weinmann, Mitbestimmungsgesetz, § 25, Rdnr. 38; Lehmann, AG 1977, 14; Werner, ZGR 1977, 241; Wiedemann, ZGR 1977, 160, 163 f.; Hanau/Ulmer, Mitbestimmungsgesetz, § 25, Rdnr. 127; Raiser, Mitbestimmungsgesetz, § 25, Rdnr. 56; kritisch Reich/Lewerenz, ArbuR 1976, 261, 269; Fitting/Wlotzke/Wißmann, Mitbestimmungsgesetz, § 29, Rdnr. 41; Wißmann in Münchener Handbuch Arbeitsrecht Band 3, § 380, Rdnr. 16; Zöllner, AG 1981, 13, 15.

[734] BAG, Beschluss vom 5. März 1974, 1 ABR 19/73, AP Nr. 1 zu § 5 Betriebsverfassungsgesetz; ebenso BAG, Beschluss vom 8. Februar 1977, 1 ABR 22/76, DB 1977, 1146.

Trotz dieser festgestellten Sicherung des Übergewichts der Anteilseignerseite könnten die Grenzen einer legitimen Unternehmensmitbestimmung gleichwohl überschritten sein, wenn die nach § 35 SEBG vorgesehene anteilige Übertragung der deutschen Mitbestimmung in das monistische System dazu führte, dass die unterparitätische Mitbestimmung wie eine paritätische wirken würde.[735] Dies könnte aus zwei Gründen der Fall sein: Die nicht geschäftsführenden Direktoren könnten ein Selbstverständnis dahingehend entwickeln, dass sie sich im selben Maße als Kontrolleure des Managements verstehen, wie dies bei den Aufsichtsratsmitgliedern im dualistischen System der Fall ist. Dies hätte zur Folge, dass sich die nicht geschäftsführenden Direktoren als Gruppe organisieren und sich von den geschäftsführenden Direktoren separieren würden ("dealing behind the chairman`s back").[736] Dieses Verhalten stünde jedenfalls nicht den Vorgaben des europäischen Gesetzgebers entgegen. Dieser verlangt eine „klare Abgrenzung der Verantwortungsbereiche jener Personen, denen die Geschäftsführung obliegt, und der Personen, die mit der Aufsicht betraut sind"[737]. Desweiteren ist problematisch, dass die von den Anteilseignern zu wählenden Verwaltungsratsmitglieder unter Umständen keine geschlossene Interessenvertretung bilden, da sich unter ihnen die geschäftsführenden Direktoren befinden können (vgl. § 40 Abs. 1 S. 2 SEAG). Es sind deshalb Konstellationen denkbar, in denen die nicht geschäftsführenden Direktoren einvernehmlich mit den Arbeitnehmerrepräsentanten zusammenwirken.

Es könnte somit unter bestimmten Voraussetzungen dazu kommen, dass die Arbeitnehmervertreter in der Gruppe der nicht geschäftsführenden Mitglieder die Mehrheit haben. Diese Möglichkeit besteht immer dann, wenn Mitglieder des Verwaltungsrats zu geschäftsführenden Direktoren bestellt werden (vgl. § 40 Abs. 1 S. 2 SEAG). Auf den Stichentscheid des Vorsitzenden aus der Reihe der Anteilseignervertreter käme es dann nicht mehr an, denn nach dem Wortlaut des

---

[735] So die Argumentation von Badura/Rittner/Rüthers, die der Verfassungsbeschwerde zum Mitbestimmungsurteil zu Grunde lag, vgl. Badura/Rittner/Rüthers, Mitbestimmungsgesetz 1976 und Grundgesetz, S. 35 ff.; ferner Meilicke/Meilicke, Mitbestimmungsgesetz, Einl., Rdnr. 31 ff.; Höpp, JZ 1977, 497 ff.

[736] Dieses Verhalten ist im monistischen System bereits vorzufinden, sogar dergestalt, dass die nicht geschäftsführenden Direktoren separate Beratungen abhalten, vgl. von Hein, RIW 2002, 501, 506.

[737] Erwägungsgrund Nr. 14 SE-VO 2001.

Artikel 50 Abs. 2 SE-VO 2001 greift dieser nur bei Stimmengleichheit und nicht bei einer numerischen Überzahl.[738] Im Ergebnis heißt das, dass die Anteilseignerseite systematisch dominiert werden könnte. Bedeutung hätte dies insbesondere bei Entscheidungen des Verwaltungsrates, bei denen es um die Kontrolle der Unternehmensleitung geht. Hier fallen die Ansichten der geschäftsführenden Direktoren und der nicht geschäftsführenden Direktoren in der Regel auseinander.[739]

Die beschriebene Möglichkeit der Gruppenbildung innerhalb der Anteilseignerseite begründet aber keine rechtlich und in einer dem Gesetz zuzurechnenden Weise der Sache nach überparitätische Mitbestimmung der Arbeitnehmer im Unternehmen. Allein der Umstand, dass bei einem bewussten Zusammenwirken der nicht geschäftsführenden Direktoren der Anteilseigner und der Arbeitnehmerseite das Übergewicht der Anteilseignerseite verloren gehen könnte, kann nicht dazu führen, dass eine paritätische Mitbestimmung vorliegt. Maßgeblich für die Beurteilung inwieweit durch § 35 SEBG eine paritätische Mitbestimmung begründet wird, sind allein die rechtlichen Regelungen, die das Übergewicht der Anteilseignerseite garantieren.[740] Wie bereits ausgeführt wurde, sind die Anteilseignervertreter auf Grund der Artikel 45 S. 2 SE-VO 2001 und Artikel 50 Abs. 2 SE-VO 2001 rechtlich in der Lage, sich grundsätzlich in Sach- und Verfahrensfragen durchzusetzen. Diese Möglichkeit ist tatsächlich vorhanden und wird nicht dadurch vereitelt, dass aufgrund einer Gruppenbildung ein anderes Kräfteverhältnis geschaffen werden könnte. Das Bundesverfassungsgericht erkennt ebenfalls die Möglichkeit, dass sich nicht ausschließen lasse, dass den Arbeitnehmern im Unternehmen im Einzelfall ein weitergehender, einer „Parität" nahekommender Einfluss zukommen könne. Gleichwohl verneint es aber eine Parität, wenn dieser Einfluss nur darauf beruht, dass die Arbeitnehmerseite die Unterstützung eines Teils der Anteilseignerseite gefunden hat.[741] Hinzu kommt, dass die Rechtsposition der Anteilseigner durch die Vorschrift des § 35 Abs. 3 SEAG

---

[738] Teichmann, BB 2004, 53, 57.

[739] Seibt, Stellungnahme vor dem Rechtsausschuss des Deutschen Bundestages zum Gesetzesentwurf der Bundesregierung zur Einführung der Europäischen Gesellschaft (SEEG), NZA 2004, XI.

[740] So BVerfGE 50, 290, 346.

[741] BVerfGE 50, 290, 331.

geschützt ist. Diese verhindert, dass die nicht geschäftsführenden Mitglieder der Arbeitnehmerseite eine Mehrheitsentscheidung herbeiführen können, wenn die geschäftsführenden Mitglieder des Verwaltungsrates von der Abstimmung wegen einer Interessenkollision ausgeschlossen sind. Nach § 35 Abs. 3 SEAG - der erst im Laufe des Gesetzgebungsverfahrens eingeführt wurde - erhält der Vorsitzende des Verwaltungsrates, der nach Artikel 45 S. 2 SE-VO 2001 zwingend von der Anteilseignerseite zu bestellen ist, eine zusätzliche Stimme, wenn ein dem Verwaltungsrat angehörender geschäftsführender Direktor aus rechtlichen Gründen daran gehindert ist, an der Beschlussfassung im Verwaltungsrat teilzunehmen. Der Gefahr einer Mehrheit der Arbeitnehmervertreter kann überdies bereits dadurch entgegengewirkt werden, indem für das Amt der geschäftsführenden Direktoren Personen bestellt werden, die nicht dem Verwaltungsrat angehören, was § 40 Abs. 1 S. 4 SEAG ausdrücklich ermöglicht.[742] Im Übrigen besteht der Konflikt ohnehin nur dann, wenn man der Arbeitnehmerseite unterstellt sie bilde eine geschlossene Gruppe, die sich stets zu einer einheitlichen Stimmabgabe zusammenfinden wird. Schon der Umstand, dass sich die Arbeitnehmerbank regelmäßig aus Vertretern verschiedener Mitgliedstaaten zusammensetzt, verdeutlicht aber die inhomogene Ausgestaltung der Arbeitnehmerseite. Von einer fortwährenden einheitlichen Stimmabgabe kann folglich nicht ausgegangen werden.

Im Ergebnis steht somit fest, dass die Mitbestimmung im monistischen System einer SE in der Gestalt wie sie durch § 35 SEBG vorgesehen ist, keine paritätische oder überparitätische Mitbestimmung der Arbeitnehmerseite begründet. Damit sind die vom Bundesverfassungsgericht in seinem Mitbestimmungsurteil formulierten Grenzen einer verfassungsrechtlich zulässigen Ausgestaltung der Unternehmensmitbestimmung nicht überschritten. Ein Verstoß gegen Artikel 14 Abs. 1 Grundgesetz liegt nicht vor.

e. Funktionelle Angleichung von mitbestimmtem Verwaltungs- und Aufsichtsrat

Dieses Ergebnis bedeutet jedoch nicht, dass die Gefahren, die eine solche Umsetzung mit sich bringt, verkannt werden. Bei der Beurteilung der Verfassungsmäßigkeit der Mitbestimmung im Leitungsorgan spielten diese nur deshalb keine Rolle, weil die Frage der wirtschaftlichen Eignung der Übertragung der deutschen Mitbestimmung in das monistische System nicht das Verfassungsrecht be-

[742] Vgl. Gruber/Weller, NZG 2003, 297, 300 f.; Oetker, BB-Special 1/2005, 2, 5.

antworten kann. Aus rechtspolitischer Sicht ist es jedenfalls problematisch, dass die Anteilseignervertreter im mitbestimmten Verwaltungsrat einer SE über die Geschicke der Unternehmensplanung nicht mehr alleine beraten können, sondern zu gleichen Teilen die Arbeitnehmer einbeziehen müssen.[743] Aufgrund dieser inhomogenen Zusammensetzung des Leitungsorgans besteht die Möglichkeit, dass die Leitungs- und Entscheidungsprozesse der SE schwerfällig werden und dadurch die Aktions- und Reaktionsfähigkeit der SE berührt wird. Um dies zu vermeiden gilt es die Mitbestimmung im Verwaltungsrat der SE derart auszugestalten, dass sie sich zumindest funktionell der Mitbestimmung im Kontrollorgan einer dualistisch verfassten Gesellschaft annähert.

Ein Lösungsmodell, um die Mitbestimmung deutscher Prägung zweckgerecht in das monistische System einer SE verankern zu können, besteht in einer Differenzierung der Stimmrechte von Anteilseigner- und Arbeitnehmervertretern. Dabei könnte ein Stimmrechtsausschluss der Arbeitnehmervertreter für alle Fragen, die Leitungsentscheidungen und Weisungsbeschlüsse betreffen, vorgesehen werden.[744] Gegen diese Vorgehensweise spricht jedoch, dass es den Verwaltungsrat als einheitliches Organ paralysieren würde. Die dem monistischen System zugrunde liegende Idee, sowohl Führungs- als auch Überwachungsaufgaben in einem Organ zu vereinen, würde konterkariert werden. Entscheidend gegen einen solchen Stimmrechtsausschluss spricht jedoch, dass er den europarechtlichen Vorgaben widersprechen würde. In der SE-Richtlinie ist der Grundsatz der gleichen Rechte und Pflichten aller Verwaltungsratsmitglieder verankert. Die Arbeitnehmervertreter haben die gleichen Rechte und Pflichten wie die Anteilseignervertreter. Dass hiervon auch die Stimmrechte umfasst sind, ergibt sich aus dem Anhang zur SE-RL 2001 Teil 3 3 UA SE-RL 2001. Danach sind die bestellten oder empfohlenen Mitglieder der Arbeitnehmerseite des Aufsichts- oder Verwaltungsorgans vollberechtigte Mitglieder des jeweiligen Organs mit denselben Rechten (einschließlich des Stimmrechts) und denselben Pflichten wie die Mitglieder der Anteilseigner.

Ein sachgerechter Ausweg könnte durch die Bildung von arbeitnehmerfreien Ausschüssen zur Vorbereitung von Leitungsentscheidungen gefunden werden.[745] Die Zulässigkeit der Bildung solcher Ausschüsse ergibt sich aus § 34 Abs. 4 S. 1

---

[743] Gruber/Weller, NZG 2003, 297, 299.

[744] Kallmeyer, ZIP 2003, 1531, 1535; Roth, ZfA 2004, 431, 454 ff.

[745] So Kallmeyer, ZIP 2003, 1531, 1535; Gruber/Weller, NZG 2003, 297, 300.

SEAG. Eine ausschließliche Besetzung dieser Ausschüsse nur mit Anteilseignervertretern ist ebenfalls möglich, soweit dadurch nicht die Rechte der Arbeitnehmervertreter beschränkt werden oder es zu einer Diskriminierung der Arbeitnehmer kommt.[746] Ausgangspunkt für die Frage, ob durch die Bildung von arbeitnehmerfreien Ausschüssen die Arbeitnehmerrechte beschränkt werden, ist der Umfang der Mitbestimmung im dualistischen System. Eine Einschränkung der Rechte der Arbeitnehmervertreter kann immer dann verneint werden, wenn sich die Zuständigkeit des arbeitnehmerfreien Ausschusses nur auf Gegenstände bezieht, die beim deutschen Aufsichtsrat nicht der Mitbestimmung unterliegen.[747] Unzulässig wäre es beispielsweise, ohne erhebliche sachliche Gründe einen beschließenden Personalausschuss ohne Arbeitnehmervertreter zu bilden.[748] Eine Beschränkung der Arbeitnehmerrechte liegt auch nicht schon deshalb vor, weil die Arbeitnehmervertreter nicht mehr unmittelbar in allen Organen des Unternehmens vertreten sind. Die Übertragung der Befugnis zur Vorbereitung von Leitungsentscheidungen führt nicht dazu, dass der Verwaltungsrat die Verantwortung für die betreffenden Angelegenheiten verliert. Zudem bleiben die wesentlichen Entscheidungen ohnehin gemäß § 34 Abs. 4 S. 2 SEAG dem gesamten Verwaltungsrat vorbehalten. Die Arbeitnehmervertreter erhalten zudem durch die in § 34 Abs. 4 S. 3 SEAG statuierte Pflicht der Ausschüsse, dem Verwaltungsrat regelmäßig über die Arbeit zu berichten, Kenntnis von den Vorgängen. Eine Diskriminierung der Arbeitnehmervertreter wird dadurch vermieden, dass es nicht zu einem generellen Ausschluss der Arbeitnehmer aus allen Ausschüssen kommt.

Nach all dem steht fest, dass die Implementierung der deutschen Mitbestimmung, wie sie § 35 SEBG vorsieht, sowohl europa- als auch verfassungskonform ist. Im Zusammenspiel mit den gesellschaftsrechtlichen Vorgaben kann die deutsche Mitbestimmung im monistischen System auch zweckgerecht umgesetzt werden.

---

[746] In der Entscheidung des Bundesgerichtshofs vom 17. Mai 1993 lehnte es der II. Zivilsenat ab, in § 27 Abs. 3 Mitbestimmungsgesetz eine verallgemeinerungsfähige Wertentscheidung zugunsten einer paritätischen Zusammensetzung der Aufsichtsratsausschüsse zu sehen, BGH, Urteil vom 17. Mai 1993, II ZR 89/92, BGHZ 122, 342, 357; sowie zuvor BGH, Urteil vom 25. Februar 1982, II ZR 102/82, BGHZ 83, 144 ff., 148. Weiterführend zur Frage der Besetzung von Ausschüssen im dualistischen System, vgl. Hoffmann/Lehmann/Weinmann, Mitbestimmungsgesetz, § 25, Rdnr. 38; Wißmann in Münchener Handbuch Arbeitsrecht Band 3, § 380, Rdnr. 16; Lehmann, AG 1977, 14; Rittner, DB 1980, 2493, 2500; Zöllner, AG 1981, 13, 15; Canaris, DB 1981, Beilage Nr. 14, 1, 15.

[747] Kallmeyer, ZIP 2003, 1531, 1535.

[748] BGH, Urteil vom 17. Mai 1993, II ZR 89/92, BGHZ 122, 342, 358; Kallmeyer, ZIP 2003, 1531, 1535; Oetker, ZGR 2000, 19, 50.

C Abschließende Würdigung: SE-Beteiligungsgesetz als Ausdruck eines mitbestimmungsrechtlichen Bedeutungswandels?

Durch das Inkrafttreten des SE-Beteiligungsgesetzes hat das deutsche Recht der Unternehmensmitbestimmung eine europäische Dimension erhalten. Es wurde gezeigt, dass es in Folge dessen zu neuen Konflikten kommt, die sowohl die verfassungs- als auch die europarechtlichen Grenzen einer legitimen Unternehmensmitbestimmung berühren. Dies wurde insbesondere durch die folgenden mitbestimmungsrechtlichen Neuerungen darlegt:

Erstmals ist die Unternehmensmitbestimmung deutscher Prägung auch im Leitungsorgan einer Gesellschaft mit Sitz in Deutschland zu finden. Die Ursache hierfür liegt in den Regelungen zur Mitbestimmung kraft Gesetzes (§ 34 ff. SEBG), die nach den Vorgaben der Auffangregelung der SE-RL 2001 dem Prinzip der Besitzstandswahrung der nationalen Mitbestimmungsstandards folgen. Danach gilt: Ist an der Gründung einer SE eine deutsche Gesellschaft beteiligt, die dem Mitbestimmungsgesetz unterliegt, so wird das deutsche Mitbestimmungsregime regelmäßig auf die SE übertragen. Das gilt nach dem Willen des deutschen Gesetzgebers unabhängig davon, ob die SE monistisch oder dualistisch strukturiert ist. Eine weitere bedeutsame Fortentwicklung besteht darin, dass die Unternehmenslandschaft in Deutschland nun durch mitbestimmungsfreie Großunternehmen in der Rechtsform der SE ergänzt wird. Dies jedenfalls dann, wenn an der Gründung der SE keine deutsche Gesellschaft beteiligt ist. Aber auch falls die SE-Gründung unter deutscher Beteiligung erfolgt, so ermöglicht es die Verhandlungslösung, dass eine mitbestimmungsrechtliche „Null-Lösung" für Kapitalgesellschaften mit mehr als 2000 Arbeitnehmer durch einvernehmliche Abwahl der Mitbestimmung bzw. den Beschluss, eine solche nicht einzuführen, herbeigeführt werden kann. Eine zwingende Mindestmitbestimmung sieht die SE-RL 2001 nicht vor. Desweiteren hat das in der Richtlinie verankerte Prinzip der Besitzstandswahrung zur Folge, dass es zu einem „Mitbestimmungsexport"[749] der deutschen Mitbestimmung in das europäische Ausland kommt. Die deutsche Mitbestimmung wird bei deutscher Gründungsbeteiligung regelmäßig auf die SE übertragen werden. Dies gilt ungeachtet des Sitzes der SE. Dadurch

[749] Kallmeyer, AG 2003, 197, 201.

kommt es zu dem Kuriosum, dass künftig Gesellschaften mit Sitz in England oder Spanien der deutschen Mitbestimmung unterliegen können.[750]

Bei der Einführung des Mitbestimmungsgesetzes war sich der Gesetzgeber über diese Entwicklungen nicht bewusst. Er konnte sich bei der Beurteilung der zukünftigen Wirkung des Mitbestimmungsgesetzes nur an dem „derzeitigen Stand der Erfahrungen und Einsichten"[751] orientieren. Das Bundesverfassungsgericht stellt in seinem Mitbestimmungsurteil fest, dass das Mitbestimmungsgesetz einen Ausschnitt komplexer, schwer übersehbarer Zusammenhänge regelt, die ihrerseits von Faktoren abhängig sind, die sich nicht auf die Bundesrepublik beschränken. Die Skala der Unsicherheitsfaktoren umfasste somit als Teil der gesamtwirtschaftlichen Zukunftsbedingungen auch die Entwicklung auf europäischer Ebene. Gleichzeitig betont das Gericht aber, dass diese Ungewissheit über die Auswirkungen eines Gesetzes in einer ungewissen Zukunft nicht die Regelungsbefugnis des Gesetzgebers ausschließen könne. Es könne nicht gefordert werden, dass die Auswirkungen des Gesetzes mit hinreichender Wahrscheinlichkeit oder gar Sicherheit übersehbar sind. Dem Gesetzgeber komme vielmehr eine Einschätzungsprärogative zu.[752] Die Beurteilung des Gesetzgebers - mit dem Mitbestimmungsgesetz seien weder nachteilige Folgen für die Funktionsfähigkeit der Unternehmen noch für die Gesamtwirtschaft verbunden - hielt das Bundesverfassungsgericht zum damaligen Zeitpunkt für inhaltlich vertretbar.[753] Bei dieser Prognoseentscheidung blieb die Bedeutung einer europäischen Rechtsform allerdings unberücksichtigt. Der Einzug der Unternehmensmitbestimmung in das Leitungsorgan einer Gesellschaft, der Export der deutschen Mitbestimmung in andere Mitgliedstaaten und die Möglichkeit der Gründung mitbestimmungsfreier Großunternehmen mit Sitz in Deutschland haben gezeigt, dass die Rechtsform der SE das deutsche Mitbestimmungssystem nachhaltig verändert hat. Im Vergleich zum Zeitpunkt der Prognoseentscheidung des Gesetzgebers besteht nun eine grundlegend veränderte Ausgangssituation. Es stellt sich deshalb die Frage, ob die zum damaligen Zeitpunkt vorgenommene Prognose des Gesetzgebers

---

[750] Nagel/Köklü, WiSt 2003, 713.

[751] BVerfGE 50, 290, 335.

[752] BVerfGE 50, 290, 332 f.; hierzu Müller, DB 1979, Beil. Nr. 5, 1, 3; Papier, ZGR 1979, 444, 449; Hanau, ZGR 1979, 524, 528; Meessen, NJW 1979, 833, 836 f.; Scholz, Paritätische Mitbestimmung und Grundgesetz, S. 33; vorab hierzu Mertens, RdA 1975, 89 ff.

[753] BVerfGE 50, 290, 334 f.

auch noch heute, nach Einführung der Rechtsform der SE, inhaltlich vertretbar ist.

Der Einzug der europäischen Rechtsform in die deutsche Unternehmenslandschaft führt dazu, dass das deutsche Mitbestimmungsrecht unter bestimmten Voraussetzungen bewirkt, dass die Leitungs- und Entscheidungsprozesse einer Gesellschaft schwerfällig werden. Dies wird immer dann der Fall sein, wenn die SE monistisch strukturiert ist und die Mitbestimmung deutscher Tradition durch die Regelungen des § 35 SEBG unmittelbar auf sie übertragen wird. Auch wenn festgestellt wurde, dass die in § 35 SEBG gefundene Verankerung des deutschen Mitbestimmungssystems in das monistische System einer SE verfassungskonform ist, so ist aus rechtpolitischer Sicht gleichwohl problematisch, dass die Anteilseigner nicht mehr alleine über die Unternehmensplanung entscheiden und die Aktionsfähigkeit der Gesellschaft nur dann uneingeschränkt geschützt ist, wenn die monistisch verfasste SE der dualistischen Unternehmensverfassung funktionell angenähert wird.

Das Mitbestimmungsgesetz kann gleichfalls dazu führen, dass deutschen Unternehmen der Zugang zu der europäischen Rechtsform faktisch verschlossen wird. Für deutsche mitbestimmte Unternehmen bedeutet der beschriebene Export der Mitbestimmung, dass sie der Gefahr einer Diskriminierung bei der Gründungsbeteiligung ausgesetzt werden. Ausländische Gesellschaften, die selbst bis dato keiner Mitbestimmung unterliegen, haben aufgrund fehlender Erfahrungen Schwierigkeiten mit dem Institut der deutschen Mitbestimmung in einer SE. Zudem werden sie fürchten, dass die Mitbestimmung deutscher Prägung indirekt in ihr nationales Recht importiert werden könnte, denn die Arbeitnehmer der SE würden an einer starken Mitbestimmung teilhaben und könnten diese zum Thema im eigenen Land machen.[754] Im Ergebnis heißt das für deutsche Unternehmen, dass sie durch das ausgeprägte deutsche Mitbestimmungsrecht zu weniger attraktiven Fusionspartnern bei der Gründung einer SE werden, „weil ihnen die Mitbestimmung wie eine Bleikugel an den Füßen hängt“[755]. Ob diese Gefahr einer

---

[754] Es wird vermutet, dass sich die Fusionspartner aus anderen Mitgliedstaaten die deutsche Mitbestimmung nicht „ins Haus holen wollen“; so Thoma/Leuering, NJW 2002, 1449, 1454; Horn, DB 2005, 147, 152.

[755] So Lutter, BB 2004, 1; derselbe, der sowohl die Auffangregelung als auch die Verhandlungslösung für Deutschland als „große Nachteile“ beurteilt, Lutter, BB 2002, 1, 6; ebenso Hopt, EuZW 2002, 1; Herfs-Röttgen, NZA 2001, 424, 429; Schäfer, NZG 2004, 785, 789; Habersack, Europäisches Gesellschaftsrecht, Rdnr. 393, 412; Bundesrat, Stellungnahme des Bundesrates, 802. Sitzung am 9. Juli 2004, BR-Drucks. 438/04 (Beschluss), S. 1; vgl. auch

Diskriminierung deutscher Gesellschaften mit den europäischen Vorgaben vereinbar ist, erscheint zunächst zweifelhaft, muss aber im Ergebnis bejaht werden. Die Mitgliedstaaten haben sich in Artikel 2 EG auf die Verwirklichung des Binnenmarktes und auf die damit angestrebte Verbesserung der wirtschaftlichen und sozialen Lage in der gesamten Gemeinschaft verständigt. Zur Realisierung dieses Ziels ist es förderlich, wenn Unternehmen, deren Tätigkeit nicht auf die Befriedigung rein örtlicher Bedürfnisse beschränkt ist, die Neuordnung ihrer Tätigkeiten auf Gemeinschaftsebene planen und betreiben können. Dies soll durch die Rechtsform der SE ermöglicht werden.[756] Führt die deutsche Mitbestimmung nun dazu, dass nationale Gesellschaften bei der Gründung einer SE diskriminiert werden, so steht dies grundsätzlich dem erklärten Ziel entgegen. Zu beachten ist jedoch, dass bei der Verwirklichung des Europäischen Binnenmarktes die Ziele der Gemeinschaft im sozialen Bereich nicht unbeachtet bleiben dürfen. Eben dies soll durch die SE-Richtlinie garantiert werden.[757] Der europäische Gesetzgeber hat sich in der SE-Richtlinie deshalb zum Grundsatz des Bestandschutzes der nationalen, also auch der deutschen Mitbestimmung, bekannt. Kommt es daher zu einer diskriminierenden Wirkung durch das nationale Mitbestimmungsregime, so kann dies zwangsläufig nicht zu einem Verstoß gegen europarechtliche Bindungen führen.[758] Gleichwohl stellt die diskriminierende Wirkung des deutschen Mitbestimmungsrechts einen gravierenden Wettbewerbsnachteil für deutsche Unternehmen dar und kann in der Folge zur Beeinträchtigung der Funktionsfähigkeit der Gesamtwirtschaft führen. So kann von den eröffneten Vorteilen, wie beispielsweise der Möglichkeit zur Expansion über Ländergrenzen hinweg, ohne kostspielige und zeitaufwändige Förmlichkeiten beachten zu müssen, oder der Einführung einer monistischen Unternehmensverfassung, sowie einer maßgeschneiderten Mitbestimmungslösung nicht profitiert werden. Auch von der prognostizierten Einsparung von Verwaltungskosten und Verbesserung der Steuerung

---

Hundt/Rogowski, Die Europa AG wird zugrunde geregelt – Deutsche Unternehmen finden wegen der Mitbestimmung keine internationalen Partner, FAZ vom 31. August 2004, S. 12; andere Auffassung Calle, RIW 2005, 161.

[756] Erwägungsgrund Nr. 1 SE-VO 2001.

[757] Erwägungsgrund Nr. 3 SE-RL 2001.

[758] Bereits die Sachverständigengruppe um Davignon erkannte dieses Problem. Die jeweilige mitbestimmungsrechtliche Situation sollte nicht festgeschrieben werden, weshalb man sich für eine unterschiedslose Lösung entschied. Für die Ausgestaltung der Mitbestimmung sollte es irrelevant sein, ob es bereits vor der Gründung der SE ein nationales Mitbestimmungsrecht gab. Anderenfalls würde es zu einer Ungleichbehandlung zwischen den an der Gründung einer SE interessierten Gesellschaften führen, vgl. Davignon Bericht, Rdnr. 78.

und Kontrolle durch ein europäisches Einheitsunternehmen wird Deutschland weitgehend ausgeschlossen.[759] Die Anziehungskraft des Markenzeichens Societas Europaea, das eine gewisse Größe und Internationalität verheißt und dadurch Prestige verleiht[760], kann sich für deutsche Unternehmen nicht entfalten.[761] Die dadurch entstehenden Wettbewerbsnachteile für Deutschland im Binnenmarkt werden gleichfalls nachteilige Folgen für die Gesamtwirtschaft nach sich ziehen.

Fast 30 Jahre nach Inkrafttreten des Mitbestimmungsgesetzes - nachdem die SE als neue europäische Rechtform die Unternehmenslandschaft bereichert - zeigt sich also, dass die prognostizierte Unternehmensnützigkeit und Gemeinwohlfunktion des Mitbestimmungsgesetzes im Rahmen der europäischen Wirklichkeit nicht zu erreichen sind. Das Mitbestimmungsgesetz ist vielmehr ausgerichtet „am Bild eines nationalen Unternehmens, wie es die Landschaft zum Zeitpunkt der Verabschiedung des MitbestG Mitte der siebziger Jahre prägte“[762]. Zu bedenken ist auch, dass durch die Rechtsform der Europäischen Aktiengesellschaft das europäische Mitbestimmungsverständnis unmittelbar Einzug in Deutschland genommen hat. Die Zulässigkeit und Möglichkeit der Schaffung mitbestimmungsfreier Großunternehmen in der Rechtsform der SE zeigt, dass auf europäischer Ebene ein mitbestimmungsrechtlicher Verständniswandel eingesetzt hat: Das Recht auf Mitbestimmung wird nicht mehr als unabdingbarer Bestandteil jeder Unternehmensverfassung von Großunternehmen verstanden.

Das Bundesverfassungsgericht hat den Gesetzgeber aufgefordert, dort korrigierend einzugreifen, wo die mit dem Mitbestimmungsgesetz verbundenen positiven

---

[759] In diesem Sinne Götz ZIP 2003, 1067; anders Gemeinsame Pressemitteilung des Bundesministeriums für Wirtschaft und Arbeit und des Bundesministeriums der Justiz, Europäische Aktiengesellschaft stärkt die internationale Wettbewerbsfähigkeit deutscher Unternehmen, vom 26. Mai 2004.

[760] So Cattero in Abel/Ittermann, Mitbestimmung an den Grenzen?, S. 154.

[761] Zu den Vorteilen einer SE-Gründung, Blanquet, ZGR 2002, 20, 34 ff.; Kallmeyer, DB 2003, I; Monti, WM 1997, 607 f.; Maul/Wenz, EuZW 2004, 674, 675; Schäfer, NZG 2004, 785, 789; Wenz bezeichnet die Rechtsform der SE als „bedeutsame Rechtsforminnovation“ und „wichtige Rechtsformalternative wirtschaftlichen Handelns im Europäischen Binnenmarkt“; Wenz, AG 2003, 185, 196.

[762] Götz, AG 2002, 552, 554; in diesem Sinne ebenso Rieble, Mitbestimmung zwischen Legitimationslast und Modernisierungsdruck in Rieble, Zukunft der Unternehmensmitbestimmung, § 1, Rdnr. 5.

Erwartungen durch die spätere Entwicklung enttäuscht würden.[763] Der deutsche Gesetzgeber sollte daher die durch das SE-Beteiligungsgesetz neu geschaffene mitbestimmungsrechtliche Ausgangssituation zum Anlass nehmen die Unternehmensmitbestimmung in ihrer bisherigen Form zu überdenken.[764]

---

[763] „Sollte sich freilich die Prognose des Gesetzgebers, daß das Mitbestimmungsgesetz nicht zu nachhaltigen Beeinträchtigungen der Funktionsfähigkeit der Unternehmen führen werde, im Verlauf der Entwicklung nicht bestätigen, so wäre der Gesetzgeber...zu einer Korrektur verpflichtet.“, BVerfGE 50, 352; hierzu Ulmer, ZHR 166 (2002), 271, 277; von Werder, AG 2004, 166.

[764] Ähnlich Oetker, BB-Special 1/2005, 2, 13; zurückhaltend dagegen Bernhardt, „Doch die Mitbestimmung prägt die deutsche Unternehmensverfassung - und die "Politik" wird sich nicht zu einer Gesetzesänderung bereit finden, weder heute noch morgen.“; Bernhardt, BB 2004, 2480, 2482; weiterführend Götz, AG 2002, 552; Ulmer, ZHR 166 (2002), 271; von Werder, AG 2004, 166; Schwank, AG 2004, 173; Göhner, ZRP 2004, 279; Kirchner, AG 2004, 197; Roth, ZfA 2004, 431, 456; Rieble, Mitbestimmung zwischen Legitimationslast und Modernisierungsdruck in Rieble, Zukunft der Unternehmensmitbestimmung, § 1, Rdnr. 57 ff.

§ 5 Zusammenfassung der wichtigsten Ergebnisse

- Das mitbestimmungsrechtliche Verständnis der Europäischen Gemeinschaft spiegelt sich in der SE-Richtlinie wider. Es zielt nicht auf eine „Total Harmonisierung" ab, sondern verfolgt einen Ansatz, der als „Vielheit in der Einheit" bezeichnet wird.

- Die mitbestimmungsrechtliche Lösung der SE-Richtlinie basiert im Wesentlichen auf zwei Grundprinzipien: dem Prinzip der regulierten Selbstregulierung und dem Prinzip der abdingbaren Besitzstandswahrung.

- Das Bekenntnis zu diesen Prinzipien und die Tatsache, dass die SE-Richtlinie kein europaweites Mindestmaß an Mitbestimmung garantiert, zeigen, dass nach dem europäischen Mitbestimmungsverständnis das Recht der Unternehmensmitbestimmung nicht als ein zwingender Bestandteil jeder Unternehmensverfassung bewertet wird.

- Dem deutschen Gesetzgeber ist es mit dem SE-Beteiligungsgesetz gelungen, die Mitbestimmung nach deutscher Tradition europa- und verfassungskonform auf das monistische System einer Europäischen Aktiengesellschaft zu übertragen.

- Die SE-Richtlinie verlangt nicht, dass sich im monistischen System die Übertragung der Zahl der Arbeitnehmervertreter nur auf die nicht geschäftsführenden Direktoren bezieht.

- Durch die Übertragung der Mitbestimmung in das monistische System einer Europäischen Aktiengesellschaft wird weder rechtlich noch in einer dem SE-Beteiligungsgesetz zuzurechnender Weise der Sache nach eine paritätische oder gar überparitätische Mitbestimmung der Arbeitnehmer im Unternehmen begründet.

- Die anteilige Übertragung des deutschen Mitbestimmungsstandards auf das monistische System einer Europäischen Aktiengesellschaft nach § 35 SEBG bewegt sich noch in den Grenzen des Artikel 14 Abs. 1 Grundgesetz.

- Die Möglichkeit eines Nebeneinanders mitbestimmungsfreier Unternehmen mit mehr als 2000 Arbeitnehmer in der Rechtsform der Europäischen Aktiengesellschaft und mitbestimmungspflichtiger nationaler Gesellschaften ist mit Artikel 3 Abs. 1 Grundgesetz vereinbar.

- Die fehlende Umsetzung der Opt-Out Regelung des Artikel 7 Abs. 3 SE-RL 2001 im SE-Beteiligungsgesetz ist aus rechtspolitischer Sicht problematisch, verstößt aber trotz der Gefahr einer Diskriminierung deutscher Unternehmen bei der Gründung einer Europäischen Aktiengesellschaft nicht gegen zwingende europarechtliche Bindungen.

- Das deutsche Mitbestimmungsgesetz bewirkt in Verbindung mit den Regelungen des SE-Beteiligungsgesetzes unter bestimmten Voraussetzungen, dass die Leitungs- und Entscheidungsprozesse einer monistisch verfassten Europäischen Aktiengesellschaft beeinträchtigt werden und die Aktionsfähigkeit der Gesellschaft nur dann uneingeschränkt gewahrt bleibt, wenn sie funktionell einer Gesellschaft mit dualistischer Unternehmensverfassung angenähert wird.

- Das deutsche Mitbestimmungsgesetz führt dazu, dass deutschen mitbestimmten Unternehmen der Zugang zur Rechtsform der Europäischen Aktiengesellschaft faktisch verschlossen ist, weil das der SE-Richtlinie zugrunde liegende Prinzip der abdingbaren mitbestimmungsrechtlichen Besitzstandswahrung diese Unternehmen zu weniger attraktiven Fusionspartnern bei der Gründung einer Europäischen Aktiengesellschaft macht.

- Die durch das SE-Beteiligungsgesetz eingeführten mitbestimmungsrechtlichen Neuerungen, insbesondere der Einzug der Unternehmensmitbestimmung in das Leitungsorgan einer Gesellschaft, der Export der deutschen Mitbestimmung in andere Mitgliedstaaten und die Möglichkeit der Gründung mitbestimmungsfreier Großunternehmen mit Sitz in Deutschland, blieben zum Zeitpunkt des Inkrafttretens des deutschen Mitbestimmungsgesetzes bei der Beurteilung des Gesetzgebers über dessen zukünftige Wirkung unberücksichtigt.

- Die zum damaligen Zeitpunkt prognostizierte Unternehmensnützigkeit und Gemeinwohlfunktion des deutschen Mitbestimmungsgesetzes sind im Rahmen der europäischen Wirklichkeit nicht zu erreichen. Die vorgenommene Prognose des Gesetzgebers ist heute, nach Einführung der Rechtsform der Europäischen Aktiengesellschaft, inhaltlich nicht mehr vertretbar.

QUELLENVERZEICHNIS

ABELTSHAUSER, THOMAS E., Der neue Statutsvorschlag für eine Europäische Aktiengesellschaft – Formelle und materiell-rechtliche Probleme, AG 1990, 289 ff.

ADAMS, MICHAEL, Das Ende der Mitbestimmung, WiSt 2004, 693.

ALTMEPPEN, HOLGER, Schutz vor „europäischen" Kapitalgesellschaften, NJW 2004, 97 ff.

ALTMEYER, WERNER, Mitbestimmung im Aufsichtsrat: 2004 kommt die „Societas Europaea", Personalführung 2003, 60 ff.

ARTMANN, EVELINE, Die Organisationsverfassung der Europäischen Aktiengesellschaft, wbl 2002, 189 ff.

ATENSTAEDT, BERND, Mitbestimmung der Arbeitnehmer im Board britischer Kapitalgesellschaften, Dissertation, Frankfurt am Main 1987.

AUFFARTH, FRITZ, Zur Bedeutung der Beteiligungsrechte des Betriebsrats nach dem Betriebsverfassungsgesetz 1972 für eine paritätische Mitbestimmung der Arbeitnehmer auf Unternehmensebene, RdA 1976, 2 ff.

BADURA, PETER, Der Regierungsentwurf eines Mitbestimmungsgesetzes – Verfassungsrechtliche Einwände, ZfA 1974, 357 ff.

BADURA, PETER, Paritätische Mitbestimmung und Verfassung, München 1985.

BADURA, PETER; RITTNER, FRITZ; RÜTHERS, BERND, Mitbestimmungsgesetz 1976 und Grundgesetz Gemeinschaftsgutachten, München 1977.

BÄRMANN, JOHANNES, Supranationale Aktiengesellschaften, NJW 1957, 613 ff.

BAUMANN, JOACHIM, Das Recht der Kapitalgesellschaften im englischen Rechtskreis – Ein Leitfaden für das Recht Englands und 26 weiterer Länder und Territorien, Berlin 1961.

BAYER, WALTER, Aktuelle Entwicklungen im Europäischen Gesellschaftsrecht, BB 2004, 1 ff.

Bayer, Walter, Auswirkungen der Niederlassungsfreiheit nach den EuGH-Entscheidungen Inspire Art und Überseering auf die deutsche Unternehmensmitbestimmung, AG 2004, 534 ff.

Beauregard, Paul Melot de, Das Zweite Gesetz zur Vereinfachung der Wahl der Arbeitnehmervertreter in den Aufsichtsrat, DB 2004, 1430 ff.

Behrens, Peter, Das Internationale Gesellschaftsrecht nach dem Überseering-Urteil des EuGH und den Schlussanträgen zu Inspire Art, IPRax 2003, 193 ff.

Bender, Karl, Das Mitbestimmungsrecht in der Stahlholding, NJW 1953, 1493 ff.

Berenberg-Gossler, Günther, Die Einführung der paritätischen Mitbestimmung der Arbeitnehmer im Großunternehmen als Sozialisierungsmaßnahme gem. Art. 15 GG, AG 1968, 37 ff.

Bernhardt, Wolfgang, BB-Forum: Deutsche (Unternehmens-) Mitbestimmung zwischen Wünschen und Wirklichkeit, BB 2004, 2480 ff.

Berrar, Carsten, Die Entwicklung der Corporate Governance in Deutschland im internationalen Vergleich, Dissertation, Baden-Baden 2001.

Biedenkopf, Kurt H., Auswirkungen der Unternehmensverfassung auf die Grenzen der Tarifautonomie, in: Biedenkopf, Kurt H.; Coing, Helmut; Mestmäcker, Ernst-Joachim (Hrsg.), Das Unternehmen in der Rechtsordnung, Festgabe für Heinrich Kronstein zum 70. Geburtstag, Karlsruhe 1976, S. 79 ff.

Biener, Herbert, Unternehmensverfassung - Eine Darstellung der Modelle, RdA 1971, 174 ff.

Binz, Mark K.; Mayer, Gerd, Die ausländische Kapitalgesellschaft & Co. KG im Aufwind? Konsequenzen aus dem „Überseering"-Urteil des EuGH v. 5.11.2002 – Rs. C-208/00, GmbHR 2002, 1137, GmbHR 2003, 249 ff.

Birk, Rolf, Der Einfluss des Gemeinschaftsrechts auf das Arbeitsrecht der Bundesrepublik Deutschland, RIW 1989, 6 ff.

Birk, Rolf, Die Realisierung des europäischen Binnenmarktes 1992 und ihre Auswirkungen auf das Arbeitsrecht, NZA 1989, 329 ff.

Birk, Rolf, Europäische Aktiengesellschaft und nationales Betriebsverfassungsrecht, Bemerkungen zur Institution des Europäischen Betriebsrats (EBR) nach dem Vorschlag eines Statuts für Europäische Aktiengesellschaften, ZfA 1974, 47 ff.

Blanke, Thomas, Europäisches Betriebsräte-Gesetz: EBRG-Kommentar, 1. Auflage, Baden-Baden 1999 (zitiert: EBRG-Kommentar).

Blanpain, Roger; Klein, Elisabeth, Europäisches Arbeitsrecht, 1. Auflage, Baden-Baden 1992.

Blanpain, Roger; Schmidt, Marlene; Schweibert, Ulrike, Europäisches Arbeitsrecht, 2. Auflage, Baden-Baden 1996.

Blanquet, Françoise, Das Statut der Europäischen Aktiengesellschaft (Societas Europaea „SE"), ZGR 2002, 20 ff.

Bleicher, Knut; Paul, Herbert, Unternehmensverfassung und Spitzenorganisation – Führung und Überwachung von Aktiengesellschaften im internationalen Vergleich, Wiesbaden 1989 (zitiert: Unternehmensverfassung und Spitzenorganisation).

Boewer, Dietrich, Das Mitbestimmungsgesetz im Rahmen des Gesellschaftsrechts und kollektiven Arbeitsrechts, DB 1980, 673 ff.

Bohl, Elke, Mitbestimmung irritiert ausländische Investoren, FAZ vom 20. September 2003, S. 14.

Boldt, Gerhard, Das Mitbestimmungsrecht in Eisen und Kohle, RdA 1951, 169 ff.

Boldt, Gerhard, Die Mitbestimmung der Arbeitnehmer in den Organen der Holding-Gesellschaften der Montanindustrie, BB 1953, 893 ff.

Boldt, Gerhard, Mitbestimmungsergänzungsgesetz Kommentar, München und Berlin 1957 (zitiert: Mitbestimmungsergänzungsgesetz).

Boldt, Gerhard, Mitbestimmungsgesetz Eisen und Kohle, Gesetz über die Mitbestimmung der Arbeitnehmer in den Aufsichtsräten und Vorständen der Unternehmen des Bergbaus und der Eisen und Stahl erzeugenden Industrie, Kommentar, München und Berlin 1952 (zitiert: Mitbestimmungsgesetz Eisen und Kohle).

Börsen-Zeitung, o.A., Deutsche SE bietet Unternehmen keine Wahl, 19. Oktober 2004, S. 7.

Boucourechliev, Jeanne, Die Harmonisierung des Gesellschaftsrechts in der Europäischen Union: Erreichtes und Perspektiven, RIW 1999, 1 ff.

Boucourechliev, Jeanne; Hommelhoff, Peter, Vorschläge für eine Europäische Privatgesellschaft, Köln 1999.

Brandes, Stephan M., Europäische Aktiengesellschaft: Juristische Person als Organ?, NZG 2004, 642 ff.

Brandt, Ulrich, Der Diskussionsentwurf zu einem SE-Ausführungsgesetz, DStR 2003, 1208 ff.

Brandt, Ulrich, Die Hauptversammlung der Europäischen Aktiengesellschaft (SE), Eine Untersuchung der methodischen Grundlagen und der Unterschiede zu den nationalen Aktiengesellschaften, insbesondere zur deutschen Aktiengesellschaft, Frankfurt am Main 2004.

Brandt, Ulrich, Überlegungen zu einem SE-Ausführungsgesetz, NZG 2002, 991 ff.

Brandt, Ulrich; Scheifele, Matthias, Die Europäische Aktiengesellschaft und das anwendbare Recht, DStR 2002, 547 ff.

Briefs, Götz, Mitbestimmung und kein Ende, FAZ vom 2. November 1968, S. 17.

Buchner, Herbert, Das wirtschaftliche Mitbestimmungsrecht nach dem Betriebsverfassungsgesetz in seinem Verhältnis zur Forderung nach qualifizierter Mitbestimmung, AG 1970, 127 ff.

Buchner, Herbert, Die Neuregelung der Betriebsverfassung, NZA Beilage 1/1989, 2 ff.

Buchner, Herbert, Paritätische Mitbestimmung: Der Weg zu einer neuen Unternehmens- und Arbeitsordnung, ZfA 1974, 147 ff.

Bundesministerium für Wirtschaft und Arbeit, Gemeinsame Pressemitteilung des Bundesministeriums für Wirtschaft und Arbeit und des Bundesministeriums der Justiz, Europäische Aktiengesellschaft stärkt die internationale Wettbewerbsfähigkeit deutscher Unternehmen, vom 26. Mai 2004, abrufbar unter: http://www.bmwa.bund.de/bmwa/generator/Navigation/wirtschaft.did=32818.html (Stand: September 2004).

Bundesvereinigung der Deutschen Arbeitgeberverbände, Gemeinsame Stellungnahme BDA, BDI, DIHK, GDV, Bdb, Dt. Aktieninstitut zum Entwurf eines Gesetzes zur Einführung der Europäischen Gesellschaft, Berlin, 3. Mai 2004, abrufbar unter: http://www.bda-online.de/www/bda-online.nsf/id/6A574521EFDC690AC1256E8B00546B80/$file/SEEG.pdf (Stand: September 2004).

Calle, Ines, Das Gesetz über die Beteiligung der Arbeitnehmer in einer Europäischen Gesellschaft (SE-Beteiligungsgesetz – SEBG), RIW 2005, 161 ff.

Canaris, Claus-Wilhelm, Mitbestimmungsgesetz und innergesellschaftliche Organisationsautonomie der Aktiengesellschaft, DB 1981, Beilage Nr. 14, 1 ff.

Carolsfeld, Schnorr von, Probleme des Mitbestimmungs-Ergänzungsgesetzes, RdA 1963, 249 ff.

Cattero, Bruno, „Mitbestimmung“ auf europäisch - Deutungsoffenheit, institutionelle Mythen und lose Kopplungen, in: Abel, Jörg; Ittermann, Peter (Hrsg.), Mitbestimmung an den Grenzen?, München und Mering 2001, S. 135 ff.

Chlosta, Joachim, Der Wesensgehalt der Eigentumsgewährleistung unter besonderer Berücksichtigung der Mitbestimmungsproblematik, Dissertation, Berlin 1975.

Coen, Martin, Abgestufte soziale Integration nach Maastricht, EuZW 1995, 50 ff.

Däubler, Wolfgang (Hrsg.), Sozialstaat EG? Die andere Dimension des Binnenmarktes, Gütersloh 1989.

Däubler, Wolfgang, Das Grundrecht auf Mitbestimmung, Frankfurt am Main 1973.

Däubler, Wolfgang, Grenzüberschreitende Fusion und Arbeitsrecht – Zum Entwurf der Zehnten gesellschaftsrechtlichen Richtlinie, DB 1988, 1850 ff.

Davies, Paul, Struktur der Unternehmensführung in Großbritannien und Deutschland: Konvergenz oder fortbestehende Divergenz?, ZGR 2001, 268 ff.

Deutsche Bundesregierung, Unterrichtung durch die Bundesregierung, Entwurf eines Gesetzes zur Einführung der Europäischen Gesellschaft (SEEG), 24. August 2004, BT-Drucks. 15/3656 zu BT-Drucks. 15/3405.

Deutscher Anwaltsverein, Stellungnahme des Deutschen Anwaltsverein durch den Handelsrechtsausschuss zu dem Regierungsentwurf eines Gesetzes zur Einführung der Europäischen Gesellschaft (SEEG), Stellungnahme Nr. 35/04, Berlin 2004, abrufbar unter: http://www.anwaltverein.de/03/05/2004/35-04.pdf (Stand: September 2004) (zitiert: Stellungnahme DAV).

Deutscher Bundesrat, Stellungnahme des Bundesrates, Entwurf eines Gesetzes zur Einführung der Europäischen Gesellschaft (SEEG), 802. Sitzung am 9. Juli 2004, BR-Drucks. 438/04 (Beschluss).

Deutscher Bundestag, Pressemitteilung, Mitbestimmung beherrscht Diskussion um Europäische Aktiengesellschaft, vom 18. Oktober 2004, abrufbar unter: http://www.bundestag.de/bic/hib/2004/2004_245/01.html (Stand: Oktober 2004).

Deutscher Gewerkschaftsbund, DGB-Entwurf eines Gesetzes über die Mitbestimmung der Arbeitnehmer in Großunternehmen und Großkonzernen vom 5. Oktober 1982, RdA 1983, 41 ff.

Deutscher Gewerkschaftsbund, Stellungnahme des DGB zum Referentenentwurf eines Gesetzes zur Einführung der Europäischen Gesellschaft (SEEG), Berlin 2004.

Deutsches Industrieinstitut (Hrsg.), Mitbestimmung in der Diskussion – II, Presse, Rundfunk, Fernsehen zur Frage der Mitbestimmung, Köln 1965.

Doehring, Karl, Verfassungsrechtliche Aspekte der Mitbestimmung, BB 1978, 265 ff.

Drygala, Tim, Kurzkommentar – Niederlassungsfreiheit, Internationales Gesellschaftsrecht/“Inspire Art“, EuGH EWiR, Art. 43 EG 4/03, 1029 f.

Dubovizkaja, Elena, „Überseering“-Rechtsprechung: Gerichtliche Klarstellung zur Niederlassungsfreiheit von Gesellschaften, GmbHR 2003, 694 ff.

Ebke, Werner, Die Würfel sind gefallen: Die Sanktionen der Sitztheorie sind europarechtswidrig!, BB 1003, 1.

Ebke, Werner, Überseering: „Die wahre Liberalität ist Anerkennung“, JZ 2003, 927 ff.

Edenfeld, Stefan, Recht der Arbeitnehmermitbestimmung, Betriebsverfassung, Personalvertretungsrecht, Unternehmensmitbestimmung, Heidelberg 2003 (zitiert: Recht der Arbeitnehmermitbestimmung).

Eder, Cajetan J., Die monistisch verfasste Societas Europaea – Überlegungen zur Umsetzung eines CEO-Modells, NZG 2004, 544 ff.

Eidenmüller, Horst, Wettbewerb der Gesellschaftsrechte in Europa, ZIP 2002, 2233 ff.

Eidenmüller, Horst; Rehm, Gebhard M., Niederlassungsfreiheit versus Schutz des inländischen Rechtsverkehrs: Konturen des Europäischen Internationalen Gesellschaftsrechts, ZGR 2004, 159 ff.

El Mahi, Farida, Die Europäische Aktiengesellschaft, Frankfurt am Main 2004.

El Mahi, Farida, Die Europäische Genossenschaft, DB 2004, 967 ff.

Elcoteq Pressemitteilung, Results of Elcoteq analysis: Elcoteq a European Company, HEX-listed, management geographically dispersed Elcoteq Network Corporation, Stock Exchange Release, 18. Dezember 2003, abrufbar unter: http://www.elcoteq.com/getxml.asp?lang=en&pid=33322F61CDF9496E930216AEA9575617&type=rel&url=http://cws.huginonline.com/E/3033/PR/200312/928787.xml (Stand: September 2004).

Endres, Dieter, Europa-AG und Steuern: das Flaggschiff ist da, es fehlt nur das Segel, RIW 2004, 735 ff.

ENGELS, GERD, Gesetz zur Änderung des Montan-Mitbestimmungsgesetzes und des Mitbestimmungsergänzungsgesetzes: Sicherungsgesetz oder Sterbeklausel?, BB 1981, 1349 ff.

ENRIQUES, LUCA, Schweigen ist Gold: Die Europäische Aktiengesellschaft als Katalysator für regulative Arbitrage im Gesellschaftsrecht, ZGR 2004, 735 ff.

ERDMANN, ERNST-GERHARD, Die Bedeutung der Mitbestimmung des Betriebsrats für die unternehmerische Entscheidung: Der Weg zur Überparität, RdA 1976, 87 ff.

ERFURTER KOMMENTAR ZUM ARBEITSRECHT, 4. Auflage, München 2004 (zitiert: Erfurter Kommentar).

ESER, GISBERT, Europarechtliche Aspekte der Arbeitnehmermitbestimmung in Multinationalen Unternehmen, ArbuR 1994, 91 ff.

EVERLING, ULRICH, Probleme der Rechtsangleichung zur Verwirklichung des europäischen Binnenmarktes, in: Baur, Jürgen F.; Hopt, Klaus J.; Mailänder, Peter K. (Hrsg.), Festschrift für Ernst Steindorff zum 70. Geburtstag, Berlin, New York 1990, S. 1155 ff.

FABRICIUS, FRITZ (HRSG.), Gemeinschaftskommentar zum Mitbestimmungsgesetz, Neuwied, Loseblatt, Stand November 1978 (zitiert: GK-MitbestG).

FABRICIUS, FRITZ; KRAFT, ALFONS; WIESE, GÜNTHER; KREUTZ, PETER; OETKER, HARTMUT; RAAB, THOMAS; WEBER, CHRISTOPH, Gemeinschaftskommentar zum Betriebsverfassungsgesetz Band 2, 7. Auflage, Neuwied 2002 (zitiert GK-BetrVG).

FICKER, HANS CLAUDIUS, Die Europäische Entwicklung zu einem Aufsichtsratssystem für Großgesellschaften, in: Lutter, Marcus; Kollhosser, Helmut; Trusen, Winfried (Hrsg.), Festschrift für Johannes Bärmann zum 70. Geburtstag, München 1975, S. 301 ff.

FIGGE, JUTTA, Mitbestimmung auf Unternehmensebene in Vorschlägen der Europäischen Gemeinschaften, Dissertation, Baden-Baden 1992.

FITTING, KARL; KAISER, HEINRICH; HEITHER, FRIEDRICH; ENGELS, GERD; SCHMIDT, INGRID, Betriebsverfassungsgesetz Kommentar, 20. Auflage, München 2000 (zitiert: Fitting/Kaiser/Heither/Engels, Betriebsverfassungsgesetz).

FITTING, KARL; WLOTZKE, OTFRIED; WISSMANN, HELLMUT, Mitbestimmungsgesetz mit Wahlordnungen Kommentar, 2. Auflage, München 1978 (zitiert: Mitbestimmungsgesetz).

FLEISCHER, HOLGER, Das Recht der Internationalen Wirtschaft und die Europäische Aktiengesellschaft, RIW Beilage 1 zu Heft 1/2004, 9.

FÖRSTER, GUIDE; LANGE, CARSTEN, Steuerliche Aspekte der Gründung einer Europäischen Aktiengesellschaft (SE), DB 2002, 288 ff.

FORSTHOFF, ULRICH, EuGH fördert Vielfalt im Gesellschaftsrecht, DB 2002, 2471 ff.

FORSTHOFF, ULRICH, Internationales Gesellschaftsrecht im Umbruch, DB 2003, 979 ff.

FORSTHOFF, ULRICH, Rechts- und Parteifähigkeit ausländischer Gesellschaften mit Verwaltungssitz in Deutschland? – Die Sitztheorie vor dem EuGH, DB 2000, 1109 ff.

FRANKFURTER ALLGEMEINE ZEITUNG, o.A., „Europa AG kommt für deutsche Firmen nicht in Betracht", 17. Juni 2003, S. 18.

FRANKFURTER ALLGEMEINE ZEITUNG, o.A., Die Europa AG ist nicht mehr gefährdet, 2. Februar 2002, S. 13.

FRANKFURTER ALLGEMEINE ZEITUNG, o.A., Die Mitbestimmung der Arbeitnehmer am Pranger, 27. Juni 2003, S. 11.

FRANKFURTER ALLGEMEINE ZEITUNG, o.A., Streit über Vor- und Nachteile der Mitbestimmung wird schärfer, 19. Oktober 2004, S. 11.

FRANZEN, MARTIN, Niederlassungsfreiheit, internationales Gesellschaftsrecht und Unternehmensmitbestimmung, RdA 2004, 257 ff.

FREUDENBERG, TOBIAS, Entwurf eines Gesetzes zur Einführung der Europäischen Gesellschaft (SEEG), AG-Rechts-Report 6/2004, R 219.

FRIAUF, KARL HEINRICH, Verfassungsmäßigkeit des Gesetzes zur Sicherung der Montan-Mitbestimmung, Köln 1988.

FUCHS, HARALD; KÖSTLER ROLAND, Handbuch zur Aufsichtsratswahl, Wahlen der Arbeitnehmervertreter nach dem Mitbestimmungsgesetz und dem Betriebsverfassungsgesetz 1952, 2. Auflage, Frankfurt am Main 2002 (zitiert: Handbuch zur Aufsichtsratswahl).

FUCHS, MAXIMILIAN; MARHOLD, FRANZ, Europäisches Arbeitsrecht, Wien und New York 2001.

FUDICKAR, SUSANNE, Die Befugnisse des Aufsichtsrats in den Aktienrechten der Länder der Europäischen Gemeinschaft, Dissertation, Bonn 1983.

GAMILLSCHEG, FRANZ; BLANC-JOUVAN, XAVIER; DAVIES, PAUL; HANAU, PETER; RUNGGALDIER, ULRICH; SUMMERS, CLYDE W., Mitbestimmung der Arbeitnehmer in Frankreich, Großbritannien, Schweden, Italien, den USA und der Bundesrepublik Deutschland, Frankfurt am Main 1978.

GANSKE, JOACHIM, Internationale Fusion von Gesellschaften in der Europäischen Gemeinschaft – ein neuer Ansatz, DB 1985, 581 ff.

GAUL, BJÖRN, Aktuelle Entwicklungen im Europäischen Arbeitsrecht, NZA 1997, 1022 ff.

GESSLER, ERNST, Die Mitbestimmung in Holdinggesellschaften des Bergbaus und der Eisen und Stahl erzeugenden Industrie, BB 1956, 625 ff.

GESSLER, ERNST, Grundfragen der europäischen Handelsgesellschaft, BB 1967, 381 ff.

GESTER, HEINZ; KOUBEK, NORBERT; WIEDEMEYER, GERD R., (HRSG.), Unternehmensverfassung und Mitbestimmung in Europa, Wiesbaden 1991.

GEYRHALTER, VOLKER; GÄNSSLER, PEGGY, „Inspire Art“ – Briefkastengesellschaften „on the Move“, DStR 2003, 2167 ff.

GEYRHALTER, VOLKER; GÄNSSLER, PEGGY, Kurzkommentar EuGH – Generalanwalt Siegbert Albert, Schlussanträge v. 30.1.2003, Rs. C-167/01, EuGH EWiR, Art. 43 EG 2/03, 569 f.

GEYRHALTER, VOLKER; GÄNSSLER, PEGGY, Perspektiven nach „Überseering" – wie geht es weiter?, NZG 2003, 409 ff.

GOHDE, HELLMUT, Unternehmenskontrolle in der EU, Teil 5, Niederlande, Erneuerung durch Kooptation, Mitbestimmung 2003, 64 ff.

GÖHNER, REINHARD, Reduktion der Mitbestimmung?, ZRP 2004, 279.

GOOS, WOLFGANG, Ansätze zur Mitbestimmung der Arbeitnehmer in der europäischen Rechtsetzung in: Oetker, Hartmut; Preis, Ulrich; Rieble, Volker (Hrsg.), Festschrift 50 Jahre Bundesarbeitsgericht, München 2004, S. 1179 ff. (zitiert: Festschrift 50 Jahre BAG).

GÖTZ, JÜRGEN, Ist die Europäische Aktiengesellschaft eine überzeugende Option für die Praxis?, ZIP 2003, 1067.

GÖTZ, JÜRGEN, Unternehmerische Mitbestimmung in der multinationalen Holdinggesellschaft – Ein Beitrag zur Notwendigkeit einer Deregulierung des Mitbestimmungsrechts, AG 2002, 552 ff.

GRABITZ, EBERHARD; HILF, MEINHARD, Das Recht der Europäischen Union Band II EUV/EGV Kommentar, München, Loseblatt, Stand April 2003 (zitiert: Das Recht der Europäischen Union Band II).

GRABITZ, EBERHARD; HILF, MEINHARD; Das Recht der Europäischen Union, Altband I, EUV Kommentar, Artikel 1 – 136 a EGV (Maastrichter Fassung), München 2000 (zitiert: Das Recht der Europäischen Union).

GRASMANN, GÜNTHER, Internationale Probleme der Mitbestimmung, ZGR 1973, 317 ff.

GROBYS, MARCEL, Das geplante Umsetzungsgesetz zur Beteiligung von Arbeitnehmern in der Europäischen Aktiengesellschaft, NZA 2004, 779 ff.

GROBYS, MARCEL, Mitbestimmung lässt sich künftig umgehen, FAZ vom 14. Juli 2004, S. 19.

GROBYS, MARCEL, SE-Betriebsrat und Mitbestimmung in der Europäischen Gesellschaft, NZA 2005, 84 ff.

GROBYS, MARCEL, Societas Europaea – Deutsche Mitbestimmung quo vadis?, NJW Editorial 2003, Heft 34.

GROEBEN, HANS VON; THIESING, JOCHEN; EHLERMANN, CLAUS-DIETER (HRSG.), Kommentar zum EU-/EG-Vertrag, Band 3 Artikel 102 a – 136 a EGV, 5. Auflage, Baden-Baden 1999 (zitiert: Kommentar zum EU-/ EG-Vertrag).

GROSSERICHTER, HELGE, Ausländische Kapitalgesellschaften im deutschen Rechtsraum: Das deutsche Internationale Gesellschaftsrecht und seine Perspektiven nach der Entscheidung „Überseering“, DStR 2003, 159 ff.

GROßFELD, BERNHARD; ERLINGHAGEN, SUSANNE, Internationales Unternehmensrecht und deutsche unternehmerische Mitbestimmung, JZ 1993, 223 ff.

GROTE, RALF, Das neue Statut der Europäischen Aktiengesellschaft zwischen europäischem und nationalem Recht, Dissertation, Göttingen 1990.

GRUBER, JOHANNES; WELLER, MARC-PHILIPPE, Societas Europaea: Mitbestimmung ohne Aufsichtsrat?, NZG 2003, 297 ff.

GRUNDMANN, STEFAN, Europäisches Gesellschaftsrecht – Eine systematische Darstellung unter Einbeziehung des Europäischen Kapitalmarktrechts, Heidelberg 2004 (zitiert: Europäisches Gesellschaftsrecht).

GÜTHOFF, JULIA, Gesellschaftsrecht in Grossbritannien, 2. Auflage, München, Berlin, Rehm 1998.

GUTSCHE, ROBERT, Die Eignung der Europäischen Aktiengesellschaft für kleine und mittlere Unternehmen in Deutschland, Dissertation, Baden-Baden 1993.

HABERSACK, MATHIAS, Europäisches Gesellschaftsrecht – Einführung für Studium und Praxis, 2. Auflage, München 2003 (zitiert: Europäisches Gesellschaftsrecht).

HAGEN-ECK, REGINE, Die Europäische Genossenschaft, Dissertation, Berlin 1995.

HALÁSZ, CHRISTIAN; KLOSTER, LARS, Fortschreitende Europäisierung des Rechts grenzüberschreitender Unternehmenszusammenschlüsse, DStR 2004, 1324 ff.

HALEN, CURT CHRISTIAN VON, Das internationale Gesellschaftsrecht nach dem Überseering-Urteil des EuGH, WM 2003, 571 ff.

Hammen, Horst, Zweigniederlassungsfreiheit europäischer Gesellschaften und Mitbestimmung der Arbeitnehmer auf Unternehmensebene, WM 1999, 2487 ff.

Hanau, Peter, Arbeitsrechtliche Probleme der paritätischen Mitbestimmung, BB 1969, 1497 ff.

Hanau, Peter, Das Verhältnis des Mitbestimmungsgesetzes zum kollektiven Arbeitsrecht, ZGR 1977, 397 ff.

Hanau, Peter, Die arbeitsrechtliche Bedeutung des Mitbestimmungsurteils des Bundesverfassungsgerichts, ZGR 1979, 524 ff.

Hanau, Peter, Pressefreiheit und paritätische Mitbestimmung, Berlin 1975.

Hanau, Peter, Was bedeutet paritätische Mitbestimmung für das kollektive Arbeitsrecht?, BB 1969, 760 ff.

Hanau, Peter; Steinmeyer, Heinz-Dietrich; Wank, Rolf, Handbuch des europäischen Arbeits- und Sozialrechts, München 2002.

Hanau, Peter; Ulmer, Peter, Mitbestimmungsgesetz Kommentar, München 1981 (zitiert: Mitbestimmungsgesetz).

Handelsblatt, o.A., BDI und BDA greifen Mitbestimmung an, 14. Oktober 2004, S. 3.

Handelsblatt, o.A., Clement will Mitbestimmung im Aufsichtsrat verteidigen, 19. Oktober 2004, S. 4.

Handelsblatt, o.A., Mitbestimmung bleibt Reizthema, 27./28. Juni 2003, S. 14.

Hanley, Jeremy, Rede im House of Commons United Kingdom Parliament vom 22. Oktober 1990, Column 63, abrufbar unter: http://www.parliament.the-stationery-office.co.uk (Stand: September 2004).

Hans-Böckler-Stiftung (Hrsg.), Die Praxis der Weimarer Betriebsräte im Aufsichtsrat, Köln 1986.

Hartard, Matthias, Die Europäische wirtschaftliche Interessenvereinigung im deutschen, englischen und französischen Recht, Dissertation, Berlin und New York 1991.

HASSEL, ANKE; KLUGE, NORBERT, Die quantitative Entwicklung der Mitbestimmung in Deutschland, Gewerkschaftliche Monatshefte 1999, 168 ff.

HASSELBACH, KAI, Aktuelle Entwicklungen im Europäischen Gesellschaftsrecht, NZG 1999, 291 ff.

HAUSCHKA, CHRISTOPH, Entwicklungslinien und Integrationsfragen der gesellschaftsrechtlichen Akttypen des Europäischen Gemeinschaftsrechts, AG 1990, 85 ff.

HECKSCHEN, HERIBERT, Die Europäische AG aus notarieller Sicht, DNotZ 2003, 251 ff.

HEEL, ERNST, Mitbestimmungsgesetz 1976, 1. Auflage, Kissing 1976.

HEIDENHAIN, MARTIN, Ausländische Kapitalgesellschaften mit Verwaltungssitz in Deutschland, NZG 2002, 1141 ff.

HEIN, JAN VON, Die Rolle des US-amerikanischen CEO gegenüber dem Board of Directors im Lichte neuerer Entwicklungen, RIW 2002, 501 ff.

HEINEMANN, HERMANN (HRSG.), Das kollektive Arbeitsrecht in der Europäischen Gemeinschaft, Berlin 1991.

HEINZE, MEINHARD, Arbeitsrechtliche Probleme bei der grenzüberschreitenden Sitzverlegung in der Europäischen Gemeinschaft, ZGR 1999, 54 ff.

HEINZE, MEINHARD, Die Europäische Aktiengesellschaft, ZGR 2002, 66 ff.

HEINZE, MEINHARD, Ein neuer Lösungsweg für die Europäische Aktiengesellschaft, AG 1997, 289 ff.

HEINZE, MEINHARD, Europarecht im Spannungsverhältnis zum nationalen Arbeitsrecht, ZfA 1992, 331 ff.

HELMS, DIETMAR, Die Europäische Privatgesellschaft, Köln 1998.

HENN, GÜNTER, Handbuch des Aktienrechts, 7. Auflage, Heidelberg 2002.

HENSSLER, MARTIN, Unternehmerische Mitbestimmung in der Societas Europaea: Neue Denkanstöße für die „Corporate Governance" - Diskussion, in: Habersack, Mathias; Hommelhoff, Peter; Hüffer, Uwe; Schmidt, Karsten (Hrsg.), Festschrift für Peter Ulmer zum 70. Geburtstag, Berlin 2003, S. 193 ff.

Henssler, Martin; Braun, Axel (Hrsg.), Arbeitsrecht in Europa, Köln 2003.

Henssler, Martin; Willemsen, Heinz Josef; Kalb, Heinz-Jürgen (Hrsg.), Arbeitsrecht Kommentar, Köln 2004.

Herfs-Röttgen, Ebba, Arbeitnehmerbeteiligung in der Europäischen Aktiengesellschaft, NZA 2001, 424 ff.

Herfs-Röttgen, Ebba, Probleme der Arbeitnehmerbeteiligung in der Europäischen Aktiengesellschaft, NZA 2002, 358 ff.

Herzig, Norbert; Griemla, Stefan, Steuerliche Aspekte der Europäischen Aktiengesellschaft/Societas Europaea (SE), StuW 2002, 55 ff.

Hirsch, Alexander, Artfully Inspired – Werden deutsche Gesellschaften englisch?, NZG 2003, 1100 ff.

Hirte, Heribert, Die Europäische Aktiengesellschaft, NZG 2002, 1 ff.

Hirte, Heribert, Kapitalgesellschaftsrecht, 4. Auflage, Köln 2003.

Höcker, Lorenz; Johannsen, Martin, Mitbestimmung der Arbeitnehmer im Kohle- und Eisenbergbau und in der Eisen und Stahl erzeugenden Industrie, Essen 1951.

Hoffmann, Dietrich; Lehmann, Jürgen; Weinmann, Heinz, Mitbestimmungsgesetz Kommentar, München 1978 (zitiert: Mitbestimmungsgesetz).

Hoffmann, Jochen, Die Bildung der Aventis S.A. – ein Lehrstück des europäischen Gesellschaftsrechts, NZG 1999, 1077 ff.

Hoffmann-Becking, Michael (Hrsg.), Münchener Handbuch des Gesellschaftsrechts Band 4 Aktiengesellschaften, München 1988 (zitiert: Münchener Handbuch Gesellschaftsrecht Band 4).

Hoffmann-Becking, Michael, Organe: Strukturen und Verantwortlichkeit, insbesondere im monistischen System, ZGR 2004, 355 ff.

Höfling, Barbara Sabine, Das englische internationale Gesellschaftsrecht, Dissertation, Heidelberg 2002.

Hohloch, Gerhard (Hrsg.), EU-Handbuch Gesellschaftsrecht, Herne, Berlin 1997.

HÖLAND, ARMIN, Mitbestimmung in Europa, Rechtliche und politische Regelungen, Frankfurt 2000.

HÖLAND, ARMIN, Partnerschaftliche Setzung und Durchführung von Recht in der Europäischen Gemeinschaft - Die Beteiligung der Sozialpartner nach dem Maastrichter Sozialabkommen, ZIAS 1995, 425 ff.

HOMMELHOFF, PETER, Einige Bemerkungen zur Organisationsverfassung der Europäischen Aktiengesellschaft, AG 2001, 279 ff.

HOMMELHOFF, PETER, Gesellschaftsrechtliche Fragen im Entwurf eines SE-Statuts, AG 1990, 422 ff.

HOMMELHOFF, PETER; HELMS, DIETMAR, Neue Wege in die Europäische Privatgesellschaft, Köln 2001.

HOMMELHOFF, PETER; HOPT, KLAUS J.; WERDER, AXEL VON (HRSG.), Handbuch Corporate Governance, Leitung und Überwachung börsennotierter Unternehmen in der Rechts- und Wirtschaftspraxis, Stuttgart 2003 (zitiert: Handbuch Corporate Governance).

HOMMELHOFF, PETER; TEICHMANN, CHRISTOPH, Die Europäische Aktiengesellschaft – das Flaggschiff läuft vom Stapel, SZW/RSDA 2002, 1 ff.

HÖPP, GERHARD, Mitbestimmungsgesetz nicht verfassungsgemäß, JZ 1977, 497 ff.

HOPT, KLAUS J., Europäische Aktiengesellschaft – per aspera ad astra?, EuZW 2002, 1.

HOPT, KLAUS J., Europäisches Gesellschaftsrecht – Krise und neue Anläufe, ZIP 1998, 96 ff.

HOPT, KLAUS J., Gemeinsame Grundsätze der Corporate Governance in Europa?, ZGR 2000, 779 ff.

HOPT, KLAUS J., Harmonisierung im europäischen Gesellschaftsrecht – Status quo, Probleme, Perspektiven - , ZGR 1992, 265 ff.

HOPT, KLAUS J.; WYMEERSCH EDDY, Comparative Corporate Governance, Berlin, New York 1997.

HORN, NORBERT, Deutsches und europäisches Gesellschaftsrecht und die EuGH-Rechtsprechung zur Niederlassungsfreiheit – Inspire Art, NJW 2004, 893 ff.

HORN, NORBERT, Die Europa-AG im Kontext des deutschen und europäischen Gesellschaftsrechts, DB 2005, 147 ff.

HUBER, ERNST RUDOLF, Grundgesetz und wirtschaftliche Mitbestimmung, Stuttgart 1970.

HÜFFER, UWE, Aktiengesetz Kommentar, 6. Auflage, München 2004 (zitiert: Aktiengesetz).

HUKE, RAINER; PRINZ, THOMAS, Das Drittelbeteiligungsgesetz löst das Betriebsverfassungsgesetz 1952 ab, BB 2004, 2633 ff.

HUNDT, DIETER; ROGOWSKI, MICHAEL, Die Europa AG wird zugrunde geregelt – Deutsche Unternehmen finden wegen der Mitbestimmung keine internationalen Partner, FAZ vom 31. August 2004, S. 12.

IHRIG, HANS-CHRISTOPH; WAGNER, JENS, Das Gesetz zur Einführung der Europäischen Gesellschaft (SEEG) auf der Zielgeraden, BB 2004, 1749 ff.

IHRIG, HANS-CHRISTOPH; WAGNER, JENS, Diskussionsentwurf für ein SE-Ausführungsgesetz, BB 2003, 969 ff.

JAECKS, JÖRG; SCHÖNBORN, CHRISTOPH, Die Europäische Aktiengesellschaft, das Internationale und das deutsche Konzernrecht, RIW 2003, 254 ff.

JAHN, ANDREAS; HERFS-RÖTTGEN, EBBA, Die Europäische Aktiengesellschaft – Societas Europaea, DB 2001, 631 ff.

JAHNKE, VOLKER, Tarifautonomie und Mitbestimmung, München 1984.

JÜRGENS, PETER, Die Europäische Aktiengesellschaft nimmt Strukturen an, BB 1990, 1145 ff.

KALLMEYER, HARALD, Das monistische System in der SE mit Sitz in Deutschland, ZIP 2003, 1531 ff.

KALLMEYER, HARALD, Die Beteiligung der Arbeitnehmer in einer Europäischen Gesellschaft, ZIP 2004, 1442 ff.

KALLMEYER, HARALD, Die Europäische Aktiengesellschaft – besser als ihr Ruf?, Gastkommentar, DB 2003, I.

KALLMEYER, HARALD, Die Europäische Aktiengesellschaft – Praktischer Nutzen und Mängel des Statuts, AG 1990, 103 ff.

KALLMEYER, HARALD, Europa AG: Strategische Optionen für deutsche Unternehmen, AG 2003, 197 ff.

KALLMEYER, HARALD, Tragweite des Überseering-Urteils des EuGH vom 5.11.2002 zur grenzüberschreitenden Sitzverlegung, DB 2002, 2521 ff.

KALSS, SUSANNE, Gesellschaftsrecht in den Ländern Mittel- und Osteuropas, ZGR 2000, 819 ff.

KAMP, MARCUS, Die unternehmerische Mitbestimmung nach "Überseering" und "Inspire Art", BB 2004, 1496 ff.

KELLER, BERNDT, Die Europäische Aktiengesellschaft und Arbeitnehmerbeteiligung, WSI Mitteilung 2002, 203 ff.

KERSTING, CHRISTIAN, Rechtswahlfreiheit im Europäischen Gesellschaftsrecht nach „Überseering" – Ein Richtlinienvorschlag, NZG 2003, 9 ff.

KESSLER, WOLFGANG; ACHILLES, CHARLOTTE; HUCK, FRIEDERIKE, Die Europäische Aktiengesellschaft im Spannungsfeld zwischen nationalem Steuergesetzgeber und EuGH, IStR 2003, 715 ff.

KIENINGER, EVA-MARIA, Niederlassungsfreiheit als Rechtswahlfreiheit, ZGR 1999, 724 ff.

KINDLER, PETER, Auf dem Weg zur Europäischen Briefkastengesellschaft? – Die „Überseering" – Entscheidung des EuGH und das internationale Privatrecht, NJW 2003, 1073 ff.

KIRCHNER, CHRISTIAN, Grundstruktur eines neuen institutionellen Designs für die Arbeitnehmermitbestimmung auf der Unternehmensebene, AG 2004, 197 ff.

KISSLER, LEO, Die Mitbestimmung in Deutschland - Modell und Wirklichkeit, Hagen 2000.

KITTNER, MICHAEL, Die Verfassungsmäßigkeit eines Gesetzes über die befristete Fortgeltung der Montanmitbestimmung, BB 1971, 1057 ff.

KITTNER, MICHAEL; FUCHS, HARALD; ZACHERT, ULRICH; KÖSTLER, ROLAND, Arbeitnehmervertreter im Aufsichtsrat Band 1 Aufsichtsratspraxis, 4. Auflage, Köln 1991 (zitiert: Arbeitnehmervertreter im Aufsichtsrat Band 1).

KITTNER, MICHAEL; FUCHS, HARALD; ZACHERT, ULRICH; KÖSTLER, ROLAND, Arbeitnehmervertreter im Aufsichtsrat Band 2 Aufsichtsratswahl, 4. Auflage, Köln 1991 (zitiert: Arbeitnehmervertreter im Aufsichtsrat Band 2).

KLEIN, CHRISTIAN, Die Europäische Aktiengesellschaft „à la française", RIW 2004, 435 ff.

KLEINERT, JENS; PROBST, PETER, Endgültiges Aus für Sonderanknüpfungen bei (Schein-) Auslandsgesellschaften, DB 2003, 2217 ff.

KLEINSORGE, GEORG, Europäische Gesellschaft und Beteiligungsrechte der Arbeitnehmer, RdA 2002, 343 ff.

KLEINSORGE, GEORG; NEYE, HANS-WERNER, Europäische Aktiengesellschaft, Durchbruch erreicht, BArbBl. 4/2001, 5 ff.

KLINKHAMMER, HEINER; WELSLAU, DIETMAR, Mitbestimmung in Deutschland und Europa – Eine Einführung für den Praktiker, Neuwied 1995.

KLOSTER, LARS, Societas Europaea und europäische Unternehmenszusammenschlüsse, EuZW, 2003, 293 ff.

KLUGE, NORBERT; STOLLT, MICHAEL, Workers Representation at Board Level in the New EU Member States, in: European Trade Union Institute; Hans Böckler Foundation (Hrsg.), The European Company – Prospects for Board-Level Representation, Brüssel und Düsseldorf 2004, S. 69 ff.

KNAPP, ANDREAS, „Überseering": Zwingende Anerkennung von ausländischen Gesellschaften? Zugleich Anmerkung zum Urt. des EuGH v. 5.11.2002 – Rs. C-208/00 („Überseering"), DNotZ 2003, 85 ff.

KNOBBE-KEUK, BRIGITTE, Umzug von Gesellschaften in Europa, ZHR 154 (1990), 325 ff.

KOHLHEPP, KAY H., Die Europäische Aktiengesellschaft, RIW 1989, 88 ff.

Kolvenbach, Walter, Statut für die Europäische Aktiengesellschaft, DB 1988, 1837 ff.

Kolvenbach, Walter, Die Europäische Gemeinschaft und die deutsche Mitbestimmung (II), DB 1986, 2023 ff.

Kolvenbach, Walter, Die Fünfte EG-Richtlinie über die Struktur der Aktiengesellschaft (Strukturrichtlinie), DB 1983, 2235 ff.

Kolvenbach, Walter, Scheitert die Europa AG an der Mitbestimmung?, NZA 1998, 1324 ff.

Kolvenbach, Walter, Statut für die Europäische Aktiengesellschaft (1989), DB 1989, 1957 ff.

Kommission der Europäischen Gemeinschaften (Hrsg.), Die Rechte der Arbeitnehmer im Unternehmen, Luxemburg 1985.

Kommission der Europäischen Gemeinschaften (Hrsg.), Group of Experts "European Systems of Worker Involvment" (with regard to the European Company Statute and the other pending proposals), Final Report, Luxemburg 1997 (zitiert: Davignon Bericht).

Kommission der Europäischen Gemeinschaften, 6. Gesamtbericht über die Tätigkeit der Gemeinschaft, S. 13.

Kommission der Europäischen Gemeinschaften, Aktionsprogramm der Kommission zur Anwendung der Sozialcharta vom 29. November 1989, KOM (89) 568 endg.; BR-Drucks. 717/89.

Kommission der Europäischen Gemeinschaften, Denkschrift der Kommission der Europäischen Wirtschaftsgemeinschaft über die Schaffung einer europäischen Handelsgesellschaft, Sonderbeilage zum EG-Bulletin 9/10, 1966.

KOMMISSION DER EUROPÄISCHEN GEMEINSCHAFTEN, Entwurf der 10. Richtlinie über die grenzüberschreitende Verschmelzung von Aktiengesellschaften, ABl. EG Nr. C 23 vom 25. Januar 1985, S. 11 ff.; KOM (84) 727 endg.; Beilage 3/85 zum EG-Bulletin; BT-Drucks. 10/2856, modernisiert durch den Vorschlag für eine Richtlinie des Europäischen Parlaments und des Rates über die Verschmelzung von Kapitalgesellschaften aus verschiedenen Mitgliedstaaten vom 18. November 2003, KOM (2003) 703 endg.

KOMMISSION DER EUROPÄISCHEN GEMEINSCHAFTEN, Entwurf der 5. Richtlinie zur Angleichung der Struktur der Aktiengesellschaften in Europa, Vorschlag von 1972, ABl. EG Nr. C 131 vom 13. Dezember 1972, S. 49 ff.; BT-Drucks. 7/363; geänderter Vorschlag von 1983, ABl. EG Nr. C 240 vom 9. September 1983, S. 2 ff.; Beilage 6/83 zum EG-Bulletin; BT-Drucks. 10/467; zweite Änderung von 1991, ABl. EG Nr. C 7 vom 11. Januar 1991, S. 4 ff.; KOM (90) 629 endg.

KOMMISSION DER EUROPÄISCHEN GEMEINSCHAFTEN, Entwurf einer Gemeinschaftscharta der sozialen Grundrechte vom 2. Oktober 1989, KOM (89), 471 endg.

KOMMISSION DER EUROPÄISCHEN GEMEINSCHAFTEN, Geänderter Vorschlag einer Verordnung des Rates über das Statut für Europäische Aktiengesellschaften, KOM (75) 150 endg.; BT-Drucks. 7/3713.

KOMMISSION DER EUROPÄISCHEN GEMEINSCHAFTEN, Geänderter Vorschlag für eine Verordnung des Rates über das Statut der Europäischen Aktiengesellschaft, ABl. EG C 176 vom 8. Juli 1991, S. 1 ff., KOM (91) 174 endg.- SYN 218; BT-Drucks. 12/1004.

KOMMISSION DER EUROPÄISCHEN GEMEINSCHAFTEN, Geänderter Vorschlag für eine Richtlinie des Rates zur Ergänzung des SE-Statuts hinsichtlich der Stellung der Arbeitnehmer, ABl. EG C 138 vom 29. Mai 1991, S. 8 ff; KOM (91) 174 endg. – SYN 218; BT-Drucks. 12/1004.

KOMMISSION DER EUROPÄISCHEN GEMEINSCHAFTEN, Konsultationspapier der Hochrangigen Expertengruppe auf dem Gebiet des Gesellschaftsrechts, Modernisierung des Gesellschaftsrechts und Verbesserung der Corporate Governance, abrufbar unter: http://europa.eu.int/comm/internal_market/de/company/company/modern/index.htm (Stand: September 2004).

KOMMISSION DER EUROPÄISCHEN GEMEINSCHAFTEN, Leitlinien für ein sozialpolitisches Aktionsprogramm, Bulletin der EG Beilage 4/73.

KOMMISSION DER EUROPÄISCHEN GEMEINSCHAFTEN, Memorandum an das Parlament, den Rat und die Sozialpartner, Binnenmarkt und industrielle Zusammenarbeit. Statut für die Europäische Aktiengesellschaft, KOM (88) 320 endg., Beilage 3/88 zum EG-Bulletin; BR-Drucks. 392/88.

KOMMISSION DER EUROPÄISCHEN GEMEINSCHAFTEN, Verordnungsvorschlag des Rates über das Statut für Europäische Aktiengesellschaften, ABl. EG Nr. C vom 10. Oktober 1970, S. 1 ff.; KOM (70) 150 endg.; Beilage 8/70 zum EG-Bulletin.

KOMMISSION DER EUROPÄISCHEN GEMEINSCHAFTEN, Vollendung des Binnenmarktes, Weißbuch an den Europäischen Rat, KOM (85) 310 endg. vom 14. Juni 1985.

KOMMISSION DER EUROPÄISCHEN GEMEINSCHAFTEN, Vorschlag einer Verordnung des Rates über das Statut der Europäischen Aktiengesellschaft, ABl. EG C 263 vom 16. Oktober 1989, S. 41 ff.; KOM (89) 268 endg.; BT-Drucks. 11/5427.

KOMMISSION DER EUROPÄISCHEN GEMEINSCHAFTEN, Vorschlag für eine Richtlinie des Rates zur Ergänzung des SE-Statuts hinsichtlich der Stellung der Arbeitnehmer, ABl. EG C 263 vom 16. Oktober 1989, S. 69 ff.; KOM (89) 268 endg.; BT-Drucks. 11/5427.

KONZEN, HORST, Der europäische Einfluss auf das deutsche Arbeitsrecht nach dem Vertrag über die Europäische Union, EuZW 1995, 39 ff.

KONZEN, HORST, Paritätische Mitbestimmung im Montanbereich, AG 1983, 289 ff.

KÖRNER, MARTINA, Das andere Modell: Die französische Betriebsverfassung, NZA 2001, 429 ff.

KORTS, SEBASTIAN, Die Europäische Aktiengesellschaft – Societas Europaea (SE) – im Gesellschafts- und Steuerrecht, Heidelberg 2003.

KÖSTLER, ROLAND, Das steckengebliebene Reformvorhaben, Rechtsprechung und Rechtsentwicklung zur Unternehmensmitbestimmung von 1922 bis zum Mitbestimmungsgesetz 1976, Köln 1987.

Köstler, Roland, Die Mitbestimmung in der Europäischen Aktiengesellschaft, in: Rosen, Rüdiger von (Hrsg.), Die Europa AG – Eine Perspektive für deutsche Unternehmen?, Dokumentation des Seminars vom 31. Oktober 2002, Studien des Deutschen Aktieninstituts, Heft 21, S. 36 ff., Frankfurt am Main 2003 (zitiert: Studien des Deutschen Aktieninstituts, Die Europa AG – Eine Perspektive für deutsche Unternehmen?).

Köstler, Roland, Die Mitbestimmung in der SE, ZGR 2003, 800 ff.

Köstler, Roland; Jaeger, Rolf, Die Europäische Aktiengesellschaft, Eine Einführung in das Vorhaben der Europäischen Aktiengesellschaft, in: Hans Böckler Stiftung (Hrsg.), Arbeitshilfen für Arbeitnehmervertreter in Aufsichtsräten 6, Düsseldorf 2002 (zitiert: Die Europäische Aktiengesellschaft, Arbeitshilfen für Arbeitnehmervertreter).

Kötter, Hans-Wilhelm, Das Mitbestimmungsrecht der Arbeitnehmer im herrschenden Unternehmen eines Montankonzerns, NJW 1954, 209 ff.

Kötter, Hans-Wilhelm, Mitbestimmungsrecht, Gesetz über die Mitbestimmung der Arbeitnehmer in den Aufsichtsräten und Vorständen der Unternehmen des Bergbaus und der Eisen und Stahl erzeugenden Industrie Kommentar, Berlin 1952 (zitiert: Mitbestimmungsrecht).

Kraushaar, Martin, Europäische Aktiengesellschaft (SE) und Unternehmensmitbestimmung, BB 2003, 1614 ff.

Kraushaar, Martin, Mindestrepräsentation leitender Angestellter in der Europäischen Aktiengesellschaft, NZA 2004, 591 f.

Krieger, Rainer, Der Europäische Gewerkschaftsbund und die Europäische Aktiengesellschaft – Entwicklungen und Probleme ihrer Beziehungen, Dissertation, Velbert 1976.

Krimphove, Dieter, Europäisches Arbeitsrecht, 2. Auflage, München 2001.

Kropff, Bruno; Semler, Johannes (Hrsg.), Münchener Kommentar zum Aktiengesetz, Band 3, §§ 76 – 117 AktG, MitbestG, § 76 BetrVG 1952, München 2004 (zitiert: Münchener Kommentar Aktiengesetz).

Krüger, Herbert, Paritätische Mitbestimmung Unternehmensverfassung Mitbestimmung der Allgemeinheit, Düsseldorf 1973.

Kübler, Friedrich, Leitungsstrukturen der Aktiengesellschaft und die Umsetzung des SE-Statuts, ZHR 167 (2003), 222 ff.

Kübler, Friedrich; Schmidt, Walter; Simitis, Spiros, Mitbestimmung als gesetzgebungspolitische Aufgabe - Zur Verfassungsmäßigkeit des Mitbestimmungsgesetzes 1976, 1. Auflage, Baden-Baden 1978.

Küchenhoff, Günther, Mitbestimmungsrecht und Grundrechte, DÖV 1952, 453 ff.

Kuffner, Andrea, Die Beteiligung der Arbeitnehmer in der Europäischen Aktiengesellschaft auf der Grundlage der Richtlinie über Europäische Betriebsräte, Dissertation, Berlin und Stuttgart 2003 (zitiert: Die Beteiligung der Arbeitnehmer in der Europäischen Aktiengesellschaft).

Kunze, Otto, Die gesetzliche Regelung der Mitbestimmung in den Montan-Obergesellschaften, ArbuR 1956, 225 ff.

Kunze, Otto, Die Holding-Novelle in unternehmensrechtlicher Sicht, ArbuR 1958, 289 ff.

Kunze, Otto, Mitbestimmung in der Wirtschaft und Eigentumsordnung, RdA 1972, 257 ff.

Kunze, Otto, Unternehmensrecht, paritätische Mitbestimmung und Grundgesetz, ArbuR 1976, 193 ff.

Kunze, Thomas, Vereinbarkeit von Mitbestimmung und Tarifautonomie, BB 1971, 356 ff.

Küsters, Hanns Jürgen, Die Gründung der Europäischen Wirtschaftsgemeinschaft, Baden-Baden 1982.

Lange, Oliver, Überlegungen zur Umwandlung einer deutschen in eine Europäische Aktiengesellschaft, EuZW 2003, 301 ff.

Lehmann, Jürgen, Die Zusammensetzung von Aufsichtsratsausschüssen in Gesellschaften, für die das MitbestG gilt, AG 1977, 14 ff.

Lehmann, Rudolf, Abhängige Gesellschaften, Holdinggesellschaften und Organverträge im Mitbestimmungsgesetz Bergbau und Eisen (Westzonen), BB 1952, 48 ff.

LEIBFRIED, STEPHAN; PIERSON, PAUL (HRSG.), Standort Europa, Sozialpolitik zwischen Nationalstaat und Europäischer Integration, Frankfurt am Main 1998.

LEIBLE, STEFAN; HOFFMANN, JOCHEN, „Überseering" und das (vermeintliche) Ende der Sitztheorie, RIW 2002, 925 ff.

LEIBLE, STEFAN; HOFFMANN, JOCHEN, Wie inspiriert ist „Inspire Art"?, EuZW 2003, 677 ff.

LEINEMANN, WOLFGANG (HRSG.), Kasseler Handbuch zum Arbeitsrecht, Band 2, 2. Auflage, Neuwied 2000.

LEMINSKY, GERHARD, Der Arbeitnehmereinfluss in englischen und französischen Unternehmen, Köln 1965.

LENTNER, ANTON J., Das Gesellschaftsrecht der Europäischen wirtschaftlichen Interessenvereinigung (EWIV), Dissertation, Baden-Baden 1994.

LEUERING, DIETER; SIMON, STEFAN, Die Europäische Aktiengesellschaft – eine neue Rechtsform tritt an, NJW-Spezial 2005, Heft 2, 75 f.

LEUPOLD, ANDREAS, Die Europäische Aktiengesellschaft unter besonderer Berücksichtigung des deutschen Rechts, Chancen und Probleme auf dem Weg zu einer supranationalen Gesellschaftsform, Dissertation, Aachen 1993.

LIETZMANN, HEINRICH, Stand der Diskussion über die Europäische Aktiengesellschaft, AG 1961, 57 ff.

LOHSE, EVA, Grenzen gesetzlicher Mitbestimmung, eine Untersuchung neuerer Tendenzen der Rechtsprechung zur Mitbestimmung in Arbeitszeitfragen, Dissertation, Pfaffenweiler 1995.

LORITZ, KARL-GEORG, Anmerkung zu BVerfG Urteil vom 2. März 1999, SAE 2000, 56 ff.

LORITZ, KARL-GEORG, Rechtsprobleme der tarifvertraglichen Regelung des „freien Wochenendes", ZfA 1990, 133 ff.

LÖWISCH, MANFRED, Arbeitsrecht, 7. Auflage, Düsseldorf 2004.

LÖWISCH, MANFRED, Verfassungswidrigkeit der Quoren für die Wahlen nach dem Mitbestimmungsgesetz 1976, in: Lieb, Manfred; Noack, Ulrich; Westermann, Harm Peter (Hrsg.), Festschrift für Wolfgang Zöllner zum 70. Geburtstag, Band II, Köln 1998, S. 847 ff.

LÖWISCH, MANFRED; KAISER, DAGMAR, Betriebsverfassungsgesetz Kommentar, 5. Auflage, Heidelberg 2002 (zitiert: Betriebsverfassungsgesetz).

LUSTENBERGER, THOMAS, Die Verwaltung der Aktiengesellschaft und ihre Sorgfaltspflichten im englischen und schweizerischen Recht, Dissertation, Bern 1983.

LUTTER, MARCUS, „Überseering" und die Folgen, BB 2003, 7 ff.

LUTTER, MARCUS, Das Europäische Unternehmensrecht im 21. Jahrhundert, ZGR 2000, 1 ff.

LUTTER, MARCUS, Europäische Aktiengesellschaft – Rechtsfigur mit Zukunft?, BB 2002, 1 ff.

LUTTER, MARCUS, Genügen die vorgeschlagenen Regelungen für eine „Europäische Aktiengesellschaft"?, AG 1990, 413 ff.

LUTTER, MARCUS, Perspektiven des Gesellschaftsrechts in Deutschland und Europa, BB 2004, I.

LUTTER, MARCUS, Vergleichende Corporate Governance – Die deutsche Sicht, ZGR 2001, 224 ff.

LUTTER, MARCUS; KRIEGER, GERD, Rechte und Pflichten des Aufsichtsrats, 4. Auflage, Köln 2002.

LUX, HANS-JOACHIM, Mitbestimmungsgesetz, Schriften zur Arbeitsrecht-Blattei, Band 5, Stuttgart und Wiesbaden 1977.

MAEIJER, JOSEPH M. M., Der Betriebsrat in der niederländischen Unternehmung und andere Mittel zum Zweck der Mitbestimmung der Arbeitnehmer, ZfA 1979, 69 ff.

MARTENS, KLAUS-PETER, Das Bundesverfassungsgericht und das Gesellschaftsrecht, ZGR 1979, 493 ff.

MARTENS, KLAUS-PETER, Mitbestimmung und kollektives Recht, Korreferat, ZGR 1977, 422 ff.

MASCHMANN, FRANK, Arbeitsrecht im werdenden Europa – 16. Arbeitsrechtssymposion an der Universität Passau, NZA 2003, 206 ff.

MATTHES, HANS-CHRISTOPH, Die Wahlordnungen zum Mitbestimmungsgesetz: WO MitbestG, Neuwied und Darmstadt 1977.

MAUL, SILJA, Das Ausführungsgesetz zur SE – der Einzug des monistischen Verwaltungssystems in Deutschland, BB 2003, 1.

MAUL, SILJA, SCHMIDT, CLAUDIA, Inspire Art – Quo vadis Sitztheorie?, BB 2003, 2297 ff.

MAUL, SILJA; TEICHMANN, CHRISTOPH; WENZ, MARTIN, Der Richtlinienvorschlag zur grenzüberschreitenden Verschmelzung von Kapitalgesellschaften, BB 2003, 2633.

MAUL, SILJA; WENZ, MARTIN, Mobilitätssteigerung durch die Europäische Aktiengesellschaft, EuZW 2004, 674 f.

MÄVERS, GUNTHER, Die Mitbestimmung der Arbeitnehmer in der Europäischen Aktiengesellschaft, 1. Auflage, Baden-Baden 2002.

MAYDELL, BERND VON, Die vorgeschlagenen Regeln zur Mitbestimmung für eine Europäische Aktiengesellschaft, AG 1990, 442 ff.

MEESSEN, KARL MATTHIAS, Das Mitbestimmungsurteil des Bundesverfassungsgerichts, NJW 1979, 833 ff.

MEILICKE, HEINZ; MEILICKE, WIENAND, Kommentar zum Mitbestimmungsgesetz, 2. Auflage, Heidelberg 1976 (zitiert: Mitbestimmungsgesetz).

MEILICKE, HEINZ; MEILICKE, WIENAND, Zur ausländischen Kapitalgesellschaft als Unternehmen in der Rechtsform des § 1 Abs. 1 Nr. 1 MitbestG, BB 1977, 1063 f.

MEILICKE, WIENAND, Die Niederlassungsfreiheit nach „Überseering“ Rückblick und Ausblick nach Handelsrecht und Steuerrecht, GmbHR 2003, 793 ff.

MEILICKE, WIENAND, Kommentar Gesellschaftsrecht, GmbHR 2003, 1271 ff.

Merkt, Hanno, Europäische Aktiengesellschaft: Gesetzgebung als Selbstzweck?, BB 1992, 652 ff.

Mertens, Hans-Joachim, Aufsichtsratsmandat und Arbeitskampf, AG 1977, 306 ff.

Mertens, Hans-Joachim, Über politische Argumente in der verfassungsrechtlichen Diskussion der paritätischen Mitbestimmung, RdA 1975, 89 ff.

Mestmäcker, Ernst-Joachim, Zur gesellschaftsrechtlich organisierten Berufsfreiheit, in: Hefermehl, Wolfgang; Gmür, Rudolf; Brox, Hans (Hrsg.), Festschrift Für Harry Westermann zum 65. Geburtstag, Karlsruhe 1974, S. 411 ff.

Meyer, Jürgen (Hrsg.), Kommentar zur Charta der Grundrechte der Europäischen Union, 1. Auflage, Baden-Baden 2003.

Meyer-Landrut, Andreas, Die Europäische Wirtschaftliche Interessenvereinigung, Gründungsvertrag und innere Verfassung einer EWIV mit Sitz in der Bundesrepublik Deutschland, Stuttgart 1988.

Michalski, Lutz (Hrsg.), Kommentar zum Gesetz betreffend die Gesellschaften mit beschränkter Haftung (GmbH-Gesetz), Band I, Systematische Darstellung 1 – 7, §§ 1 – 34 GmbHG, München 2002 (zitiert: GmbHG Kommentar).

Miller, Rudolf, Das Sozialpolitische Aktionsprogramm der Europäischen Gemeinschaft, BArBl. 1973, S. 13 ff.

Mitbestimmungskommission, Bericht der Sachverständigenkommission zur Auswertung der bisherigen Erfahrungen der Mitbestimmung („Biedenkopf-Kommission"), BT. Drucks VI/334.

Mitgliedstaaten der Europäischen Gemeinschaft, Einheitliche Europäische Akte vom 28. Februar 1986, ABl. EG Nr. L 169 vom 29. Juni 1987, S. 1 ff.

Mitgliedstaaten der Europäischen Gemeinschaft, Gemeinschaftscharta der sozialen Grundrechte der Arbeitnehmer vom 9. Dezember 1989, KOM (89) 248 endg.

MITGLIEDSTAATEN DER EUROPÄISCHEN GEMEINSCHAFT, Protokoll und Abkommen über die Sozialpolitik, ABl. EG Nr. C 191 vom 29. Juli 1992, S. 91 ff.

MITGLIEDSTAATEN DER EUROPÄISCHEN GEMEINSCHAFT, Vertrag von Amsterdam zur Änderung des Vertrags über die Europäische Union, ABl. EG Nr. C 340 vom 10. November 1997, S. 1 ff.

MOCK, SEBASTIAN, Die Europäische Genossenschaft, GPR 2004, 213 ff.

MOLL, WILHELM, Diskussionsbericht Europäische Aktiengesellschaft, RdA 1992, 132 ff.

MÖLLERS, THOMAS M. J., Gesellschaftsrechtliche Treuepflicht contra arbeitnehmerrechtliche Mitbestimmung – Der aktive Streikaufruf durch Frank Bsirske, NZG 2003, 697 ff.

MONTI, MARIO, Statut der Europäischen Aktiengesellschaft, WM 1997, 607 ff.

MÜLLER, GERHARD, Das Mitbestimmungsurteil des Bundesverfassungsgerichts vom 1. März 1979, DB 1979, Beil. Nr. 5, 1 ff.

MÜLLER, GERHARD, Gedanken zum Entwurf des Mitbestimmungsgesetzes (MitbestG) (I), DB 1975, 205 ff.

MÜLLER, GERHARD; LEHMANN, RUDOLF, Kommentar zum Mitbestimmungsgesetz Bergbau und Eisen, Heidelberg 1952 (zitiert: Mitbestimmungsgesetz Bergbau und Eisen).

MÜLLER, HANS-FRIEDRICH, Insolvenz ausländischer Kapitalgesellschaften mit inländischem Verwaltungssitz, NZG 2003, 414 ff.

MÜLLER-BONANNI, THOMAS, Unternehmensmitbestimmung nach „Überseering" und „Inspire Art", GmbHR 2003, 1235 ff.

NAGEL, BERNHARD, Die Europäische Aktiengesellschaft (SE) in Deutschland – der Regierungsentwurf zum SE-Einführungsgesetz, NZG 2004, 833 ff.

NAGEL, BERNHARD, Die Europäische Aktiengesellschaft (SE) und die Beteiligung der Arbeitnehmer, ArbuR 2004, 281 ff.

NAGEL, BERNHARD, Erosion der Mitbestimmung und EG-Kommissionsentwürfe zur Europa-AG, ArbuR 1990, 205 ff.

NAGEL, BERNHARD, Ist die Europäische Aktiengesellschaft (SE) attraktiv?, DB 2004, 1299 ff.

NAGEL, BERNHARD, Mitbestimmung im Montankonzern und Grundgesetz, 1. Auflage, Baden-Baden 1992.

NAGEL, BERNHARD, Paritätische Mitbestimmung und Grundgesetz, 1. Auflage, Baden-Baden 1988.

NAGEL, BERNHARD, Verschlechternde Regelungen und Vereinbarungen zur Mitbestimmung in der Europäischen Aktiengesellschaft, ArbuR 2001, 406 ff.

NAGEL, BERNHARD; KÖKLÜ, ALPER, Die Europäische Aktiengesellschaft und die Beteiligung der Arbeitnehmer, WiSt 2003, 713 ff.

NEULING, JASPER, Deutsche GmbH und englische private company, Monismus oder Dualismus im System des Kapitalgesellschaftsrechts, Dissertation, Köln, Berlin, Bonn, München 1996.

NEYE, HANS-WERNER, Kein neuer Stolperstein für die Europäische Aktiengesellschaft, ZGR 2002, 377 ff.

NEYE, HANS-WERNER; TEICHMANN, CHRISTOPH, Der Entwurf für das Ausführungsgesetz zur Europäischen Aktiengesellschaft, AG 2003, 169 ff.

NIEDENHOFF, HORST-UDO, Mitbestimmung in den EU-Staaten, 2. Auflage, Köln 1995.

NIESSEN, HERMANN, Zum Vorschlag einer „europäischen" Regelung der Mitbestimmung für „nationale" Aktiengesellschaften, ZGR 1973, 218 ff.

NIKLAS, THOMAS, Beteiligung der Arbeitnehmer in der Europäischen Gesellschaft (SE) – Umsetzung in Deutschland, NZA 2004, 1200 ff.

NONNENMACHER, BRITTA, Arbeitnehmermitbestimmung auf Unternehmensebene in der Europäischen Aktiengesellschaft, Dissertation, München 1997.

OETKER, HARTMUT, Das Recht der Unternehmensmitbestimmung im Spiegel der neueren Rechtsprechung, ZGR 2000, 19 ff.

Oetker, Hartmut, Die Beteiligung der Arbeitnehmer in der Europäischen Aktiengesellschaft (SE) unter besonderer Berücksichtigung der leitenden Angestellten, BB-Special 1/2005, 2 ff.

Oetker, Hartmut; Preis, Ulrich (Hrsg.), Europäisches Arbeits- und Sozialrecht EAS Teil B Systematische Darstellung, Heidelberg, Loseblatt, Stand Februar 2001 (zitiert: EAS Teil B).

Oplustil, Krzysztof; Schneider, Maximilian, Zur Stellung der Europäischen Aktiengesellschaft im Umwandlungsrecht, NZG 2003, 13 ff.

Oppermann, Thomas, Europarecht, 2. Auflage, München 1999.

Paefgen, Walter, Auslandsgesellschaften und Durchsetzung deutscher Schutzinteressen nach „Überseering", DB 2003, 487 ff.

Palandt, Bürgerliches Gesetzbuch Kommentar, 63. Auflage, München 2004.

Papier, Hans-Jürgen, Das Mitbestimmungsurteil des Bundesverfassungsgerichts – Eine kritische Würdigung aus verfassungsrechtlicher Sicht, ZGR 1979, 444 ff.

Papier, Hans-Jürgen, Zur Verfassungsmäßigkeit der paritätischen Mitbestimmung unter historischen und entstehungszeitlichen Aspekten (III), AG 1978, 285 ff.

Parlament und Kommission der Europäischen Gemeinschaften, Charta der Grundrechte der Europäischen Union 2000/C 364/01, ABl. EG Nr. C 364 vom 18. Dezember 2000, S. 1 ff.

Pernthaler, Peter, Ist Mitbestimmung verfassungsrechtlich messbar? Eine Analyse der Entscheidung des BVerfG über das Mitbestimmungsgesetz, Berlin 1980.

Pernthaler, Peter, Qualifizierte Mitbestimmung und Verfassungsrecht, Berlin 1972.

Peters, Jürgen, Montanmitbestimmung Dokumente ihrer Entstehung, Köln 1979.

Peus, Egon, Die Praxis privatautonomer Mitbestimmungsvereinbarungen, AG 1982, 206 ff.

PIPKORN, JÖRN, Arbeitnehmerbeteiligung in Unternehmen auf Europäischer Grundlage, RdA 1992, 120 ff.

PIPKORN, JÖRN, Das Statut für Europäische Aktiengesellschaften nach dem geänderten Vorschlag der Kommission, AG 1975, 318 ff.

PIPKORN, JÖRN, Die Mitwirkungsrechte der Arbeitnehmer aufgrund der Kommissionsvorschläge der Strukturrichtlinie und der Richtlinie über die Unterrichtung und Anhörung der Arbeitnehmer, ZGR 1985, 567 ff.

PIPKORN, JÖRN, Zur Entwicklung des europäischen Gesellschafts- und Unternehmensrechts, ZHR 1973, 35 ff.

PLATZER, HANS-WOLFGANG (HRSG.), Sozialstaatliche Entwicklung in Europa und die Sozialpolitik der Europäischen Union, 1. Auflage, Baden-Baden 1997.

PLESSEN, CHRISTIAN FRIEDRICH VON, Qualifizierte Mitbestimmung und Eigentumsgarantie, Köln 1969.

PLUSKAT, SORIKA, Der neue Entwurf für eine europäische Verschmelzungsrichtlinie – Transnationale Fusion in Europa damit in greifbare Nähe gerückt?, EWS 2004, 1 ff.

PLUSKAT, SORIKA, Die Arbeitnehmerbeteiligung in der geplanten Europäischen AG, DStR 2001, 1483 ff.

PLUSKAT, SORIKA, Die neuen Vorschläge für die Europäische Aktiengesellschaft, EuZW 2001, 524 ff.

POTTHOFF, ERICH, Der Kampf um die Montan-Mitbestimmung, Köln 1957.

PREIS, ULRICH, Verfassungsrechtliche Fragen zur Neuregelung der Montan-Mitbestimmung, ArbuR 1983, 161 ff.

RAISER, THOMAS, Grundgesetz und paritätische Mitbestimmung – Die Vereinbarkeit der Entwürfe eines Gesetzes über die Mitbestimmung der Arbeitnehmer mit dem Grundgesetz, Berlin 1975.

RAISER, THOMAS, Das neue Mitbestimmungsgesetz, NJW 1976, 1337 ff.

Raiser, Thomas, Die Europäische Aktiengesellschaft und die nationalen Aktiengesetze, in: Bierich, Marcus; Hommelhoff, Peter; Kropff, Bruno (Hrsg.), Festschrift für Johannes Semler zum 70. Geburtstag, Berlin und New York 1993, S. 277 ff.

Raiser, Thomas, Führungsstruktur und Mitbestimmung in der Europäischen Aktiengesellschaft nach dem Verordnungsvorschlag der Kommission vom 25. August 1989, in: Baur, Jürgen F.; Hopt, Klaus J.; Mailänder, Peter K. (Hrsg.), Festschrift für Ernst Steindorff, Berlin und New York 1990, S. 201 ff.

Raiser, Thomas, Mitbestimmungsgesetz Kommentar, 4. Auflage, Berlin 2002 (zitiert: Mitbestimmungsgesetz).

Raiser, Thomas, Recht der Kapitalgesellschaften, 3. Auflage, München 2001.

Rat der Europäischen Gemeinschaften, Europäische Sozialagenda 2001/C 157/02, ABl. EG Nr. C 157 vom 30. Mai 2001, S. 4 ff.

Rat der Europäischen Gemeinschaften, Richtlinie 2001/86/EG des Rates vom 8. Oktober 2001 zur Ergänzung des Statuts der Europäischen Gesellschaft hinsichtlich der Beteiligung der Arbeitnehmer, ABl. EG Nr. L 294 vom 20. November 2001, S. 22 ff.

Rat der Europäischen Gemeinschaften, Richtlinie 2003/72/EG des Rates zur Ergänzung des Statuts der Europäischen Genossenschaft hinsichtlich der Beteiligung der Arbeitnehmer, ABl. EG Nr. L 207 vom 18. August 2003, S. 25 ff.

Rat der Europäischen Gemeinschaften, Richtlinie 94/45/EG des Rates vom 22. September 1994 über die Einsetzung eines Europäischen Betriebsrates oder die Schaffung eines Verfahrens zur Unterrichtung und Anhörung der Arbeitnehmer in gemeinschaftsweit operierenden Unternehmen und Unternehmensgruppen, ABl. EG Nr. L 254, S. 64 ff.

Rat der Europäischen Gemeinschaften, Richtlinie 98/50/EG des Rates vom 29. Juni 1998 zur Änderung der Richtlinie 77/187/EWG zur Angleichung der Rechtsvorschriften der Mitgliedstaaten über die Wahrung von Ansprüchen der Arbeitnehmer beim Übergang von Unternehmen, Betrieben oder Betriebsteilen, ABl. EG Nr. L 201 vom 17. Juli 1998, S. 88 ff; NZA 1998, 1211 ff.

RAT DER EUROPÄISCHEN GEMEINSCHAFTEN, Sozialpolitisches Aktionsprogramm, ABl. EG Nr. C 13 vom 12. Februar 1974, S. 1 ff.

RAT DER EUROPÄISCHEN GEMEINSCHAFTEN, Verordnung Nr. 1435/2003 des Rates über das Statut der Europäischen Genossenschaft, ABl. EG Nr. L 207 vom 18. August 2003, S. 1 ff.

RAT DER EUROPÄISCHEN GEMEINSCHAFTEN, Verordnung Nr. 2137/85/EWG des Rates über die Schaffung einer Europäischen wirtschaftlichen Interessenvereinigung, ABl. EG Nr. L 199 vom 31. Juli 1985, S. 1 ff.

RAT DER EUROPÄISCHEN GEMEINSCHAFTEN, Verordnung Nr. 2157/2001 des Rates über das Statut der Europäischen Aktiengesellschaft, ABl. EG Nr. L 294 vom 20. November 2001, S. 1 ff.

RATSPRÄSIDENT DER EUROPÄISCHEN GEMEINSCHAFTEN, Textvorschlag für eine Richtlinie des Rates zur Ergänzung des Statuts der Europäischen Aktiengesellschaft hinsichtlich der Beteiligung der Arbeitnehmer, konsolidierte Fassung der Ratsdokumente 7391/98 vom 1. April 1998 und 7816/98 vom 23. April 1998, nicht amtlich veröffentlicht.

REBHAHN, ROBERT, Das Kollektive Arbeitsrecht im Rechtsvergleich, NZA 2001, 763 ff.

REBMANN, KURT; SÄCKER, FRANZ JÜRGEN; RIXECKER, ROLAND (HRSG.), Münchener Kommentar zum Bürgerlichen Gesetzbuch Band 1 §§ 1-240 AGB Gesetz Allgemeiner Teil, 4. Auflage, München 2001 (zitiert: Münchener Kommentar Bürgerliches Gesetzbuch Band 1).

REHBINDER, ECKARD, Das Mitbestimmungsurteil des Bundesverfassungsgerichts aus unternehmensrechtlicher Sicht, ZGR 1979, 471 ff.

REICH, NORBERT; LEWERENZ, KARL-JOCHEN, Das neue Mitbestimmungsgesetz, ArbuR 1976, 261 ff.

REICHERT, JOCHEM; BRANDES, STEPHAN M., Mitbestimmung der Arbeitnehmer in der SE: Gestaltungsfreiheit und Bestandsschutz, ZGR 2003, 767 ff.

Reichert, Jochem; Brandes, Stephan, Mitbestimmung der Arbeitnehmer in der SE: Gestaltungsfreiheit und Bestandsschutz, in: Vorträge des 15. Bonner Europa-Symposions, Europäische AG und der Diskussionsentwurf zum deutschen Begleitgesetz, Bonn, 2003, S. 63 ff., (zitiert: Bonner Europa-Symposium, Europäische AG und der Diskussionsentwurf zum deutschen Begleitgesetz).

Richardi, Reinhard (Hrsg.), Betriebsverfassungsgesetz mit Wahlordnung Kommentar, 9. Auflage, München 2004 (zitiert: Betriebsverfassungsgesetz).

Richardi, Reinhard, Mitbestimmung – das nicht gelöste Ordnungsproblem, AG 1979, 29 ff.

Richardi, Reinhard; Wlotzke, Otfried (Hrsg.), Münchener Handbuch zum Arbeitsrecht Band 1 §§ 1–113 Individualarbeitrecht I, 2. Auflage, München 2000 (zitiert: Münchener Handbuch Arbeitsrecht Band 1).

Richardi, Reinhard; Wlotzke, Otfried (Hrsg.), Münchener Handbuch zum Arbeitsrecht Band 3 §§ 240-394 Kollektives Arbeitsrecht, 2. Auflage, München 2000 (zitiert: Münchener Handbuch Arbeitsrecht Band 3).

Rieble, Volker (Hrsg.), 1. ZAAR-Kongress Zukunft der Unternehmensmitbestimmung, München 2004 (zitiert: Zukunft der Unternehmensmitbestimmung).

Riesenhuber, Karl, Die Verschmelzungsrichtlinie: „Basisrechtsakt für ein Europäisches Recht der Strukturmaßnahmen" – Zum Schutz durch Information im Europäischen Gesellschaftsrecht, NZG 2004, 15 ff.

Ringler, Jochen C. K., Die Europäische Sozialunion, Dissertation, Berlin 1997.

Rittner, Fritz, Die Satzungsautonomie der Aktiengesellschaft und die innere Ordnung des Aufsichtsrats nach dem Mitbestimmungsgesetz, DB 1980, 2493 ff.

Rittner, Fritz, Unternehmensverfassung und Eigentum, in: Fischer, Robert; Hefermehl, Wolfgang (Hrsg.), Gesellschaftsrecht und Unternehmensrecht, Festschrift für Wolfgang Schilling zum 65. Geburtstag, Berlin 1973, S. 365 ff.

Rödder, Thomas, Grundfragen der Besteuerung der Europäischen Aktiengesellschaft (SE), Der Konzern 2003, 522 ff.

RÖLLER, WOLFGANG, Quo vadis Aufsichtsrat?, AG 1994, 333 ff.

ROTH, MARKUS, Die unternehmerische Mitbestimmung in der monistischen SE, ZfA 2004, 431 ff.

ROTH, WULF-HENNING, „Centros“: Viel Lärm um Nichts?, ZGR 2000, 311 ff.

ROTH, WULF-HENNING, Internationales Gesellschaftsrecht nach Überseering, IPRax 2003, 117 ff.

ROUSSEL-VERRET, ISABELLE, Umsetzung der SE-Richtlinie in Frankreich, BB-Special 1/2005, 25 ff.

RÜTHERS, BERND, Arbeitgeber und Gewerkschaften – Gleichgewicht oder Dominanz, DB 1973, 1649 ff.

RUZIK, ANDY, Zum Streit über den Streik – Aufsichtsratsmandat und Gewerkschaftsführung im Arbeitskampf, NZG 2004, 455 ff.

SÄCKER, FRANZ JÜRGEN, Die Wahlordnungen zum Mitbestimmungsgesetz, München 1978.

SADOWSKI, DIETER; JUNKES, JOACHIM; LINDENTHAL, SABINE, Gesetzliche Mitbestimmung in Deutschland: Idee, Erfahrungen und Perspektiven aus ökonomischer Sicht, ZGR 2001, 110 ff.

SAGASSER, BERND; SWIENTY, CLAUS, Die Gründung einer Europäischen Aktiengesellschaft im Wege der Verschmelzung – Zur Praktikabilität des SE-Statuts in der Entwurfsfassung vom 6./16.5.1991 (Teil 1), DStR 1991, 1188 ff.

SANDERS, PIETER, Die europäische Aktiengesellschaft - Probleme des Zugangs und der Mitbestimmung, AG 1967, 344 ff.

SANDERS, PIETER, Kommentar zum Vorentwurf eines Statuts für europäische Aktiengesellschaften, Dok. Kom. 1100/IV/67, 1967.

SANDERS, PIETER, Vorentwurf eines Statuts für eine europäische Aktiengesellschaft, Dok. Kom. 16.205/IV/66, 1966.

SCHÄFER, CARSTEN, Das Gesellschaftsrecht (weiter) auf dem Weg nach Europa – am Beispiel der SE-Gründung, NZG 2004, 785 ff.

SCHANZE, ERICH; JÜTTNER, ANDREAS, Anerkennung und Kontrolle ausländischer Gesellschaften – Rechtslage und Perspektiven nach der Überseering-Entscheidung des EuGH, AG 2003, 30 ff.

SCHIEK, DAGMAR, Europäisches Arbeitsrecht, 1. Auflage, Baden-Baden 1997.

SCHIESSL, MAXIMILIAN, Leitungs- und Kontrollstrukturen im internationalen Wettbewerb - Dualistisches System und Mitbestimmung auf dem Prüfstand, ZHR 167 (2003), 235 ff.

SCHINDLER, CLEMENS PHILIPP, Die Europäische Aktiengesellschaft, Gesellschafts- und steuerrechtliche Aspekte, Wien 2002 (zitiert: Die Europäische Aktiengesellschaft).

SCHINDLER, CLEMENS PHILIPP, Vor einem Ausführungsgesetz zur Europäischen Aktiengesellschaft, ecolex 2003, Skript 26, 1 ff.

SCHLÜTER, ANDREAS, Die EWIV: Modellfall für ein europäisches Gesellschaftsrecht?, EuZW 2002, 589 ff.

SCHMIDT, KARSTEN, Gesellschaftsrecht, 4. Auflage, Köln, Berlin, Bonn, München 2002.

SCHMIDT, MARLENE, Das Arbeitsrecht der Europäischen Gemeinschaft, 1. Auflage, Baden-Baden 2001.

SCHMIDT-HERMESDORF, JOACHIM, Internationale Personengesellschaft im internationalen Arbeitsrecht, RIW 1988, 938 ff.

SCHNYDER, ANTON K., Zur Societas Europaea (SE) – Wendepunkt im Europäischen Gesellschaftsrecht?, in: Schweizer, Rainer J.; Burkert, Herbert; Gasser, Urs (Hrsg.), Festschrift für Jean Nicolas Druey zum 65. Geburtstag, Zürich 2002, S. 569 ff.

SCHOLZ, RUPERT, Die Berufsfreiheit als Grundlage und Grenze arbeitsrechtlicher Regelungssysteme, ZfA 1981, 265 ff.

SCHOLZ, RUPERT, Paritätische Mitbestimmung und Grundgesetz, Berlin 1974.

SCHOLZ, RUPERT, Verfassungsrechtliche Fragen zur befristeten Fortgeltung der Montan-Mitbestimmung, AG 1972, 195 ff.

Schulte, Bernd, Mitbestimmung der Arbeitnehmer im internationalen Rechtsvergleich, ArbuR 1978, 79 ff.

Schulte, Dieter, Die Europäische Aktiengesellschaft – Gefahr für die deutsche Mitbestimmung?, in: Clermont, Alois; Schmeisser, Wilhelm; Krimphove, Dieter (Hrsg.), Personalführung und Organisation, München 2000, S. 541 ff.

Schulte, Dieter, Laudatio aus Anlass der Verleihung des Hans-Böckler-Preises an Etienne Davignon am 13. Oktober 2000 in Potsdam, Mitbestimmung 11/2000, abrufbar unter: http://www.boeckler.de/rde/xchg/SID-3D0AB75F-D847ACE/hbs/hs.xsl/163_19730.html (Stand: September 2004).

Schulte-Hillen, Sven; Hirschmann, Jörn, Die grenzüberschreitende Verschmelzung – Ein erster Überblick über den Entwurf der Richtlinie »über die Verschmelzung von Kapitalgesellschaften aus verschiedenen Mitgliedstaaten«, GPR 2004, 89.

Schulz, Andreas; Geismar, Bernhard, Die Europäische Aktiengesellschaft – Eine kritische Bestandsaufnahme, DStR 2001, 1078 ff.

Schulz, Andreas; Petersen, Sven, Die Europa-AG: Steuerlicher Handlungsbedarf bei Gründung und Sitzverlegung, DStR 2002, 1508 ff.

Schulz, Martin, (Schein-) Auslandsgesellschaften in Europa – Ein Schein-Problem?, NJW 2003, 2705 ff.

Schulze, Reiner, Die Europäische Genossenschaft (SCE), NZG 2004, 792 ff.

Schümann, Matthias, Die Vereinbarkeit der Sitztheorie mit dem europäischen Recht, EuZW 1994, 269 ff.

Schupp, Antje, Mitbestimmungsbeibehaltung bei Veränderung der Unternehmensstruktur, Dissertation, Baden-Baden 2001.

Schuster, Gunnar, Rechtsfragen der Maastrichter Vereinbarungen zur Sozialpolitik, EuZW 1992, 178 ff.

Schwank, Eberhard, Globalisierung, Europarecht und Unternehmensmitbestimmung im Konflikt, AG 2004, 173 ff.

Schwarz, Günter Christian, Europäisches Gesellschaftsrecht, 1. Auflage, Baden-Baden 2000.

SCHWARZ, GÜNTER CHRISTIAN, Zum Statut der Europäischen Aktiengesellschaft, ZIP 2001, 1847 ff.

SCHWARZE, JÜRGEN (HRSG.), EU-Kommentar, 1. Auflage, Baden-Baden 2000.

SCHWEGLER, LORENZ, Paritätische Mitbestimmung im verfassungsrechtlichen Meinungsstreit, ArbuR 1975, 263 ff.

SCHWEGLER, LORENZ, Paritätische Mitbestimmung und Koalitionsfreiheit, ArbuR 1975, 27 ff.

SCHWERDTFEGER, GUNTHER, Unternehmerische Mitbestimmung der Arbeitnehmer und Grundgesetz, Frankfurt 1972.

SCHWERDTFEGER, GUNTHER, Zur Verfassungsmäßigkeit der paritätischen Mitbestimmung, Heidelberg und Hamburg 1978.

SEIBT, CHRISTOPH H., Drittelbeteiligungsgesetz und Fortsetzung der Reform des Unternehmensmitbestimmungsrechts – Analyse des Zweiten Gesetzes zur Vereinfachung der Wahl der Arbeitnehmervertreter in den Aufsichtsrat, NZA 2004, 767 ff.

SEIBT, CHRISTOPH H., Stellungnahme vor dem Rechtsausschuss des Deutschen Bundestages zum Gesetzesentwurf der Bundesregierung zur Einführung der Europäischen Gesellschaft (SEEG) BT-Drucksache 15/3405, NZA 2004, IX ff.

SELBHERR, PAUL; MANZ, GERHARD (HRSG.), Kommentar zur Europäischen wirtschaftlichen Interessenvereinigung (EWIV), 1. Auflage, Baden-Baden 1995.

SIEG, RAINER; SIEBELS, DIRK, Arbeitnehmervertreter im Aufsichtsrat – Vereinfachung des Wahlverfahrens, NZA 2002, 697 ff.

SIMITIS, SPIROS, Von der institutionalisierten zur problembezogenen Mitbestimmung, ArbuR 1975, 321 ff.

SKAUPY, WALTHER, Europäisches Gesellschaftsrecht – Eine Betrachtung über die Harmonisierungsbestrebungen in der EWG, AG 1966, 13 ff.

SONNENBERGER, HANS JÜRGEN, Die Organisation der Aktiengesellschaft im Gemeinsamen Markt, AG 1974, 1 ff.

SPIEKER, WOLFGANG, Der Aufsichtsrat der mitbestimmten Montan-GmbH, Köln 1960.

SPINDLER, GERHARD, Die Montanmitbestimmung auf dem Prüfstand des Verfassungsrechts, AG 1994, 258 ff.

STEDING, ROLF, Europäische Aktiengesellschaft – eine Bereicherung des Unternehmensrechts, BuW 2003, 420 ff.

STEIN, EKKEHART, Qualifizierte Mitbestimmung unter dem Grundgesetz, Köln und Frankfurt am Main 1976.

STOLLREITHER, KONRAD, Mitbestimmung – Ideologie oder Partnerschaft?, 1. Auflage, München 1975.

TEICHMANN, CHRISTOPH, Die Einführung der Europäischen Aktiengesellschaft, Grundlagen der Ergänzung des europäischen Statuts durch den deutschen Gesetzgeber, ZGR 2002, 383 ff.

TEICHMANN, CHRISTOPH, Gestaltungsfreiheit im monistischen Leitungssystem der Europäischen Aktiengesellschaft, BB 2004, 53 ff.

TEICHMANN, CHRISTOPH, Vorschläge für das deutsche Ausführungsgesetz zur Europäischen Aktiengesellschaft, ZIP 2002, 1109 ff.

THEISEN, MANUEL RENÉ, Das Board-Modell: Lösungsansatz zur Überwindung der „Überwachungslücke" in deutschen Aktiengesellschaften?, AG 1989, 161.

THEISEN, MANUEL RENÉ; WENZ, MARTIN (HRSG.), Die Europäische Aktiengesellschaft, Recht, Steuern und Betriebswirtschaft der Societas Europaea (SE), Stuttgart 2002 (zitiert: Die Europäische Aktiengesellschaft).

THOMA, GEORG F.; LEUERING, DIETER, Die Europäische Aktiengesellschaft – Societas Europaea, NJW 2002, 1449 ff.

THUM, HORST, Mitbestimmung in der Montanindustrie – Der Mythos vom Sieg der Gewerkschaften, Stuttgart 1982.

THÜSING, GREGOR, Deutsche Unternehmensmitbestimmung und europäische Niederlassungsfreiheit, ZIP 2004, 381 ff.

TRIEBEL, VOLKER, Englisches Handels- und Wirtschaftsrecht, 1. Auflage, Heidelberg 1978.

ULMER, MICHAEL J., Harmonisierungsschranken des Aktienrechts, Dissertation, Heidelberg 1998.

ULMER, PETER, Die Bedeutung des Mitbestimmungsurteils des Bundesverfassungsgerichts für die Auslegung von Mitbestimmungs- und Gesellschaftsrecht, BB 1979, 398 ff.

ULMER, PETER, Gläubigerschutz bei Scheinauslandsgesellschaften, NJW 2004, 1201 ff.

ULMER, PETER, Paritätische Arbeitnehmermitbestimmung im Aufsichtsrat von Großunternehmen – noch zeitgemäß?, ZHR 166 (2002), 271 ff.

ULMER, PETER, Schutzinstrumente gegen die Gefahren aus der Geschäftstätigkeit inländischer Zweigniederlassungen von Kapitalgesellschaften mit fiktivem Auslandssitz, JZ 1999, 662 ff.

VEIT, MARTIN; WICHERT, JOACHIM, Unternehmerische Mitbestimmung bei europäischen Kapitalgesellschaften mit Verwaltungssitz in Deutschland nach „Überseering" und „Inspire Art", AG 2004, 14 ff.

VETTER, HEINZ O. (HRSG.), Mitbestimmung Wirtschaftsordnung Grundgesetz, Protokoll der wissenschaftlichen Konferenz des DGB vom 1. - 3. Oktober 1975 in Frankfurt am Main, Frankfurt am Main, Köln 1976.

WACLAWIK, ERICH, Der Referentenentwurf des Gesetzes zur Einführung der Europäischen (Aktien-) Gesellschaft, DB 2004, 1191 ff.

WAGNER, JENS, Die Bestimmung des auf die SE anwendbaren Rechts, NZG 2002, 985 ff.

WAGNER, KLAUS MICHAEL, Die wirtschaftliche Arbeitnehmermitbestimmung in einer Europäischen Aktiengesellschaft, Frankfurt am Main 1977.

WAHLERS, HENNING W., Art. 100 a EWGV – Unzulässige Rechtsgrundlage für den geänderten Vorschlag einer Verordnung über das Statut der Europäischen Aktiengesellschaft, AG 1990, 448 ff.

WANK, ROLF, Arbeitsrecht nach Maastricht, RdA 1995, 10 ff.

WARLICH, CARSTEN, Die Entstehung des Mitbestimmungsgesetzes 1976, Pfaffenweiler 1985.

WEISS, MANFRED, Arbeitnehmermitwirkung in Europa, NZA 2003, 177 ff.

WENDELING-SCHRÖDER, ULRIKE; SPIEKER, WOLFGANG, Das Mitbestimmungsurteil des BVerfG und seine Auswirkungen auf die Praxis des Mitbestimmungsgesetzes, NJW 1981, 145 ff.

WENZ, MARTIN, Die Societas Europaea (SE) – Analyse der geplanten Rechtsform und ihre Nutzungsmöglichkeiten für eine europäische Konzernunternehmung, Berlin 1993.

WENZ, MARTIN, Einsatzmöglichkeiten einer Europäischen Aktiengesellschaft in der Unternehmenspraxis aus betriebswirtschaftlicher Sicht, AG 2003, 185 ff.

WERDER, AXEL VON, Formen der Führungsorganisation einer Europäischen Aktiengesellschaft, RIW 1997, 304 ff.

WERDER, AXEL VON, Überwachungseffizienz und Unternehmensmitbestimmung, AG 2004, 166 ff.

WERNER, WINFRIED, Rechte und Pflichten des mitbestimmten Aufsichtsrats, Korreferat, ZGR 1977, 236 ff.

WERNICKE, THOMAS, Anmerkung zu EuGH, Urt. v. 5.11.2002 – Rs. C-208/00, EuZW 2002, 758 ff.

WIDMANN, SIEGFRIED; MAYER, DIETER, Umwandlungsrecht Umwandlungsgesetz Umwandlungssteuergesetz Kommentar Band 2 Einführung zum handelsrechtlichen Teil, Loseblatt, Stand März 2004 (zitiert: Umwandlungsgesetz Band 2).

WIEDEMANN, HERBERT, Anmerkung zu BVerfG, Urteil vom 1. März 1979, 1 BvR 532, 533/77, 419/78, 1 BvL 21/78, AP Nr. 1 zu § 1 MitbestG.

WIEDEMANN, HERBERT, Gesellschaftsrecht, Ein Lehrbuch des Unternehmens- und Verbandsrechts Band I Grundlagen, München 1980.

WIEDEMANN, HERBERT, Stellung des Mitbestimmungsgesetzes, Korreferat, ZGR 1977, 160 ff.

Wiesner, Georg, Zum Anwendungsbereich des Montanmitbestimmungsgesetzes, ArbuR 1978, 73 ff.

Wiesner, Peter M., Die grenzüberschreitende Verschmelzung und der neue Mitbestimmungskompromiss, DB 2005, 91 ff.

Wiesner, Peter M., Kommission legt neue Vorschläge zur Europa-AG vor, AG-Report 1991, R 275 f.

Wiesner, Peter M., Stand des europäischen Gesellschaftsrechts, Die Bank 1988, 394 ff.

Windbichler, Christine, Zur Trennung von Geschäftsführung und Kontrolle bei amerikanischen Großgesellschaften, ZGR 1985, 50 ff.

Wisskirchen, Gerlind; Prinz, Thomas, Das Gesetz über die Beteiligung der Arbeitnehmer in einer europäischen Gesellschaft (SE), DB 2004, 2638 ff.

Wissmann, Hellmut, „Deutsche" Europäische Aktiengesellschaft und Mitbestimmung, in: Wank, Rolf; Hirte, Heribert; Frey, Kaspar; Fleischer, Holger; Thüsing, Gregor (Hrsg.), Festschrift für Herbert Wiedemann zum 70. Geburtstag, München 2002, S. 685 ff.

Wissmann, Hellmut, Das Montan-Mitbestimmungsänderungsgesetz: Neuer Schritt zur Sicherung der Montan-Mitbestimmung, NJW 1982, 423 ff.

Wissmann, Hellmut, Der Anwendungsbereich der Unternehmensmitbestimmung als Dauerpatient, in: Klebe, Thomas; Wedde, Peter; Wolmerath, Martin (Hrsg.), Recht und soziale Arbeitswelt, Festschrift für Wolfgang Däubler zum 60. Geburtstag, Frankfurt am Main 1999, S. 385 ff.

Wissmann, Hellmut, Die Mitbestimmung der Arbeitnehmer in der Europäischen Aktiengesellschaft (SE), RdA 1992, 320 ff.

Wissmann, Hellmut, Neues Gesetz zur Sicherung der Montan-Mitbestimmung, DB 1989, 426 ff.

Wlotzke, Otfried, Zusammensetzung und Wahl der Aufsichtsratsmitglieder der Arbeitnehmer, ZGR 1977, 355 ff.

Wlotzke, Otfried; Wissmann, Hellmut, Die Gesetzesinitiative der Bundesregierung zur Montan-Mitbestimmung, DB 1981, 623 ff.

WÜRDINGER, HANS, Bericht über das geänderte Statut für Europäische Aktiengesellschaften, DB 1975, 1301 ff.

WYMEERSCH, EDDY, Unternehmensführung in Westeuropa – Ein Beitrag zur Corporate Governance Diskussion, AG 1995, 299 ff.

ZERFASS, ANSGAR, Europäische Unternehmensordnung - Nationale Unternehmensverfassungen und die Reformansätze der Europäischen Kommission zur Mitbestimmung und Führungsorganisation, 2. Auflage, Nürnberg 1994 (zitiert: Europäische Unternehmensordnung).

ZEZSCHWITZ, FRIEDRICH VON, Neue lex Rheinstahl? Zur Verfassungswidrigkeit der neuerlichen „Überlegungspause", BB 1971, 479 ff.

ZIEMONS, HILDEGARD, Freie Bahn für den Umzug von Gesellschaften nach Inspire Art?!, ZIP 2003, 1913 ff.

ZILIAS, MANFRED, Die Behandlung ausländischer Konzernunternehmen im Rahmen der Holding-Novelle, NJW 1957, 325 ff.

ZIMMER, DANIEL, Internationales Gesellschaftsrecht und Niederlassungsfreiheit: Das Rätsel vor der Lösung?, BB 2000, 1361 ff.

ZIMMER, DANIEL, Nach „Inspire Art": Grenzenlose Gestaltungsfreiheit für deutsche Unternehmen?, NJW 2003, 3585 ff.

ZIMMER, DANIEL, Wie es Euch gefällt? Offene Fragen nach dem Überseering-Urteil des EuGH, BB 2003, 1 ff.

ZÖLLNER, WOLFGANG (HRSG.), Kölner Kommentar zum Aktiengesetz, Band 2, §§ 76 – 117 AktG und Mitbestimmung im Aufsichtsrat, 2. Auflage, Köln, Berlin, Bonn, München 1996.

ZÖLLNER, WOLFGANG, Der Mitbestimmungsgedanke und die Entwicklung des Kapitalgesellschaftsrechts, AG 1981, 13 ff.

ZÖLLNER, WOLFGANG, Die Einwirkung der erweiterten Mitbestimmung auf das Arbeitsrecht, RdA 1969, 65 ff.

ZÖLLNER, WOLFGANG; SEITER, HUGO, Paritätische Mitbestimmung und Artikel 9 Abs. 3 Grundgesetz, ZfA 1970, 97 ff.

ZÖLLNER, WOLFGANG; SEITER, HUGO, Paritätische Mitbestimmung und Artikel 9 Abs. 3 Grundgesetz, Köln, Berlin, Bonn, München 1970.

ZULEEG, MANFRED, Die Rolle des Arbeitsrechts in der europäischen Integration, RdA 1992, 133 ff.

Schriftenreihe zum Gesellschafts- und Kapitalmarktrecht

Herausgegeben von Lutz Michalski,
Axel Jäger und Klaus-Rudolf Wagner

Band 1 Volker Schulenburg: Bankenhaftung bei geschlossenen Immobilienfonds. Zugleich eine Untersuchung der Wissenszurechnung im Konzern. 2002.

Band 2 Jan Wittenberg: Der Bestandsschutz von Arbeitsverhältnissen im Umwandlungsrecht. 2002.

Band 3 Christian A. Eichner: Management-Buy-Out-Gestaltungen beim Konzern-Spin-Off. Unter besonderer Berücksichtigung der Unternehmenssteuerreform. 2002.

Band 4 Thomas Wunsch: Tracking Stocks - Geschäftsbereichsbezogene Gewinnbeteiligungen bei Aktiengesellschaften. Eine systematische gesellschafts- und steuerrechtliche Betrachtung. 2002.

Band 5 Jan Blumentritt: Die privatrechtlich organisierte Börse. Ein Beitrag zur Diskussion um die Neuordnung des Börsenwesens. 2003.

Band 6 Michael Grüner: Die Beendigung von Gewinnabführungs- und Beherrschungsverträgen. 2003.

Band 7 Holger Pittroff: Die Zurechnung von Stimmrechten gemäß § 30 WpÜG. 2004.

Band 8 Wolfgang Höhn: Ausgewählte Probleme bei Lock-up Agreements. 2004.

Band 9 Gunter Reiff: Gesellschaftsrechtliche Aspekte des regulären Delistings. 2004.

Band 10 Christoph Radke: Die Entsprechenserklärung zum Deutschen Corporate Governance Kodex nach § 161 AktG. Grundlagen und Haftungsfragen. 2004.

Band 11 Gordon Geiser: Gesellschaftsorganisation und Gesellschaftsinnenrecht virtueller Unternehmen. 2004.

Band 12 Gero F. Pfeiffer: Die Kommanditgesellschaft auf Aktien als Beteiligte eines Beherrschungsvertrags und einer Eingliederung. Ein Beitrag zum Konzernrecht einer hybriden Rechtsform. 2005.

Band 13 Markus Rasner: Die Pflichten der Zielgesellschaft bei unfreundlichen Übernahmeangeboten nach dem neuen deutschen WpÜG. Unter besonderer Berücksichtigung europäischer und US-amerikanischer Übernahmeregelungen sowie der Konzeption des Gemeinsamen Entwurfs einer EU-Übernahmerichtlinie. 2005.

Band 14 Julia Kraft: Die Europäisierung der deutschen Mitbestimmung durch das SE-Beteiligungsgesetz. Eine europa- und verfassungsrechtliche Analyse der Richtlinienumsetzung 2001/86/EG zur Ergänzung des Statuts der Europäischen Gesellschaft hinsichtlich der Beteiligung der Arbeitnehmer. 2005.

www.peterlang.de

FSC
www.fsc.org
MIX
Papier | Fördert
gute Waldnutzung
FSC® C083411

Kolibri 360 GmbH
Ferdinand-Jühlke-Straße 7
99095 Erfurt, Deutschland
produktsicherheit@kolibri360.de

Druck:
CPI Druckdienstleistungen GmbH
im Auftrag der
Kolibri 360 GmbH
Ferdinand-Jühlke-Str. 7
99095 Erfurt